미래를 여는
한국인史

미래를 여는 한국인史

– 경제 편: 개발독재, 신자유주의, 그리고 새로운 세계

지은이 ∣ 박세길
펴낸이 ∣ 김성실
편집기획 ∣ 최인수 · 여미숙 · 한계영 · 김정숙
마케팅 ∣ 이준경 · 김남숙 · 이유진
표지 ∣ 오필민
편집디자인 ∣ 하람 커뮤니케이션(02-322-5405)
제작 ∣ 미르인쇄
펴낸곳 ∣ 시대의창
출판등록 ∣ 제10-1756호(1999. 5. 11)

초판 1쇄 펴냄 ∣ 2010년 4월 30일

주소 ∣ 121-816 서울시 마포구 동교동 113-81 (4층)
전화 ∣ 편집부 (02) 335-6125, 영업부 (02) 335-6121
팩스 ∣ (02) 325-5607
블로그 ∣ sidaebooks.net
이메일 ∣ sidaebooks@hanmail.net

ISBN 978-89-5940-179-6 (04910)
ISBN 978-89-5940-177-2 (전2권)
책값은 뒤표지에 있습니다.

미래를 여는 한국인 史

박세길 지음

경제

개발독재, 신자유주의, 그리고 새로운 세계

시대의창

서 문

　1987년 민주화투쟁이 승리한 지 벌써 20년 이상의 세월이 흘렀다. 흔히 한국의 1년은 세계의 10년이라고 한다. 한국사회의 변화속도가 그만큼 빠르다는 것을 의미한다. 이 점을 감안하면, 20년은 매우 긴 시간이다. 역사를 만들고도 남는 시간인 것이다.

　그런데 기묘하게도 이 책을 쓰고 있던 2009년 한 해 동안 김수환 추기경, 노무현, 김대중 전 대통령 등 한 시대를 풍미했던 인물들이 유명을 달리했다. 많은 사람들이 이를 지켜보면서 한 시대가 마감되고 있음을 직감했다. 뒤집어 말해, 2009년 한국사회는 새로운 시대를 열어야 할 출발점에 서 있었던 것이다. 그렇다면 과연 새로운 시대의 좌표를 어떻게 설정할 것인가.

　1980년대를 거치면서 구세대가 제기하였던 국민적 과제로서 '자주·민주·통일'이 있었다. 이는 당시 시대의 요구를 정확히 반영한 것이었다. 구세대들은 그러한 과제들을 완수하기 위해 숱한 시행착오와 좌절을 겪으면서도 굽힘 없이 달려왔다.

　그리하여 사실상 미국의 식민지나 다름없었던 상황에서 크게 벗어날 수 있었고, 민주화는 후진을 용납하지 않는 전통을 기반으로 꾸준히 진척되었으며, 통일 과제는 2000년 6·15공동선언을 기점으로 역사적인 반환점을 돌 수 있었다. 경제에 초점을 맞추면, (이 책에서 자세히 살펴보겠지만) 장기간에 걸친 고도성장을 통해 자립적 토대를 구축하는 데 상당 정도 성공하였다.

물론, 여전히 해결도상에 있거나 또 다시 위기에 봉착하는 등 불안정한 지점들이 많은 것이 사실이다. 하지만 총량적으로 볼 때, 아무리 낮게 평가한다고 해도 자주·민주·통일의 과제는 51퍼센트 이상 진척된 것이 분명하다. 만약 이 사실을 부정한다면 지난 20여 년의 세월은 패배의 역사, 실패의 역사였다는 이야기가 된다. 과연 어느 누가 그렇게 평가할 수 있겠는가?

제기된 과제가 51퍼센트 이상 수행되면, 곧바로 보다 높은 목표를 제기하는 것이 역사발전의 순리이다. 나머지 부족한 것은 보다 높은 목표를 향해 나아가는 과정에서 자연스럽게 보충될 수 있다. 그렇지 않고 계속해서 종전의 과제만을 고집하면, 그조차도 제대로 해결되지 않으면서 역사발전은 지체되기 시작한다.

이러한 맥락에서, 이제는 자주·민주·통일을 넘어서는 보다 높은 과제를 제기할 때가 되었다. 과연 새롭게 제기되어야 할 과제는 무엇인가. 결론적으로 그것은 승자독식의 신자유주의를 넘어서는 '더불어 함께 사는 사회'를 만드는 것이다. 요컨대, 공존의 패러다임을 기초로 새로운 사회를 만드는 것이다.

정치사회 편에서 신자유주의를 넘어서는 새로운 과제를 수행할 수 있는 주역은 신세대임을 강하게 암시한 바 있다. 우리는 이 책에서 다시금 그것이 분명한 진실임을 확인할 것이다. 결국, 신세대는 구세대의 뒤를 쫓는 것이 아니라, 구세대가 이룩한 성과를 딛고 더욱 높은 목표를 향해 비상해야 하는 것이다.

그런데 신자유주의 이후 새로운 세계를 개척하는 것은 한국경제의 체질과 시스템을 총체적으로 바꾸는 것이다. 결코 몇 가지 법 제도를 도입한다고 해서 해결되는 것이 아니다. 그렇기 때문에 한국경제에 대한 포괄적인 이해가 선행되어야 한다.

무엇보다도, 신세대는 (보수와 진보를 뛰어넘어) 구세대가 한국경제를 일으켜 세우면서 어떤 성과를 남겼으며, 동시에 그 한계가 무엇인지를 함께 알아야 한다. 그래야만 자신들이 딛고 올라설 수 있는 지점은 어디이고 해결해야 할 과제는 무엇인지를 정확히 알 수 있다. 그렇지 않고 한계만을 중시하면, 스스로 그 안에 갇혀 도약의 지점을 찾을 수 없게 된다.

아울러 신세대는 한국경제의 모든 영역을 두루 살필 수 있어야 한다. 노동의 영역만이 아니라 경영의 영역을 함께 보아야 하며 국가정책에도 눈을 돌려야 한다. 나아가, 국내만이 아니라 국제무대로 시야를 확장해야 한다. 이렇듯 종합적 시각을 가질 때, 신세대는 신자유주의 이후 새로운 세계를 열 수 있는 안목과 능력을 갖출 수 있다. 일각에서는 노동 이외의 경제활동 영역, 예컨대 경영이나 과학기술 분야를 보수의 영역으로 간주하고 외면하는 경향이 있는데, 이는 완전한 오해와 편견이다.

이러한 맥락에서, 이 책은 한국경제의 역사를 다루되 다양한 영역을 골고루 조명하기 위해 노력했다. 특히, 한국의 경제건설사를 아로새긴 진취적이고 도전적인 장면을 소개하는 데 많은 지면을 할애하였다. 이는 신자유주의 이후의 새로운 세계를 열어 나가야 할 신세대가 그로부터 소중한 자양분을 섭취할 수 있다고 판단했기 때문이었다. 이런 점을 염두에 두면서 가감 없이 읽어주기 바란다.

CONTENTS

한국인, 그들은 과연 누구인가

1980년대에 "한국인, 그들은 누구인가?"라고 질문하였다면 많은 사람들이 황당하다는 반응을 보였을 것이다. 당시 중요한 것은 민중의 정체성은 무엇이고 노동자는 어떤 집단인가를 이해하는 것이 중요했다. 그러던 시절에 한국인 전체를 관심대상으로 삼는다는 것은 사회적 모순을 은폐하기 위한 수작으로 비쳐질 가능이 컸던 것이다.

하지만 1990년대 이후 국제화 시대를 맞이하면서 한국인의 정체성과 특성을 이해하는 것은 대단히 중요한 문제로 등장하였다. 다양한 나라 사람들과 접촉하면서 자연스럽게 한국인의 특성을 발견할 수 있었고, 이를 통해 한국인 자신에 대한 성찰 없이 한국사회의 미래를 구상하기가 쉽지 않다는 것이 분명해졌던 것이다. 이러한 한국인의 특성에 대한 성찰은 지나온 한국경제의 역사를 이해하는 데서도 필수적인 것이다.

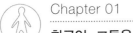

경제를 다루는 책들을 보면, 사람이 빠져 있는 경우가 많다. 사람의 체온과 숨결이 느껴지지 않는다. 그러나 이는 잘못이다. 경제도 사람이 만들어낸 현상의 하나일 뿐이다. 그렇다면 지극히 당연한 이 이야기를 끄집어내야 하는 이유는 무엇인가.

그 동안 많은 학자들이 한국경제의 성공을 가능하게 하였던 요인으로 강력한 국가개입을 바탕으로 한 수출주도형 공업화 전략을 꼽았다. 그렇다면 동일한 전략을 다른 나라에 적용할 때, 동일한 결과가 나타날 것인가. 결코 그렇지 않다. 많은 나라들이 한국과 유사한 전략을 구사했지만 모두가 성공을 거둔 것은 아니었다.

결국, 경제건설에 참여한 사람들이 어떤 마음가짐과 태도를 갖는가에 따라 결과는 크게 달라질 수 있는 것이다. 따라서 우리는 한국경제가 초고속 성장을 거듭할 수 있었던 비밀을 드러내기 위해, 가장 먼저 '한국인, 그들은 누구인가?'라는 질문을 던지고 그에 대한 해답을 찾을 필요가 있다. 요컨대, 고도성장의 역사에 비추어진 구세대의 자화상이 어떤 것인지를 보다 정밀하게 그려낼 필요가 있는 것이다.

1. 세상에서 가장 가난했던 백성들

한국인의 특성을 제대로 이해하자면, 그들이 경제건설에 착수했을 무렵에 지독히도 가난한 상태에 있었다는 점을 주목해야 한다. 지독한 가난으로부터의 탈출이야말로 경제건설을 위해 경이로울 정도의 열정을 쏟아 붓도록 만든 일차적 동기였기 때문이다.

본격적인 경제개발이 시작되기 직전인 1960년대 초, 한국은 세계에서 가장 가난한 나라에 속했다. 인도 다음으로 1인당 국민소득이 낮았다고 했지만, 실제 삶의 질은 인도보다도 못했다. 다음은 〈한국을 아십니까?〉라는 동영상에 나와 있는 자막의 일부이다.

한국을 아십니까? 불과 50여 년 전, 그들은 모든 것을 잃었습니다. 일본의 식민지배를 막 벗어난 그들에게 전쟁은 너무도 가혹했습니다. 어느 누구도 미래나 내일의 희망을 함부로 말하지 않았습니다.

그들에게 내일이란 생존을 장담할 수 없는 또 다른 오늘이었고, 그들에게 허락된 것이라고는 생존을 위한 작은 기도뿐이었습니다. 전세계 어느 나라도 이 나라보다 못사는 나라는 없었습니다. 이들에게 꿈이라고는 오직 굶지 않고 하루를 넘기는 것이었으며, 이 배고픔이 대물림되지 않는 것이었습니다. 이들에게 삶은 너무도 가혹했고, 이들이 곧 주저앉아 삶을 포기했다 하더라도 전혀 놀랍지 않았을 것입니다. (…중략…)

당시 유엔에 등록된 나라는 모두 120여 개국. 그 중에서 한국의 국민소득은 태국이 220달러, 필리핀이 170달러인 데 비해 고작

76달러에 지나지 않았습니다.

1960년대 초, 인구의 절대다수는 농민이었는데 농민 1인당 경작면적은 1964년 당시 논밭을 합쳐 423평에 불과하였다. 아무리 열심히 농사를 지어도 가족을 부양하기가 매우 어려웠던 것이다. 그러다보니 끼니를 거르는 일이 빈번해질 수밖에 없었다. 특히, 보릿고개라고 불리던 시기의 굶주림은 이루 형언할 수 없을 만큼 고통스러운 것이었다. 1964년 5월 19일자 〈경향신문〉에 나온 기사는 당시의 참상을 이렇게 전하고 있다.

한국의 어디에서나 볼 수 있는 현상, 그것은 기아에 허덕이는 군중이다. 식량이 떨어진 시민과 농가, 밥을 굶는 아동, 매일의 신문지상을 메우는 엄청난 이들의 숫자. 기아의 군중은 분노에 떨고 있다. ……모든 학교에서 점심을 굶는 아동수가 50퍼센트를 넘고 있다. 길고 긴 하루를 낮에는 학교에서 주는 빵 한 조각으로, 저녁은 물 오른 겨릅대 껍질로 때우는 소녀의 얼굴빛은 누렇게 떠 있다. 소녀는 빵 한 조각을 속옷에 밀어 넣고 주위의 눈치를 살피고 있다.

오늘날도 농촌마을에서는 어른을 만나면 "진지 드셨습니까?", 아랫사람을 만나면 "밥 먹었냐?"가 인사이다. 모두가 과거 굶주림에 허덕이던 시절에 서로의 끼니를 걱정해주면서 형성된 풍습이었다. 또한 당시의 가난을 "찢어지게 가난했다"고 표현했는데, 이는 풀뿌리와 나무껍질 등으로 끼니를 때운 나머지 배설할 적에 항문이 찢어지는 일이 자주 발생한 것에서 유래한 말이었다.

농민들의 빈곤은 경작면적이 절대적으로 부족한 탓도 있었지만, 상당 정도는 구조적 모순으로부터 빚어진 것이었다.

조선 말기부터 농민들이 줄기차게 제기한 절실한 과제는 토지개혁이었다. 곧, 지주 소작제를 철폐하고 농민들이 자기 땅에 농사를 짓도록 해달라는 것이었다. 해방 이후에 벌어진 엄청난 민중의 투쟁도 그 밑바탕에는 자기 땅을 갖고 싶어 하는 농민들의 열망이 깔려 있었다. 이러한 농민들의 열망을 외면하고는 그 어떤 정권도 온전할 수 없는 상태였다. 이승만 정권이 (토지개혁이 아닌) 농지개혁을 추진했던 것도 이러한 사정을 반영한 것이었다. 그러나 이승만 정권의 농지개혁은 애초부터 땅을 갖고자 하는 농민의 열망과는 매우 거리가 먼 것이었다.

우선 농지개혁은 정부의 지원이 뒷받침되지 않은 상태에서 유상몰수 유상분배로 이루어짐에 따라 농민들이 적지 않은 부담을 져야 했다. 또한 해방으로부터 5년 뒤에나 농지개혁이 실시됨에 따라 지주들이 소작지의 많은 부분을 사전에 매각하거나 명의변경 등의 방법으로 농지개혁을 회피함으로써 문제가 더욱 커졌다. 그 결과, 1945년 말에는 논과 밭을 합쳐 소작지가 144만 7천 정보였으나 실제 분배된 소작지는 약 55만 정보밖에 되지 못했다. 농지개혁이 대단히 불철저하게 이루어졌음을 알 수 있다.

이러한 가운데 미국이 무상원조로 제공한 잉여농산물이 대거 밀려오면서 농산물 가격이 계속 하락하였고, 그에 따라 농민의 구매력이 크게 약화되었다. 궁핍해진 농민들은 도리 없이 빚을 지기 시작했다. 농민들은 대개 지난날의 지주들에게 고율의 장리빚을 빌렸다. 1960년대 초 고리채의 이자율은 보통 월 5퍼센트(연 60퍼센트)였다. 쉽게 예상할 수 있는 바와 같이, 농민들은 이 빚을 제 때에 갚을 수가 없었다. 그에 따라 빚의 규모는 해를 거듭할수록 곱절로 불어났다. 궁지에 몰린 농민들이 마지막으로 선택한 것은 땅을 지주에게 팔고 소작농으로 전락하거나 입도선매를 하는 것이었다. 입도선매란 읍내의 부자나 쌀장사에게 그 해 농사 지은 것을 미리 파는 것인데, 가격은 잘 해야 추수시질의 절반밖에 되지 않았다. 이런 식으로 3∼4년 가다보면, 종래에는 빚쟁이에게 다 빼앗기고 빈털터리로 전락할 수밖에 없다.

달리 선택의 여지가 없는 농민들은 끝내 정든 고향을 등지고 도회지로 나갈 수밖에 없었다. 수많은 농촌출신들이 열차에 몸을 싣고 서울행을 선택했으나, 이들을 따뜻하게 맞아줄 숙소나 일자리는 그 어느 곳에도 없었다.

1960년대 이후, 서울 곳곳에 판자촌이 줄을 잇게 되었으나 그나마 판잣집은 사정이 나은 경우였다. 서울에 첫 발을 내디딘 농촌출신들이 처음 마련한 거주지는 야산의 땅을 석 자 정도 판 다음, 그 위에 지붕을 덮은 움막집이었다. 지붕의 재료로는 가마니때기나 헌 문짝 혹은 천막 쪼가리 등이 사용되었다. 화장실은 가마니로 간신히 가린 공중변소를 사용했는데, 아침이면 줄을 서기 일쑤였다. 움막촌은 불법으로 조성되었다는 이유로 시청에서 하수도 등 공공시설에 대해 아무런 지원도 하지 않았기 때문에, 동네 어느 곳을 가든 악취가 진동하였다. 먹고 씻을 물 역시 멀리 샘터에서 져 날라야 했는데 한두 시간 걸리는 것은 보통이었다.

마땅한 기술도 장사밑천도 없는 농촌출신들이 선택할 수 있는 직업 또한 매우 제한적이었다. 대체로 지게꾼으로부터 출발하는 경우가 많았고, 어느 정도 밑천이 마련되면 노점상을 차리거나 연줄을 통해 직장을 구할 수 있었다. 그마저도 여의치 못한 젊은 남녀들 중에는 깡패나 창녀로 전락하는 경우가 수도 없이 많았다.

식사 또한 최소의 비용으로 해결해야 했기 때문에 꿀꿀이죽을 사먹기 위해 줄을 서는 경우가 허다했다. 꿀꿀이죽은 미군부대에서 흘러나온 음식 찌꺼기를 끓인 것인데, 이름 그대로 돼지가 먹는 것으로서 음식물에 각종 쓰레기가 섞여 나오기 일쑤였다. 그것을 가난한 민중이 허기를 달래기 위해 사먹었던 것이다. 운이 좋으면 미군부대에서 흘러나온 음식 찌꺼기 중 소시지 등 비교적 쓸 만한 것들을 골라 찌개를 끓여 먹을 수 있었는데, 오늘날 부대찌개는 그로부터 유래한 것이었다.

이렇듯 먹을 것이 부족한 시대를 살다보니 도시든 농촌이든 가릴 것 없이 대부분의 민중은 항상 배가 고팠고, 그 결과 광대뼈가 튀어나올 정도로 피골이 상접했다. 가난한 집 자식들의 의복은 남루하기 그지없어 밖에 나가면 거지와 잘 구분이 되지 않을 정도였다. 특히 추운 겨울은 가난한 민중에게는 혹독한 시련기였다. 그 중에서도 산에서 땔감을 마련할 수조차 없는 도시의 민중들은 더욱 심하게 고생을 해야 했다. 밤새 떨고 나면 온 몸이 동태가 되어 다음날 아침 몸을 움직이기조차 쉽지 않을 정도였다.

어느 모로 보나, 가난은 사람을 한없이 고통스럽고도 비참하게 만들었다. 그렇기 때문에, 한국인들이 가난으로부터 탈출하고자 하는 욕망은 그 무엇보다도 강렬했다. 너무나 강렬한 나머지, 가난으로부터 벗어나는 것 이외의 것을 사치스럽게 간주하는 경향이 강하다. 빈곤에서 탈피하고자 하는 이 강렬한 욕망이야말로 이후의 경제건설을 떠받쳤던 가장 강력한 에너지였다.

그런데 여기에서 짚고 넘어갈 문제가 하나 있다. 과연 가난의 정도가 심할수록 가난으로부터 탈출하고자 하는 욕망이 강할 수 있는 것인가. 다시 말해, 가난의 정도와 가난으로부터 탈출하고자 하는 욕망 사이에는 함수관계가 있는 것일까. 결코 그렇지 않다. 인류역사 전체를 보면, 가난을 숙명으로 받아들였던 경우가 훨씬 많다. 체념하고 포기한 채 가난한 삶에 순응하며 살았던 것이다.

그렇다면 한국인들은 어찌하여 가난에 굴복하지 않고 그로부터 탈출하고자 하는 강한 욕망, 나아가 의지를 가질 수 있었던가. 결론적으로, 한국인이 그런 모습을 보일 수 있었던 것은 파란만장한 역사 속을 헤쳐나오면서 형성된 독특한 성향 때문이었다. 지금부터 우리가 살펴봐야 할 대목이 바로 이것이다.

2. 지독하기 짝이 없는 사람들

언제인가 함께 일을 하던 일본여성과 식사를 하다가, 일본인들은 한국사람들을 어떻게 보고 있는지 물어본 적이 있었다. 그랬더니 의외의 대답이 나왔다. 일본인들은 대체로 한국사람들을 무서워한다는 것이었다. 이유인즉 너무 독하다는 것이었다.

처음에는 의아스럽기도 했지만 시간을 두고 곰곰이 생각해본 결과, 그 여성의 말이 상당히 일리가 있다고 판단하게 되었다. 당장 주변사람들의 살아온 모습을 보더라도 정말 독하다는 생각을 갖지 않을 수 없었다.

조선 말기부터 상당수의 조선인들이 러시아 영내인 연해주에 이주하여 살았다. 현지에서는 그들을 고려인이라고 불렀다. 그러던 중 2차

세계대전이 발발하자, 스탈린은 연해주의 고려인들이 일본과 협력할지 모른다는 우려로 이들을 중앙아시아로 강제 이주시켰다. 하지만 고려인들이 도착했을 때에는 그 어떤 생계대책도 마련되어 있지 않았다. 그야말로 아무 것도 없는 맨땅 위에서 출발해야 하는 상황이었다. 하지만 고려인들은 숱한 역경을 딛고 당당하게 일어서, 그 지역에서도 가장 부유한 사람들로 손꼽힐 수 있었다.

1970년대 이후, 많은 한국인들이 영상 50도를 넘나드는 중동의 사막에 가서 일을 했으며, 1990년대 이후에는 영하 50도를 밑도는 시베리아 벌판을 누비기 시작했다. 이렇듯 무려 100도의 기온차이를 견뎌낼 수 있는 사람들은 아마도 지구상에 한국인밖에 없지 않을까 싶다. 계절변화에 따른 기온차이가 큰 곳에 살면서 형성된 체질적 요인도 작용했겠지만, 무엇보다 정신력이 뒷받침되지 않으면 가능하지 않은 일이었다. 오늘날 한국의 조선업이 세계 수위를 달릴 수 있는 것도 밑바탕에는 잠시도 견디기 어려운 극한 상황에서도 용접일을 이어나갈 수 있는 지독함이 있기 때문이었다.

어려운 시기가 닥쳤을 때 빛을 발휘했던 것은 특히 여성들의 강인한 생활력이었다. 1997년 외환위기 직후 일본 〈마이니치 신문〉에 어느 한국 직장인에 관한 기사가 실렸다. 기사의 주인공은 사무실에 출근하여 겉옷을 옷걸이에 걸다가 안쪽 호주머니에서 아내가 쓴 편지 한 통을 발견하였다. 편지내용을 압축하면 대략 이런 것이었다.

'여보. 요즘 당신이 밤중에 자다 말고 일어나 앉아서 고민하는 장면을 자주 목격했어요. 전 당신이 회사사정이 어려워 언제 쫓겨날지 몰라 불안해서 그러는 거 잘 알고 있어요. 하지만 여보, 우리 신혼때의 어려움도 잘 건디어냈잖아요. 기억하시죠. 추운 겨울날 지하 단칸 셋방에 살면서 단 두 채뿐인 이불 중 하나는 창문을 가리고 나머지 하나를 몸에 감은 채 서로 꼭 껴안고 잠을 잤던 순간을. 아무리 어려워도 걱정하지 마세요. 옆에 제가 있잖아요.'

이 기사를 읽고 일본인들이 한국여성들은 참 독특하게 자신의 감정을 표현한다는 반응을 보였다. 그에 대해 한국인들은 편지의 마지막 글귀가 담고 있는 내용을 주목하라고 충고했다. 한국인이라면 누구나 쉽게 이해할 수 있는 바이지만, 마지막 글귀는 정 급하면 내가 시장에 나가 행상을 해서라도 가족을 먹여살릴 테니 너무 걱정 말라는 의미였다.

그렇다면 한국인들은 왜 이렇게 독해졌는가. 여러 요인이 복합적으로 작용한 결과이겠으나, 무엇보다도 험난한 역사를 헤쳐 나오면서 혹독하게 단련된 결과라고 볼 수 있다.

한국인들은 세계에서 가장 악랄하다는 일제 식민지를 경험하였고, 해방되자마자 분단의 비극이 밀어닥치면서 좌우익 간의 극심한 분쟁을 겪어야 했다. 또한 500만 명 이상이 죽어간 전쟁을 경험했으며 줄곧 극심한 가난에 시달리며 장장 40년 가까운 독재정치에 신음해야 했다.

전세계 어느 나라 사람도 이처럼 파란만장한 역사의 순간들을 경험한 경우가 없을 것이다. 한국인들은 격동의 역사 한복판에서 말 그대로 산전수전 다 겪은 셈이다. 특히 한국전쟁 시기에는 가족과 이웃, 동료 사이에서 수많은 죽음을 목격했고, 그 자신 역시 죽음의 문턱을 수도 없이 넘나들어야 했다.

웬만큼 나이를 먹은 사람을 만나 살아온 이야기를 들어보라. 누구든지 지난날을 회고하면서 눈시울을 훔치지 않는 사람이 거의 없을 것이며, 자신의 삶은 소설 몇 권을 쓰고도 남을 것이라고 말할 것이다. 또한 엉터리 점쟁이라도 나이 지긋한 중년에게 "그 어려운 세월 어떻게 지냈어?"라고 운을 뗀 뒤 "부모복 지지리도 없어 초년에 고생깨나 했지? 죽을 고비 몇 번은 넘겼겠네" 하면, 거지반 용하다는 소리를 듣는다고 한다. 한국인들의 삶이 대체로 그러했기 때문이다.

이렇듯 험난한 역사 속에서 한국인들은 혹독하게 단련되었고, 그 결과 웬만한 시련과 역경을 만나도 눈 하나 꿈쩍하지 않을 만큼의 강인한 정신력을 갖게 되었다.

사실 누구든지 그 동안 겪은 엄청난 고통을 생각하면, 그냥 체념하고 주저앉기에는 너무나 억울할 수밖에 없었다. 한국인들의 가슴 속에는 어떻게 해서든지 다시 일어서고자 하는 강한 열망이 불타올랐던 것이다. 그렇기 때문에 한국인들은 작은 여지라도 있으면 비집고 들어가고 조그마한 기회라도 주어지면 이를 놓치지 않기 위해 사력을 다하는 모습을 보였다. 말 그대로 '독종'으로 변모해 있었던 것이다.

그런데 여기에서 우리는 한국인들의 지독함이 어떻게 표현되었는지 좀 더 구체적으로 파악할 필요가 있다. 냉정하게 말하면, 한국전쟁을 체험한 세대의 지독함은 대체로 옆사람이야 어떻게 되든 우선 나부터 살고 보자는 식의 지극히 자기중심적인 모습을 띠었다. 이 또한 그럴 만한 역사적 배경을 갖고 있었다.

한국전쟁은 그 때까지 한국민중이 의지하고 있었던 모든 것을 파괴하였다. 한국전쟁 이전의 민중은, 비록 소박한 수준이기는 했지만, 사회주의를 폭넓게 받아들이고 있었다. 아울러 좌익 세력과의 긴밀한 결합을 바탕으로 노동자, 농민, 여성, 청년 등 계급계층별 조직에 폭넓게 참여하고 있었다. 요컨대, 한국전쟁 이전의 민중은 그 나름대로 자신의 미래를 개척할 이념과 조직을 갖고 있었던 것이다. 그런 점에서 한국민중은 상당히 급진적 성향을 띠는 일종의 '혁명적 군중'에 매우 가까이다가서 있었다고 할 수 있다.

하지만 정치사회 편에서 살펴본 것처럼 민중은 한국전쟁을 거치면서 좌익이 일소되는 것과 함께 심각한 정치적 패배를 경험했다. 그로 인해 민중은 극심한 패배주의와 피해의식에 빠져들어야 했다. 이 같은 패배주의와 피해의식은 이후 한국민중의 의식구조를 직접적으로 규정하였다.

먼저, 민중의 가슴 속을 들끓게 했던 혁명적 열정이 사라지면서 철저히 개인의 이익을 위주로 사고하는 경향이 강해졌다. 역사의 흐름에 비추어볼 때, 민중이 그러한 성향을 보이기 시작한 것은 충분히 예상할 수 있는 일이었다. 생각해보라! 단죄의 대상이 되어야 할 친일파는 오히려 출세가도를 달렸다. 반면, 민족의 자주독립과 만인의 평등을 외쳤던 좌익 인사들은 목숨을 잃었고, 그 가족들은 연좌제의 사슬에 묶여 극심한 고초를 겪었다. 말 그대로 '패가망신'한 것이다.

이 상태에서 살아남은 사람들이 어떤 가치관을 가질 수 있겠는가. '좋은 일 한다고 앞장서봐야 결국 자기만 손해다', '남한테 손가락질 받더라도 영악하게 구는 사람이 결국 성공한다'는 생각을 품을 수밖에 없다. 한국전쟁을 경험한 세대로부터 흔히 듣게 되는 "네 실속 차리는 것이 최고다. 공연히 정의 찾고 뭐 찾아봐야 다 쓸 데 없다", "나만 잘살면 된다. 나라를 위해 희생한다고 누가 알아주기라도 하는 줄 아냐" 등의 이야기도 같은 맥락에서 이해할 수 있다.

중요한 것은, 이처럼 철저하게 개인의 이익을 앞세우는 자기중심적인 지독함이 바로 한국경제의 성공과 깊은 연관을 갖고 있었다는 사실이었다. 요컨대, 자기중심적 지독함과 자본주의 시장경제가 절묘하게 코드를 맞추었던 것이다.

정치사회 편에서 살펴보았듯이 한국전쟁을 거치면서 자본주의는 지배적인 질서로 자리를 잡았다. 우익의 정치적 승리, 농지개혁으로 인한 지주계급의 몰락, 적산불하를 통한 자본가 계급의 성장 등이 그러한 결과를 낳았다.

자본주의는 인간의 이기심을 자가발전의 에너지로 삼음과 동시에 이기심을 끊임없이 자극하는 속성을 갖고 있다. 그런데 얼마간은 식민지 유산으로 그리고 결정적으로는 한국전쟁을 계기로 급속히 확산된 한국의 자본주의는 극도로 거칠고 야만적이기 짝이 없었다. 최소한의 경제윤리가 자리 잡을 틈도 없이 자본주의가 유입되면서 돈을 벌기 위해서는 수단과 방법을 가리지 않는 풍토가 만연한 것이다. 대표적인 대도시인 서울은 대낮에 코를 베어가도 모른다고 할 정도로 살벌한 풍경이 지배하고 있었다.

이러한 조건에서 사람들은 가족을 부양하고, 한걸음 더 나아가, 많은 돈을 벌기 위해 필사적으로 몸부림쳤다. 말 그대로 한국인들의 하루하루는 전투의 연속이 된 것이다. 그 과정에서 한국인들은 약육강식의 법칙이 지배하는 정글 자본주의의 속성을 빈틈없이 익혔고, 스스로 정글의 야수로 변모해갔다.

이렇게 하여 한국전쟁을 경험한 세대의 지독함은 치열한 자본주의 시장경쟁을 억척같이 헤쳐 나가는 모습으로 나타났다. 이는 곧 한국 자본주의가 왕성한 에너지를 바탕으로 작동할 수 있었음을 의미하는 것이다. 바로 여기에서 우리는 한국경제가 초고속 성장을 할 수 있었던 중요한 요인의 하나를 발견할 수 있다.

지금까지 살펴본 것처럼 한국전쟁을 경험한 세대는 그들 자신의 역사적 경험으로 인해 철저하게 개인의 이익을 앞세우는 경향을 보였다.

그것도 (1990년대 이후 등장한 신세대와 달리) 지극히 냉소적인 자기중심주의라고 할 수 있다. 이러한 특성은 당사자들이 세상을 떠나거나 대부분 사회 일선에서 은퇴했음에도 불구하고 오랫동안 한국 사회 전반에 걸쳐 지대한 영향을 미쳤다.

그런데 1970~1980년대 이르러 (정치사회 편에서 구세대로 표현했던) 전후세대가 등장하면서 양상이 상당히 달라지기 시작했다. 전후세대는 지독함에서는 크게 다르지 않았지만 한국전쟁 세대와 달리 개인의 이익보다는 집단의 이익을 앞세우는 경향이 매우 강했던 것이다. 이는 전후세대가 강력한 집단력을 바탕으로 경제건설과 민주화 투쟁을 전개하면서 자연스럽게 획득한 것이었다.

이러한 맥락에서 보자면, 한국전쟁 이후 세대 간의 반전은 크게 두 차례에 걸쳐 이루어졌음을 알 수 있다. 한국전쟁 세대와 전후세대 간의 반전이 그 첫 번째요, 1990년대 구세대와 신세대 간의 반전이 그 두 번째라고 할 수 있다. 역사는 말 그대로 반전에 반전을 거듭하면서 발전해온 것이다.

3. 유별난 평등주의, 그 격렬한 열정

많고 많은 사람들 중에서 가장 알기 어려운 것은 바로 자기 자신이다. 마찬가지로 한국인이 자신의 특성을 감지하기란 결코 쉬운 일이 아니다. 반면, 외국인들은 자신들과 비교해서 한국인의 특성을 비교적 쉽게 찾아낸다.

외국인들의 눈에 비친 한국인의 특성 중에서 결코 빼놓을 수 없는 것으로서 '유난히 자존심이 강하며 남에게 지기 싫어하는 경향'이 있다. 일본 상사 주재원으로 한국에서 오랫동안 체류했으며 《한국이 죽어도 일본을 못 따라잡는 이유 18가지》라는 책으로 유명해진 모모시 타다시는 《여러분 참 답답하시죠?》라는 책에서 한국인에 대해 다음과 같이 묘사하고 있다.

어떨 때 보면, 한국인들은 전부 왕의 유전자를 갖고 있는 것 같다. 모두 출세하여 리더가 되고 싶어 한다. 그래서 남들 밑에서 명령받는 일을 잘 못 견디고, 부자들을 못 참아내고, 남이 출세하는 것을 탐탁지 않게 여기고, 다른 사람의 공적을 좀체 인정하지 않는다. 그 정도 돈만 있으면, 누가 밀어주기만 하면 나도 그 정도는 해낼 수 있다는 생각이다. (…중략…)

한국의 젊은이들은 삼성이나 포스코 같은 좋은 회사에 들어가면 자부심을 갖는다. 그러나 선배들이 좋은 기업을 만들었다는 의식보다는 자신이 잘나서 들어왔다는 의식이 더 앞서는 것 같다. 그래서인지 자기 사업을 하기 위해 다니던 회사를 그만두는 경우가 일본보다 많다.

일본인들도 회사를 그만두고 독립하는 경우가 있지만, 대부분은 어떻게 해서든지 회사에 적응하려고 노력한다. 20대와 30대에 자기 사업을 시작하여 성공하는 비율은 높지 않다. 그걸 알아도 한국사람들은 '용감하게' 나간다. 어느 한국인은 내게 자신의 아버지 이야기를 들려준 적이 있다.

"내가 대학 갈 무렵, 아버지가 잘 나가던 은행을 나와 사업하다 망해 고생을 많이 했습니다. 그런 아버지가 원망스럽기도 했지요."

그러던 그도 회사를 그만두고 말았다. 나로서는 참 이해하기 어려운 일이었다.

내국인 중에서도 한국인의 특성을 꽤나 정확히 파악하고 있었던 인물이 있었다. 그는 다름 아닌 전두환 전 대통령이었다. 1984년 6월, 재벌규제와 관련해 청와대 수석비서관 회의를 주재하는 자리에서 전두환은 이렇게 말한 적이 있었다.

"우리 국민은 다른 나라와 달라서 부자들이 특별한 행동을 하면 못 참는다. 외국에서는 돈이 있으면 금비행기를 타고 다녀도 말이 없다. 그러나 우리나라는 여자들이 좋은 차에 비스듬히 기대어 앉아 고속도로를 달리는 것만 봐도 농민들은 점심 먹은 것이 올라온다고 한다. 이런 판에 몇몇 재벌들이 돈 좀 있다고 도시 하나를 분할하는 식으로 해서 되겠는가. 아마도 폭동이 일어날 것이다. 이런 점을 염두에 두고 입안을 해야 한다."

유난히 자존심이 강한 사람들, 남에게 지고는 못 사는 사람들, 사회 지도층의 권위를 쉽게 인정하지 않고 함부로 깎아내리는 사람들, 운만 따라주고 누구인가 밀어만 주면 자신도 얼마든지 크게 성공할 수 있다고 확신하는 사람들, 남들은 저렇게 떵떵거리고 사는데 밑질 것 하나 없는 당신은 왜 노상 비실거리느냐고 핀잔을 주는 사람들이 바로 한국인들이다. 몇 가지 구체적인 예를 들어보자.

영국의 옥스퍼드 대학에서는 교수가 학생들에게 상류층의 문화와 예법을 가르친다. 만약 서울대학교에서 그와 유사한 일이 벌어졌다면 난리가 날 것이다. 일본의 유명 회사들은 신입사원 입사식 때 명문대 출신들에게 별도의 좌석을 배정한다. 그래도 별 문제가 없다. 하지만 만약 한국의 회사들이 그랬다가는 사람 차별한다고 난리가 날 것이다. 한국사회에도 엄연히 엘리트가 존재하지만 스스로를 엘리트라고 말하는 사람은 없다. 자신을 엘리트라고 말하는 순간, 일순간에 사람들로부터 고립될 것이기 때문이다. 멕시코에서는 택시 기사가 승객의 나이에 관계없이 짐을 현관까지 들어다주는 것이 관례이다. 만약 한국의 택시 기사들에게 그런 요구를 했다가는, 내가 당신 종이냐며 격렬하게 반발할 것이다.

이런 점에서 한국인들은 평등주의적 지향이 유별나게 강한 것으로 평가되고 있다. 물론 오늘날 한국인들이 보여주는 평등주의는 사회주의적 평등주의와는 뚜렷이 구별되는 다분히 시장친화적인 평등주의라고 할 수 있다. 그런 만큼 한국인들은 자신보다 잘나가는 사람에 대해 시기하고 질투하며 모함하는 경향이 더욱 강하다. 한국인들의 평등주의는 고결한 이념과는 일정하게 거리가 있는 것이다.

그렇다면 한국인들은 왜 이렇게 강한 평등주의 지향을 갖고 있는 것일까. 이 역시 역사적 맥락에서 이해할 수밖에 없다.

식민지 시대부터 한국전쟁에 이르는 시기, 한국인의 평등주의는 사회주의 이념의 강력한 영향 아래에서 형성되었다. 이 같은 평등주의는 격렬한 민중투쟁을 유발하였고 결국 위정자들로 하여금 어떤 형태로든지 그에 응답하지 않으면 안 되도록 만들었다. 이승만 정권 수립과 함께 보통선거의 도입, 농지개혁, 교육기회의 확대 등이 이루어진 것도 상당 정도는 이러한 민중의 평등주의 지향을 충족시키기 위한 것이었다.

그런데 한국인의 평등주의는 한국전쟁을 거치면서 방금 전 확인한 대로 시장친화적인 것으로 변모하였다. 평등주의는 성격과 양상이 크게 바뀌기는 했지만, 그 자체는 지속적으로 재생산된 것이다. 한국전쟁이 기존의 모든 것을 파괴하면서 (극히 일부는 큰 성공을 거두었지만) 거의 모두가 맨손으로 출발해야 하는 '평등한 조건'을 창출한 것은 이를 뒷받침한 요인의 하나였다. 여기에 덧붙여 몇 가지 요소가 함께 작용하면서 평등주의는 한국인을 지배하는 강력한 의식이 되었다.

먼저 한국사회 안에는 근대 이후 권위를 인정받은 지배집단이 존재하지 않았다. 식민지로 전락하면서 조선 시대의 봉건 지배층은 권위를 완전히 상실하였다. 식민지 시대와 해방 이후 친일파가 득세했지만 혐오의 대상이었을 뿐이다. 이후 40여 년 독재정치가 이어졌지만 모두 타도의 대상이었고 결국 타도되었다. 한국경제를 한 손에 쥐고 있는 재벌은 족벌체제, 정경유착, 독과점, 부동산투기 등 온갖 부정적 이미지로 덧칠된 채 사회적 비난의 대상이 되어왔다.

이렇듯 한국의 지배집단은 안정된 권위를 확보하지 못했을 뿐만 아니라, 급격한 사회변동으로 인해 지배질서로의 진입장벽 또한 거의 허물어졌다. (비록 1980년대 이후 다시금 진입장벽이 높아지기 시작했지만) 그에 따라 수직적인 신분상승이 다반사로 일어났다. 정계와 재계를 중심으로 살펴보자.

박정희와 전두환은 가난한 농민의 아들로 태어나 대통령이 된 인물들이다. 두 사람에 대해 이러저러한 이야기를 할 수 있지만 가장 낮은 곳에서 가장 높은 자리로 오른 대표적인 경우임에 틀림없다. 또한 전직 대통령이었던 김대중과 노무현 등은 대학문턱을 넘어서지도 못한 상고 출신이다. 현대건설 회장을 거쳐 이후 대통령의 자리에 오른 이명박은 샐러리맨 출신이다. 한때 매출액 기준 4위의 재벌이었던 대우그룹의 총수 김우중 역시 샐러리맨 출신이었다. 한국 최대의 재벌이었던 현대그룹의 창업자 정주영은 초등학교 졸업이 학력의 전부였던 인물이다.

이렇듯 역동적인 한국의 현대사는 가장 밑바닥에서 가장 높은 자리에 오른 수많은 인간의 군상으로 가득 차 있다.

그런데 앞서 살펴보았듯이 한국인들은 격동의 한국 현대사를 헤쳐 나오면서 혹독하게 단련되어 있었다. 어떤 곤경에 처하더라도 굴하지 않고 목표지점을 향해 달려갈 수 있는 강한 정신력을 지니고 있었던 것이다. 그러다보니 처지도 별반 다르지 않고 능력도 특별하게 뛰어나다고 할 수 없는 사람들이 크게 성공한 모습을 보면, 쉽게 자극을 받았다. 나라고 못할 것 있느냐는 오기가 발동되었던 것이다. 가령, 김우중·이명박 등이 한때 샐러리맨들의 우상으로 군림하던 시절이 있었는데, 다수의 샐러리맨들이 두 사람을 보면서 가슴 속에 야망의 불길을 태웠다.

그렇다면 이 같은 한국인의 유별난 평등주의 지향이 급속한 경제성장과 어떤 연관이 있었는가. 결론적으로, 한국인의 평등주의 지향은 높은 교육열과 저축률 그리고 중소기업인의 왕성한 투자열기를 낳았고, 이는 고스란히 급속한 경제성장의 원동력으로 작용하였다. 평등주의로 인한 격렬한 열정이 고도 경제성장의 에너지가 된 것이다. 지금부터 이를 구체적으로 확인해보자.

첫째, 높은 교육열이다.

예로부터 한국사람들은 바위 위에 올려놓아도 굶어죽지 않는다고 할 만큼 생활력이 강하기로 정평이 나 있다. 그런데 그토록 생활력이 강한 한국인이 곧 굶어죽어도 하는 일이 있다. 자식교육이 바로 그것이다.

자식교육이 소외와 가난으로부터 벗어날 수 있는 가장 확실한 투자인 것은 분명했다. 말하자면 교육은 평등주의 지향이 강한 한국인이 자신의 욕구를 실현할 수 있는 최고의 출구였던 것이다. 그리하여 한국인들은 자식교육을 위해서라면 그 어떤 희생도 마다하지 않았다. 이승만 정권 시절, 농지개혁으로 수입이 다소 늘자 여전히 절대빈곤 상태에서 벗어나지 못하고 있었음에도 불구하고, 농민들이 가장 먼저 착수한 것은 자식교육이었다. 한걸음 더 나아가, 자식을 대학에 보내기 위해 기꺼이 논과 소를 팔았고 여성 노동자들은 얼마 안 되는 임금을 푼푼이 모아 동생들 교육비에 보냈다.

가난한 농민들이 자식교육에 모든 것을 바쳤던 대표적인 곳으로서 춘천시 서면을 들 수 있다. 서면은 본디 근처 우두동에 거주하던 지주들에게 곡식과 야채, 민물고기를 바치며 살았던 소작농들의 거주지였다. 그러던 중 농지개혁이 이루어지자 농민들은 악착같이 일을 하면서 자식들을 춘천 시내의 명문고에 보냈고, 나아가 서울로 유학시켰다. 그렇게 해서 약 1,000여 가구가 사는 서면에서 박사학위 소지자만 100여 명이 넘게 탄생할 수 있었다. 나중에 국무총리가 된 한승수도 그 중 한명이었다. 당시 서면 농민들의 마음을 지배하였던 것은 우두동의 부자들을 따라잡는 것이었다. 자식교육을 통해 과거 지독히도 설움을 안겨다주었던 부자들과 동등한 위치에 서고 싶었던 것이다.

이러한 높은 교육수요를 반영하여 고등교육이 빠르게 확산되었다. 1970년대 고등교육의 확산은 주요 도시마다 공업고등학교가 줄줄이 설립되는 것으로 나타났다. 공고는 전자공고, 기계공고 등 산업현장의 요구에 맞게끔 운용되었는데, 대규모 중화학공업 단지가 늘어가면서 상당히 각광을 받았다. 특히, 정부지원이 많았던 탓에 가난하고 공부 잘하는 농촌출신들이 많이 지원하였다. 상업고등학교 또한 크게 늘었는데, 여자상고가 주류를 이루었다. 당시 회계 등의 업무를 주로 여성들이 담당한 데 따른 것이었다. 이와 함께 많은 업체들이 부설 야간고등학교를 설립했다. 기업체 입장에서는 고등학교 진학조차 어려울 만큼 가난한 집안 자제들에게 교육기회를 제공함으로써 기업 이미지를 제고함과 동시에 보다 싼 임금으로 노동력을 확보할 수 있는 장점이 있었다.

높은 교육열은, 한걸음 더 나아가 대학생 수의 급격한 팽창으로 이어졌다. 1970년 당시 8.8퍼센트였던 대학 진학률(18~21세 인구 중에서 전문대, 교육대, 4년제 대학 등을 합친 대학 재학생 비율)은 꾸준히 상승하여 1980년 16퍼센트, 1990년 38.1퍼센트를 거쳐 1995년도에는 54.6퍼센트를 넘어섰다. 마침내 2008년에는 83.8퍼센트에 이르렀다. 특징적인 것은, 남학생의 대학 진학률은 85퍼센트이고 여학생의 대학 진학률이 83퍼센트로서 큰 차이가 없다는 점이다. 어느 정도 소득이 향상되자, 교육에서만큼은 남녀차별이 해소되고 있음을 알 수 있다.

이러한 한국의 대학 진학률은 OECD 회원국 중에서 가장 높은 수준에 이른다. 참고로 2004년 당시 OECD회원국의 대학 진학률을 살펴보면, 프랑스 54퍼센트, 영국 59퍼센트, 호주 65퍼센트, 노르웨이 70퍼센트, 미국 81퍼센트이다. 가히 대한민국을 대학민국大學民國이라 부를 만하다.

그런데 한국은 독일이나 프랑스처럼 국립대 중심이 아니라 사립대 중심이다. 그러면서도 미국처럼 각종 기부금에 근거한 장학금 제도가 발전되어 있는 것도 아니었고, 일본처럼 정부 차원의 장학금 제도가 정비되어 있었던 것도 아니었다. 결국 대학교육은 학부모의 희생과 상당 정도 학생 자신의 노력에 의해 뒷받침될 수밖에 없었다. 대학 진학률이 80퍼센트를 넘어서면서부터 태반이 고학생이었다고 해도 과언이 아니었다. 높은 교육열은 민중의 막대한 출혈을 바탕으로 이루어진 것임을 알 수 있다. (국립대가 중심인 프랑스, 독일에서와 달리) 한국의 젊은이들이 사회에 대한 부채의식을 느끼지 않는 것도 상당 부분 본인과 가족의 노력만으로 교육을 마친 데 따른 것이라고 할 수 있다.

그런데 높은 교육열은 여기에 머무르지 않고 유학 붐으로까지 이어졌다. 미국 이민·세관국ICE의 발표에 따르면, 2004년 말 현재 미국에 가장 많은 유학생을 보낸 나라는 한국으로서 도미 유학생수는 모두 7만 3,272명에 이르렀다. 중국, 일본보다도 2만 명 정도 많은 숫자였다.

미국에서의 박사학위 획득 또한 다른 나라들을 압도하고 있다. 미국 시카고 대학이 1999~2003년 미국 박사를 가장 많이 배출한 대학들을 조사하여 발표한 적이 있었다. 미국 박사를 가장 많이 배출한 대학은 캘리포니아에 있는 버클리 대학교로 나타났다. 그 다음 미국 박사를 많이 배출한 대학은 다름 아닌 서울대학교였다. 서울대학교는 미국 밖의 대학 중에서 미국 박사를 가장 많이 배출한 대학인 것이다. 참고로, 연세대는 5위였고 고려대는 8위였다.

이 같은 유학열기는 가까운 일본과 비교해보더라도 상당히 높은 것임을 알 수 있다. 〈마이니치 신문〉 한국 특파원으로 다년간 근무했던 시게라 도시미츠 기자에 따르면, 1999년 당시 미국에서 박사학위를 받은 일본인은 약 9천 명이었는데, 한국은 이보다 훨씬 많은 3만 명 정도나 되었다. 인구수를 감안하면, 미국 박사학위 소지자 수에서 한국이 일본보다 약 10배 가까이 많음을 의미한다.

높은 유학열기는 학업을 마친 뒤 상당수가 귀국하지 않고 그대로 눌러앉음으로써 결과적으로 고급두뇌의 유출경로가 되기도 하였다. 또한 미국에서 박사학위를 받아온 사람들 중 사회과학 분야에 종사하는 경우, 미국식 사고를 편향되게 전파하는 부작용도 있었다. 그럼에도 불구하고, 전반적으로 높은 유학열기는 국내 과학기술 발전에 매우 긍정적으로 작용했다고 할 수 있다. 1990년대 이후, 한국이 많은 분야에서 세계적 수준의 기술을 축적할 수 있었던 것은 상당 정도 이들 유학파의 역할 덕분이었다. 삼성전자의 반도체 기술을 세계최고 수준으로 끌어올린 주역이었던 황창규 박사도 그러한 사람 중 한 명이었다.

이렇듯 한국은 전 세계에서 유례를 찾아볼 수 없을 만큼 높은 교육열을 자랑해왔지만, 그에 따른 부작용 또한 만만치 않았다. 초·중등교육은 점수 따기 위한 암기위주 교육에서 벗어나지 못하였고, 과도한 교육열은 학생들을 입시지옥 속으로 몰아넣으면서 2008년 현재 한 해 동안 30조 원 이상을 지출할 만큼 사교육을 팽창시켰다. 또한 사회발전의 속도를 초과하는 대학교육의 급격한 팽창은 고학력 실업과 함께 학력낭비 현상을 심화시켜왔다.

그럼에도 불구하고, 높은 교육열을 바탕으로 산업현장에 지적이고 창의적인 고급 노동력을 풍부하게 공급할 수 있었던 것은 분명했다. 덕분에, 기업들은 비록 초기에는 외국에서 중고기술을 도입해 사용했지만, 곧바로 이를 자신의 것으로 소화할 수 있었고, 한걸음 더 나아가 독자적인 신기술 개발을 성공시킬 수 있었다.

둘째, 높은 저축률이다.

한국인들의 유별난 평등주의는 남에게 뒤지지 않는 삶을 살기 위해 너나 할 것 없이 허리띠를 졸라매게 만들었다. 한국인들은 먹고 싶은 것 먹지 않고 해진 옷 그대로 입고 악착같이 돈을 모았다. 모두가 자식 공부시키고 꿈에도 그리던 내 집 장만하고, 좀 더 형편이 나아지면 가게도 장만하고 사업밑천도 마련할 요량에서였다. 공장에 다니는 여성 노동자도 형편없이 낮은 임금에도 불구하고 적금을 몇 개씩이나 부었다. 그야말로 생존에 필요한 최소한의 소비만 하고 수입의 나머지는 모두 저축을 했다고 해도 과언이 아니었다.

　그 결과, 한국인의 수입 대비 저축률은 보통 30～40퍼센트에 이르렀다. 어느 정도 여유가 생기고 그에 따라 소비수준도 높아진 1987년에조차 저축률은 37.0퍼센트 수준에 이르렀는데, 이는 같은 시기 미국의 12.7퍼센트에 비해 월등히 높은 것이었다. 이렇듯 높은 저축률은 투자자금 조달을 용이하게 하면서 높은 투자율로 이어질 수 있었다. 초고속 자본축적을 가능하게 한 것이다.

　이러한 사실은, 한국경제의 발전에서 외국인 직접투자가 매우 중요한 역할을 했음에도 총자본 형성에서 차지하는 비중이 생각보다 그리 크지 않다는 데에서 뚜렷이 확인된다. 〈표 1〉에서 나타나듯이 한국의 총자본 형성에서 차지하는 외국인 직접투자의 비중은 멕시코와 브라질 등 다른 개발도상국은 물론이고 선진국 평균보다 낮다.

　셋째, 중소기업인들의 왕성한 투자열기이다.

　한국의 성인남자들에게 붙는 가장 일반적인 호칭은 '사장님'이다. 성인남자치고 사장님 소리 한번 들어보지 못한 경우가 없을 것이다. 공장에 다니는 노동자도 소비시장에 발을 들여놓으면 일순간에 사장님으로 바뀐다. 이는 한국사람들이 실제로 사장이 되고 싶은 열망을 강하게 품고 있음을 반영한 것이라고 할 수 있다.

　흥미 있는 것은 열악한 조건에 있는 노동자일수록 그러한 열망을 강하게 품고 있다는 것이다. 그러다보니 임금이 대기업의 절반도 안 되는 영세한 중소기업의 노동자들 중에는 노동자의 이익만을 배타적으로 옹호하는 것을 달갑지 않게 생각하는 경우가 많다. 그의 꿈은 이후에 사

〈표 1〉 국내 총자본 형성에서 직접투자 유입액이 차지하는 비중 (단위: %)

나 라	1980~1982	1985~1987
선진국	2.9	3.4
미국	3.5	4.5
일본	0.1	0.1
발전도상국	6.0	6.1
멕시코	4.3	6.6
브라질	4.6	2.1
대만	1.0	3.3
홍콩	7.1	15.2
싱가포르	23.4	25.5
한국	0.5	1.4
말레이시아	1.6	3.5
태국	2.6	2.7

출전: United Nations, UNCTC, *World Investment Report 1991*(정지상 외, 《손바닥 한국경제》, 사계절, 1994, 192쪽 재인용).

장이 되는 것이기 때문이다. 비슷한 맥락에서, 한국인들은 조그마한 가게를 운영하면서도 언제인가는 대형 슈퍼마켓이나 백화점 사장이 되겠다는 꿈을 가슴에 품고 산다. 이러한 이유로 한국인은 그 누가 가르쳐주지 않았는데도 경영 마인드가 강하고 그 수준이 높기로 유명하다.

실제로도 직장을 그만둔 뒤에 가산을 털고 빚을 내서 사업에 뛰어드는 경우는 흔하고 흔한 일이다. 그러다가 상당수의 경우, 망하고 다시 노동자로서의 삶을 시작한다. 그 결과, 어제는 사장님이었다가 오늘은 노동자이고, 거꾸로 어제는 노동자였다가 오늘은 사장님으로 변신한 경우는 주변에서 흔하게 발견되는 현상이다. 앞서 모모세 타다시가 소개한 사람이 회사를 그만둔 것도 두말할 필요도 없이 '사업'을 하기 위해서였을 것이다.

이렇듯 한국인들은 거침없이 창업을 하기도 하였지만, 동시에 투자에서도 과감성을 보였다. 남에게 뒤지기 싫어하는 근성이 여기에서도 나타난 것이다. 물론, 과도한 욕심으로 패착을 범하는 경우도 허다하다. 하지만 망할 때 망하더라도 소심한 것은 도저히 참지 못하는 것이 한국인들이다.

덕분에, 중소기업의 투자는 왕성하게 증가하였고 기술수준 또한 빠르게 향상되었다. 예를 들면, 1981년부터 1988년 사이의 중소기업 설비투자는 3배 이상 증가했고, 그 중 기계 및 장치에 들어간 투자의 비중은 같은 기간에 46.0퍼센트에서 56.0퍼센트로 증가했다. 그 결과, 1981년에서 1987년 사이에 전체 중공업의 매출액이 3.3배 늘어난 데 비해 주로 중소기업이 담당하는 부품산업의 매출액은 5.3배 늘어났다. 이 덕분에, 전자·자동차·조선공업에서 부품의 수입의존도는 1978년 40.5퍼센트에서 1985년 29.3퍼센트로 낮출 수 있었다. 한국의 중공업이 세계적 수준의 경쟁력을 갖추는 데 중소기업이 결정적 기여를 했음을 알 수 있다.

어느 나라이든지 중소기업은 경제발전의 필수적 요소이다. 중소기업은 규모가 작기 때문에 전문성을 바탕으로 특화된 제품을 생산하면서 변화하는 시장에 기동성 있게 대처할 수 있는 장점이 있다. 만약 중소기업이 없는 상태에서 대기업이 필요한 공구나 부품을 자체로 생산하려면 비용이 두세 배 이상 든다. 중소기업의 뒷받침이 있어야 대기업도 발전할 수 있는 것이다.

과거 소련 경제가 낙후된 중요한 요인의 하나도 중소기업을 경시한 것이었다. 1980년대 후반, 미국에는 500인 이하 중소기업이 약 500만개나 되었으나 소련은 같은 규모의 중소기업이 1~2만 개에 불과했다.

그 결과, 소련에서 기계를 만드는 기업들 중에서 스스로 주물이나 강판을 만들어야 하는 경우가 70퍼센트 이상이나 되었으며, 공구를 만들어 써야 하는 업체도 절반이 넘었다. 당연히 비용은 비용대로 더 많이 들면서 품질은 더 떨어질 수밖에 없었다.

그런데 한국은 철저하게 대기업 위주의 성장전략을 구사하면서 중소기업은 자금배분이나 정책적 지원에서 극도로 소외될 수밖에 없었다. 대기업 또한 중소기업을 지원하기보다는 갖가지 형태로 불이익을 안겨다주었다. 그럼에도 불구하고, 중소기업이 왕성한 활동을 전개하면서 산업화에 크게 기여할 수 있었는데, 이는 전적으로 중소기업인들의 자발적인 창업 및 투자열기가 매우 뜨거웠기 때문이었다.

이상 세 가지 요인이 결합하면서 한국은 높은 저축률과 왕성한 창업·투자열기를 바탕으로 빠른 속도로 경제규모를 키움과 동시에 높은 교육열 덕분에 고급인력의 공급이 지속적으로 확대됨에 따라 고부가가치 산업 중심으로 산업구조를 빠르게 고도화시킬 수 있었다. 말하자면, 한국경제는 양적 성장과 더불어 질적 성장을 함께 이룰 수 있었던 것이다.

실제로 한국의 산업구조는 1960년대 경공업 중심에서 1970년대 중화학 공업화로 한 단계 도약하였으며, 1980년대 자동차·전자산업을 거쳐 1990년대에는 IT산업 위주로 거듭되는 도약을 하였다. 거의 10년 단위로 공업화의 새로운 단계를 열어나갔던 셈이다.

이러한 산업구조의 고도화는 교역에서 보다 유리한 조건을 확보하면서 경제잉여의 보다 많은 부분을 국내 몫으로 남길 수 있도록 했다. 한국경제가 고도성장을 지속할 수 있었던 원동력은 바로 여기에 있었다.

4. '빨리빨리', 속도에의 집착

외국인들이 한국인 하면 떠올리는 대표적인 특징이면서 한국인 자신도 비교적 잘 알고 있는 것은 '빨리빨리'라는 말로 상징되는 속도에 대한 강한 집착이다.

한국인들은 하루빨리 지긋지긋한 가난을 벗어던지고 선진국에 진입하기를 열망했다. 그러다보니 뭐든지 빨리빨리 결과를 내고 싶어했다. 417.4킬로미터의 경부고속도로를 밤샘작업 끝에 세계에서 가장 빠른 시간 안에 완공한 것도 그러한 열망이 빚어낸 결과였다. 결과적으로, 공사비보다 몇 배나 많은 보수비가 들어가기는 했지만 말이다.

이러한 맥락에서 볼 때, 한국인들은 어느 정도는 생래적으로 속도에 대한 집착을 품고 있었다고 할 수 있다. 그러나 속도에 가속도를 붙이고 속도에 대한 과잉집착을 유발시킨 요인은 다른 곳에 있었다.

초고속 경제성장을 이끌면서 한국인들이 속도에 대한 집착을 체질화하도록 만든 대표적인 인물로서는 단연 박정희를 꼽을 수 있다. 잠시뒤에 살펴보겠지만, 부정한 방법으로 권력을 손에 넣은 박정희는 국민들이 오직 경제건설에만 집중함으로써 정치문제에 관심을 갖지 않기를 원했다. 이를 위해 높은 성장목표를 제시하고 국민 모두가 그를 향해전력 질주하도록 만들었다. 수출실적 달성을 둘러싸고 벌어졌던 일들은 박정희가 어느 정도 속도에 집착하였는지를 잘 보여주고 있다.

박정희 정부는 1965년 초 수출 주도형 전략을 채택하면서 1차 5개년 경제개발계획이 마무리되는 해인 1967년 수출 3억 달러를 돌파할 것을 목표로 제시했다. 3억 달러 수출은 당시의 상황에서 각별한 의미가 있는 것이었다. 경제개발이 본격화되던 시기, 한국인들의 소박한 바람은 미국의 원조 없이 사는 것이었는데 당시 미국의 연간 무상원조 액수가 3억 달러 정도였던 것이다.

그런데 무역업계는 그러한 목표에 대해 대단히 부정적 반응을 보였다. 사실, 1967년 3억 달러를 돌파하기 위해서는 매년 40퍼센트의 수출 증가율을 기록해야 하는데, 이는 그 어떤 나라에서도 찾아보기 힘든 것이었다. 무역업계가 3억 달러 수출을 음속돌파 때의 장벽과 같이 쉽게 넘기 힘든 한계로 인식한 것은 나름대로 이유가 있었던 것이다.

이러한 상황에서 정부는 대통령의 주재 아래, 관계부처와 관련업계 책임자가 참여하는 '수출확대회의'를 매달 개최하였다. 수출확대회의는 박정희 정부 기간 동안 한 번도 빠지지 않고 진행되었는데, 일종의 수출확대 전략과 작전을 수립하고 전투를 독려하는 회의였다.

때맞추어 1965년 한·일 국교정상화를 계기로 일본으로부터 차관이 본격 도입되면서 섬유산업을 중심으로 한 수출용 제품을 생산하는 공장이 우후죽순처럼 생기기 시작하였다. 이러한 가운데 정부는 상공부 직원들을 수출업체에 배치하여 항상적으로 점검하고 독려하는 등 수출을 늘리기 위해 사력을 다했다. 결국 1967년 수출은 3억 5천만 달러로 애초의 목표를 초과달성한 것으로 나타났다.

그로부터 박정희는 또 한 번의 '점핑'을 시도하였다. 1970년 10억 달러 수출을 목표로 내건 것이었다. 분위기는 역시 부정적이었다. 사력을 다해 겨우 3억 달러를 돌파했는데 그 같은 흐름을 계속 이어가는 것은 절대적으로 무리라는 것이었다. 한국무역협회와 서울대 무역연구소 등은 한결같이 1970년 수출총액을 8억 5천만 달러 정도로 예측했으며, 수출업체들이 내놓은 수출계획의 합계 역시 비슷한 수준이었다. 민간 부문에서

경부고속도로 준공식장

경부고속도로는 박정희가 추진한 초고속 성장 정책의 산물로서 한국인의 '빨리빨리' 문화를 상징하는 동시에, 공사비보다 보수비가 많이 들어간 부실공사의 대명사다. 준공식 당시 행사장은 동원된 학생들로 가득했다. "대통령 각하 만세"라는 카드 섹션이 당시 사회 분위기를 전해준다.

1970년 10억 달러 수출이 가능하다고 본 경우는 그 어디에도 없었다.

그러나 박정희는 1970년 10억 달러 수출 달성을 위한 징검다리로 1969년 수출 7억 달러를 무조건 달성하라고 요구하였다. 상공부나 업계에서는 불가능하다는 뜻을 비쳤지만 박정희는 의지를 굽히지 않았다. 결국 1969년 10월 21일 박정희는 상공부 장관을 이낙선으로 교체하였다. 이낙선은 5·16군사 쿠데타에 참가했던 인물로서 밀어붙이는 데는 일가견이 있는 인물이었다.

이낙선이 장관에 취임하여 수출진척 상황을 확인해보니, 연말까지는 40일 정도 남았는데 목표인 7억 달러를 달성하기에 아슬아슬하였다. 그래서 연말까지 수출할 품목과 수량을 따져보니, 대만으로 수출하기로 한 소형어선 20척이 있는데 그 대금이 614만 달러가 되었다. 이것만 연말까지 수출을 완료한다면 7억 달러 목표달성이 가능할 것 같았다.

그런데 어선의 건조를 맡은 조선공사 측은 파업의 여파로 연말까지 완성하는 것은 불가능하다는 입장이었다. 보고를 받은 이낙선은 즉시

"당장 사장을 불러오라"고 호통을 쳤다. 이낙선은 긴급히 출두한 조선공사 사장에게 연말까지 무조건 배를 완성하도록 윽박지르면서 더불어 모든 지원을 아끼지 않겠다는 약속을 하였다. 조선공사가 자금사정이 어렵다는 이야기를 듣고는 즉시 자금지원 조치를 취하였다. 결국, 조선공사는 밤낮을 가리지 않고 배 건조작업에 매달렸다. 드디어 1969년이 다 가는 12월 31일, 모든 작업이 끝났다. 미리 대기시켜두었던 대만의 인수자는 곧바로 '인수증'에 서명을 했다.

이렇게 하여 1969년 수출은 7억 달러를 가까스로 돌파한 것으로 공식 집계되었다. 덕분에, 1970년 수출목표였던 10억 달러는 비교적 수월하게 달성될 수 있었다.

그렇다면 수출목표를 달성하기 위해 전력 질주하는 과정에서 어떤 일들이 벌어졌겠는가. 누구나 쉽게 예상할 수 있는 바대로 정부는 목표 달성을 위해 기업을 사정없이 조였고, 기업은 노동자를 닦달했으며, 노동자는 가족과 주변사람을 보챘다. 말 그대로 국민 전체가 속도와의 싸움에 매달렸던 것이다.

중요한 것은, 그러한 속도와의 싸움에 관성이 붙기 시작했다는 사실이다. 한걸음 더 나아가, 점점 더 많은 사람들이 속도를 즐기기 시작했다.

가난에 찌들려 살던 한국인들은 자기 생애에 선진국 국민과 같은 생활을 누릴 수 있다는 정부의 주장에 대해 처음에는 반신반의했지만 얼마 안 가 확신을 갖고 임하였다. 정부에서 제시한 목표가 적어도 양적 기준으로 보면 착착 달성되었기 때문이었다. 가령, 박정희 정부가 제시하였던 1980년대 초 100억 달러 수출, 1인당 국민소득 1,000달러 달성은 2~3년 앞당겨 이루어졌다. 또한 마이카 시대를 연다는 꿈 같은 약속은 1980년대 후반에 이르러 현실화되었다.

이러한 과정을 거쳐 더욱 빨리, 더욱 많은 것을 이루고자 하는 한국인의 속도에 대한 집착은 더 한층 강해질 수밖에 없었다.

　　외국인 노동자들이 한국에 와서 가장 먼저 배우는 말이 "빨리 빨리"라는 것은 널리 알려진 이야기이다. 한국으로 시집온 프랑스 출신 방송인은 입에서 무의식중에 "빨리 빨리"라는 말이 튀어나오는 순간, 자신이 완전한 한국인이 되었음을 느꼈다고 고백하기도 하였다.

　　한국인은 잠시의 여유가 생기거나 지체되면 불안해 한다. 기대했던 속도가 안 나면 쉽게 짜증을 내고 마침내 화가 폭발한다. 여유 있게 맛을 즐기면서 음식을 먹어야 할 식당은 이 같은 한국인들의 속도에 대한 강박관념을 가장 잘 나타내는 곳 중의 하나이다. 식당에 가서 음식이 5분 안에 나오지 않으면 난리가 난다. 결국 참지 못하고 그냥 나가는 경우도 많다. 이런 일화가 있다. 한국인 관광객들이 독일의 교포 식당에 가서 맥주를 주문하자, 주인은 병맥주는 맛이 없으니 시간이 걸리더라도 생맥주를 마시라고 권했다. 그러자 한국인 관광객들은 주저 없이 기다리기 뭐하니 맛이 없더라도 병맥주를 내놓으라고 했다.

　　한국을 대표하는 음식의 하나가 된 비빔밥도 성질 급한 한국사람들이 만들어낸 작품이다. 농번기 농촌에서 여러 가지 반찬을 죽 늘어놓으면 이것저것 한꺼번에 집어넣고 고추장을 넣어 쓱쓱 비벼 먹는다. 10분만에 식사를 마치는 사람들은 전세계적으로 한국 사람들밖에 없다.

　　건강도 생각하고 즐거움을 만끽하기 위해 자전거를 타더라도 속도에 집착한다. 뒤에서 다른 자전거가 쫓아오는가 싶으면 정신없이 페달을 밟는다. 혹시라도 아주머니가 추월하면 몹시 기분 나빠 한다. 자판기에서 컵이 다 차기도 전에 손이 먼저 들어간다. 엘리베이터마다 닫힘

버튼이 번들번들 윤기가 난다. 모두가 몇 초를 참지 못하고 눌러댔기 때문이다. 가까이에 일반 전화기가 있어도 손에 쥐어 있는 휴대폰으로 전화를 한다. 휴대전화가 보급되기 전, 공중전화기 앞에는 언제나 전화를 걸려는 사람들로 장사진을 이루었다. 그러다가 종종 상해치사 사고가 났는데, 대부분 피해자가 너무 길게 전화를 걸어서 뒷사람들을 오래 기다리게 했다는 것이 사고원인이었다. 버스가 도착하지 않았는데도 우르르 그 앞으로 몰려간다. 횡단보도 정지선에서 조금 빨리 가겠다고 자동차 머리를 들이미는 것은 자주 목도되는 장면이다.

미래학자 앨빈 토플러의 저작 《부의 미래》에 나오는 이야기이다. 어느 미국인이 서울에서 아파트를 구할 때, 그에게 집을 소개하던 사람이 아파트가 정확하게 7분 거리에 있다면서 얼마나 빨리 걷던지 자신이 한참이나 뒤로 처져버렸다고 한다. 그가 천천히 가자고 말하자, 부동산 중개업자는 "천천히요? 왜요? 당신이 저보다 다리가 길잖아요. 우리는 서둘러야 해요. 여기는 서울이라고요. 무엇이든 빨라요. 빠른 것이 최고란 말입니다"라고 말했다고 한다.

그 동안 많은 외국인들이 한국인의 속도에 대한 집착에 주목해왔다. 《파이낸셜 타임스》는 기사를 통해 '한국은 어디를 가도 활력이 넘친다. 삶의 보조를 나타내는 '빨리빨리'란 말은 누구도 잠시 멈춰 있을 수 없다는 의미이다'라고 밝혔다. 《비즈니스 위크》는 '한국인은 참을성이 부족하다. 신속한 보상이 그들을 지배한다'고 보도했으며, 하버드 대학의 한국학연구소는 한국인을 지배하고 있는 핵심요소는 '속도에 대한 민감성'이라고 언급했다. 또한 제프리 존스 전 주한미상공회의소 소장은 자신의 저서 《나는 한국이 두렵다》에서 이렇게 말하기도 하였다.

한국사회는 무척 빠른 속도로 변화한다. 한국사람들은 단지 그 변화의 속도를 느끼지 못할 뿐이다. …… 나는 세계 어디에서도 한국처럼 변화에 대한 부담(혹은 두려움)이 적은 사람들을 보지 못했다. 핸드폰, 컴퓨터, 자동차 등 다른 나라에서라면 5~10년은 족히 쓸 물건도 한국에서는 1~2년만 되면 골동품이 된다. 한국사람들은 그만큼 변화에 익숙하며 변화를 좋아하고 또 즐기기까지 한다.

한국인들 사이에 빨리빨리 근성이 습성화된 이유에 대해서는 여러 가지 설명이 있어왔다. 사계절의 변화가 뚜렷한 것도 그 중 하나로 꼽혀왔다. 시시각각 계절이 변화하면서 한국사람들은 매 순간 새로운 준비를 해야 했고, 그렇기 때문에 서두르지 않으면 안 되었다는 것이다. 가령 옷장사는 서둘러 새로운 옷을 전시할 준비를 해야 하고 음식장사는 계절에 맞는 새로운 음식을 서둘러 준비해야 한다. 그러나 과거에도 사계절의 변화가 뚜렷했지만 그다지 서두르는 모습을 보여주지는 않았다. 사계절의 변화가 속도에 대한 집착을 낳았다는 것은 그다지 정확한 이야기가 아닌 것이다.

빨리빨리 근성은 어디까지나 경제성장이 본격화된 이후에 나타난 현상이라고 봐야 한다. 이를 가장 분명하게 입증하는 것은 같은 한반도에 살고 있음에도 불구하고 북한 사람들 사이에서는 속도에 대한 집착이 전혀 나타나지 않는다는 사실이다. 앨빈 토플러도 지적했다시피 북한 사람들은 너무 여유를 부려서 탈이다.

그렇다면 한국인의 속도에 대한 집착을 어떻게 평가해야 할 것인가. 속도에 대한 집착이 산업의 발전에 긍정적으로 작용하는 경우가 많은 것은 사실이다. 대표적으로, 속도가 생명인 IT산업의 발전을 들 수 있다. 반도체산업을 예로 들어보자.

반도체의 수명은 보통 3~4년이라고 한다. 제품출시 초기에는 가격의 프리미엄이 높아서 비싸게 팔리지만, 나중에는 값이 10분의 1에서 20분의 1 수준으로 떨어진다. 결국 속도가 경쟁력을 좌우하는 셈이다. 그런데 미국이나 일본은 시스템과 라인을 중시한다. 생산현장에서 하자가 발생하면 상부에 보고하고 조치를 기다린다. 하지만 한국은 그 방면에 전문가인 연구원에게 곧장 연락하고, 연구원은 누구의 지시도 기다리지 않고 곧장 현장으로 달려가 문제를 해결한다. 가만히 앉아서 기다리는 것을 참지 못하는 것이다.

문제는, 속도에 대한 과도한 집착이 궁극적으로 도대체 왜 사는 건지 삶의 의미조차 묘연하게 만들었다는 데 있다. 모든 것을 급하게 서두르다보니 과정 속에 담긴 의미가 생략되고 마는 것이다. 가령, 모든 공간이동은 여행과는 무관하게 오직 목적지에 도달하기 위한 수단에 불과했다. 그러다보니 차 안에서조차 눈이 주변풍경으로 가는 것이 아니라 자주 시계로 향했다.

무엇보다도 속도에 대한 과도한 집착은 초고속 경제성장을 이끌어낸 구세대 한국인들로 하여금 지독할 정도로 일중독에 걸리게 만들었다. 구세대 한국인들은 한 나절 이상을 편히 쉬지 못한다. 곧바로 불안해지기 시작한다. 3일 정도 할 일 없이 쉬면 지옥에라도 내던져진 것처럼 힘들어 한다.

시동을 거는 초고속 경제성장

영국의 역사가 에릭 홉스봄은 20세기를 극단과 극단이 충돌한 '극단의 시대'로 규정한 바 있다. 이러한 극단의 시대를 지배하였던 사고방식은 흑백논리, 이분법이었으며 그에 따라 어느 쪽이든지 자신의 반대편을 철저하게 악마로 낙인찍지 않으면 안 되었다. 구세대가 대체로 그러한 사고방식을 견지해왔다.

하지만 20세기 역사는 모든 극단은 극단적인 결과만을 낳는다는 점에서 지극히 해롭다는 교훈을 남겨주었을 뿐이었다. 그로부터 21세기에는 극단을 지양하는 방향에서 모든 문제를 진단하고 해결책을 강구할 것을 요구받고 있다. 한국경제가 초고속 성장을 하는 과정에 대한 평가 또한 이러한 관점에서 이루어지지 않으면 안 된다. 그럴 때만이 진실로 실속 있고 생산적인 결과를 기대할 수 있다.

Chapter 02
시동을 거는 초고속 경제성장

지금부터 이야기하고자 하는 내용은 1960년대에서 1980년대에 걸쳐 이루어진 한국경제의 고도성장에 관한 것이다.

한국경제의 초고속 성장은 끔찍한 가난으로부터 탈출하기 위한 한국인 모두의 피눈물 나는 노력이 빚어낸 기적이었다. 1960년대에서 1980년대에 이르기까지 젊은 시절을 보냈던 세대들은 말 그대로 한국경제의 성공을 위해 모든 것을 바쳤다.

그 과정에서 정치지도자, 관료, 기업인 등 지배 엘리트들이 상당한 능력을 발휘한 것은 사실이다. 하지만 그러한 유능함이 반드시 긍정적인 결과만 낳은 것은 아니었다. 무엇보다도 성장의 과실을 나누는 데에서 독식과 배제가 구조화되었다. 이는 상당부분 경제성장을 진두지휘했던 정치권력의 본원적 한계로부터 유래하는 것이었다.

1. 박정희 정권, 그 본원적 한계

한국경제를 고도성장의 궤도에 올려놓은 대표적인 인물로 박정희를 꼽는 데 아무도 이의를 달지 않을 것이다.

앞으로 살펴보겠지만 박정희가 경제성장을 위해 대단한 열정을 불태웠을 뿐만 아니라 상당히 유능하기도 했음은 분명한 사실이다. 경제 영역에서만큼은 민족주의 성향을 강하게 드러낸 점 또한 주목할 가치가 있다. 하지만 아무리 절대빈곤 상태에서 벗어나는 것이 지상과제라 하더라도 경제성장 자체가 모든 것을 정당화해주는 것은 아니다. 경제성장은 궁극적으로 사회 구성원들의 삶의 질을 개선하기 위한 수단일 뿐이다. 설령, 보다 빠른 확대재생산을 위해 절대다수의 소득을 낮은 수준으로 억제한다고 하더라도 시간이 지나면 충분히 보상받을 수 있다는 비전이 있어야 한다.

그런데 박정희 개인을 포함해서 그가 이끌었던 정권은 바로 이 점에서 본원적 한계를 지니고 있었다. 경제성장을 사회 구성원들의 삶의 질을 개선하는 것으로 연결시키는 데 근본적인 자기 한계를 갖고 있었던 것이다. 이러한 한계는 바로 박정희 정권의 태동과정에서 잉태된 것이었다.

박정희는 군사 쿠데타를 통해 정권을 획득한 뒤, 스스로를 혁명정부로 표현하였다. 쿠데타 역시 박정희 정권 기간 내내 군사혁명으로 호칭되었다. 하지만 박정희는 아프리카 일부 나라의 군사 쿠데타가 좌파 혁명으로 이어졌던 것과 같은 길을 걸을 수 없었다. 정권의 일차적 기반인 군부가 미국에 의해 철저히 통제되고 있었기 때문이었다. 박정희 정권은 본질적으로 우파 정권의 테두리를 벗어날 수 없었던 것이다.

일반적으로 우파 정권이 정통성을 얻을 수 있는 가장 기본적인 조건은 민주적 절차를 통해 선출되는 것이다. 그런데 쿠데타를 통해 집권한 박정희 정권은 그 점에서 치명적 약점을 가질 수밖에 없었다. 바로 여기에서 박정희 정권이 숙명적으로 장기독재의 길을 걸을 수밖에 없는 일차적 요인이 발생하였다.

쿠데타를 통해 집권한 세력은 쉽게 권좌에서 물러날 수 없다. 권좌에서 물러나는 순간, 쿠데타의 불법성이 문제될 것이고 어떤 형태로든지 단죄를 받을 가능성이 크기 때문이다. 결국, 살기 위해서는 자파 세력이 권력을 계속 쥐고 있어야 한다. 쿠데타로 집권한 우파 정권이 예외 없이 장기독재로 가는 이유가 바로 여기에 있다.

이와 함께 절차적 정당성을 확보하지 못했다는 이유로 쉽게 지지를 보내지 않는 우파를 추스르고 대중을 매수하기 위해서는 상당한 양의 정치자금이 필요해진다. 그러한 이유로 박정희 정권은 쿠데타에 성공하자마자 정치자금을 조달하기 위해 갖가지 부정을 저지르기 시작하였다. 삼성그룹 총수 일가의 일원인 이맹희는 자신의 회상록《묻어둔 이야기》에서 당시의 상황에 대해 아래와 같이 이야기하고 있다.

혁명정부는 출범 직후부터 여기저기서 기존의 정치세력보다 더한 부정을 일삼기 시작하였다. 당연히 기업들에게도 과다한 정치자금을 요구하였는데, 그 중 제일 심한 것이 각종 사업의 인허가를 둘러싸고 정부에서 은밀히 손을 벌리는 것이었다. 즉, 어떤 사업을 하거나 공장을 새로 건설하려면 그 때마다 정치자금을 바쳐야 했다. ……박 정권은 나중에는 자신들이 호감을 가지고 있는 기업들에게 이권을 주고 그들로부터 정치자금을 받았지만, 초기에는 대통령에게 밉보인 기업들로부터 정치자금을 받아냈고, "앞으로 잘 봐주겠다"는 말을 빌미로 아랫사람들이 정치자금을 요구하는 경우가 많았다. 삼성은 정부와 비교적 원만한 관계를 유지하고 있었음에도 상당한 돈이 명분 없이 흘러들어갔던 기억을 가지고 있다.

정치자금은 최대한 비밀리에 조달해야 한다. 그러자면 큰 규모의 자금을 제공할 수 있는 특정 소수집단으로부터 조달하는 것이 효율적이다. 이로부터 소수의 특정 기업인들과 정권이 밀착하는 현상이 일반화되었다. 기업인은 거액의 정치자금을 주기적으로 상납하고, 그 대신 각종 특혜를 제공받았던 것이다. 이러한 과정을 거쳐 정권과 밀착된 기업은 문어발 식으로 영역을 확장해나갔고, 그 과정에서 거대 재벌이 연속적으로 등장하였다. 재벌은 순수 경제논리가 아닌 비정상적인 정치상황이 빚어낸 결과물이었던 것이다.

문제는 재벌과의 밀착관계는 재벌의 이익을 일방적으로 옹호하면서 필연적으로 중소기업, 노동자, 민중을 배제시키는 것으로 나아갈 수밖에 없다는 것이다. 민중이 경제성장의 과실을 나누어 가질 수 있는 기회로부터 배제된 것이었다.

그 같은 배제는 필연적으로 저항을 야기할 수밖에 없으며, 그에 따라 저항을 억누르기 위한 정치적 억압조치들이 광범위하게 양산될 수밖에 없었다. 박정희 정권 기간 동안 시간이 흐르면서 정치적 억압이 극한을 향해 치달았던 근본원인의 하나는 바로 여기에 있었다.

종합정리를 하자면, 박정희 정권은 군사 쿠데타라는 부정한 방법으로 권력을 획득함에 따라 권력유지를 위해 막대한 정치자금이 필요했고, 정치자금을 조달하는 과정에서 재벌을 일방적으로 옹호할 수밖에 없었으며, 그 결과 민중의 저항을 초래하면서 정치적 억압이 극대화되는 악순환의 고리에서 잠시도 벗어나지 못했던 것이다.

이러한 악순환 속에서도 박정희는 경제성장을 위해 전력투구했는데, 이는 상당 정도 그의 내면세계와 깊은 연관이 있었다.

충분히 짐작할 수 있는 일이지만, 박정희는 쿠데타에 성공한 즉시 장기집권으로 갈 수밖에 없을 것이라는 것을 본능적으로 간파했을 가능성이 크다. 어쩌면 그러한 길을 걸어가기를 갈구했을 수도 있다. 문제는 정권이 장기간 안정될 수 있는 길이 무엇인가인데, 박정희는 그에 대하여 일찍부터 머리를 싸매고 고민했을 것으로 보인다.

그런데 이와 관련하여 주목해야 할 점은, 박정희는 자신의 전력과 관련하여 심각한 콤플렉스를 갖고 있는 인물이었다는 사실이다.

정치사회 편에서 살펴보았듯이, 박정희는 만주군 출신이면서 좌익활동을 한 복잡한 전력을 지니고 있었다. 그런 점에서 박정희는 어느 세계에서도 환영받지 못할 인물이었다. 보수우익의 세계에서는 좌익 전력이 있는 미심쩍은 인물로 받아들이기 쉬웠고, 민중의 세계에서는 친일파, 기회주의자, 변절자라는 온갖 부정적 이미지로 덧칠되어 있는 인물로 비쳐졌던 것이다.

휴전선을 사이에 두고 체제대결을 벌이고 있던 북한의 존재는 이러한 박정희의 콤플렉스를 끊임없이 자극하였다. 북한의 최고지도자 김일성은 항일무장투쟁을 이끈 인물이었다. 이 점은 만주군 출신 박정희와 너무도 선명히 대비되는 점이었다. 박정희를 더욱 곤혹스럽게 만들었던 것은 김일성이 이끄는 북한이 전후 고도성장을 거듭하면서 1970년대 중반까지는 많은 영역에서 남한을 능가하고 있었다는 사실이었다.

박정희는 이렇듯 자신을 강하게 짓누르고 있던 콤플렉스를 해소하면서, 더불어 장기간의 집권을 안정적으로 끌고 갈 수 있는 것은 오직 경제성장에서 성공을 거두는 것뿐이라고 판단하였다.

확실히 경제성장은 박정희를 괴롭히던 모든 문제를 해결해주는 열쇠가 될 수 있었다. 친일 경력으로 얼룩진 한국의 보수우익 진영은 사적 이익을 앞세우는 경향이 강했기 때문에 경제성장을 통해 부를 안겨다주면 그것으로 족하였다. 민중의 상태 또한 크게 다르지 않았다. 민중은 극심한 피해의식으로 먹고 사는 문제 이외에는 신경 쓰기를 꺼려했다. 오직 가난에서 벗어날 수 있다고만 한다면 모든 것을 무시하고 뛰어들 각오가 되어 있었던 것이다.

경제성장은 박정희의 치부였던 과거의 전력을 나름대로 유용하게 써먹을 수 있는 다양한 기회를 안겨다 줄 수도 있었다. 말하자면, 박정희 스스로 과거의 전력을 긍정적으로 볼 수 있는 계기를 마련해줄 수 있었던 것이다. 실제로, 박정희는 일본과의 수교를 통해 경제개발에 필요한 자금을 조달하는 과정에서 과거 만주군 시절의 인맥을 상당히 많이 활용하였다.

박정희는 1961년 11월 국가재건최고회의 의장 자격으로 미국을 방문하기에 앞서 일본에 들렀을 때, 이케다 총리가 주최한 공식만찬에 특별한 손님을 초청해줄 것을 요구했다. 그는 다름 아닌 박정희의 만주군관학교 시절 교장이었던 나구모南雲였다. 만주군관학교 생도 시절의 다카키 마사오로 돌아간 박정희는 나구모에게 큰 절을 올리고 술을 따랐다. 이는 일본의 만주 인맥을 향해 적극적 협력을 요청하는 무언의 메시지였다.

결국 일본에 있는 만주 인맥은 한·일국교정상화를 위해 발 벗고 나섰다. 일본 쪽에서 한·일국교정상화를 주도한 인물은 기시 전 총리였으며 당시 외상으로서 이 조약에 서명한 인물은 시나였는데, 둘 다 만주국 고급관리를 역임한 바 있었다. 결국 한·일국교정상화는 한국과 일본에 포진한 만주 인맥의 협력을 기반으로 해서 추진된 것이었다.

이 밖에도 박정희 입장에서 경제성장을 통해 해결할 수 있는 중요한 과제가 또 하나 있었다. 그것은 바로 박정희의 콤플렉스를 끊임없이 자극해왔던 북한과의 체제경쟁에서 우위를 확보하는 것이었다.

북한과의 체제경쟁이 박정희에게 얼마 만큼 심각한 영향을 미쳤는지는 여러 방면에서 확인되고 있다. 핵심 측근이 전하는 바에 따르면, 박정희는 김일성이라는 말만 나오면 갑자기 눈빛이 이상해졌다고 한다. 박정희가 애초의 계획을 대폭 상향조정하여 1980년대 초 100억 달러 수출을 목표로 정하고, 이를 위해 전격적으로 중화학 공업화를 추진한 동기도 직접적으로는 북한과의 체제경쟁에서 유래한 것이었다. (이에 관해서는 뒤에서 좀 더 자세히 살펴볼 것이다.)

이 모든 요인으로 인해 박정희는 오직 경제성장에 '올인'하기로 결심하였다. 그로부터 경제성장은 박정희를 잠시도 놔두지 않는 엄청난 강박관념으로 자리 잡기 시작하였다. 박정희가 경제성장에 관한 한 놀라운 정도의 열정을 발휘한 밑바탕에서는 바로 이 같은 강박관념이 작동하고 있었던 것이다.

실제로도 박정희는 통치기간 내내 경제분야에 전념했고 모든 국민들 역시 경제건설 이외에 다른 것은 무시할 것을 요구하였다. 경제제일주의가 통치 이데올로기로 등장한 것이다. 이러한 가운데, 박정희 정권 아래에서 정치를 전담하고 관리한 것은 다름 아닌 중앙정보부였다. 그 결과, 박정희 정권 아래에서의 정치는 공론의 장을 떠나 음모와 매수, 테러 등 어둡고 음습한 모습으로 일관하였다.

2. 피와 눈물로 얼룩진 종잣돈

낙후된 농업국가 입장에서 경제개발의 핵심은 단연 공업화 추진이었다. 문제는 공업화에 필요한 자금을 어떻게 조달하느냐였다.

먼저, 농업 생산력을 발전시키고 여기에서 발생한 경제잉여를 바탕으로 공업화를 추진하는 방법이 있었다. 이는 종속을 피하고 자립적 발전을 할 수 있는 가장 확실한 발전전략이 될 수가 있었다. 문제는 1960년대 당시 너무나 많은 인구가 농촌에 머물러 있었다는 데 있었다. 이러한 상태에서 저축은 매우 낮은 수준에 수밖에 없다. 제한된 농업생산만으로 많은 인구를 먹여 살려야 하기 때문이었다. 농민의 저축에 의존할 경우에 공업화는 낮은 수준의 투자로 인해 매우 느리게 진행될 수밖에 없었다. 이는 한국인의 대다수가 오랫동안 가난에 묶여 있어야 함을 의미하는 것이었다.

결국, 선택할 수 있는 것은 외부로부터 자금을 조달하고 이를 바탕으로 빠른 속도의 공업화를 실현하는 것이었다. 그런데 1960년대 초까지만 해도 한국은 국제사회에서 전쟁위험 국가로 분류되어 있었다. 기업의 인지도 또한 워낙 낮았기 때문에 담보능력이 전혀 인정되지 않았다. 외국의 입장에서 볼 때, 한국은 돈을 빌려주거나 투자를 할 수 있는 상대가 전혀 아니었던 것이다.

이러한 상황에서 쿠데타로 집권한 박정희 정부는 외자도입을 촉진할 목적으로 1962년 7월 '장기결제 방식에 의한 자본 재도입 촉진법'과 '정부지불보증법'을 제정하였다. 장기결제 방식이란 원금과 이자를 장기간에 걸쳐 분할상환하겠다는 것이고, 정부지불보증이란 외자를 빌려 쓴 민간 기업체기 원금과 이자를 갚지 못할 경우, 정부가 책임을 지고 갚겠다고 약속한 것이었다.

그럼에도 불구하고, 외자도입은 기대만큼 이루어지지 않았다. 미국은 무상원조를 받는 나라에 차관을 줄 수 없다고 나왔고, 일본은 미수교 상태에서 차관협정을 맺을 수 없다고 하였다. 벼랑끝으로 내몰린 박정희 정부는 경제개발의 첫 시동을 거는 데 필요한 '종잣돈' 마련을 위해 비상수단을 강구하기 시작했다.

먼저, 박정희 정부는 미국의 반대를 무시하고 같은 분단국인 서독으로부터 1억 4천만 마르크의 차관을 얻는 데 성공했다. 서독이 필요로 하는 간호사와 광부를 보내주기로 하고, 그들의 봉급을 담보로 차관을 얻은 것이다. 당시 서독은 경제발전으로 힘들고 지저분한 일은 하지 않으려고 하는 풍조 때문에 광부와 간호사 부족으로 애를 먹고 있었다.

1963년 서독에 파견할 광부 500명을 모집했는데, 4만 6천 명이 몰려들었다. 상당수가 대학졸업자와 중퇴자들이었다. 당시 남한인구는 2,400만 명이었는데 정부의 공식통계에 나타난 실업자 숫자만도 250만 명을 넘었고 1인당 국민소득은 100달러에도 못 미치고 있었다. 이런 시절에 매달 600마르크(160달러)의 직장에 지원자가 밀려드는 것은 지극히 당연한 일이었다. 간호사의 경우도 사정이 비슷했는데, 1960년대 초 그들의 월보수는 440마르크(110달러)였다.

이런 식으로 1978년까지 7,800여 명의 광부가 서독으로 건너갔다. 1976년까지 서독으로 건너간 간호사는 무려 10만여 명에 이르렀다. 1970년대 중반, 서베를린에만 한국 간호사가 2천 명이 넘을 정도였다.

서독에 파견된 광부들은 지하 1천 미터 이상의 깊은 땅 속에서 뜨거운 지열을 받으며 이를 악물고 일을 했다. 이들은 루르 탄광 지하 1천~3천 미터 사이 막장에서 1미터 파들어갈 때마다 4~5마르크를 받았다. 하루 8시간 일하는 서독사람들과 달리 열몇 시간을 그 깊은 지하갱도에서 석탄을 캤다.

낯선 땅 서독에 도착한 간호사들은 여러 병원에 뿔뿔이 흩어졌다. 말도 안 통하는 한국인 간호사들에게 처음 맡겨진 일은 병들어 죽은 사람의 시신을 닦는 일이었다. 어린 간호사들은 울면서 거즈에 알코올을 묻혀 딱딱하게 굳어버린 시체를 하루 종일 닦고 또 닦았다. 그 후에도 한국인 간호사들은 치매환자 병실 등 서독 간호사들이 기피하는 곳에 주로 배치되었다. 그 과정에서 간호사들은 자신보다 몸집이 두 배나 큰 환자들을 상대로 온갖 곤욕을 치러야 했다.

서독의 방송과 신문들은 가난한 한국에서 온 간호사와 광부들에게 뜨거운 찬사를 보냈다. "세상에 어쩌면 저렇게 억척스럽게 일을 할 수 있을까?" 이러한 분위기를 반영하여 1964년 12월, 서독의 뤼프케 대통령(서독은 내각책임제로서 실권은 수상이 쥐고 있었고, 대통령은 상징적인 대표성을 갖고 있었다)이 파견 간호사와 광부들을 위로해줄 요량으로 한국의 대통령 부부를 초청했다. 방문 기간중 서독정부의 주선으로 곳곳에 흩어져 있는 한국인 간호사와 광부들이 한 자리에 모여 대통령 부부를 만날 수 있었다. 애국가 제창의 순간부터 참석자들의 눈시울이 뜨거워지는가 싶더니 결국 행사장은 일시에 울음바다로 돌변하고 말았다.

서독으로 파견되는 간호사들
공항의 송영대를 가득 채운 가족들
에게 손을 흔드는 간호사들은 희망
에 차 보인다. 그들은 서독에 도착한
뒤로 많은 눈물을 흘려야 했다.

국가기록원 제공

　이국땅 낯선 곳에서 모두가 목돈을 마련하여 자신과 가족을 가난에
서 벗어나도록 하겠다는 일념으로 지독하게 일을 했다. 하지만 그 대가
는 혹독한 것이었다. 가령 1966년 12월, 3년의 고용기간을 채우고 142명
의 파독광부 제1진이 귀국했을 때, 거의 전원이 1회 이상의 골절상 병
력을 안고 있었다. 사망자도 있었고, 실명한 사람도 있었다.

　이렇듯 간호사와 광부들이 죽을 고생을 해서 번 돈은 모두 달러로 송
금되었고, 즉시 국내 은행에 예치되었다. 한국 정부는 송금된 액수 만
큼 새로 한국돈을 찍어 본인들 가족에게 전달했다. 이런 식으로 한국
정부가 조달한 달러는 매년 5천만 달러 정도로서 한때 GNP의 2퍼센트
수준에 이르기도 했다. 연간 경제성장률의 3분의 1 가까이를 서독에 파
견된 간호사와 광부가 담당한 셈이다. 이는 1964년 수출총액이 비로소
1억 달러를 넘어선 것에 비추어보더라도 실로 엄청난 액수였다.

　더욱이, 기술도입과 원자재·부품수입을 위해 막대한 외화를 지출해
야 하는 상품수출과 달리, 이들 달러는 말 그대로 지출이 없는 100퍼센

트 순수입이었다. 그만큼 경제적 파급효과가 컸다고 할 수 있다. (이후, 베트남 파병 장병들과 1970년대 중동 건설 노동자들의 송금으로 얻어진 달러 역시 동일한 효과를 낳았다.)

이렇게 하여, 박정희 정부는 서독 정부에서 조달한 차관보다 훨씬 규모가 큰 '송금'을 통해 귀중한 외화를 확보할 수 있었다.

박정희 정부가 경제개발의 종잣돈을 마련하기 위해 두 번째 시도한 것은 일본과의 국교수립을 대가로 대일청구권 자금을 얻어내는 것이었다. 당시까지 한·일 두 나라는 미수교 상태에 있었다.

한·일관계의 복원은 한·미·일 삼각 군사동맹 구축차원에서 미국이 강력히 요청해왔던 바였다. 박정희 정권은 이러한 미국의 요구에 호응함과 동시에 경제적 지원을 이끌어낼 목적으로 서둘러서 한·일국교정상화를 추진하였다.

한·일국교정상화의 움직임은 1962년 12월 김종필 중앙정보부장이 비밀리에 일본을 방문하면서 본격화되었다. 이후 김준연 의원의 폭로에 의하면, 김종필은 오히라 외상과 밀담을 나눈 끝에 한·일회담을 조속히 마무리짓는다는 조건 하에 '경제개발 5개년계획 자금'으로 1억 3천만 달러를 즉석에서 받아냈고, 이와는 별도로 공화당 활동자금으로 2천만 달러를 얻어냈다고 한다.

예상했던 대로 한·일국교정상화 회담은 처음부터 과거의 상전을 되찾아가듯 굴욕적으로 전개되었다. 그 결과, 야당과 학생을 주축으로 한 광범위한 반대투쟁(6·3항쟁)이 촉발되었다. 6·3항쟁은 1964~1965년에 걸쳐 연인원 350만 명이 참여하는 가운데 정권의 존립을 위협할 만큼 강력하게 전개되었다. 마침내 6·3항쟁은 1965년 6월 3일 시위대가 청와대를 경비하고 있던 1천여 명의 중무장한 공수부대를 포위하면서 절정에 이르렀다. 긴급한 상황에서 버거 주한미국대사와 해밀턴 하우즈 주한미군사령관이 헬리콥터를 타고 청와대를 방문, 박정희와 2시간에 걸쳐 대책회의를 했다.

곧이어 박정희 정권은 미국의 지원 아래 비상계엄령을 선포하고 완전무장한 2개 사단을 투입하여 겨우 시위를 진압할 수 있었다. 비상계엄령은 두 달 정도 지속되었다. 옥내외 집회는 모두 불허되었고 시위를 주도한 수십 개의 대학과 고등학교에 대해 휴교령이 내려졌으며 모든 언론에 대한 사전검열이 실시되었다.

이러한 상황에서 1965년 6월 22일 한·일국교정상화 요건을 담은 이른바 '한·일협정'이 체결되었다. 얼마 후인 8월 14일, 국회는 집권여당인 공화당 소속 국회의원 110명, 무소속 1명만이 참석한 가운데 한·일협정 비준안을 통과시켰다. 그 날 시민과 학생 300여 명이 항의를 하기 위해 국회로 행진하였는데, 그 중에는 5·16군사쿠데타 주역 중 한 명이었던 김재춘과 광복군 출신 전 외무장관 김홍일도 포함되어 있었다.

한·일협정은 기본조약과 4개 부속협정으로 이루어졌는데, 그 중에는 '청구 및 경제협력에 관한 협정'이 포함되어 있었다. 이 협정에 의하면, 일본이 한·일국교정상화의 대가로 한국에 무상원조 3억 달러, 유상 재정차관 2억 달러를 10년에 걸쳐서 제공하고, 이와는 별도로 상업차관 3억 달러를 제공하기로 되어 있었다. 일본은 이 자금을 과거 식민통치의 죄과에 대한 보상이 아닌 한국의 독립 축하금으로 간주하였다. 한·일협정 그 어느 곳에도 과거 일본이 우리 민족에게 자행했던 엄청난 죄과에 대한 사과는 한 마디도 없었다. 당연히 종군위안부 등의 범죄행위에 대한 언급은 전혀 찾아볼 수 없었다.

결국 한·일협정은 국교정상화를 위한 최소한의 조건, 곧 과거의 죄과에 대한 진심 어린 인정 및 사과와 그에 상응하는 정당한 보상 없이 체결되고 만 것이다. 다른 동남아시아 국가들이 2차 세계대전 당시 일본의 일시적인 침략만으로도 당당한 승전국의 입장에서 거액의 배상금을 받아냈던 것과 너무도 대비된다고 할 수 있다. 이런 점에서 한·일협정은 명분과 실리 모두에서 실패했다는 평가를 벗어날 수 없었다. 한·일협정이 조인되던 날, 〈동아일보〉 사설은 이렇게 결론지었다.

'가히 누구도 조인내용에 만족할 사람이 없는 가운데, 우리 자신과 우리 후손의 살림에 비관적인 영향을 미칠 역사적인 전환이 이루어지려고 하고 있다. 야당의 극한적인 반대, 교문폐쇄와 학생들의 단식, 데모가 계속되는 가운데 삼엄한 경계를 하면서 조인이 이루어진다는 것은 민족적인 비극이라 하지 않을 수 없다.'

박정희 정부가 경제개발의 종잣돈 마련을 위해 감행한 또 하나의 거사는 베트남 파병이었다.

베트남 전쟁은 이후 미국의회에서 그 전모가 드러났다시피 미국이 도발한 명백한 침략전쟁이었다. 미국 내부에서조차 베트남 전쟁을 반대하는 여론이 들끓었다. 미국은 이러한 베트남 전쟁에 한국군 파병을 요청하였고 박정희 정부는 그에 적극 호응하였다.

1965년 8월 18일, 국회는 집권여당인 공화당만이 참가한 가운데 베트남에 2만 명의 병력을 파병할 수 있는 권한을 정부에 부여하는 '파병 동의안'을 통과시켰다. 당시 야당 의원들은 한·일협정 비준안을 날치기로 통과시킨 것에 항의하여 국회참여를 거부하고 있던 중이었다.

다음해인 1966년, 또 다시 베트남에 대한 2만 병력의 추가파병이 결정되었다. 그 해 3월 7일 브라운 주한미국대사는 한국군 추가 파병에 대한 미국의 보상조치로서 모두 14개 항(이른바 브라운 각서)을 발표하였는데, 그 요지는 다음과 같다.

1. 추가파병에 따른 모든 비용은 미국이 부담한다.
1. 한국군 육군 17개 사단과 해병대 1개 사단의 장비를 현대화한다.
1. 베트남 주둔 한국군을 위한 물자와 용역은 가능한 한국에서 구입한다.
1. 베트남에서 실시되는 건설, 구호 등 제반 사업에 한국인 업자를 참여시킨다.
1. 미국은 추가로 AID차관과 군사원조를 제공하고, 베트남과 동남아시아로의 수출증대를 가능케 할 차관을 추가로 대여하며, 기타 경제개발 목적에 사용하기 위한 신규 차관을 제공한다.

브라운 각서는, 간단히 말해 한국군을 미국의 용병으로 베트남 전쟁에 참전시키기 위한 '구매조건'을 명시한 것이라고 할 수 있다. 실제로, 그 당시 비동맹 국가들은 베트남에 파병된 한국군을 미국의 용병으로 간주하였고, 심지어 박정희 정권의 요인들조차 그런 입장을 취하고 있었다. 다만, 그들은 얼마나 유리한 조건에 파병하는가에 좀 더 깊은 관심을 기울였을 뿐이다.

하지만 '군인수출'이라고 할 수도 있는 베트남 파병의 조건은 그다지 좋은 것이 못 되었다. 무엇보다도 〈표 2〉에 나타나고 있듯이, 베트남에 파병된 한국군의 급여는 미군은 물론이고 다른 나라의 급여에도 한참 못 미치는 것이었다. 이렇듯 미국이 한국군에게 형편없이 낮은 급여를 지급함으로써 얻은 이익은 줄잡아 3억 500만 달러에 이르렀다.

〈표 2〉 베트남에 파병한 각국 군인의 월 보수액

(단위: 달러)

국별 계급	한국	월남	미국	필리핀	태국
소장	354.16	217.38	1,294.15		
준장	320.00	212.35	1,060.65	641.60	
대령	291.72	170.43	833.15	590.40	590.75
중령	256.67	153.66	686.65	539.20	563.39
소령	224.57	138.56	601.45	500.80	518.43
대위	190.40	123.48	569.05	475.20	406.92
중위	166.70	111.74	483.85	454.72	395.19
소위	151.55	103.35	435.85	441.92	389.33
준위	137.14	86.58	430.15	404.80	
상사	102.50	76.51	402.15	274.80	266.39
중사	85.35	69.82	366.25	282.24	261.51
하사	82.90	68.13	333.35	279.68	257.60
병장	64.47	62.64	304.75		
상병	56.83	58.53	259.73		
일병	51.36	57.16	238.15		
이병	51.11	55.79	235.15		

출전: 1967년도 《합동연감》 참조(조현민, 《역사를 다시 본다》, 만민사, 1989, 138쪽 재인용).

베트남 파병 한국군은 연인원 31만 2천 명에 이르렀으며, 통상 5만 명 규모를 유지했다. 이는 55만 명의 미군에 이어 두 번째로 많은 숫자였다. 참고로, 베트남에 파병한 나머지 나라의 군대 수는 호주 4천 5백 명, 필리핀 2천 명, 뉴질랜드 150명, 태국 17명 수준이었다.

베트남 파병 한국군은 1967~1972년 동안 1,170건의 대단위 작전과 2만 1,467건의 소부대 작전을 전개했다. 그 과정에서 한국군은 4,407명이 목숨을 잃었고 1만 7,060명이 부상을 입었다. 그 밖에도 수많은 베트남 파병 군인들이 고엽제에 중독되어 오늘날까지 심각한 고통을 겪고 있다.

베트남 파병 한국군이 입은 또 하나의 깊은 상처는 베트남 민중에 대한 잔혹한 학살로 인해 국제적 비난을 받은 것이었다. 한국군은 종종 (당시 남베트남 저항세력의 구심역할을 하고 있던) '남베트남민족해방전선'NLF의 근거지라고 여긴 부락에 대한 초토화 작전을 전개하였다. 혹은 NLF로부터 입은 피해에 대한 보복으로 민간인을 학살하기도 하였다. 한국군의 작전이 워낙 잔혹하고 보복의 정도가 심해, NLF도 한국군과의 교전을 되도록 피하려고 할 정도였다. 다음은 김민웅 교수가 《말》지 1990년 7월호에 게재한 베트남 파병 한국군 관련 글의 일부이다.

> 1966년 11월, 푸옥 빈 마을에 일단의 한국군이 들어섰다. 마을에 있는 사람이라고는 여자, 노인 그리고 아이들뿐이었다. 이들(한국군)이 마을을 나서기 전, 기관총 소리가 하늘을 찢는 듯했다. 그리고 나서 마을 한가운데에는 1백 40구 가량의 시체가 즐비했다. 아이들의 입에는 케익이나 캔디가 물려 있었고 노인들의 입에는 담배가 물려 있었다. 아마도 안심시키면서 마을사람들을 모으려 한 방법이었던 것 같다.

한국군의 베트남 민간인 학살은, 엄밀하게 말하면 미군의 작전지휘에 따른 것이었다. 당시 미군은 웨스트 모어랜드의 총지휘 아래 NLF 게릴라들의 근거지를 남베트남 정부의 영향 아래로 편입시키되 그렇지 못한 경우는 철저히 파괴하는 작전을 전개하고 있었는데, 이 과정에서 필요한 악역을 주로 한국군이 떠맡았던 것이다.

이 같은 민간인 학살을 포함해서 한국군이 베트남 전쟁에서 살상한 베트남 인은 4만 1천여 명에 이르렀다. 한국은 베트남 파병을 통해 자신의 손을 타민족의 피로 붉게 물들인 것이다. 그렇다면 한국이 이를 통해 얻은 경제적 대가는 어느 정도였는가.

한국이 파병 병사들의 송금과 각종 물자를 공급함으로써 베트남 전쟁을 통해 얻은 수익은 총 17억 달러에 이르렀다. 1966년의 경우, 베트남 특수가 차지하는 비중은 전체 달러 수입의 40퍼센트에 이르렀다. 하지만 이 돈은 직접 참전하지 않았던 일본과 대만이 베트남 전쟁에 물자를 공급함으로써 벌어들인 것의 중간 정도에 해당하는 것이었다.

지금까지 살펴본 것처럼 박정희 정부가 마련한 경제개발의 종잣돈은 하나같이 피와 눈물로 얼룩진 것들이었다. 박정희 정부는 바로 그 종잣돈으로 발전소와 댐을 만들고 도로와 항만을 만들었으며 공장을 세우기도 하였다. 한국경제는 이렇듯 고통스러운 대가를 지불하면서 지반공사를 할 수 있었고, 그 위에서 고도성장을 향해 줄달음칠 수 있었다.

이는 곧 한국경제 성공의 이면에는 어떤 형태로든지 갚아야 할 거대한 부채가 도사리고 있음을 말해주는 것이다. 한국인이라면 누구든지 그 부채를 결코 잊어서는 안 될 것이다. 왜냐하면 그 누구인가 한국경제의 성공으로 혜택을 입었다면 그 성공을 뒷받침했던 부채 역시 그의 몫이기 때문이다.

3. 수출에 모든 것을 걸다

수출주도형 공업화 전략은 박정희 정부가 한국경제를 고도성장의 궤도에 올려놓을 수 있었던 핵심전략이었다. 박정희 정부는 수출증대에 모든 것을 걸었고 수출증대를 위해서라면 어떤 희생도 마다하지 않았다. 하지만 박정희 정부가 처음부터 수출주도형 전략을 구사한 것은 아니었다. 그것은 다분히 경험적이고 다소는 우연적으로 발견된 것이었다.

박정희 정부는 쿠데타로 권력을 장악한 직후인 1961년 7월 22일, 경제기획원EPB이라는 새로운 경제부처를 창설했다. 경제기획원은 기획·통계·예산기능 외에 외자도입 승인권을 틀어쥔 부총리급 부처로서 세계 어느 나라에서도 찾아볼 수 없는 독특한 조직이었다. 군사에 비유하면, 작전을 세우고 병력을 배치하며 보급품을 배분하는 전시 작전지휘부와 같은 것이었다.

박정희 정부는 이러한 경제기획원을 중심으로 1차 경제개발 5개년 계획을 수립하고 1963년부터 이를 전격적으로 실행에 옮겼다. 이는 사회주의 국가들이 정부 주도 아래 급속한 공업화를 실현했던 경험을 차용한 것이기도 하였다.

1차 경제개발 5개년계획이 출발할 무렵, 역점을 두었던 것은 수입대체산업을 육성하는 것이었다. 1960년대 초, 한국은 공업화가 극히 미진한 상태에서 거의 모든 공산품을 해외로부터 수입하고 있던 형편이었다. 심지어 국내에 무진장하게 원료가 매장되어 있던 시멘트조차 생산시설 미비로 수입에 의존하고 있었다. 바로 이러한 수입품을 국내에서 직접 생산하여 내수시장에 공급하자는 것이 수입대체산업 육성의 목표였다.

그런데 얼마 가지 않아 심각한 문제가 발생하고 말았다. 수입대체산업의 육성은 수입을 줄이는 것을 목표로 하였지만, 일단 공장이 가동되자 기계와 부품·원자재 수입 또한 함께 늘어날 수밖에 없었다. 기술축적 수준이 낮고 부존자원이 절대적으로 부족한 상태에서 그러한 상황은 상당 정도 불가피한 것이었다.

결국 얼마 되지 않은 외화가 빠르게 소진되기 시작했다. 1961년 말에 정부가 보유하고 있던 외화는 2억 520만 달러 정도였는데, 1963년 말에는 그 액수가 1억 달러 미만으로 줄어들고 말았다. 그대로 가다가는 외환 보유고가 바닥을 드러낼 수밖에 없었다. 이는 곧 부품·원자재 수입이 어려워지면서 공장가동이 전면적으로 중단될 수 있음을 의미하는 것이었다. 말하자면 파산 직전의 상황에 직면한 것이다.

외환위기에 봉착한 박정희 정부는 1964년 초 수입대체산업의 육성에서 외화를 벌어들일 수 있는 수출주도형 공업화로 재빨리 방향을 선회하였다. 이후에 한국경제를 일관되게 관통하는 수출주도형 공업화 전략은 이렇듯 외환위기를 계기로 다소 우연적으로 선택되었다.

그런데 당시 한국이 수출 경쟁력을 가질 수 있는 것은 오직 값싼 노임밖에 없었다. 자본 동원력이나 축적된 기술, 개발이 가능한 자원 그 어느 것도 기대할 수 없는 상황이었던 것이다. 결국, 박정희 정부는

〈표 3〉 **각국의 미화기준 시간당 임금 수준 (제조업)**　　　　　　　　(단위: 미화 센트)

구분	1966	1967	1968	1969	1970
한국	10	12	15	18.5	22.5
일본	56	63	74	86	—
필리핀	22	23	23	24	—
태국	20	21	—	23	—
대만	19	21	22	—	—

출전: 오원철, 《박정희는 어떻게 경제강국 만들었나》, 동서문화사, 2006, 80쪽.

1964년 5월, 1달러에 130원이었던 환율을 달러당 255원으로 두 배 가까이 인상했다. 그 결과, 당시 한국 노동자들의 평균임금은 미화 기준으로 시간당 10센트가 되었다. 하루 8시간 노동을 기준으로 노동자의 하루벌이가 1달러가 채 안 된 것이다. 이는 대만이나 필리핀, 태국 등보다도 낮은 수준이었다.

이렇듯 값싼 노임을 바탕으로 박정희 정부가 1차 목표로서 내건 것은 수출 1억 달러를 돌파하는 것이었다.

정부의 독려 아래, 한국인들은 돈 되는 것은 뭐든지 만들어 외국에 팔았다. 그 한 예로, 여성들의 머리카락을 잘라 가발을 만들어 수출했다. 엿장수들이 동네마다 "머리카락 파세요! 파세요!" 하며 길게 땋아 늘였던 여성들의 머리카락을 모았다. 시골 아낙네들은 서울 간 아들 학비 보태주기 위해 혹은 먹고 살 쌀을 살 목적으로 열심히 머리카락을 잘랐다. 덕분에, 한국의 가발산업이 크게 발전할 수 있었다. 이 밖에도 쥐잡기 운동을 대대적으로 벌이면서 쥐털로 된, 일명 코리언 밍크를 만들어 외국에 팔기도 하였다.

이렇게 하여 1964년 수출총액이 1억 달러를 넘어섰다. 이는 1963년에 비해 39.6퍼센트 증가한 것이었다. 정부는 수출 1억 달러를 돌파한 11월 30일을 수출의 날로 지정, 매년 기념하였다. 국제사회에서는 "어! 저 거지들이 1억 달러어치를 수출했네!"라며 신기한 눈으로 쳐다보았다. 반도체 한 품목만으로 수백억 달러어치를 수출하는 요즈음 기준으로 보면 별 것 아닐 수도 있지만, 당시로서는 결코 만만치 않은 일이었다.

수출을 통해 외화수입이 늘자, 경제가 활력을 되찾기 시작했다. 원자재 공급이 원활해지면서 공장이 정상 가동되었고, 기계설비 도입으로 생산시설이 늘어갔다. 고용이 늘어나면서 내수시장 또한 빠르게 확장되기 시작했다. 수출증대의 파급효과가 경제 전반에 걸쳐 나타난 것이다. 무엇보다도 수출주도형 전략은 협소한 내수시장에 구애받음이 없이 생산을 확대할 수 있다는 장점이 있었다. 아울러 수출을 통해 벌어들인 외화는 외국으로부터의 기술도입을 가능하게 함으로써 취약한 국내 기술의 기반을 보충해주었다. 국내시장에 안주하지 않고 처음부터 국제시장에서 경쟁함에 따라 기업의 체질이 강화될 수 있는 것 또한 수출주도형 전략이 갖는 빼놓을 수 없는 장점 가운데 하나였다.

이 모든 것은 수출주도형 공업화 전략을 통해 한국경제를 빠른 속도로 성장시킬 수 있음을 말해주었다. 박정희가 애타게 찾던 해답이 바로 수출주도형 공업화 전략임이 분명해진 것이다.

그로부터 박정희는 수출증대를 하나의 신앙으로 받아들였고 모든 공업을 수출체제로 전환시키도록 하였다. 박정희의 강력한 의지에 따라 정부는 시중금리보다 싼 이자로 융자를 해주는 등 수출업체를 우선적으로 지원하였고, 수출공장마다 상공부 공업국 직원을 배치하여 수출증대를 독려하였다. 당시 상황에서 수출증대를 위한 노력은 전투를 수행하는 것이나 진배없었다.

이러한 전투를 지휘한 총사령관은 바로 박정희 자신이었다. 앞서 살펴보았듯이 박정희는 파격적인 수출목표를 제시하고 이를 관철시키기 위해 국민 모두를 속도와의 싸움 속으로 몰아넣었다. 그 결과, 무역업계나 관료, 학자들 모두가 불가능하다고 느꼈던 1970년 10억 달러 수출목표를 달성할 수 있었다.

지속적인 수출증가로 자신감을 가진 박정희 정부는 더 높은 수출고지를 점령하기 위해 앞으로 달려나갔다. 1972년 2월, 정부는 그 간의 성과를 바탕으로 1980년 수출목표를 55억 달러로 확정지었다. 그런데 의외의 돌발변수가 발생했다.

1980년 수출목표를 발표한 직후, 오원철 청와대 제2경제수석비서관이 박정희에게 '북한 경제의 분석'을 주제로 브리핑을 했다. 브리핑이 끝나자 박정희는 "북한의 수출액은 얼마나 되느냐"고 질문했다. 오원철은 "1976년에 5~6억 달러가 될 것으로 추산된다"고 답변했다. 그러자 박정희는 "북한의 인구가 남한의 약 2분의 1이니 우리나라의 1970년도 수준이구먼"이라고 혼자 중얼거리듯이 말했다.

다시 그로부터 3개월 뒤, 박정희는 오원철에게 "임자! 100억 달러를 수출하자면 무슨 공업을 육성해야 하지?"라는 질문을 던졌다. 그에 대해 오원철은 평소 구상해왔던 산업구조 고도화에 대해 간략히 설명했다.

"각하! 중화학공업을 발전시킬 때가 되었습니다. 일본 정부는 제2차 대전 후 폐허가 되다시피 한 경제를 소생시키기 위한 첫 단계로 경공업 위주의 수출산업에 치중했습니다. 현재의 우리나라 사정과 같습니다. 그 뒤 일본의 수출액이 20억 달러에 달했을 때, 중화학공업화 정책으로 전환했습니다. 이 때가 1957년도입니다. 그리고 10년이 지난 1967년에 일본은 100억 달러 수출을 하게 되었습니다. 지금 일본은 기계제품과 철강제품이 수출의 주력상품이 되었습니다."

박정희는 긍정적 반응을 보였고 1980년 수출목표를 종전의 55억 달러에서 100억 달러로 상향조정하고 이를 뒷받침할 수 있는 중화학공업화 방안을 마련하도록 지시했다. 우리는 여기에서 박정희가 1980년 목표를 상향조정하게 된 결정적 동기는 앞서 간략히 언급했던 대로 북한과의 체제경쟁이었다는 사실을 알 수 있다. 박정희는 1980년 55억 달러 수출목표로는 북한과의 체제경쟁에서 절대우위를 차지할 수 없다고 판단한 것이다.

그로부터 얼마 후인 1973년 1월 31일, 국무총리 이하 정부각료와 청와대 비서실 요원들이 참석한 가운데 중화학공업화에 대한 브리핑이 있었다. 장소는 청와대 안에 있는 국산병기 진열실이었다. 장소가 비좁아 소형 간이의자를 놓았다. 브리핑 담당자는 그 동안 중화학공업화 방안을 준비해온 오원철이었다. 오원철은 방위산업 육성을 포함해서 중화학공업화의 전반적 계획에 대해 약 4시간에 걸쳐 설명하였다.

브리핑이 끝난 다음 박정희는 "오수석, 돈이 얼마나 들지?"라고 질문했고, 그에 대해 오원철은 "내·외자 합쳐 약 100억 달러입니다"라고 답하였다. 그러자 박정희는 곧바로 뒷줄에 앉아 있던 남덕우 재무장관에게 얼굴도 돌리지 않은 채 질문을 던졌다. "남재무! 돈을 낼 수 있소?" 어안이 벙벙해 있던 남덕우 재무장관은 "액수가 워낙 커서……"라며 말을 잇지 못했다.

박정희는 "이 정도의 사업에 협조를 안해주어서야 되나"라며 김종필 국무총리에게 "총리! 총리를 위원장으로 하는 중화학공업 추진위원회를 구성토록 하시오. 그리고 중화학공업을 육성하는 데 필요한 외자 도입 조치를 취하시오"라고 지시했다. 이 한마디로 회의는 모두 끝났고, 중화학공업화 계획은 확정 추진되기에 이르렀다.

이렇듯 1980년 수출목표 100억 달러 달성과 이를 위한 중화학공업화는 사전에 충분한 논의와 준비 없이 통치권자의 판단에 의해 갑작스럽게 추진되었다. 박정희가 그 간의 성공으로 상당한 자신감을 얻은 데 따른 것이었다. 하지만 박정희의 자신감은 위험스럽기 짝이 없는 자만임이 드러나고 말았다. 막대한 자금이 소요되는 사업임에도 불구하고 관련부처 장관조차 사전에 제대로 인지하지 못한 상태였으니, 그 다음

사업추진 과정이 어떠할지는 충분히 예상할 수 있는 것이었다.

나중에 살펴보겠지만, 치밀한 준비 없이 급속하게 추진된 중화학공업화는 과잉 중복투자, 재벌로의 경제력 집중 심화, 물가폭등과 그에 따른 부동산투기 만연 등 갖가지 문제를 야기하였다. 결국 중화학공업화는 상승의 가도를 달리던 박정희 식 성장 시스템의 붕괴를 초래하는 직접적인 요인이 되고 말았다.

그럼에도 불구하고, 중화학공업화 추진으로 인해 대규모 공장이 잇달아 들어서면서 일시적으로나마 수출물량이 크게 늘어났고 경제 또한 고속성장을 이어갈 수 있었다. 덕분에, 목표했던 100억 달러 수출은 1977년에 조기 달성될 수 있었다. 애초의 1980년 55억 달러 수출목표를 100억 달러로 상향 재조정하였는데, 그마저 3년 앞당겨 달성한 것이다. 1인당 국민소득 또한 애초에는 1980년에 1천 달러를 돌파하기로 계획되어 있었으나, 2년 빠른 1978년에 조기 달성되었다.

물론, 당시 정부가 발표한 통계수치에는 허구가 꽤 많았음을 염두에 둘 필요가 있다. 대표적으로, 외국의 선박을 수리한 경우를 두고 건조하여 수출한 것으로 위조하는 경우를 들 수 있다. 심지어 멀쩡한 외국 선박을 잠시 국내에 머무르게 한 다음, 수출한 것으로 가장하기도 하였다. 선박 한 척의 값이 고액임을 감안하면 수출액이 상당히 부풀려진 것임을 알 수 있다.

비슷한 통계조작의 예로, 1978년 정부는 단군 이래 최초로 4천만 섬 쌀생산을 돌파했고 그에 따라 누구나 쌀밥을 먹을 수 있다고 발표했으나, 그 이듬해 미국과 일본으로 부족한 쌀을 구입하러 다니는 촌극을 벌였다.

그러면 여기에서 잠시, 한국경제가 수출주도형 공업화 전략을 바탕으로 초고속 성장을 거듭함으로써 어떤 결과를 낳았는지 살펴보도록 하자.

1992년 세계은행이 발간한 〈세계개발보고서〉에 따르면 한국은 1965년 이후 연평균 경제성장률이 7.1퍼센트로서 세계에서 가장 빠른 경제성장을 한 나라였다. 장하준 교수에 따르면, 연평균 경제성장률이 1퍼센트인 경우에 두 세대가 지나면 경제규모가 두 배가 된다. 그런데 연평균 6퍼센트 성장하는 경우는 두 세대가 지나면 경제규모가 64배로 커진다. 이 점을 감안하면, 연평균 경제성장률 7.1퍼센트가 어느 정도의 파괴력을 갖는 것인지 충분히 짐작할 수 있을 것이다.

1961년 한국의 1인당 국민소득은 82달러였다. 아프리카의 가나는 한국의 2배가 넘은 179달러였고 아르헨티나는 5배 정도인 400달러 수준이었다.

그런데 2009년 현재 한국의 1인당 국민소득이 2만 달러를 넘어서고 있다. 비교대상이 되었던 가나는 불행하게도 1인당 국민소득이 아직도 400달러를 넘어서지 못하고 있으며, 아르헨티나는 한국의 3분의 2 수준에 머물러 있다. 어느 모로 보나, 한국의 경제성장은 기적에 가까운 것임을 알 수 있다.

4. 성장의 기관차 역할을 한 '국가'

1960년대 한국이 본격적인 경제성장에 돌입할 무렵, 기업의 힘은 매우 미약했고 자율적인 시민사회 역시 싹조차 제대로 트지 않은 상태였다. 이러한 조건에서 강력한 힘을 발휘하면서 사회 전반을 압도한 것은 바로 국가였다. 국가는 조직력, 물리력, 정보력 등에서 절대적 우위에 있었고 정책개발 등 전문성에서도 가장 앞서 있었다.

이러한 조건에서 국가는 수출주도형 공업화 전략을 입안하고 앞장서 추진함과 동시에 아직은 경쟁력이 취약한 기업을 육성하고 보호하는 역할을 수행하였다. 말하자면, 성장의 기관차 구실을 한 것이다. 이같은 국가의 역할은 적어도 1970년대 후반까지 확고하게 유지되었다.

국가의 시장지배

박정희 정부는 쿠데타에 성공하자마자 기업인들을 대상으로 한 '군기 잡기'에 착수하였다. 1961년 5월 25일 '혁명군 특별수사대'가 다수의 기업인들을 연행하여 부정축재 혐의를 조사하였다. 연행된 기업인들은 당시 한국을 대표하던 재벌그룹의 총수들이었다.

한창 조사가 진행중이던 6월 26일, 대표적인 부정축재자로 지목된 삼성그룹 회장 이병철이 그 동안 머무르고 있던 일본에서 귀국하여 박정희(당시 국가재건최고회의 부의장)와 독대하였다. 그 자리에서 이병철은 "부정축재자에 대한 처리를 국가운영에 타격을 주지 않는 범위 내에서 진행시켜 일벌백계하는 대신, 해당 기업인들이 경제건설의 일익을 담당하게 할 것"을 제의하였다.

결국 6월 30일에 군사정부는 연행한 기업인들을 전원 석방하고 7월 21일에 중간조사 결과를 발표하였는데, 기업인들의 부정축재액은 모두 726억 환이었다. 군사정부는 부정축재자에 대한 추징금을 통보했는데, 최종적으로 환수된 것은 전체의 5.8퍼센트인 42억 2,800만 환에 불과하였다.

이렇듯 부정축재에 대한 처리는 엉성하게 마무리되었다. 한걸음 더 나아가, 앞서 살펴보았듯이 정권과 기업인들이 특혜와 정치자금을 주고 받는 유착관계가 형성되었다. 그럼에도 불구하고, 박정희 정부가 부정축재 처리과정에서 취한 파격적인 조치가 하나 있었다. 1961년 8월 3일, 군사정부는 그 동안 기업인들이 보유하고 있던 시중은행의 주식 일체를 국가에 귀속시켰다. 요컨대, 시중은행 모두를 국가소유로 만든 것이다.

박정희 정부는 은행 국유화를 통해 돈줄을 거머쥘 수 있었고, 이를 지렛대로 기업을 엄격하게 통제할 수 있었다. 박정희 정부의 은행통제는 재무부장관이 은행 부장급 인사까지 챙기고 개별기업에 대한 여신까지 일일이 구두로 결재할 만큼 빈틈없이 이루어졌다. 그 결과, 종종 관치금융이라는 시비가 일었고 실제로 자금을 배분하는 과정에서 상당한 비리가 발생하였지만, 적어도 은행이 기업의 사금고로 전락하는 일은 없었다.

박정희 정부는 또한 달러를 중심으로 한 외화를 철저하게 정부의 통제 아래 두었다. 개인이나 기업이 임의적으로 외화를 보유하는 것을 제도적으로 금지하였고 정부의 허가 없이는 외화를 사용할 수도 없게 하였다. 정부는 이러한 통제를 바탕으로 산업발전에 필수적이지 않은 일에 외화를 낭비하는 것을 금지하거나 강력히 억제하였다. 그에 따라 사업이나 유학 등의 사유로 정부의 명시적인 허가를 받은 경우를 제외하고는 외화지출의 가능성이 큰 해외여행은 금지하였다. (해외여행이 자유화된 것은 1988년이었다.) 그러다보니 일부 부유층이 달러를 몰래 숨겨 김포공항을 빠져나가다 발각된 사건은 가장 흔한 뉴스 중 하나가 되었다.

박정희 정부의 금융에 대한 통제는 (다른 자본주의 국가에서는 쉽게 상상도 할 수 없었던) 이른바 8·3조치를 취할 만큼 강력한 것이었다. 정부는 1972년 8월 3일 0시를 기해 '경제안정과 성장에 관한 대통령의 긴급명령'을 발표하였는데 그 주요 내용은 다음과 같다.

1) 기업은 사채의 상환을 중단하고 사채의 규모를 정부에 신고해야 하며, 2) 기업은 사채를 월리 1.35퍼센트, 3년 거치 5년 분할상환의 조건으로 사용하고, 3) 금융기관은 2,000억 원의 특별금융채권을 발행하여 단기고리 대출금의 30퍼센트를 장기저리 대출금으로 바꾸어 자금을 방출한다.

8·3조치는 기업들이 집단 부실화 위험을 보이고 있던 상황에서 취해진 조치였는데, 당시 기업재정을 압박하고 있던 사채문제 해결에 초점을 맞추고 있었다. 정부의 조치로 신고 마감일인 8월 9일까지 접수된 기업의 사채규모는 모두 3,456억 원이었다. 최종집계 결과, 3만 9,676개 업체가 3,456억 원의 사채를 끌어다 쓰면서 월평균 3.84퍼센트에 이르는 고율의 이자를 지불하고 있었다. 또한 신고과정에서 기업인들이 기업돈을 빼돌려 사채놀이를 한 것이 드러났다. 더욱 놀라운 사실은, 기업주들이 자기 기업에 사채놀이를 하는 이른바 '위장사채'가 사실로 확인되었는데, 그 액수는 전체 신고금액의 3분의 1에 해당하는 1,137억 원에 이르렀다.

그런데 당시 기업에 사채를 빌려주었던 사람들은 대부분 기업주를 포함한 부유층들이었다. 결국 8·3조치는 기업을 구제할 목적으로 부유층들의 이익을 크게 잠식한 조치였다. 박정희 시대의 국가는 모든 계층을 압도할 수 있을 만큼 절대적 존재였던 것이다.

박정희 시대 국가의 절대우위는 국가와 시장의 관계에서도 액면 그
대로 적용하였다. 시장은 국가의 엄격한 통제 아래 있었고, 가격조차도
상당정도 국가가 조정하였다. 국가로부터 자율적인 시장은 아예 존재
하지 않았던 것이다. 박정희 정부가 본격적으로 시장에 개입하여 통제
력을 발휘하기 시작한 것은 곡식값 파동을 수습하면서부터였다.

절대빈곤이 지배하던 1960년대 초, 식료품 구입비는 도시인들의 소
비지출에서 절반에 이를 만큼 막중한 비중을 차지하였다. 말하자면, 엥
겔 지수가 매우 높았던 것이다. 식료품 중에서도 가장 큰 비중을 차지
한 것은 쌀과 보리쌀, 밀가루 등 곡식이었다. 따라서 곡식값 동향은 매
우 민감한 사안이 아닐 수 없었다. 그런데 바로 그 곡식값에서 심각한
문제가 발생하였다.

매우 자연스러운 현상이었지만, 추수가 끝나면 농민들은 빚도 갚아
야 하고 꼭 필요한 물건도 마련해야 했기 때문에 일제히 쌀을 내다 팔
았다. 농민들 입장에서는 마땅히 곡식을 저장할 창고가 없었던 것도 중
요한 한 요인이었다. 그 결과, 추수 직후 쌀값이 가장 내려갔고 때맞추
어 돈 많은 상인들이 쌀을 몽땅 사들였다. 이른바 매점買占하는 것이다.
그런 다음, 창고가 넉넉히 준비되어 있었던 상인들은 가만히 앉아서 쌀
값이 올라가기를 기다렸다. 심지어 쌀값을 올리려고 서로 단합해서 쌀
을 팔지 않기도 하였다. 이른바 매석買惜하는 것이다. 이렇게 하면 시간
이 지나면서 쌀값은 가파르게 올라갔다.

한 예로, 1963년 쌀값은 전년 대비 60퍼센트, 보리쌀은 59퍼센트가
폭등했다. 1964년이 되자, 1월에 20리터당 593원 하던 쌀값이 5월에
904원으로 52퍼센트 뛰었다. 보리쌀값도 806원이 되었다. 서민들 사이

〈표 4〉 양곡 서울 기준 소매가격

연도	쌀값 (원/20리터)	보리쌀값 (원/20리터)	보리쌀값 / 쌀값
1960	304	201	66%
1961	367	272	74%
1962	377	290	77%
1963	602	462	77%
1964	736	626	85%

출전: 오원철,《박정희는 어떻게 경제강국 만들었나》, 동서문화사, 2006, 439쪽.

에서 아우성이 터질 수밖에 없는 상황이었다. 더구나 가격폭등으로 인한 이익이 농민이 아닌 매점매석하는 상인들에게 가고 있었다는 점에서 원성이 더욱 높을 수밖에 없었다.

결국, 정부는 1964년 5월 매점매석 행위를 불법으로 간주하면서 엄격하게 단속하기 시작하였다. 이와 함께 가을추수 때 정부가 농민으로부터 쌀을 수매해서 정부소유의 창고에 보관하다가 쌀값이 오를 때 판매하는 정부보유미 제도를 도입했다. 이를 위해 '양곡수매 특별회계'라는 기금을 운영하였다. 국내에서 생산되는 곡식이 부족할 때에는 해외에서 보리쌀을 들여와 공급하였다. 당시 국제시장에서의 보리쌀값은 쌀값의 절반이었다.

이후부터 박정희 정부는 전방위적으로 시장에 개입하여 통제하고 이끌어갔다. 공산품의 가격 또한 상당정도 정부의 통제 아래 있었다. 특히, 생활필수품의 경우는 정부가 가격을 정했다고 봐도 크게 틀리지 않았다. 그 결과, 박정희 정부 시대의 한국경제는 자유방임시장에 바탕을 둔 자본주의가 아닌 시장기구를 유지하되, 국가가 이를 장악하고 통제하는 '혼합경제'로 나아갔다.

박정희 정부의 시장에 대한 개입과 통제는 무역에까지 미쳤다. 박정희 정부는 수출기업에 대해 다양한 지원을 하면서도, 수입에 대해서는 엄격하게 통제하였다. 그런 점에서 박정희 정부 시기의 무역정책은 일반적 의미에서의 자유무역과는 정반대의 양상을 띠었다.

정부는 많은 제품의 수입을 금지하거나 사치품으로 지정하여 수입을 강력히 억제하였다. 사치품에는 자동차에서부터 위스키, 과자류에 이르기까지 다양한 제품이 포함되어 있었는데, 고율의 관세와 함께 특별소비세가 부과되었다. 세계 최고의 경쟁력을 자랑했던 일본 전자제품의 경우는 수입선다변화 품목으로 지정하여 사실상 수입을 금지하였다.

이러한 가운데, 박정희 정부는 질이 떨어지고 비싸더라도 국산품을 사용함으로써 우리 기업을 키워주자는 쪽으로 분위기를 몰고 갔고, 대부분의 국민은 그에 공감하고 호응하였다. 그에 따라 외제차를 몰고 양담배를 피우면 매국노로 모는 분위기가 형성되었다. 어느 정도 형편이 나아진 1980년대에서조차 일부 상류층이 미제 냉장고에 일제 밥솥을 사용하는 것에 대해 사회적 비난이 쏟아졌을 정도였다.

파국을 맞이한 성장 시스템

1977년은 수출 100억 달러를 돌파하면서 박정희 정부 등장 이후 경상수지가 첫 흑자를 기록한 해였다. 그 다음해인 1978년에 이르러서는 1인당 GNP가 1,028달러를 기록하였다. 앞서 이야기했듯이, 모두가 1980년대 초의 목표를 조기에 달성한 것이었다. 적어도 지표상으로 한국경제는 기대 이상으로 잘 나가고 있었던 것이다. 그런데 그 이면에서는 전혀 다른 현상이 발생하고 있었다.

1974년 이후 불기 시작한 중동 건설 붐으로 엄청난 수의 기능인력이 해외건설 부문으로 빠져나감에 따라 국내에서는 기능인력 부족현상이 나타났고, 그에 따라 임금이 가파르게 상승하였다. 여기에 덧붙여, 해외로부터의 송금이 증가하고 1인당 소득이 1천 달러를 돌파하면서 TV, 냉장고 등 내구성 소비재에 대한 수요가 폭발했다. 반면, 가격통제 정책과 지원부족으로 경공업의 발전이 지체됨에 따라 공급부족으로 인한 물가상승의 압력이 발생하였다. 설상가상으로 중화학공업화 추진과정에서 엄청난 양의 통화증발이 진행되면서 물가가 20퍼센트 이상 치솟았다.

물가가 폭등하자, 실질금리가 마이너스가 되면서 저축이 크게 주는 대신 부동산투기 바람이 일기 시작했다. 그로 인해 땅값과 집값이 폭등하였다. 저축이 감소하는 가운데 정책자금이 주로 대기업에 집중됨에 따라 중소기업들은 자금난에 시달렸고, 그에 따라 중소기업이 밀집해 있는 부산과 마산을 중심으로 정부에 대한 불만이 크게 고조되었다. 또한 서민들 사이에서도 물가폭등과 부동산투기로 인한 주거비 상승으로 갈수록 불만이 늘어갔다. 1977년 물가억제책의 일환으로 도입한 부가가치세 또한 중소기업과 자영업자들의 불만을 키우는 데 크게 기여하였다.

이렇듯 수출, 경상수지, 1인당 국민소득 등의 지표가 호조를 보이고 있음에도 불구하고, 물가상승을 매개로 경제상황 전반이 매우 부정적인 방향으로 흐르고 있었다. 한마디로, 성장 위주의 박정희 식 경제 시스템이 구조적 위기에 봉착했던 것이다.

한국경제의 구조적 위기가 가중되고 있는 가운데 수출 100억 달러 목표를 달성하기 위해 무리하게 진행된 중화학공업화 또한 과잉 중복투자임이 드러나기 시작했다. 과잉 중복투자의 위험성은 이미 중화학공업화 추진과정에서 가시화되기 시작했고 박정희 정부 또한 이 점을 우려하여 교통정리를 시도하기도 하였다.

1977년 5월, 정부는 기계 부문을 현대양행(발전용 보일러), 삼성중공업 (산업용 보일러), 대우중공업(앞의 것과 중복되지 않은 분야)으로 삼분하고, 효성중공업에는 대형 변압기와 차단기의 독점생산을 허용하였다. 또한 엔진은 현대조선(6천 마력 이상 초대형), 쌍용중기(6천~6백 마력 중대형), 대우중공업(중소형)으로, 철도차량 제작은 대우중공업과 조선공사로, 디젤 엔진은 현대차량으로 일원화하고, 자동차는 현대자동차, 새한자동차, 기아자동차 등으로 3원화하였다. 이와 함께 컬러TV는 금성, 삼성, 대한전선으로, 통신 및 전력 케이블은 대한전선과 금성전선으로, 중장비는 현대양행과 대우중공업 등으로, 폴리에스테르 필름은 선경이 맡는 것으로 교통정리하였다.

그러나 실제양상은 정부의 교통정리가 유명무실화되는 방향으로 흘렀다. 현대양행으로 일원화되었던 발전설비 부문에 현대중공업과 대우중공업, 삼성중공업의 참여가 추가로 허용되었고, 자동차 부문도 동아자동차가 버스 조립에 참여하도록 하였으며, 디젤 엔진은 현대양행에 제작을 추가로 허용하였다.

결국 중화학공업화에서 과잉 중복투자는 액면 그대로 현실이 되었고, 곳곳에서 부실기업이 속출하는 등 박정희 식 성장 시스템이 파국을 맞이하는 발단이 되고 말았다.

(한국경제의 역사를 되돌아보면, 독과점보다는 과당경쟁으로 인한 과잉 중복투자가 훨씬 심각한 문제를 야기해왔다. 대표적으로 1970년대 중화학공업화가 그러했고 1990년대 외환위기로 이어지는 과정이 그러했다. 독과점은 나쁜 것이고 자유경쟁은 좋은 것이라는 것을 액면 그

대로 받아들이기 어려운 지점이 존재하는 것이다.)

위기의식을 느낀 경제기획원 직원들은 합숙을 하며 한국경제의 현실에 대한 종합진단을 하였다. 결국, 경제기획원 직원들은 한국경제의 틀과 기조를 통째로 바꾸지 않으면 모든 것이 끝장날 수밖에 없다는 결론에 도달하였다.

경제기획원은 1978년 3월 이러한 문제의식을 담아 〈한국경제의 당면과제와 대책〉이라는 비공개 내부 문건을 작성하기에 이르렀다. 그 주요 내용은 물가안정만이 한국경제를 살릴 수 있는 유일한 길이며, 그 동안 정부가 명운을 걸고 추진한 중화학공업화 투자, 수출지원 정책, 농촌주택개량사업 등을 전면적으로 재고할 것, 수입개방과 금융 자율화 등을 통해 정부의 간섭을 축소하고 기업의 체질을 개선할 것 등이었다.

박정희 역시 상황이 심상치 않음을 어느 정도 인정하면서 1978년 12월 신현확을 경제부총리로 임명하여 안정화 정책을 추진하기도 하였다. 하지만 박정희는 전반적인 경제운영 기조에서는 명확한 판단을 내리지 못하고 있었다. 자신감에 넘쳐 있었던 종전의 모습과 달리 크게 흔들리기 시작한 것이다.

대통령이 어정쩡한 태도를 취하자, 정부 안에서는 심각한 의견대립이 발생하였다. 경제기획원과 재무부, 한국개발연구원KDI, 한국은행(심지어 중앙정보부까지 가세하여) 등이 긴축을 통한 경제안정을 주장한 반면, 상공부, 농수산부 등에서는 그러한 주장은 경제를 죽이자는 것이라며 펄펄 뛰었다. 곳곳에서 삐걱거리는 소리가 요란하게 울려 퍼졌고 박정희 스스로 되는 일이 없다고 느낄 만큼 정부의 업무추진 능력은 급속히 떨어지기 시작했다. 그러던 차에 2차 석유위기가 엄습하자,

한국경제는 더 이상 감당할 수 없는 상황에 빠져들어갔다. 혼란이 극에 달하면서 박정희는 완전히 자신감을 상실하였고, 그 와중에서 부하에게 암살당하는 비운을 겪고 말았다(1979. 10. 26.).

곧이어 최악의 상황이 밀어닥쳤다. 1980년 경제성장률은 사상 유례가 없는 마이너스 5.4퍼센트를 기록한 반면, 도매물가는 44.2퍼센트나 치솟았다. 곳곳에서 부실기업이 속출했고 공장 가동률은 74퍼센트로 떨어졌다. 그에 따라 공장 휴폐업과 대량해고가 빈번해지면서 공식 실업률은 1979년 3.8퍼센트에서 5.0퍼센트로 상승했다.

〈표 5〉 공장 가동률 추이   (단위: %)

	1975	1977	1979	1980
제조업	70.1	81.5	81.9	71.8
1차철강	67.1	80.2	81.4	74.8
1차비철	67.1	85.0	69.6	62.0
기계	52.2	66.9	60.1	42.3
전기기기	62.6	71.8	69.4	58.6
운송장비	42.0	37.6	35.3	44.0
섬유	70.8	58.9	82.8	79.1
목재 · 목제품	74.7	94.3	84.3	52.6
제지 · 인쇄출판	84.7	96.5	93.2	87.2

출전: 김영호 외, 《한국경제의 분석》, 서문당, 1989, 125쪽.

전두환 정부의 기조전환

한국경제가 파국적 위기를 맞이하고 있을 무렵, 전두환을 중심으로 한 신군부가 두 차례에 걸친 쿠데타(1979년 12 · 12쿠데타와 1980년 5 · 17쿠데타)를 통해 권력을 장악하였다. 전두환은 박정희와 마찬가지로 쿠데타를 통해 집권했다는 약점을 보완하기 위해 경제에 전념하였다. 더욱이, 전두환은 광주에서 수많은 시민들을 학살하고 권력을 장악한 터였다. 말하자면, 손에 피를 듬뿍 묻히고 권좌에 오른 것이었다. 그런 만큼 박정희 이상의 강박관념을 가졌을 가능성이 컸다.

전두환은 5·17군사쿠데타 직후부터 새벽시간을 이용하여 김재익 등을 가정교사로 초빙, 경제공부에 매진하였다. 그 덕분에, 그는 경제에 관해 상당한 식견을 갖기에 이르렀다. 이를 바탕으로, 전두환은 종종 경제적 사안에 대해 장황하게 자신의 견해를 피력하기도 하면서 경제정책 전반을 직접 챙길 수 있었다.

전두환 정부 시기, 경제정책을 수립했던 핵심인물은 청와대 경제수석을 지낸 김재익과 사공일이었으며 전두환은 대체로 이들의 의견을 충실히 따른 편이었다. 그 중에서도 1983년 아웅산 사건(전두환이 미얀마를 방문하던 중 폭탄 테러 사건으로 다수의 각료와 비서관이 사망한 사건. 미얀마 당국은 테러가 북한인에 의한 것이라고 발표하였다)으로 사망할 때까지 경제수석을 지낸 김재익은, 전두환이 "경제는 당신이 대통령이야"라고 말할 정도로 막강한 영향력을 행사했다.

김재익과 사공일을 위시한 전두환 정부 시기에 경제정책을 주도했던 인물들은 대체로 자유주의 성향이 강했다. 이들은 공통적으로, 박정희 정부 시기에 경제가 파탄에 이른 것은 과도한 국가개입을 바탕으로 한 성장위주 정책에 있다고 판단하였다. 이러한 판단에 입각하여 이들이 경제정책의 기조로 선택한 것은 '안정', '자율', '개방'이었다. 지금부터 이러한 기조가 어떻게 적용되었는지 살펴보자.

전두환 정부는 물가상승이 모든 문제를 일으키는 원흉이라고 보고 물가안정을 최우선의 과제로 삼았다. 전두환 정부가 물가안정을 위해 일차 타깃으로 삼은 것은 추곡수매가였다. 1982~1986년 5년간의 추곡수매가 연간 평균인상률은 약 4.3퍼센트로 1970~1979년 평균 22퍼센트의 5분의 1에도 미치지 못했다. 1983년에는 아예 동결되었다. (1988년 여소야대 국회에서 야당은 유신과 함께 폐지되었던 추곡수매가 국회동의제를 부활시켰다.) 임금 또한 최대한 억제되었고, 이를 위해 노동현장에는 극도의 억압적 분위기가 형성되었다. 이와 함께 전두환 정권은 긴축정책의 일환으로 1983년 예산을 동결하는 특단의 조치를 취하기도 하였다.

이러한 가운데 국제환경 또한 물가안정에 매우 긍정적으로 작용하기 시작하였다. 20퍼센트에 이르던 국제금리는 1986년 한 자리 숫자로 떨어졌고 1980년 60달러 수준이었던 국제 원유가는 1986년 14달러 수준으로 떨어지는 등 국제 원자재 가격이 대폭 하락하였다.

이 모든 요인이 작용하여 전두환 정부 아래에서 물가는 소수점 이하로 안정될 수 있었다. 하지만 이러한 물가안정은 어디까지나 민중의 일방적 희생을 대가로 한 것이었다. 추곡수매가와 임금억제, 긴축재정으로 인한 복지축소 등으로 민중이 어느 정도 고통을 겪어야 했는지는 굳이 설명할 필요가 없을 것이다. 문제는, 그 와중에서도 부유층들은 여전히 호의호식하고 있었다는 데 있었다. 전두환 정부 시기, 안마시술소나 고급 술집 등 이른바 향락산업이 번성하고 골프장과 콘도 등 부유층 대상의 위락시설이 크게 늘어난 것은 이를 반증하는 것이었다.

물가안정과 함께 전두환 정부는 정부의 간섭을 완화하고 기업의 자율성을 강화하기 위한 조치를 취해나갔다. 그 일환으로, 섬유산업육성법 등 정부가 기업들을 틀어쥐고 끗발을 세울 수 있도록 뒷받침했던 법률들을 폐기처분하고 기업의 자율성을 강화하는 공장발전법을 제정하였다.

하지만 전두환 정부의 자율화 정책은 곳곳에서 벽에 부딪히고 말았다. 단적으로, 김재익이 의욕을 갖고 추진하였던 금융 자율화 정책은 (그것이 바람직한지 여부는 별도의 판단이 필요하지만) 정치자금 조달 통로를 상실할 것을 두려워한 정권 실세들의 강력한 반발에 직면하면서 끝내 좌초되고 말았다. 한걸음 더 나아가, 전두환 정부는 부실기업 처리과정에서 앞선 박정희 정부의 행동양식을 그대로 답습하였다.

전두환 정부 때 다양한 업종에 걸쳐 부실기업이 발생하였는데, 그 중에서도 대표적인 업종은 건설업과 해운업이었다.

건설업체들은 중동의 건설경기가 호황을 누리자, 다투어서 투자를 확대했다. 그러던 중 1980년대 접어들어 유가하락과 함께 중동 건설경기가 한풀 꺾이자, 도리 없이 연쇄부도 위기에 내몰리고 말았다. 해운업은 또 다른 사정이 있었다. 1970년대 후반, 정부는 자국선 적취율을 높이라는 박정희의 특별지시에 따라 해운산업을 유망업종으로 지정, 전폭적인 지원을 하였다. 기업들은 다투어 해운업에 뛰어들었고 해외에서 경쟁적으로 중고선을 구입하는 바람에 국제 중고선 가격이 폭등하기도 하였다. 은행들은 정부지원만 믿고 배값의 90퍼센트나 되는 거액의 대출을 앞뒤 안 가리고 남발했다. 그 결과, 해운업체는 63개 정도로 크게 늘어났으나 결국 대부분 부실화되고 말았다.

전두환 정부 아래에서 부실기업 정리는 1986년 5월부터 시작하여 모두 4차례에 걸쳐 실시되었다. 부실기업 정리는 제3자에게 인수시키는 방법으로 진행되었으며, 국제그룹 계열사를 포함하여 총 57개 사가 그 대상이 되었다. 부실기업 인수 지원금 규모는 7조 5천억 원이었으며, 그 중 이자를 감면해준 대출금은 4조 2천억 원, 원금면제는 9,800억 원이었다.

정부는 부실기업 정리를 뒷받침하기 위하여 1985년 말 조세감면법을 국회에서 날치기로 통과시켰다. 조감법은 부실기업을 인수하는 기업에 대해 대폭적인 조세감면을 보장하기 위한 것이었다. 이와 함께 한국은행 특별융자가 추진되었는데, 한은특융은 부실기업에 대한 대규모 대출로 인해 부실화된 은행의 경영을 정상화하기 위해 취해진 조치였다. 그 내용은 한국은행이 은행에 대한 대출금의 연간 이자율을 6~8퍼센트에서 연 3퍼센트로 낮추어주는 것이었다.

그러면 전두환 정부의 경제운영 기조의 하나였던 '개방'은 어떻게 추진되었는지를 살펴보자.

전두환 정부의 경제팀을 이끌고 있던 자유주의 성향의 관료들은 대외적인 시장개방에 대해 매우 적극적이었다. 이들은 수입제한을 통한 과잉보호가 기업들의 체질을 약화시키고 있다고 보고, 개방을 통해 경쟁력을 강화해야 한다고 주장하였다. 당시는 미국을 중심으로 한 개방압력이 가해지고 있던 때가 아니었다. 말하자면, 내부의 필요에 의해 개방을 모색했던 것이다.

하지만 1983년 초, 강경식 재무부장관 주도로 수입자유화 움직임이 일자, 그에 맞서 상공부가 중심이 되어 반대여론을 조성하였고, 그에 따라 정부 안에서 수입개방의 속도를 둘러싼 논쟁이 촉발되었다. 언론은 대체로 개방에 부정적인 태도를 취하는 등 여론은 보호주의 쪽으로 기울고 있었다. 그러자 개방론자들은 1984년부터 1988년까지 관세율을 단계적으로 인하하는 개방 예시제를 법으로 규정함으로써 개방시대로의 우회적 접근을 꾀하였다.

그러던 중 1985년 스톡홀름 세계통상장관회의(한국은 개발도상국 대표

자격으로 참여하고 있었다)는 다음 회의를 서울에서 개최하고, 새로운 다자간 협상을 공식 출범시키기로 결정하였다. 그에 따라 새로운 다자간 협상의 이름도 '서울라운드'로 정해졌다. 물론 이 모든 것은 대통령의 재가 아래 추진된 것이었다. 하지만 정부는 다음해 서울에서의 회의개최를 포기하였고, 결국 우루과이가 대타로 나서면서 명칭도 서울라운드에서 우루과이라운드UR로 바뀌었다. 표면상의 이유는 아시안게임 개최와 겹친다는 것이었으나 적극적 개방을 추진하게 될 다자간 협상의 출범을 서울에서 하게 됨으로써 갖게 될 여론의 압력을 부담스러워한 것이었다. 그만큼 전두환 정부 시기의 일반여론은 물론이고 정부 관료들조차 시장개방에 대해 대단히 조심스러워하는 입장이었다.

지금까지 살펴본 것처럼 전두환 정부는 안정, 자율, 개방을 기조로 박정희 시대와는 사뭇 다르게 경제를 운영하려고 했으나, 결과적으로 박정희 시대의 그것에서 완전 벗어나지는 못했다. 전두환 정부의 뒤를 이은 노태우 정부는 당시 시대적 분위기를 반영하여 민주화와 개혁을 강조했고 실제로 정부운영도 그러한 방향으로 이끌기 위해 노력했으나, 여전히 박정희 시대의 유산 위에서 움직였다고 볼 수 있다.

경제운영의 기조와 시스템이 박정희 시대의 그것과 결별한 것은 김영삼 정부 이후, 이른바 민주화 세력이 집권하면서부터였다. 민주화 세력은 투쟁대상이었던 박정희 정부의 유산을 청산하는 것이야말로 자신의 과제라고 보고 시스템을 급격히 바꾸어나갔다. 그러한 변화는 민간의 자율을 증대한다는 명목 아래 이루어졌지만, 결과적으로 재벌과 국제금융자본의 지배를 강화시키는 데 기여했을 뿐이었다. 그에 대해서는 뒤에서 자세히 살펴볼 예정이다.

5. 시대의 희생양이 된 노동자·농민

이런 이야기가 있다. "자본주의 사회에서 가장 비극적인 것은 착취받는 것이 아니라 착취받을 기회조차 없는 것이다." 공업화가 진전되지 않아 농촌에 발이 묶여 있으면 자본에 의해 직접적으로 착취받지는 않는다. 마찬가지로, 노동자가 공장에 취직하지 않은 채 실업자 상태에 머물러 있으면 자본에 의해 직접적으로 착취받지 않는다. 하지만 그로 인해 돌아오는 것은 절대빈곤뿐이다.

이런 점에서 박정희 정부에 의해 시동이 걸린 초고속 경제성장은 노동자에게 이중적 의미로 다가갔다. 요컨대, 민중이 절대빈곤에서 벗어날 수 있는 가능성을 제공함과 동시에 그들을 극악한 자본주의 착취의 굴레 속으로 밀어넣었던 것이다.

노동자들은 현란한 도시 한복판에서 직장을 구해 거칠고 험난한 삶을 시작하였다. 배운 것도 없고 가진 것도 없는 노동자들은 언제 어디에서나 공연히 무시당하는 것 같고, 누구인가가 자신을 비웃는 것 같으며, 홀로 따돌림을 당하는 것 같은 극심한 소외감에 시달려야 했다. 소외감! 그것은 정말 겪어보지 않은 사람은 그 고통의 깊이를 알기 어려울 만큼 지독한 것이었다. 바로 그 소외감이 찰거머리처럼 달라붙어서 잠시도 쉬지 않고 노동자들을 괴롭혔던 것이다.

그러면서도, 노동자들은 공장에 처음 취직했을 적에 직장을 구했다는 사실만으로도 안도감을 느낄 수 있었다. 도시에서 취직하는 것만이 가난한 농촌을 벗어날 수 있는 길로 여겨졌기 때문이다.

한걸음 더 나아가, 노동자들은 극심한 소외감과 빈곤에 시달리면서도 월급을 쪼개 저축을 하며 미래를 대비하였다. 현실이 아무리 고통스럽더라도 보다 나은 삶에 대한 꿈을 포기하지 않았던 것이다. 한국인 특유의 평등주의 지향은 예외 없이 노동자들의 가슴 속에서도 살아 꿈틀거리고 있었음을 알 수 있다. 그렇다면 과연 그들 앞에 어떤 운명이 기다리고 있었을까?

한국경제가 본격적인 성장의 가도를 달리기 시작하던 무렵, 한국은 수중에 축적된 자본도 기술도 없었다. 한국이 갖고 있었고 또한 의존할 수 있었던 것은 오로지 사람, 즉 노동력뿐이었다. 이런 점에서 노동자는 한국경제의 성장을 뒷받침한 주역이었다고 할 수 있다. 이 점은 그 누구도 부인할 수 없는 엄연한 진실이었다.

1977년 수출확대회의 때, 중동진출 성과에 대한 보고가 있었다. 회의가 끝나자, 박정희는 3부요인, 관계장관, 경제단체장 등과 오찬에 참석하였다. 중동진출 붐이 한참 일고 있을 때라 박정희도 기분이 몹시 좋았던지, 오찬 도중에 현대건설 회장 정주영에게 "정주영 회장, 중동에서 성공을 거둔 이유가 무엇이오?"라고 질문을 던졌다.

정주영은 오찬 도중이어서인지 부담 없는 답변을 했는데, 그 대답이 걸작이었다. "각하! 제가 공부를 제대로 했습니까, 대학을 나왔습니까, 영어를 할 줄 압니까? 그리고 현대의 간부가 세계 일류 외국회사에 비해 기술이나 경영면에서 우수하다고 할 수 있겠습니까? 그러니 저나 회사간부가 잘 했다고 할 수는 없습니다. 현대가 잘 한다는 것은 우리나라 근로자가 열심히 일하고 성실히 일한다는 뜻입니다. 전적으로 근로자의 공입니다"라고 답변했다.

박정희도 "정회장 말이 맞아"라고 맞장구를 쳤다. 오찬에 참석했던 모든 사람 또한 비슷한 반응을 보였다. 물론, 이렇게 말한 이들이 돌아가서는 전혀 다르게 행동하였다. 그렇더라도 당시 지도층조차 인정할 만큼 노동자들의 역할이 절대적이었던 것은 분명한 사실이다.

사실, 한국경제의 발전은 노동의 질적 성숙과 궤를 같이했으며, 그에 전적으로 의존하였다고 할 수 있다.

1960년대에는 나이 어린 10대 중후반의 여성 노동자들이 달러를 벌어들임으로써 한국의 공업기반이 구축될 수 있었다. 1970년대에는 남성 노동자들이 중동 열사熱砂의 공사터에서 달러를 벌어들임과 동시에 국내에서는 공고 출신의 기능공들이 중화학공업을 일으켜 세웠다. 1980년대 후반에 이르러 대학을 졸업한 고급인력이 대거 산업현장에 합류하면서 첨단산업이 발전하기 시작하였고, 유학파들이 가세하면서 세계적 수준의 기술이 개발될 수 있었다.

단기간에 초고속 성장의 기적을 일구어낸 한국경제의 역사를 한 편의 영화라고 가정한다면, 노동자들은 단연 그 주연배우였다. 노동자들은 혼신의 힘을 다해 연기하였고 자신이 출연한 영화가 흥행에서 대성공을 거두는 데 결정적인 역할을 하였다. (각본, 연출 등은 지배 엘리트들이 맡았지만) 당연히 훌륭한 연기를 한 주연배우답게 스포트라이트를 받으면서 박수갈채와 함께 넉넉한 보수를 받았어야 했다.

하지만 현실은 정반대였다. 노동자들은 주연배우의 역할을 했음에도 불구하고 엑스트라보다 못한 취급을 받아야 했다. 스포트라이트를 받기는 고사하고 철저한 외면의 대상이 되었고, 박수갈채보다는 비웃음에 시달려야 했으며, 넉넉한 보수는 꿈도 꾸기 어려울 정도로 박봉에 묶여 있어야 했다. 좀 더 엄밀하게 말하면, 부유층들이 땀 한방울 흘리지 않고 부동산투기 등을 통해 거액의 이익을 얻고 있을 때, 노동자들은 자신이 흘린 땀의 대가마저도 지불받지 못하고 있는 상태였다.

여성영상집단 움

다큐멘터리 〈우리들은 정의파다〉 포스터

〈우리들은 정의파다〉는 1970년대 노동운동을 대표하는 동일방직 노조 이야기다. 인간으로서, 노동
자로서 존엄성을 지키려 했던 동일방직 여성 노동자들은 경찰과 회사의 사주를 받은 남성 노동자들
의 폭력에 맞서 치열한 투쟁을 벌였다.

1960년대에서 1970년대 초에 이르기까지 한국의 수출을 지탱했던
대표적인 산업이었던 섬유산업으로 눈을 돌려보자.

당시 섬유산업에 종사하는 노동자들은 주로 10대 후반에서 20대 초
반의 여성들이었는데, 그들의 처지는 말 그대로 비참함의 극을 달리고
있었다. 그러한 노동자들의 비참한 현실이 세상에 알려지기 시작한 것
은 1970년 평화시장 노동자 전태일이 분신하면서부터였다.

전태일이 몸담고 있었던 평화시장은 재단작업을 하는 영세업체가
입주해 있는 곳이다. 가뜩이나 비좁은 작업장 안에 평당 4명 정도의 노
동자가 틀어박혀 일을 하였다. 그나마도 각종 작업설비와 비품, 도구들
이 꽉 들어차 있어 노동자들은 앉은 자리에서 몸 한번 돌릴 수가 없었

다. 통풍시설 하나 없는 상태에서 작업 도중 옷감에서 쉴 새 없이 실밥과 보푸라기가 튕겨나와 먼지가 수북이 쌓였다. 점심시간에 작업장에 앉아 도시락을 먹다보면 먼지가 밥 위에 뽀얗게 앉았다. 2,000명 이상의 인원이 입주해서 작업을 하고 있었음에도 불구하고, 화장실은 단 3개뿐이었다. 화장실 가는 것조차 눈치가 보이는 상황에서 노동자들은 대부분의 경우, 참는 것으로 대신하였다.

이러한 악조건에서 미싱사들은 행여 1밀리미터라도 착오가 생길세라 신경을 곤두세우고 눈의 초점을 재봉바늘 끝에 고정시킨 채, 손가락에 뻣뻣이 힘을 주어 옷감을 누르고 발로는 쉴 새 없이 재봉틀을 밟았다. 그렇게 작업을 하다보면 손목이 아파서 점심시간에 젓가락질을 하기 어려울 정도였다. 미상사의 손가락 끝은 살갗이 닳고 닳아서 지문이 없었다. 하루 일을 끝내고 일어나면 장딴지가 부어서 걷기가 힘들었고, 심한 경우는 어지럼증으로 쓰러지기도 하였다.

노동시간은 작업량이 비교적 적은 여름을 제외하고는 아침 8시 반 출근에 밤 11시 퇴근으로 하루 14~15시간에 이르렀다. 일거리가 밀릴 때에는 야간작업을 하는 경우도 허다했으며, 심한 경우에는 사흘씩 연거푸 밤낮으로 일하는 경우도 있었다. 업주들이 어린 시다(미싱 보조사)들에게 잠 안 오는 약을 먹이거나 주사를 놓아가며 밤일을 시키는 것도 이런 때였다. 한 달을 통틀어 휴일은 이틀, 제1주일과 제3주일의 일요일인 경우가 대부분이었으며 그나마도 제대로 지켜지지 않았다. 이곳에서 생리휴가라는 것은 있어본 일도 없고 생각할 수도 없었다.

그렇다면 노동자들이 이토록 고생해서 벌어들인 수입은 어느 정도였는가. 1970년도 당시 전태일이 조사한 바에 의하면, 시다가 월 1,800원에서 3천 원까지, 미싱사가 7천 원에서 2만 5천 원까지, 재단사가 1만

3천 원에서 3만 원까지 받고 있었다. 한창 어리광을 부려야 할 나이인 열서너 살짜리의 어린 시다가 받는 임금이 하루 70원 꼴이었던 것이다. 참고로, 그 당시 라면 한 봉지 값이 20원 정도였다.

무엇보다도, 노동자들을 괴롭혔던 것은 인간적 멸시였다. 사용자나 관리자들이 노동자들에게 존댓말을 쓰는 경우는 거의 없었다. 여성 노동자들을 향한 성희롱은 다반사로 있는 일이었다. 노동자라는 말은 공돌이 · 공순이라는 경멸 섞인 용어로 대체되었다. 돈이 없어서 서럽기도 했지만 그보다 돈 없다고 무시당하는 것이 더욱 서러운 세상이었다.

가장 고통스러운 것은, 그러한 상황이 언제 개선될지 아무런 전망이 보이지 않았다는 것이다. 시간이 지나면 상황이 나아지고 그 동안의 고생을 보상받을 수 있다는 확고한 보장만 있으면 당장의 고통을 견딜 수 있는데, 사정은 전혀 그렇지 않았던 것이다.

그러면 1970년대 이후의 상황은 얼마나 달라졌는가. 1970년대 중화학공업화가 전격적으로 추진되면서 이른바 '남성 기능공의 시대'가 열렸다. 기능공을 육성하기 위해 전국 각지에 공업고등학교가 설립되었고, 정부는 이들 공고에 많은 지원을 하였다. 덕분에, 앞서 이야기했듯이 농촌에서 공부는 잘하는데 가난하기 그지없는 학생들이 공고에 많이 입학하였다. 하지만 이들을 기다리고 있는 공장의 환경은 기대했던 것과는 전혀 다른 것이었다. 2000년대 이후 세계최고의 경쟁력을 갖추며 한국을 대표하는 중화학공업이 된 조선업을 예로 들어보자.

조선소에서의 작업은 말이 노동이지 참으로 견디기 힘든 고통의 연속이었다. 선박 건조작업은 주로 거대한 철판을 용접으로 이어붙이는 것이었다. 그런데 1.5센티미터 두께의 철판들이 땡볕에 달구어지면 살에 닿기만 해도 화상을 입을 정도로 뜨거워졌다. 게다가 용접기로 지져

대는 일이 보통 힘든 게 아니었다. 배 안에서 하는 용접은 더욱 더 곤욕이었다. 탱크 안에 가스는 차고, 온도는 바깥보다 10~15도 정도 높고, 통풍도 안 되는 곳에서 그 시뻘건 불로 용접을 해야 하는 것이다. 작업장은 어디든지 소음과 먼지로 그득하였고 하루 종일 일을 하다보면 온몸에 기름칠을 하기 일쑤였다.

1980년대에 있었던 일이다. 중공업 분야 공장에 다니는 노동자들의 부인은 항상 불만에 쌓여 있었다. 퇴근만 하면 작업복이 엉망이 되어 있었고 매일같이 힘겹게 빨래를 해야 했기 때문이었다. 그러던 중 1987년을 거치면서 노동조합이 만들어지자 부인들이 노조의 안내로 작업장을 견학할 기회가 있었다. 결국, 남편들이 얼마나 열악한 환경에서 작업을 하고 있었는지 두 눈으로 확인한 부인들은 일제히 통곡을 하고 말았다.

몸으로 느낄 만큼 노동의 강도는 강화되면서 생산량은 늘어났지만, 그에 비례해서 임금이 오르지 않았다. 1970년의 노동생산성을 100으로 했을 때, 1975년과 1980년의 노동생산성은 각각 155.3과 254.7이었다. 그에 반해, 실질임금은 1970년의 그것을 100으로 했을 때 1975년과 1980년의 임금은 각각 130.5와 210.1로서 노동생산성 상승률을 밑돌았다.

특히, 인간으로서 최소한의 자존심마저 깔아뭉개는 회사측의 횡포는 정말로 참기 힘든 것이었다. 머리가 길다고 정문 앞에서 이발기계로 밀어버려 고속도로를 낸다거나, 생산직이라고 볼품없는 식당에서 식사를 하게 하는 것 등이 그것이다. 노동자들을 피 말리는 경쟁의 쳇바퀴 속으로 밀어넣는 인사고과제 역시 노동자들의 가슴 속에 깊은 한을 새겨놓은 요인이었다.

현대그룹에 속한 공장들의 경우, 각 계열사 작업장에 이른바 '스마일 표지판'이 설치되어 있었다. 스마일 표지판은 1개 작업조 단위로 이름판을 만들고 해당 주에 성적이 좋은 사람은 파란 색의 웃는 얼굴로, 중간성적의 사람은 하얀 색의 무표정한 얼굴로 그리고 성적이 좋지 않은 사람은 빨간 색의 찡그린 얼굴로 평가하는 직설적인 표지판이었다.

이 모든 상황은 노동자들의 불만을 누적시켰고, 그러한 불만은 1987년 이후 노동현장에서의 대폭발을 일으키는 에너지로 전환되었다.

고도성장의 그늘에서 노동자들이 극심한 희생을 겪을 때, 노동자들과 똑같은 운명의 수레바퀴 속으로 빠져들었던 것은 바로 농민들이었다. 말하자면, 노동자의 희생을 뒷받침하기 위해 또 다시 농민을 희생시키는 연쇄고리가 형성된 것이다.

경제개발이 본격화되던 시기, 농촌은 '촌스럽다' '촌놈' 등의 표현에서 드러나듯이 시대에 뒤떨어진 전근대를 상징하는 곳이었다. 그에 따라 농촌사람들은 도회지에 나오면 공연히 주눅이 들면서 어깨를 움츠려야 했다. 사정이 이러하다보니, 농촌사람들의 공통적인 열망은 자신의 고향을 벗어나는 것이었다. 농사를 짓더라도 달리 길이 없어 어쩔 수 없이 선택한 경우가 대부분이었다.

그러한 농촌도 전반적인 경제성장과 함께 큰 변화를 겪었다.

1970년대 초반까지 상당수의 농촌은 전기가 들어오지 않았다. 당연히 각종 문명의 이기들은, 설령 구입할 수 있는 돈이 있더라도, 사용할 수가 없었다. 그러다보니 농촌사람들은 문명화된 도시의 삶을 강렬하게 동경하면서 도시사람들에 대해 심한 콤플렉스를 가질 수밖에 없었다.

박정희 정부 때 시행된 새마을운동은 상당부분 이 같은 농촌사람들의 도시 콤플렉스를 해소시켜주기 위한 것이었다. 그에 따라 정부의 지원 아래 너저분한 초가지붕은 깔끔한 슬레이트나 함석지붕으로 대체되었고 마당과 마을길이 시멘트로 덮여졌다. 담장 역시 시멘트 블록으로 대체되었다.

이러한 가운데, 박정희 정부는 야심작의 하나로 농촌 전화電化사업에 착수하였다. 대체로 부락까지 전기선을 대는 것은 정부지원 아래 한국전력이 담당하였고, 옥내배선은 사용자가 부담하는 식으로 이루어졌다. 그런데 워낙 가난했던 시절인지라 그마저 부담하기 어려운 경우가 허다했다. 그러자 박정희 정권은 유가상승으로 늘어난 유류세 수입을 바탕으로 거의 공짜나 다름없는 장기저리의 자금을 농가에 지원했다.

산골 벽지까지 전기가 들어가자, 농촌의 풍경이 빠르게 변화하기 시작했다. 고향에 전기가 들어오면서 도시 공장에 취직을 한 자녀들이 푼돈을 모아 TV와 전기다리미 등 전기·전자제품을 부모에게 선물하였다. 그 후, 농촌사람들은 냉장고나 VTR 등 각종 가전제품을 다투어서 구입했다. 많은 경우, 가난하게 산다는 이야기를 듣기 싫어서 빚을 내서라도 구입했다.

이렇게 하여, 농촌의 겉모습은 경제성장과 함께 상당히 화려해졌다. 하지만 그 기간 동안 농촌을 떠받치고 있는 밑바닥은 형편없이 허물어지고 있었다. 농업의 생산기반이 극도로 취약해갔던 것이다.

1970년대에 있었던 어느 가난한 농민의 증언은 그 당시 농업이 피폐해질 수밖에 없는 구조적 원인을 명확하게 드러내고 있다.

지금 농촌은 돈에 화신이 들린 것 같다. 열대여섯 살 고사리손들이 돈을 벌겠다고 도시로 도시로 나간다. 식모살이로 공장으로 말이다. 그런데 여기에서 또 어처구니없는 일이 발생한다. 제 자식놈 값싼 노임 받으라고 제 아비는 농사 지어 값싸게 내다 판다.

배추 값 폭락에 맞서 배추를 갈아엎는 농민
2000년 12월 27일 전남 나주 남평읍. 농업 포기 정책으로 인한 농민의 고통은 2000년 이후에도 변함없이 이어지고 있다.

값싼 농산물로 값싼 노임 뒷받침하면 그렇지 않아도 돈이 많은 기업가만 돈을 벌게 되지 않겠는가?

어린 자식은 돈 벌겠다고 도시로 나갔으니 일손은 모자랄 것이고, 제 아비 값싼 곡가에 자식놈 값싼 노임이니 죽어라 벌어본들 가난할 수밖에. 이래도 농민은 게을러서 못 사는 것일까? 곡가는 다른 물가에 영향이 크니 인상할 수 없고, 농촌에서 사용하는 생활필수품은 날만 새면 올라가니, 또 한 번 가난해질 수밖에 없지 않겠는가?

(이태호,《불꽃이여, 어둠을 밝혀라》, 78쪽)

박정희 정부 이래 역대 정부는 정부가 시장가격보다 높게 쌀을 구입하는 추곡수매 정책을 실시해왔다. 그러나 쌀을 제외한 나머지 식량에 대해서는 값싼 외국농산물 수입을 확대하는 방식을 통해 철저한 저곡가 정책을 취했다. 그러다보니, 농민들은 쌀을 제외한 나머지 농작물의 재배를 점차 포기하지 않을 수 없었다. 어렵게 농사를 지어봐야 도리어 손해였기 때문이었다. (김대중 정부 때에 이르러서는 쌀시장마저 개방하였고 아울러 추곡수매 정책도 폐기하였다.)

이러한 과정을 거쳐 농촌을 멋들어지게 장식하던 목화밭은 구경하기 힘들게 되었고 밀밭, 보리밭 역시 재배면적이 급속히 축소되어갔다. 정부는 이러한 현상을 수수방관했을 뿐만 아니라, 적극 조장하기도 하였다. 1980년대 중반, 어느 농민의 증언은 이 점을 잘 보여주고 있다.

> 겨울에 한발이 들어도 밀은 뿌리가 깊어서 월동을 해내어 우리가 덕을 좀 보는데, 행정 당국이 나와 "다음에는 밀을 갈지 말라" 카데요. 그래서 "와 그렇습니까" 하고 물었더니, "한국 밀은 안 좋아서, 미국에서 좋은 밀을 많이 가져오요"라고 하는데, 밀 심으면 융자도 안 해주고, 수확해도 조합에서 받아주지도 않는다고 해서 밀을 못 심었지. 이에, 밀밭이 하나도 없는기라.
>
> 《말》, 1985. 8., 44쪽)

이렇게 한국의 농업생산 기반은 빠르게 허물어져갔고 농촌 또한 쇠락해갔다. 소득의 불안과 열악한 환경 탓으로 지속적인 이농이 발생하였고, 결국 농촌은 노인들만 남은 곳이 되고 말았다. 겉으로 드러난 문명화된 생활 역시 상당 정도 부채더미 위에서 형성된 것이었다.

종속과 자립, 그 역설적 관계

진리에 접근한다는 것은 사물을 있는 그대로 본다는 것이다. 사물을 있는 그대로 본다는 것은 사물의 다양한 측면을 본다는 것이며 동시에 사물의 변화과정을 놓치지 않고 본다는 것이다. 한걸음 더 나아가, 사물의 여러 측면 사이의 내적 관계를 투시할 수 있을 때 온전히 사물의 참모습을 볼 수 있다. 그렇지 않고 사물의 어느 한 측면만을 보고 나머지 측면을 애써 외면하거나 사물의 변화과정을 주시하지 못하면, 반드시 잘못을 범하게 마련이다.

　　그 동안 한국경제를 설명하는 데 수많은 이론틀이 동원되었지만, 그 결과를 정확히 예측한 경우는 별로 없었다. 공통적으로는, 이론을 앞세우면서 한국경제의 모습을 있는 그대로 보기 위한 노력을 게을리한 결과였다. 한국경제는 그 어느 나라 경제보다도 복합적이고 변화무쌍했던 것이다.

Chapter 03
종속과 자립, 그 역설적 관계

박정희는 일련의 공업화 과정을 자립 경제를 구축하는 과정으로 인식하였고, 중화학공업화를 그것의 완성으로 보았다. 박정희 입장에서는, 대부분의 공산품을 수입에 의존하던 것에서 벗어나 국내에서 생산할 수 있는 능력을 가졌다는 것 자체가 자립화의 과정이었던 것이다.

박정희가 자립경제를 꿈꾸었고 실제에서도 그런 방향으로 많은 노력을 기울인 것은 사실이다. 앞으로 우리는 그러한 예들을 다양하게 살펴볼 것이다. 하지만 비판적 입장에서 서 있는 많은 논자들은, 박정희가 주도한 경제개발이 결과적으로 대외종속을 심화시켜왔다는 지적을 해왔다. 이 또한 충분한 근거를 갖고 있는 것이었다. 앞으로 우리는 그 점을 확인할 것이다.

그렇다면 과연 정답은 무엇인가. 한국경제의 고도성장은 자립적 토대를 구축하는 과정이었는가, 아니면 종속이 심화되는 과정이었는가. 분명한 것은, 어느 한 측면만으로는 한국경제의 진면목을 설명할 수 없다는 사실이다. 종속과 자립 사이에 끊임없는 긴장과 대립이 발생해왔으며, 그 속에서 종속을 통한 자립적 토대구축이라는 역설적 현상이 나타나기도 했기 때문이다. 한국경제는 그 어떤 기성이론으로도 설명할 수 없는 독특하면서도 역동적인 과정을 거쳐온 것이다.

1. 외국자본, 선택적 수용

군사 쿠데타로 집권한 박정희 정부는 석유, 비료 등 시급한 물자를 생산, 공급하기 위해 외국자본과의 합작을 바탕으로 공장을 설립했다.

합작의 상대는 걸프, 칼텍스 등 주로 미국의 자본이었다. 자본과 기술 모두 극히 취약한 상태에서 합작에 의한 공장설립은 상당 정도 불가피한 것이었다. 하지만 그로 인해 지불해야 할 대가 또한 상당한 것이었다. 정부는 합작의 상대인 미국의 석유 메이저들에게 한국에 대한 원유 독점공급권을 보장했고, 그로 인해 상당한 폭리를 안겨다주어야 했다.

이렇듯 일부 시급을 요하는 분야에서는 합작형태의 직접투자를 유치하기도 하였지만, 박정희 정부가 선호한 외국자본은 주로 차관이었다. 차관은 일단 빌려 쓰고 갚으면 자기 것이 되기 때문이었다. 이러한 이유로, 박정희 정부는 외국인 직접투자는 엄격하게 규제하면서도 차관도입에 대해서는 매우 적극적인 태도를 취했다. 기업 스스로도 외국자본과 합작을 하더라도 자본과 기술이 일정하게 축적되면 합작관계를 해소하고 독자경영으로 전환하는 경우가 많았다.

그 결과, 앞서 확인했듯이 한국은 외국인 직접투자의 비중이 세계적으로도 매우 낮은 경우에 속하게 되었으며, 대부분의 기업들이 외국자본의 직접지배에서 벗어날 수 있었다. (단, 1997년 외환위기를 거치면서 국제금융자본의 지배력이 강화된 점은 별도로 고려되어야 한다.)

그러면 차관이 전체투자에서 차지하는 비중은 어느 정도였는가. 1970년대 기업자금에서 차관이 차지하는 비중을 예로 들면, 〈표 6〉에 나타나 있듯이 적게는 5.4퍼센트에서 많게는 28.4퍼센트에 이르고 있다. 국내에서 형성된 자본이 절대적으로 많은 비중을 차지했음을 알 수 있다. 이는 높은 국내 저축률을 반영한 것이기도 하다. 그런데 양적 비중과 관계없이 새로운 분야의 공장을 설립할 때, 차관은 결정적 의미가 있었다. 국내 기술기반이 취약했기 때문에 오직 차관을 통해 외국에서 기계·설비를 들여오고 기술을 도입할 수 있었기 때문이었다. 공장설립의 관건은 사실상 차관도입의 여부에 있었다고 해도 과언이 아니었던 것이다.

〈표 6〉 기업 자금의 원천 (1972~1979)　　　　　　　　　(단위: %)

구분	1972	1973	1974	1975	1976	1977	1978	1979
사내유보	29.0	32.0	26.5	23.7	28.8	30.1	23.5	21.1
신주	16.0	12.9	8.5	10.8	14.2	13.7	15.8	9.0
부채	55.0	55.1	65.0	65.5	57.0	56.2	60.7	69.9
금융기관	34.8	33.5	39.0	26.8	28.9	30.3	41.4	40.1
차관	13.0	13.9	11.9	28.4	19.2	13.2	5.4	11.4
기타	7.2	7.7	14.1	10.3	8.9	12.7	13.9	18.4

자료: 한국은행, 〈자금순환계정〉.

이러한 맥락에서 재벌기업들은 경제개발이 본격화되면서 차관을 도입하기 위해 혈안이 되었다. 그 이유로서는, 첫째 차관을 도입함으로써 짧은 시간 안에 대기업을 수중에 넣을 수 있었다. 둘째, 당시의 정부는 경제개발에 필요한 기업을 선정하여 재정·금융상의 지원을 집중했는데, 그 결정적 근거가 차관도입이었다. 셋째, 차관 중에서도 (외국 정부와 은행 등으로부터 도입된) 공공차관의 경우에 이자율도 낮았고 상환 기간도 길었는데, 당시의 높은 국내 이자율에 비추어 보면 그 자체로 큰 이익이었다. 1970년대의 경우, 차관 이자율은 보통 5~6퍼센트였던 데 반해 은행 이자율은 20퍼센트 수준이었고 사채 이자율은 40퍼센트에 이르렀다. 결국, 차관을 많이 도입한 기업들은 급성장하였고, 그렇지 못한 기업은 퇴조할 수밖에 없었다.

외국으로부터 도입한 차관액수는 1980년 당시 29.19억 달러에서 1981년 29.37억 달러로 절정을 이루다가, 이후 점차 둔화되어 1989년에는 13.35달러로 그 규모가 축소되었다. 차관 중에서 (외국의 기업체로부터 도입된) 상업차관이 차지하는 비중은 1980년 48.0퍼센트에서 1989년 64.4퍼센트로 증가하였다. 적어도 1970년대까지는 공공차관이 주류를 이루었음을 알 수 있다.

이렇듯 적지 않은 차관이 외국으로부터 도입되었지만 그 과정 하나하나는 결코 간단치 않은 것이었다. 차관 제공자 입장에서 한국이 차관 상환능력이 충분하다는 확신을 갖기 어려웠기 때문이었다. 그러다보니 한국경제의 명운을 좌우할 차관을 도입할 때마다 상당한 우여곡절을 겪지 않으면 안 되었다. 대표적인 예 몇 가지를 들어보자.

박정희 정부는 1967년부터 개시된 2차 5개년경제계획의 일환으로 제철, 기계, 석유화학, 조선을 국책사업으로 육성하기로 하였다. 이 중에서도 가장 큰 비중을 둔 것은 종합제철소를 설립하는 것이었다. 철강을 안정적으로 공급하지 못하는 한, 그 어떤 산업도 안정적인 발전을 기대할 수 없다고 본 것이다.

이러한 맥락에서, 박정희 정부는 미국과 유럽의 국가들로부터 종합제철소 건설을 위한 차관도입을 추진하였다. 차관의 도입은 어느 정도 성사되는 듯했으나, 세계은행이 한국의 제철산업은 경제성이 없다는 보고를 하는 바람에 좌초되고 말았다. 정부가 주도적인 입장에 서지 못하고 모든 것을 차관 제공자들의 판단에 의존했던 것도 실패요인의 하나였다.

그로부터 박정희 정부는 종합제철소 건설을 직접 챙기기 시작했다. 종합제철소에 필요한 도로와 항만 등 각종 부대시설 건설도 정부가 책임지기로 하였다. 종합제철소 부지는 일찍부터 포항 영일만 일대로 정해져 있는 상태였다. 그곳에는 이미 포항종합제철 사옥으로 2층짜리 목조건물이 세워져 있었고 사장으로 임명된 박태준이 업무를 보고 있었다.

여전히 남는 문제는 차관의 도입이었는데, 박정희 정부는 건설자금으로 대일청구권 자금 중 농업지원용으로 남아 있는 8천만 달러를 전용하는 것으로 가닥을 잡았다. 신일본제철 등 일본의 철강 3사는 그러한 한국 정부의 방안에 비교적 쉽게 동의하였다. 그들 입장에서는 설비를 판매할 수 있는 기회였기 때문이다. 반면, 일본 정부 안에서는 반대가 만만치 않았다. 본디 농업지원용으로 책정한 자금은 10년 동안 분할지급하기로 되어 있는데, 제철 건설용으로 전용할 경우에는 일시적으로 지급해야 하는 어려움이 있었던 것이다. 결국, 한국 정부는 한·일조세협정에서 양보를 하는 대가로 어렵사리 일본 정부의 동의를 얻을 수 있었다.

이렇게 하여 건설부지와 자금을 확보했으나, 정작 중요한 대목에서 난관이 형성되었다. 일본의 철강업체들이 가장 중요한 기술이전을 꺼린 것이다. 그들은 자칫 포항제철이 강력한 경쟁상대로 부상하지 않을까 우려하였다. 결국, 일본의 철강 3사는 설비만 판매하는 것으로 실속을 차리려고 했다. 그러자 박태준은 일본의 철강회사를 찾아다니며 끈질기게 기술이전을 요청하였다. 이에, 일본 철강회사 사장들은 박태준을 피해 일부러 휴가를 가기도 했는데, 박태준은 휴가지까지 쫓아가는 집요함을 보였다. 마침내 신일본제철이 기술이전을 하기로 결정하였고, 그에 따라 종합제철소 건설을 향한 대역사가 시작되었다.

포항종합제철 건설과정은 이후 인구에 회자된 수많은 일화들을 탄생시켰다. 주로 현장에 붙박이로 머무르면서 건설을 지휘, 감독하였던 박태준과 관련된 것들이 많았다. 그 중 몇 가지를 소개하면 이렇다.

1970년 4월 1일 착공식에서 박태준은 포항종합제철 건설자금인 대일청구권 자금이 선조들의 피의 대가임을 상기시키면서 제철소 건설에 실패하면 우리는 모두 죽어 마땅하다고 말했다. 곧바로 박태준은 착공식 참석자 모두를 '우향우'시킨 다음에 "제철소 건설에 실패하면 우리는 전원 저 오른쪽에 보이는 영일만에 빠져 죽는다"고 선언하였다. 그로부터 결사적으로 일을 밀어붙이는 포항제철 특유의 '우향우 정신'이 나왔다고 한다.

포항종합제철 공사가 본격화되자, 정치인을 위시하여 '인간 쓰레기'들이 몰려들었다. 막대한 자금을 운영하는 박태준으로부터 돈을 뜯어내기 위해서였다. 견디다 못한 박태준은 박정희에게 긴급지원을 호소했다. 그러자 박정희는 백지 위에 큼지막한 글씨로 쓴 '박태준을 건드리면 지휘고하를 막론하고 가만 두지 않겠다'는 내용의 '종이마패'를 주었다. 그 후, 박태준은 돈을 목적으로 자신을 찾아오는 사람들에게 그 종이마패를 보여주는 것으로 문제를 해결했다.

이렇게 시작된 공사는 밤낮 없이 진행되었고 박태준은 파일 하나, 기둥 하나가 잘못 세워질 때마다 처음부터 다시 공사를 시작하도록 했다. 심지어 70퍼센트 공정이 진척된 고로도 하자가 발견되자 주저 없이 다이너마이트로 폭파시켰다. 박태준이 워낙 지독하게 임했기 때문에 당시 현장 작업자들의 공통적인 바람은 사장이 서울 본사에 가서 근무하는 것이었다. 하지만 그에 대한 박태준의 응답은 본사를 서울에서 포항으로 옮긴 것이었다.

1973년 6월 9일, 제1고로에서 쇳물이 쏟아져 나왔다. 드디어 종합제철소가 가동을 시작한 것이다. 그 동안 들어간 자금만도 1,215억 원이었는데 이는 경부고속도로 건설비의 세 배에 해당하는 것이었다. 말 그대로 단군 이래 최대사업이었던 것이다. (이후, 포항종합제철은 시설확장을 거듭했고 기술수준 또한 빠르게 발전하면서 세계적 수준의 종합제철소로 발돋움하였다. 2002년 민영화되면서 포스코POSCO로 이름이 바뀌었다.)

현대조선(이후 현대중공업)의 설립을 위한 차관도입의 과정 역시 차관도입을 둘러싼 어려움을 적나라하게 보여주고 있다.

박정희는 조선산업 육성에도 강한 집착을 보였고, 그 일환으로 신규 조선소 설립을 현대그룹 회장 정주영에게 맡겼다. 정주영은 차관제공의 가능성이 가장 크다고 여긴 미국과 일본을 방문하여 협의하였다. 그러나 미국과 일본 모두 차관을 제공할 수 없다고 나왔다. 한국은 선박을 만들 능력이 없다는 것이었다. 분위기는 사실상 조선업을 포기하는 쪽으로 흘렀고, 정주영 본인도 그런 방향으로 의견을 개진하였다. 그러나 박정희는 완고했다. 박정희는 조선업을 포기하면 정주영과의 관계를 모두 끊겠다고 선언하면서까지 차관도입을 위해 계속 노력할 것을 요구했다.

정주영은 박정희가 권유한 대로 미국과 일본을 포기하고 유럽으로 갔다. 당시 정주영이 지니고 있었던 것은 조선소 설립부지로 예정된, 소나무 몇 그루와 초가집이 찍힌 한가한 미포만의 사진 한 장뿐이었다. 숱한 고비를 넘기면서 여러 사람들을 거쳐 영국 바클레이 은행과 차관 도입을 협의할 수 있었다. 바클레이 은행은 차관제공에 동의하면서 영국 정부기관인 수출신용보증국ECGD의 승인을 받아올 것을 요구했다. 그러자 ECGD는 선주가 미리 확보되지 않으면 차관을 승인할 수 없다는 입장을 보였다. 배를 살 사람이 확실치 않은 상태에서 차관을 제공하는 것은 매우 위험하다는 논리였다.

도리 없이 정주영은 존재하지도 않는 조선소에서 만들 유조선을 사줄 선주를 찾아 나설 수밖에 없었다. 필요한 선박도면은 설계사무소에서 빌렸다. 하지만 선주들의 반응은 예상대로 냉담하기 그지없었다. 거의 미친 사람 취급했다고 보는 것이 정확할 것이다. 그러던 중 그리스 선박왕 오나시스의 인척을 만날 수 있었고, (약속위반 시에 계약금에 이자까지 지불하고 하자가 있을 시에 원금을 되돌려주겠다는) 파격적인 제안을 한 끝에 유조선 두 척을 주문받을 수 있었다. 이렇게 하여 ECGD의 승인을 거쳐 바클레이 은행으로부터 차관을 도입하는 데 성공할 수 있었다.

마침내 1972년 3월, 울산 미포만에서 현대조선소 건설을 향한 첫 삽을 떴다. 그로부터 사상 초유의 장면이 연출되기 시작하였다. 한 쪽에서는 조선소 건설이 진행되었고, 다른 한 쪽에서는 유조선 두 척이 건조되기 시작하였다. 모든 작업은 군사작전을 방불케 했다. 밤낮을 가리지 않고 건설장비의 굉음과 용접소리가 울려 퍼졌고 곳곳에서 현장감독의 고함소리가 허공을 갈랐다. 결국 1974년 1월에 준공식이 이루어졌고, 얼마간의 시차를 두고 유조선 두 척의 건조도 완료되었다. 두 가지 작업이 거의 동시에 전광석화처럼 완성된 것이다. 그 과정에서 노동자들이 얼마나 극심하게 혹사당했는지는 굳이 설명하지 않아도 능히 짐작할 수 있을 것이다.

차관도입이 한국경제의 발전에 큰 기여를 한 것은 틀림이 없다. 특히, 박정희 정부 시기에 차관의 주종을 이루었던 공공차관의 경우는 긍정적 효과가 매우 컸다. 하지만 모든 차관이 순기능만을 갖고 있었던 것은 아니다. 특히, 상업차관의 경우는 적지 않은 문제를 일으켰다.

먼저, 상업차관이 무엇인지 살펴보자. 가령, 일본에 A라고 하는 섬유업체가 있다고 가정하자. A업체는 시장에서 끊임없이 경쟁을 해야 하는 입장이기 때문에 때가 되면 생산설비를 최신의 것으로 교체하게 된다. 이 때 기존에 사용하던 중고설비 처리가 문제가 된다. 바로 이 중고설비를 나중에 갚는 조건으로 한국에 파는 것이다. 그런데 한국에서 이를 외상으로 들여온다고 해서 곧바로 가동할 수 있는 것이 아니다. 기술이 있어야 하고 원자재와 부품이 지속적으로 공급되어야 하는 것이다. 바로 그 상황에서 판매자인 A업체는 설비양도로부터 얼마 기간 동안 기술과 부품·원자재 공급을 자신들이 책임지는 형태로 차관제공의 '옵션'을 건다. 단, 기술이전의 경우에 국제시장에서 자신을 위협하지 않도록 최신기술이 아닌 중고기술만을 제공하는 것이 일반적 경향이었다. A업체는 이러한 독점공급 계약을 통해 막대한 폭리를 취하게 된다. 말하자면, 차관 제공업체는 중고설비 판매, 기술과 원자재·부품의 독점판매를 통해 상업적 이익을 극대화할 수 있는 것이다. 그래서 상업차관이라고 표현하는 것이다.

상업차관이 본래부터 이러한 성격의 것이다보니 그에 의존하여 설립된 기업은 그 전망이 그리 밝을 수가 없었다. 처음부터 빚더미 위에서 출발한 데다 이전된 기술이 대부분 세계시장에서 한물 간 것들이었기 때문이다. 우려했던 대로 1960년대 후반에 상업차관으로 설립된 기업들이 문제를 일으키고 말았다. 특히, 일본으로부터 들어온 상업차관이 많았는데, 그 중 상당수가 부실기업으로 전락하고 말았다.

상황이 악화되자 한국 정부는 차관 상환용 외화를 긴급히 조달함과 동시에 선진 경영기법과 기술도입을 보다 용이하게 한다는 목적으로 외국인 직합작투자를 적극적으로 유치하기 시작했다. 자신들이 직접 경영을 책임지다보면 선진적인 경영기법과 기술을 사용하지 않겠느냐는 것이었다. 동시에, 해외시장 개척까지 직접 책임질 것이므로 수출확대에도 도움이 될 것으로 내다보았다.

하지만 박정희 정부에게는 한국경제에 대한 외국자본의 직접지배가 강화되는 것을 경계해야 하는 또 다른 과제가 있었다. 외국자본의 직접투자를 확대하면서 동시에 외국자본의 지배가 강화되는 것을 억제해야 하는 딜레마가 발생한 것이다. 과연 박정희 정부는 이 딜레마를 어떻게 해소하고자 했을까.

박정희 정부가 외국인 직접투자 유치를 확대하려고 하자, 가장 적극성을 보인 나라는 일본이었다. 1970년 4월 서울에서 제2차 한·일경제 협력위원회 총회가 개최되었는데, 일본 측은 '한·일 장기 경제협력 시안'(이른바 야쓰기 안)을 제출하여 자신들의 희망사항을 비교적 소상하게 밝혔다. 그 주요 내용은 다음과 같다.

3. 일본은 토지이용, 공해 등의 문제로 일본 내에서 한계에 다다

른 철강, 알루미늄, 석유, 석유화학, 조선, 전자, 플라스틱 등의 공업을 한국으로 옮겨가기를 희망한다.

4. 일본 경제계는 단순한 상업이윤 획득의 단계에서 '합작형태에 의한 장기협력'으로 전환할 것을 고려하고 있다. (……) 한국정부는 합작회사에 대하여 '노농쟁의를 금지시킨다'는 등의 조치를 취해주기를 기대한다.

5. 일본 측은 노동력의 부족현상 때문에 노동집약적 산업을 한국으로 옮길 것을 고려한다.

야쓰기 안은 한국 정부로부터 크게 환영받았고, 상당 부분 원안대로 시행에 옮겨졌다. 이는 야쓰기 안을 마련한 야쓰기 가즈오라는 인물이 한·일경제협력에 기여한 인물로 한국 정부로부터 최고훈장을 수여받았다는 사실로도 어느 정도 입증된다.

한국 정부는 야쓰기 안이 실현될 수 있도록 다양한 조치를 취했는데, 그 대표적인 것이 마산 수출자유지역의 설치였다.

마산 수출자유지역은 이후 중국 등 사회주의 국가들이 자본주의 식으로 운영하는 특구를 설치한 것과 맥락이 비슷하다고 할 수 있다. 요컨대, 외국자본에 최적의 환경을 제공하되 특정지역에 국한시킴으로써 한국경제에 대한 외국자본의 지배가 강화되는 것을 최대한 억제시키겠다는 것이었다. 바로 박정희 정부가 외국인 직합작투자를 확대시키고자 하면서 직면했던 딜레마를 해소시키는 방안이었던 것이다.

마산 수출자유지역은 1970년에 공표된 '수출자유지역법'에 따라 설치되었는데, 일본인 직접투자 기업이 전체의 90퍼센트를 차지하였다. 이들은 대부분 기술수준도 낮고 규모도 작음으로써 본국 시장에서 도태위기에 있던 기업들이었다. 그에 따라 마산 수출자유지역에 진출한 기업들은 한결같이 수입된 원자재, 반제품을 국내 노동력을 이용해 가공한 다음에 수출하는 보세가공 무역에 종사하였다. 한국 정부는 이들 기업이 수입하는 원자재, 반제품에 대해 관세를 면제시키는 혜택을 부여했다. 또한 1970년 제정된 '외국인 투자기업의 노동조합 및 노동쟁의 조정에 관한 특례법'에 따라 외국인 기업에서의 노동3권을 사실상 원천 봉쇄하였다.

외국자본이 진출함으로써 일자리가 늘어나고, 비록 최신의 것은 아니지만 새로운 기술이 도입되었으며, 해외시장 개척이 보다 용이해지는 등 경제발전에 적지 않은 자극제가 된 것은 사실이다. 하지만 그로 인해 치러야 할 대가는 매우 큰 것이었다.

무엇보다도 마산 수출자유지역에 진출한 일본 기업들의 노동자 수탈은 정도를 넘어섰다. 그 중에는 3개월에서 6개월 정도 수습기간을 두고 20~30퍼센트의 임금만을 지급한 뒤, 기간 내에 해고하는 방법도 포함되어 있었다. 또한 공해유발 업체가 대거 밀려들어 오면서 심각한 환경오염이 발생했다. 유독한 중금속으로 토양이 심각하게 오염되었으며 마산 앞바다는 오염물질이 쌓이면서 죽음의 바다로 전락했다.

2. 경제잉여의 유출

한국이 외국인 직합작투자보다는 차관을 위주로 외자를 도입함으로써 외국자본의 직접지배로부터 어느 정도 자유로울 수 있었던 것은 분명한 사실이다. 그럼에도 불구하고, 1960년대 이후 수출주도형 공업화 전략을 추구하면서 (차관을 포함하여) 투자재원 조달, 기술도입, 수출시장 개척 등에서 외국자본에 크게 의존하였던 것 또한 부인할 수 없는 진실이었다. 말하자면, 한국경제와 외국자본과의 관계는 지극히 이중적이었던 것이다.

이리한 가운데, 한국이 자체적으로 조달할 수 있었던 것은 저임금 노동력뿐이었다. 한국은 이 같은 저임금 노동력을 바탕으로 국제경쟁력을 확보할 수 있었고, 덕분에 빠르게 수출을 증대시킬 수 있었다.

그런데 한국이 투자재원, 기술도입, 수출시장 개척 등을 외국자본에 의존한 채 저임금 노동력을 통해 국제경쟁력을 확보하는 전략을 계속 고수했다면 어떤 결과가 나타났을까.

2차 세계대전 이전, 식민지 경영은 대체로 식민지로부터 1차 원료를 공급받으면서 반대로 종주국에서 생산된 공산품을 판매하는 데 주로 초점을 맞추고 있었다. 그런 만큼 식민지 종속국의 공업화는 극도로 억제될 수밖에 없었다. 하지만 1960년대에 접어들어 노동집약적인 경공업이 한국을 포함한 개발도상국으로 대대적인 이전을 하면서 양상이 크게 달라지기 시작하였다.

경공업 생산기지가 개발도상국으로 이전됨으로써 선진 자본주의 국가의 소비자 대중은 저임금을 바탕으로 생산된 값싼 제품을 공급받을 수 있었다. 그 결과, 선진 자본주의 국가의 노동대중의 실질 구매력은 크게 상승하였다. 더불어, 선진국은 노동집약적인 산업을 해외로 이전시키는 대신 고부가가치 산업에 집중함으로써 높은 이윤과 상대적 고임금을 동시에 달성할 수 있었다. 이런 점에서 노동집약적 경공업의 생산기지 이전은 선진 자본주의 국가들이 자신의 이해를 증진시키기 위한 적극적 선택이었다고 할 수 있다.

1970년대에 이르러 똑같은 맥락에서 중화학공업의 생산기지가 선진국에서 개발도상국으로 이전했다. 대표적으로 한국이 조선소 시설을 대대적으로 확충하고 있을 때, 전통적으로 조선산업의 중심을 이루고 있던 유럽에서는 정반대 현상이 나타나고 있었다. 서유럽조선협회 보고서에 따르면, EC(유럽공동체)의 대형 조선소들은 1975년부터 1985년까지 11년 동안 생산량을 9백만 톤에서 4백만 톤으로 줄였고, 그에 따라 고용인원도 40만 6천 명에서 22만 명으로 감소했다.

그런데 생산기지 이전에 따른 새로운 국제분업 체제는 선진국들이 개발도상국들의 경제잉여를 수탈하는 지극히 불공정한 것이었다. 개발도상국에 대한 경제잉여 수탈은 주로 개발도상국의 공업화에 필요한 기계, 원자재, 부품을 독점가격에 판매하는 것과 함께 개발도상국에서 생산된 제품을 극히 낮은 가격에 구입하는 이른바 부등가 교환을 통해 이루어졌다. 단적으로, 선진국은 수입업자와 도소매자의 유통이윤, 운송, 저장 등 물류비용, 상품이 선진국을 통과할 때 매겨지는 관세와 판매될 때 부과되는 부가가치세 등을 통해 개발도상국에서 생산된 제품의 가치 대부분을 취득해왔다.

놀랍게도 〈표 7〉에서 보여주듯이 개발도상국에서 생산되는 셔츠를 기준으로 할 때, 이런 방식으로 선진국이 취득하는 몫은 상품 총가치의 97퍼센트 정도에 이르렀다. 불과 2~3퍼센트만이 임금과 제조업자의 이윤이라는 형태로 개발도상국의 몫으로 남겨질 뿐이었다. 선진자본주의의 번영이 상당 부분 제3세계 민중의 희생을 바탕으로 한 것이었음이 분명하게 확인되고 있는 것이다.

〈표 7〉 제3세계 제조업의 소득분배 (단위: 달러, %)

소득분배	소득	판매가 대비 비율
1. 제조국가(제3세계)의 소득	8.00	2.7
1)임금	5.00	1.7
2) 순생산이윤	3.00	1.0
2. 선진국의 소득	284.60	97.3
1) 원단, 액세서리, 생산설비	30.00	10.2
2) 운송 및 수수료	4.00	1.4
3) 본선인도가격에 대한 관세	4.00	1.4
4) 도·소매업 임금	10.00	3.4
5) 유통이윤, 임대료 및 유통업자의 소득	210.00	71.8
6) 재무부가 징수하는 판매세 (소매가의 10%)	26.60	9.1
3. 최종 소매가 (판매세 포함)	292.60	100.0

주: 제3세계 저임금 공장에서 제조한 셔츠 1다스를 기준으로 했음.
출처: 미셸 초스토프스키 지음, 이대훈 옮김, 《빈곤의 세계화》, 당대, 1998, 100쪽.

이러한 조건에서 개발도상국의 노동자들은 빈곤상태에서 벗어날 수 없을 뿐만 아니라 국민경제 또한 재투자의 여력이 부족한 상태에서 정체상태를 벗어날 수 없었다. 요컨대, 생산기지의 이전에 따라 표면상 발전은 하지만 소득은 늘지 않고 확대재생산이 부진하며 그에 따라 내수시장 또한 활성화되지 않는 '저발전의 발전' 상태에 빠져들고 마는 것이다. 1960년대 이후의 중남미와 아시아의 많은 국가들이 외국자본의 대대적인 진출에도 불구하고 저발전 상태에서 벗어나지 못한 것은 이러한 이유에서이다.

그렇다면 한국은 어떠한가? 1960년대 이후에 차관 혹은 직합작투자 형태로 많은 생산시설이 한국으로 이전된 것은 개발도상국 일반에서 나타났던 현상과 궤를 같이하는 것이었다. 그 결과로, 기계·원자재·부품은 주로 일본에서 수입하고 생산된 제품은 주로 미국으로 수출하는 관계가 형성되었다. 말하자면, 한국은 일종의 중계 생산기지 역할을 한 것이다. 이러한 양상은 1990년대 이후 거대한 중국시장이 열리기 이전까지 큰 변화 없이 유지되었다.

중요한 것은, 한국 역시 다른 개발도상국과 마찬가지로 그 과정에서 심각한 경제잉여 유출을 겪어왔다는 사실이다.

경제잉여 유출과 관련하여 가장 쉽게 확인할 수 있는 것은 외국자본이 직합작투자를 통해 취한 엄청난 폭리였다.

한국에 진출한 외국자본은 값싼 노동력, 정부의 각종 특혜, 국내시장에서의 독점적 지위 등으로 막대한 수익을 남길 수 있었다. 이는 1995년 미 국무부 한국담당부장 레이너드의 "한국은 투하자본에 대하여 세계에서 가장 높은 연 50퍼센트 정도의 이윤을 안겨다주고 있다"라는 발언을 통해서도 어느 정도 짐작할 수 있다.

실제로 걸프 사는 1963년 처음 한국에 발을 들여놓은 이후부터 1980년 철수할 때까지 17년 동안 투자액의 14배인 4억 267만 5천 달러를 벌어들였다. 이는 걸프의 해외투자 사상 일찍이 없었던 노다지에 해당하는 것이었다. 그 밖에도 대부분의 외국자본이 진출한 지 5년 만에 투자원금을 회수하였다. 그 결과, 한국에 진출한 외국자본은 1962년에서 1984년 사이에 지점설치와 기술제공에 따른 수익을 포함하여 총 216억 4,527만 달러에 달하는 거액의 이윤을 거두어들였다.

하지만 외국인 직합작투자를 통한 이윤송금은 전체 경제잉여 유출 차원에서 보자면 극히 일부에 불과한 것이었다. 앞서 설명한 개발도상국에서의 일반적 현상처럼 선진국과의 교역과정에서 훨씬 대규모적인 경제잉여 유출이 발생한 것이다. 먼저, 기계·원자재·부품 등 생산재 도입과정부터 살펴보도록 하자.

외국인 직합작투자가 이루어지거나 외국으로부터 상업차관이나 기술을 도입할 때에는 대체로 생산설비와 원자재·부품을 해당 외국기업으로부터 의무적으로 도입해야 한다는 '옵션'이 붙는다. 이를 이용해서 외국기업은 생산설비와 원자재·부품을 고가에 판매함으로써 막대한 이익을 취했다. 한 가지 예를 들어보자.

1972년부터 1987년까지 대우자동차는 미국 GM과 합작관계를 맺고 있었다. 그에 따라 주요 부품은 GM으로부터 의무적으로 도입해야 했다. 그런데 관련업계에 따르면, GM의 공급가격은 다른 구입선보다 20~30퍼센트 비쌌다고 한다. 예컨대, 배전기용 '점화 모듈'은 일반시장에서 6달러(1988년 기준)이면 충분히 살 수 있었는데도 3달러 비싼 가격으로 GM에서 구입해야 했다. 심지어 브레이크에 사용하는 '슈엔드 라이닝 어셈블리'의 경우는 품질에서 큰 차이가 나지 않음에도 불구하고, 국산품보다 3배나 비싼 가격으로 GM에서 구입해야 했다.

그러면 제품의 수출과정에서 발생하는 경제잉여 유출에 대해 살펴보자. 먼저 염두에 두어야 할 사실은, 1980년대까지 한국의 주된 수출시장은 미국, 일본, 유럽 등 구매력이 풍부한 선진국이었다는 점이다. 그런데 한국의 기업들은 자력으로 이들 시장에 진입할 수 있을 만큼의 기술력과 영업능력을 갖추고 있지 않았다.

이러한 조건에서 한국의 기업들이 선택한 것은 OEM(주문자상표생산)수출, 즉 외국기업의 하청생산을 담당하는 것이었다. 가령, 부산의 신발업체는 미국에 본사를 둔 리복의 제품을 주문 받아 생산하였다. 한국의 업체가 신발을 납품하면, 리복은 자기 상표를 부착하여 자신들이 구축해놓은 영업망을 통해 판매했던 것이다. 적어도 1980년대까지 한국의 주요 수출품목은 대체로 이 같은 OEM 방식을 취했다고 보면 거의 틀림없다.

문제는, 이러한 OEM 방식이 가장 손쉬운 수출방식이기 때문에 비슷한 처지에 있는 다른 개발도상국 기업들과 극심한 경쟁을 하지 않으면 안 된다는 데 있었다. 이러한 조건에서 경쟁력을 확보하기 위해 한국의 기업들이 선택한 것은 수출단가, 즉 납품단가를 최대한 낮추는 것이었다. 그 결과, 1970년대 한국 제품의 수출단가는 보통 제조원가보다 훨씬 낮은 수준에서 결정되었다. 말 그대로 덤핑 출혈수출이 일반화된 것이다.

이 같은 양상은 신발 등 일부 업종에서 1990년대 초반까지 이어졌다. 가령, 1991년도에 리복에 납품되었던 가죽 운동화의 제조원가는 켤레당 18.5달러였는데 수출단가는 그보다 낮은 17.5~18달러 수준이었다. 이렇게 원가 이하에 수출된 가죽 운동화는 미국시장에서 소비자에게 80~100달러에 판매되었다.

유사한 현상이 자동차 등 중공업 분야에서 일어났다. 예를 들면, 1990년 기아자동차가 프라이드 승용차를 미국 포드 사에 OEM 방식으로 수출할 때의 가격은 3,600달러 수준이었다. 그런데 포드 사가 프라이드 승용차에 '포드 페스티바'라는 자사 상표를 부착하여 미국시장에 판매할 때의 가격은 6,300달러 수준이었다. 이는 제조비용을 제외한 이윤의 대부분이 포드 사 수중으로 들어갔음을 의미하는 것이다.

문제는, 기업이 이러한 출혈수출에도 불구하고 이윤을 보장받아야 한다는 데 있었다. 그렇지 않으면, 밑지는 장사를 계속할 이유가 없기 때문이었다. 바로 여기에서 정부가 구사한 수출 드라이브 정책의 비밀

〈표 8〉 수출촉진책

1. 세제	
1) 수출소득세 50% 감면	1961년 1월~1972년 2월
2) 수출품 생산설비 상각비 누진제	1961년 1월~
3) 영업세 면제	1962년 1월~
4) 수출시장 개발비의 과세 크레디트	1969년 8월~
5) 수출 결손금의 과세 크레디트	1973년 3월~
2. 관세	
1) 수출용 원재료의 수입관세 면제	1961년 4월~1973년 6월
2) 수출생산용 자본설비의 수입관세 면제	1964년 3월~
3) 손해에 대한 관세할인	1965년 7월~
4) 수출용 원재료의 관세환불제	1975년 7월~
3. 융자	
1) 수출 저리융자	1950년~
2) 환불자금에 의한 수출조성기금 융자	1959년~1964년
3) 수출용 자재수입에 대한 융자	1961년 10월~1972년 1월
4) 미국 군용물자 조달업자에 대한 융자	1962년 9월~
5) 중소기업의 수출산업화기금	1964년 1월~
6) 수출산업조성기금	1964년 7월~1969년 9월
7) 외국화폐 대부	1967년 4월~
8) 농수산품 수출준비기금	1969년 9월~
9) 수출신용 공여	1969년 10월~
4. 기타	
1) 철도운임 할인	1958년~
2) 수출보조금	1960년~1965년
3) 특정상품의 특정지역에로의 수출독점권	1960년 4월~
4) KOTRA 융자	1962년~
5) 수출입링크제	1962년 11월~
6) 전기요금 할인	1965년~1976년
7) 수출실적별 우대조치	1967년 2월~
8) 종합상사 조성조치	1975년 3월~
9) 수출입은행 개설	1976년 6월~

출처: 김낙중 외, 《한국경제의 현단계》, 사계절, 1985, 236쪽.

이 드러난다. 요컨대, 제조원가 이하에서라도 수출을 하여 달러를 벌어 오기만 하면 정부가 다양한 보상을 해주었던 것이다.

한국 정부가 수출을 촉진하기 위해 구사한 정책은 〈표 8〉에 나타나 있듯이 실로 광범위하기 짝이 없다. 그 중에서도 대표적인 몇 가지에 대해 알아보도록 하자.

첫째, 관세를 포함한 세금감면 혜택을 주었다. 〈표 8〉이 보여주고 있듯이 수출용 상품을 생산하는 데 사용되는 생산설비나 부품·원자재의 수입에 대해서는 모두 면세조치하였다. 또한 수출산업에 대해서는 영업세를 면제시켜주었고 수출소득에 대한 과세도 5할 감액시켜주었다.

둘째, 수출기업에 특별융자를 제공했다. 1970년대까지 한국은 만성적인 자금부족 상태에 직면해 있었다. 그 결과, 사채시장이 융성했고 사채 이자율은 연 40~70퍼센트에 이르렀다. 이러한 상황에서 연 3~12퍼센트에 이르는 수출금융은 수출기업에게 상당한 이익을 안겨다주었다. 일반은행 대출금리와 비교해보더라도, 수출금융은 상당한 이익이었다. 가령 1974~1979년 기간 동안 일반대출 금리는 15.5~18.7퍼센트였던 데 반해, 수출금융 금리는 9.0퍼센트였다.

셋째, 정부의 부담으로 수출전용 공단을 조성하고 입주업체에 대해 일정기간에 걸쳐 전기와 공업용수를 무상으로 제공했다. 유사하게 수출용 상품에 대해서는 철도수송비를 할인해주는 등의 혜택을 주었다.

넷째, 대기업으로 하여금 수출을 통해 발생한 손실을 국내시장에서 보충할 수 있도록 보장했다. 수입개방이 본격화되었던 1988년 이전까지 정부는 소비재 수입을 엄격하게 제한하였다. 이러한 조건에서, 대기업은 독점적 지위를 이용해 폭리를 취할 수 있었다. 그 결과, 내수용 상품은 수출용에 비해 품질은 크게 떨어지면서도 가격은 비싼 현상이 일반화되었다. 예를 들어, 1989년 당시의 배기량도 600cc 정도 크고, 타이어 등 일부 부품을 값비싼 미국제로 쓴 해외 판매용 소나타 승용차의 수출가격은 693만 원인 데 반해, 내수용은 202만 원이 비싼 895만 원이었다. 〈표 9〉는 1983년 당시 가전제품의 수출가격과 국내 판매가를 비교해서 보여주고 있다.

〈표 9〉 가전제품의 내수가와 수출가 (1983)   (단위: 달러)

가격 품목	내수가	수출가
컬러TV	306.9	155.7
흑백TV	62.3	45.2
라디오	17.3	16.0
녹음기	74.7	24.8
녹음재생기	59.5	28.5
앰 프	132.1	40.8
전 축	190.3	62.7
전자시계	22.2	7.2

출전: 서울대학교 경영연구소, 〈한국 기업의 현황과 과제〉, 1985.

수출증대 역시 의도하였든 의도하지 않았든 국내에서 생산된 막대한 경제잉여를 선진국으로 이전시키는 과정이 되고 만 것이다. 수출업계에서 재주는 곰이 넘고 돈은 약장수가 번다는 말이 자주 입에 오르내렸던 것은 이러한 사정을 반영한 것이었다.

지금까지 살펴본 것처럼 박정희 정부 이후의 한국은 수출주도형 공업화 전략을 구사했지만, 적어도 1980년대까지 한국의 수출은 밑지거나 혹은 별로 남는 것이 없는 장사였다. 그럼에도 불구하고, 수출주도형 공업화 전략은 앞서 확인한 것처럼 '외화수입의 꾸준한 증가-부품·원자재의 원활한 공급-내수시장의 크기에 구애받지 않은 시장의 지속적 확대'라는 메커니즘을 바탕으로 매우 빠른 속도의 확대재생산을 가능하도록 하였다. 그에 따라 기존 공장의 생산시설이 확대되고 새로운 공장이 연속적으로 들어섰다.

공장이 설립되고 시설이 확충되면 고용의 확대와 함께 새로운 도시가 들어서고 인구가 느는 등 연쇄적인 개발수요가 발생하게 마련이다. 대략 1970년대까지 한국경제는 이 같은 과정을 통해 전형적인 양적 성장을 거듭했다고 볼 수 있다.

그런데 이 같은 양적 성장은 어디까지나 저임금 노동력이 차질 없이 공급될 때만이 가능한 것이었다. 뒤집어 말하면, 일정시점이 지나 노동력 공급이 포화상태에 이르고, 그에 따라 임금상승 압력이 발생하면 더 이상 지속할 수 없는 것이다. 그 때부터는 단위당 부가가치 생산을 증대시키는 질적 성장으로 전환해야 한다. 여기에서 관건이 되는 것은 독자적으로 기술을 축적하는 것이다.

한국경제 역시 1980년대에 접어들면서 이러한 전환을 요구받기에 이르렀다. 만약 한국경제가 그러한 전환에 대비하지 않은 채 종전처럼 저임금 노동력에 모든 것을 의존한 채 국제하청생산을 고수했다고 가정해보자. 예를 들어, 독자적인 기술축적 없이 저임금 노동력을 바탕으로 일본의 전자제품을 조립하고 미국의 자동차를 단순조립하여 납품하는 국제하청 기지로 머물러 있었다면 어떻게 되었을까.

생산된 가치의 극히 일부만이 국내에 남겨지고 있는 상태에서 저임금 노동력 공급이 한계에 봉착함에 따라 기업들은 존립 자체가 어려워졌을 것이다. 한걸음 더 나아가, 중국과 동남아시아 등이 훨씬 낮은 임금을 무기로 추격해오면서 한국의 기업들은 도태되거나 생산기지를 해외로 이전시켜야 했을 것이다.

결국, 기업들이 줄곧 국제하청생산에 안주해 있었다면 한국의 산업은 어느 시점에서 끝장났을 것이라는 이야기이다. 적어도 한국경제가 지금과 같은 위상을 갖는 것은 절대 불가능했을 것이다. 이러한 맥락에서, 질적 성장의 필수요건인 기술축적을 둘러싸고 어떤 일이 벌어졌는지를 살펴보는 것이 대단히 중요하다.

3. 더디지만 꾸준한 기술축적

개발도상 단계에서 기술기반이 취약했던 한국이 보다 빠르게 기술을 발전시킬 수 있는 것은 선진국으로부터 기술을 도입하는 것이었다. 그런데 선진국 기술을 도입하기 위해서는 외화가 필요했다. 새로운 기계를 수입하면서 기계에 체화된 기술을 소화하고, 비싼 로열티를 지불하고 기술을 도입하는 것 모두가 외화를 필요로 했던 것이다. 바로 이러한 외화를 조달한 것이 지속적인 수출의 확대였다. 뿐만 아니라, 수출은 세계시장에서의 경쟁으로 인해 끊임없는 기술혁신을 강제했다. 경제적으로 성공을 거둔 나라들이 공통적으로 그러했듯이 한국 역시 무역확대를 통해 기술발전을 촉진시킬 수 있었던 것이다.

하지만 이것만으로 문제가 충분히 해결되는 것은 아니었다. 선진국으로부터의 기술도입은 막대한 비용을 지출해야 할 뿐만 아니라 도입되는 기술수준에서도 한계가 있었다. 반복되는 이야기이지만, 외국기업은 자신의 시장을 잠식할 가능성을 우려한 나머지, 최신의 핵심기술은 여간해서 제공하지 않기 때문이다. 한국에 전수된 기술은 선진국 기준으로 보면 한물 간 중고기술이 대부분이었던 것이다.

따라서 기술력을 보다 높은 수준으로 발전시키려면, 도입된 기술을 충분히 소화한 다음에 독자적으로 기술을 개발할 능력이 있어야 했다. 독자적인 기술개발이 이루어져야 앞에서 이야기했던 대로 양적 성장에서 질적 성장으로 전환할 수 있으며 유리한 조건에서 교역을 함으로써 경제잉여 유출을 최소화할 수 있는 것이다. 그런 점에서 장기적으로 한국경제의 운명을 좌우한 것은 바로 독자적인 기술개발이었다.

하지만 독자적인 기술개발은 말처럼 쉬운 것이 아니었다. 사실, 한국과 외국의 기술격차가 현격한 상태에서 국내 기업들이 외국으로부터 더 나은 설비와 더 나은 기술을 도입하는 것으로 문제를 해결하고자 하는 것은 매우 자연스러운 경향이었다. 무엇보다도 외국기술에 대한 맹목적 믿음이란 장벽이 한국의 기업들이 독자적인 기술개발에 착수하거나 실험하는 것을 어렵게 만들었다. 다음은 삼성종합화학 최고경영자가 그 간의 모습을 되돌아보면서 한 이야기이다.

한국 화학공장의 대부분이 그렇듯 장치설비는 대개 선진국의 유명 화학회사들 것입니다. 우리가 만든 것은 없어요. 이렇게 들여온 설비를 트러블 없이 얼마나 잘 운용하고 유지하느냐가 화학공장의 관건입니다. 그런데 아무리 선진국에서 들여온 설비라 하더라도 문제를 가지고 있는 경우가 많아요. 설비마다 특성이 달라 일종의 병목을 일으키는 공정이 있거든요. 이런 경우에는 과감히 설비를 개조하는 노력이 필요합니다. 설비를 개조하고 고쳐보지 않으면 설비를 제대로 이해할 수 없어요. 그러면 선진국에 대한 지식종속은 벗어날 수 없지요.

　그런데 이것이 말처럼 쉽지 않았습니다. 사람들은 설비에 손대는 것을 극도로 싫어해요. 설비에 잘못 손대면 배보다 배꼽이 커진다고들 말합니다. 손을 대다 고장이 나면 외국에서 엔지니어를 불러와야 하는데, 그러면 손을 안 대느니 못하다는 것입니다. 분명히 설비마다 특성이 달라서 생기는 병목현상 공정이 있어요. 이것을 해결하면 생산성을 획기적으로 올릴 수 있는데, 이런 생각을 하지 않습니다. 왜 그런 줄 아세요. 자신이 없는 것입니다. 그리고 외국기술에 대한 믿음이 너무 확고해요. 선진국에서도 그렇게 안 하는 것을 왜 우리가 그렇게 하느냐고 반문하는 거죠. 우리들 마음 속에는 이런 생각이 꽉 차 있었습니다.

(이홍,《지식점프》, 78~79쪽)

　이렇듯 외국기술에 대한 맹목적 믿음이 지배하는 가운데 다수의 한국 기업들이 오직 저임금 노동력에만 의존한 채 독자적인 기술개발에 충분한 힘을 기울이지 않았다. 저임금 노동력이 뒷받침되는 한 외국으로부터 중고기술을 도입하는 것만으로도 국제경쟁력을 확보할 수 있었기 때문이었다.

　단적으로, 1990년 당시 민간기업들이 연구개발 투자를 확대하면서 총액이 1985년의 두 배인 2조 7,001억에 이르렀는데도 여전히 절대액에서는 일본의 7.3퍼센트에 불과했다. GNP 대비 연구개발비 비중도 일본의 2.69퍼센트보다 낮은 1.91퍼센트에 머무르고 있는 실정이었다.

　그럼에도 불구하고, 적지 않은 기업가들과 기술자들은 외국기술과 저임금 노동력의 결합에만 의존해서는 한국경제의 장래가 없다는 것을 일찍부터 간파하고 있었다. 저임금에 의존한 경쟁력 확보는 언제인가는 추월당할 것이며, 독자적인 기술개발 없이 외국에서 도입한 중고기술에만 의존해서는 만년 2등에서 벗어날 수 없음을 간파한 것이다. 만년 2등이라는 것은 1등만 살아남는 세계시장의 속성에 비추어 볼 때, 국제하청생산으로 연명하다가 끝내는 도태되고 만다는 것을 의미하였다.

이러한 맥락에서 적지 않은 기업들이 한편으로는 외국으로부터의 기술도입에 의존하면서도 이를 완전히 소화하고, 이후 독자적인 기술개발로 나아가기 위해 꾸준한 노력을 기울였다. 많은 경우, 어깨 너머로 몰래 훔쳐보면서 핵심기술에 한걸음 더 가까이 접근하기도 하였다.

1970~1980년대 LG는 미국의 GE, 일본의 마쓰시다 등과 기술제휴를 맺었지만 핵심기술을 넘겨받는 것은 불가능했다. 당시 LG에 파견된 일본인 기술자는 번호키가 달린 가방 안에 핵심기술 도면을 넣고 다녔다. 그러나 LG 사람들은 어깨 너머로 비밀번호를 알아낸 뒤, 일본 기술자가 자리를 비울 때마다 자료를 훔쳐보면서 기술을 배웠다.

이러한 과정을 거쳐 많은 한국의 기업들이 굳이 외국에서 기술을 도입하지 않더라도 눈대중만으로 외국제품을 모방, 생산할 수 있는 수준에 이르렀다. 그래서 한때 우후죽순처럼 쏟아져 나온 것이 외국의 유명제품을 모방한 이른바 '짝퉁'이었다. 심지어 1987년 물질특허 제도가 도입되기 전, 국내에서 시판된 의약품의 대부분은 외국제품을 단순 복제한 것들이었다.

경우에 따라서는, (앞서 삼성종합화학 경영진이 강조했던 것처럼) 대규모 공장설비를 뜯었다 고치기를 반복하면서 설비에 정통하게 되었고, 결국 이를 제작할 수 있는 수준에 이르기도 하였다. 신화건설이 이란에 비료공장 플랜트를 건설하는 과정은 이 점을 잘 보여주고 있다.

기술축적을 가늠하는 잣대 중의 하나는 플랜트 건설의 능력이다. 그 이유는 플랜트가 무엇인지를 알면 바로 이해할 수 있다.

전자나 자동차 제조회사의 경우, 건물은 일반 건설사가 시공한다. 그런 다음, 회사가 별도로 기계장치를 구입하여 설치한다. 이런 경우는 플랜트가 아니다. 플랜트는 화학공장이나 비료공장, 발전소, 종합제철소처럼 특허구입, 설계, 기계·자재구입, 공장대지 조성, 전기·수도 등 유틸리티utilities 설치, 공장건물 시공, 기계장치 설치, 시운전 등 8개 공정을 일괄적으로 책임지는 것을 말한다. 그런 만큼 플랜트 건설은 토목이나 건축 등에 비해 훨씬 종합적이고 고차원적인 기술을 요구한다. 이러한 플랜트 건설은 명칭과 관계없이 엔지니어링 회사가 담당하는데, 일반 건설회사에 비해 인적 구성에서 엔지니어의 비중이 매우 높은 것도 이러한 이유에서이다.

그런데 지금부터 소개하고자 하는 신화건설은 플랜트를 전문적으로 시공하는 엔지니어링 회사가 아니었다. 일반적인 건설회사에 불과했던 신화건설이 이란의 '쉬자즈' 종합비료공장 건설을 책임지게 된 것은 다소는 우연적인 과정이었다.

(관련해서 뒤에서 자세히 살펴보겠지만) 석유위기 여파로 자금여력이 생긴 이란은 대규모 종합비료공장 건설에 착수했다. 규모는 암모니아 생산량이 하루 1,200톤으로, 최종제품인 요소가 연산 50만 톤, 초안硝安이 45만 톤에 이르는 꽤 큰 공장이었다. 쉬자즈 종합비료공장의 건설감리는 세계적인 플랜트 회사인 영국의 '데이비 파워'가 맡았는데, 데이비 파워는 여천 메탄올 공장 시공을 책임졌던 회사이기도 하였다. 이러한 인연으로 데이비 파워는 여천 메탄올 공장 건설에 함께했던 신화건설을 쉬자즈 공장 건설에 참여시켰다.

그러던 중 1979년 이란혁명이 일어나고, 곧이어 이라크와 전쟁이 벌어지면서 상황이 돌변하고 말았다. 서방 각국이 이란혁명을 반대하면서 자국 회사들을 전부 철수시킨 것이다. 결국, 이란 측의 간곡한 요청으로 신화건설이 공장건설 전체를 책임질 수밖에 없는 상황이 되고 말았다. 예기치 않게 종합비료공장 플랜트 건설을 떠맡은 것이다.

그러나 막상 공사를 재개하자 문제가 한두 가지가 아니었다. 1977년 1차 공사를 착수한 이후로 4년 동안의 공백이 있었던 탓으로 설계도면도 사라져 없었고 기자재와 부품 모두 노후화된 상태라 새로 보충해야 했다. 설계도면 작성을 포함해서 모든 것을 처음부터 다시 시작해야 하는 상황이었던 것이다. 하지만 신화건설은 그 어떤 분야에서도 축적된 기술을 갖추고 있지 못했다. 바로 이 때 결정적 도움을 준 것은 국내 비료공장에서 장기간 근무한 기술자들이었다.

과거 충주 비료공장과 나주 비료공장은 미국 엔지니어링 회사에 일괄 발주하여 건설되었다. 미국의 회사가 설계에서부터 시운전까지를 모두 책임지고 시공한 것이다. 그런데 시공이 엉터리로 이루어졌기 때문에 걸핏하면 고장을 일으켰다. 그로 인해 국내 기술자들은 시도 때도 없이 기계장치를 뜯었다 고치기를 반복해야 했다. 덕분에 비료공장의 기계장치에 대해서는 빈틈없이 파악할 수 있었다.

신화건설은 이러한 국내 비료공장 기술자들의 도움으로 난관을 헤쳐 나갈 수 있었고, 마침내 1985년 1월 15일에 공장이 완공을 보게 되었다. 이란 혁명정부가 성공한 첫 번째 대공사였다. 준공식에는 최고지도자인 호메이니가 직접 참석했고, 준공식이 끝난 뒤 혁명정부는 신화건설에 호메이니의 사진과 감사장을 전달했다. 이는 혁명정부가 할 수 있는 최고의 치사였다.

쉬자즈 종합비료공장은 정상가동되었다. 이 덕분에 신화건설의 위상, 나아가 한국의 플랜트 건설능력에 대한 신뢰가 크게 높아졌다. 이후, 이란은 제시가격이 다른 회사에 비해 비싸더라도 주요 공사는 신화건설에 맡기는 일이 다반사로 일어났다. 신화건설이 라반 LPG 플랜트, 이스파한 석유화힉 콤플렉스, 타브리즈 석유화학 콤플렉스 등 대규모 플랜트 공사를 담당한 것은 그러한 맥락에서였다.

지금까지 살펴본 것처럼 적지 않은 한국의 기업들이 비록 중고기술일망정 도입된 기술을 완전히 소화하고, 더불어 어깨 너머로 핵심기술을 훔쳐보면서 차근차근 기술을 축적해갔다. 그러나 독자적인 기술축적은 단순히 경험이 쌓인다고 해서 자연발생적으로 이루어지는 것이 결코 아니었다. 독자적인 기술개발은 장기적 관점에서 체계적인 투자가 뒷받침되지 않으면 이루어질 수 없었던 것이다. 이 점에서 현대자동차 사례는 많은 시사점을 던져주고 있다.

흔히들 자동차산업은 기계공업의 꽃이라고 한다. 기계공업에서 축적된 기술 대부분이 집약된 것이 자동차인 것이다. 그런 점에서 자동차산업에서의 기술축적은 단기간 안에 이루어질 수 없으며 장기간에 걸쳐 수많은 문제들을 해결하는 과정에서 비로소 성과를 낼 수 있다. 자동차산업에서의 독자적인 기술축적은 지난한 과정일 수밖에 없는 것이다. 실제로, 현대자동차의 역사는 국제시장에서 인정받을 정도의 독자적인 자동차 제조기술을 축적하는 것이 얼마나 어려운 과정인지를 액면 그대로 보여준다.

1967년에 설립된 현대자동차는 미국 포드와의 합작을 바탕으로 외국의 모델을 들여와 단순조립을 하는 데 주력하고 있었다. 포드로부터 도면을 들여와 국산부품 21 대 포드산 부품 79의 비율로 조립하는 것이 었다. 그나마 기술력을 요구하는 부품은 모두 포드산이었다. 그러다보 니 현대자동차는 차체가 어떻게 설계되고 핵심부품이 어떻게 만들어지 는지는 전혀 관심을 가질 필요가 없었다. 현대자동차는 이러한 방식으 로 코티나와 뉴코티나 등을 국내시장에 출시할 수 있었고, 그 나름대로 성공을 거둘 수 있었다.

바로 그 때, 박정희가 정부지원을 약속하면서 현대자동차에 수출이 가능한 국산 고유 모델을 개발할 것을 강력히 종용하였다. 당시 현대자 동차는 신진자동차(이후 대우자동차)보다도 기술이 뒤떨어져 있던 상태 였던 만큼 고유 모델 개발은 꿈도 꾸지 못하고 있던 중이었다. 하지만 최고통치자의 명령을 거부하기도 쉽지 않은 상황이었다.

도리 없이 현대자동차 경영진은 고유 모델 개발을 결심하고, 합작사 인 포드에게 지원을 요청하였다. 그러자 포드는 기술제공 의사를 밝히 기는 했으나 수출시장을 제한해야 한다는 등의 까다로운 조건을 붙였 다. 결국 현대자동차는 포드와 결별하고 독자적인 개발로 방향을 선회 했다. 그러자 취약한 기술 여건상 고유 모델 개발은 자칫 회사 전체가 망하는 것으로 이어질 가능성이 크다는 심각한 우려가 제기되었다. 회 사 전반에 팽팽한 긴장감과 공포가 휘몰아쳤고 곳곳에서 거센 반발이 일어났다

하지만 현대자동차 경영진은 고유 모델 포니를 개발하기로 최종확 정을 짓고 필요한 기술을 외부로부터 사들이기 시작하였다. 단, 과거처 럼 한 회사로부터 일괄적으로 도입하지 않고 전세계에 있는 여러 자동 차 관련 회사로부터 선택적으로 도입하였다. 기술종속을 피함과 동시 에 기술습득을 보다 용이하게 하기 위해서였다.

현대자동차는 1973년 영국 퍼킨스 엔진사와 디젤 엔진 제조를 위한 기술협력 계약을 체결하였다. 같은 해 9월에는 이탈리아 이탈 디자인사와 차체설계를 위한 용역계약을 맺었고, 일본 미쓰비시 자동차와는 가솔린 엔진, 변속기 및 후차축 제조를 위한 기술협력 계약을 체결하였다. 또한 1974년 7월에는 미쓰비시와 수물 제조기술의 도입을 위한 기술협력 계약을 맺었다.

현대자동차는 기술협력 계약과 동시에 이들 기업으로 많은 인력을 파견하였다. 필요한 기술을 익히기 위해서였다. 기술도입 과정을 기술을 익히고 자신의 것으로 소화하는 과정과 밀접하게 결합시켰던 것이다.

이러한 노력 끝에 현대자동차는 포니 개발이라는 엄청난 문제의 해결 실마리를 잡아나갈 수 있었다. 그 동안 회사를 짓누르고 있던 실패에 대한 공포도 서서히 사라지기 시작하였다.

마침내 포니 개발이 성공을 거두었다. 포니는 일순간에 국내 승용차 시장을 석권했다. 한때 한국의 도로 위를 달리는 승용차의 대부분은 포니였다고 해도 과언이 아니었다. 동시에 중동과 아프리카, 중남미 등에서 수출주문이 밀려오기 시작했다. 제품출시 전부터 62개국 228사가 수입을 희망했을 정도였다. 하지만 막상 해외로 나간 포니는 곳곳에서 문제를 일으키기 시작했다.

중동에 수출한 차는 고열을 견디지 못해 클러치 패드가 터졌고 내장용으로 사용된 플라스틱이 벗겨지고 갈라지기도 하였다. 또한 페인트 색이 변질되고 철판에 녹이 슬었다. 에어컨이 작동되지 않아 실내온도가 섭씨 100도까지 올라가기도 하였다. 남미에서는 고지대 영향으로 기압이 낮아져 엔진 기능이 크게 저하되는 현상이 발생했다.

유사한 문제가 여기저기서 터져 나왔다. 포드와 같은 선진회사에서 기술이전을 받아 자동차를 만들었다면 최소화되었을 문제들이 걷잡을 수 없이 터져 나온 것이다. 정신없이 문제를 수습하면서 모자라는 지식은 선진국 기업으로부터 돈을 주고 사왔다. 그리고 공장 시험시설을 대대적으로 보완하여 품질문제를 개선하고자 하였다. 고온 테스트, 한지 테스트 등 온도와 환경에 대한 테스트도 보강했다.

품질문제가 어느 정도 해결되자 현대자동차는 내친 김에 포니를 유럽과 미국에 수출하기로 결심하였다. 하지만 이는 중동이나 중남미, 아프리카 등에 수출하는 것과는 차원이 전혀 다른 문제였다. 무엇보다도 유럽과 미국의 자동차 안전기준을 통과해야 하는 장벽이 가로놓여 있었다. 당시 현대자동차의 기술수준은 그러한 기준을 통과하기에는 턱없이 부족했던 것이다.

현대자동차는 이러한 한계를 극복하기 위해 새롭게 기술도입을 추진했다. 1978년 1월, 배기가스 부문의 기술향상을 위해 미국 올슨 사와 기술제휴 계약을 맺었다. 내장 부문은 일본 세케이 사, 차체 부문은 미국 칼스팬 사에 의뢰하는 등 유럽과 미국의 안전기준 통과에 필요한 성능향상과 설계개선에 집중적인 노력을 기울였다. 이러한 과정을 거쳐 미국의 안전기준 통과에는 실패했지만 유럽의 안전기준은 통과할 수 있었다.

포니는 국제적으로 큰 성공을 거두지는 못했다. 미국의 안전기준을 통과하지 못했을 뿐만 아니라 미국 이외의 지역에 대한 수출조차 원가 이하의 출혈수출이었다. 생산규모가 가격을 맞출 수 있는 최소단위에 이르지 못했고 가격경쟁력을 뒷받침할 수 있는 부품공급 체계 역시 제대로 갖추지 못했기 때문이었다. 하지만 현대자동차는 포니 개발과정에서 비로소 자동차를 만든다는 것이 무엇이지 기본적인 이해를 할 수 있었다. 말하자면, 자동차에 대한 감이 생긴 것이다.

현대자동차가 포니 개발로 자신감을 갖고 새로운 도전을 향해 나아 갈 때, 뜻하지 않은 일이 발생했다.

앞에서 살펴본 대로, 박정희 정부가 추진한 중화학공업화는 과잉 중복 투자로 인해 상당히 심각한 문제를 낳았다. 그에 따라 신군부는 1980년 5·17군사쿠데타로 권력을 장악하자마자 국가보위비상대책위원회(국보 위) 안에 중화학투자조정위원회를 설치한 뒤, 중화학 부문에 대한 교통 정리에 나섰다. 그 중 하나로서 대우와 현대가 자동차와 발전설비 중 하나를 선택하되 자동차를 맡는 쪽에서 국내 승용차 생산을 전담하는 것으로 했다. 단, 강제적인 조정에 강하게 반발했던 현대에게 우선적인 선택권을 부여하기로 하였다.

당시 국보위 관계자나 대우 측에서는 현대가 당연히 자동차를 포기 하고 발전설비를 선택할 것으로 예측했다. 발전설비는 정부 발주이기 때문에 판로가 보장되어 있는 데 반해 자동차 산업의 미래는 매우 비관 적일 것이라고 보았기 때문이었다. 그러나 현대는 자동차 산업을 선택 했다. 발전설비는 원하면 언제든지 생산할 수 있지만, 자동차는 한 번 포기하면 다시 기회를 잡기가 불가능할 것이라는 판단에서였다.

이렇게 해서 대우는 발전설비를 확보하는 대신 자동차 산업을 현대 에게 넘겨주어야 하는 상황이 되었다. 바로 여기에서 문제가 발생하였 다. 대우와 합작하고 있던 GM이 합작선을 현대로 바꾸어야 했던 것이 다. 이와 관련하여, (이후 청와대 경제수석을 맡은) 김재익 등 국보위 주도세력은 자동차산업은 비교우위가 없기에 GM 같은 외국자본의 품 안에서만 생존이 가능하다고 보았고, 그에 따라 GM과의 합작은 당연 한 것이라고 여겼다.

그런데 당시 GM은 상공부장관이 서울에 온 GM 부회장을 만나기 위해 갖은 수모를 다 겪어야 할 정도로 그 위세가 대단했다. GM이 어떻게 나올지는 충분히 예상 가능한 일이었다. 아니나 다를까. GM은 현대에 대해 합작의 조건으로 동등한 지분과 경영권 참여를 요구했다. 하지만 현대는 GM의 요구를 거부하고 독자경영을 고수하였다. 결국 GM과 현대의 합작협의는 결렬되고 말았고, 그에 따라 승용차 생산 일원화 방침 역시 무위로 돌아가고 말았다.

이렇게 하여 현대자동차는 원래의 상황으로 되돌아가게 되었다. 그로부터 현대자동차는 포니 개발의 경험을 바탕으로 미국의 안전기준 통과와 생산의 규모 확대, 부품공급의 체계화를 실현하는 다음 목표를 설정하였다. 그 결과, 개발된 것이 엑셀이었다. 엑셀은 미국의 안전기준을 통과할 수 있었고 상당한 가격 경쟁력을 갖고 미국시장에 진입할 수 있었다. 하지만 엑셀은 단명하고 말았다. 미국 소비자들을 만족시키기에는 품질이 너무 떨어졌던 것이다. 결국 엑셀은 미국 소비자들 사이에 한국 차는 싸구려 저질상품이라는 이미지만 심어놓고 말았다.

현대자동차는 엑셀의 경험을 통해 고품질 고가격의 차 개발 없이는 장기적인 생존을 약속받을 수 없다고 판단하였다. 현대자동차는 곧바로 중형차 개발에 착수하였고, 그래서 나온 것이 소나타였다. 하지만 중형차의 개발은 소형차와는 비교가 안 될 정도의 높은 기술력을 요구하는 것이었다. 현대자동차는 소나타를 개발하면서 DOHC와 ABS 등 당시로는 최고급 기술을 사용하는 등 사력을 다했으나 결국 미국시장에 진출하는 데 실패하고 말았다. 미국시장에서 경쟁력을 가질 수 있는 중형차의 품질은 현대자동차가 생각하고 있던 수준 이상이었던 것이다.

이렇듯 실패를 반복하였지만, 그 과정에서 현대자동차는 자동차에 대한 지식을 축적했고 독자적인 기술개발을 향해 조금씩 다가갈 수 있었다. 결국, 현대자동차는 다음 국면에서 일대 도약을 이룰 수 있었는데, 이에 관해 뒤에서 살펴보는 것으로 하자.

1980년대에 이르러서도 한국의 기업들은 대체로 독자적인 기술개발보다는 외국으로부터의 기술도입에 의존하는 정도가 강했다. 그러면서도 1980년대는 독자적인 기술개발을 위한 의미 있는 디딤돌을 놓은 한 시기였다. 그 중요한 계기가 된 것은 재벌들을 중심으로 한 많은 기업들이 반도체, 신소재, 정밀기계, 메카트로닉스, 화학, 유전공학, 항공우주산업, 통신 등 첨단산업으로의 진출을 본격화한 것이었다.

첨단산업은 고부가가치 산업이기 때문에 선진국들이 기술이전을 극력 회피하였고 이전이 이루어지더라도 막대한 비용을 지불해야 했다. 독자적인 기술개발 없이 첨단산업에서 국제적인 경쟁력을 확보하는 것은 불가능했던 것이다. 선택의 여지가 없는 상황에서 기업들은 독자적인 기술개발을 목적으로 종전에 비해 기술개발 투자를 크게 늘렸다. 그에 따라 재벌들의 기술개발 투자액이 1980년 874억 원에서 1987년 1조 2천억 원으로 13.73배 증가하였다.

기술개발 투자에 각별한 노력을 기울인 대표적인 재벌은 삼성그룹을 꼽을 수 있다. 삼성그룹은 1982년부터 1986년까지 총 4,600억 원을 기술개발에 투자하였는데, 1986년의 기술개발 투자액 2,200억(시설투자 1,631억 원 포함)은 삼성그룹 내 제조회사들의 같은 해 매출액의 4퍼센트에 해당하는 것이었다. 이는 국내 제조회사의 평균 연구개발 투자액의 1.9퍼센트를 크게 상회하는 것이었다.

독자적인 기술개발을 향한 삼성그룹의 노력은 부설 연구소 설립에서도 뚜렷이 확인되었다. 삼성그룹은 1980년 삼성전자 부설 전자종합 연구소 설립을 시작으로 1982년 삼성전자 반도체연구소, 제일제당 유전공학연구소, 1983년 삼성전관 종합연구소, 1985년 삼성전자 생산기술연구소, 삼성데이타시스템 기술연구소, 삼성중공업 선박해양연구소, 1986년 삼성중공업 종합기술연구소, 1986년 삼성경제연구소, 1987년 코리아엔지니어링 기술연구소 등 계속해서 부설 연구소를 설립했다. 1980년대에 거의 매년 한두 개씩의 부설 연구소를 설립한 셈이었다.

이러한 가운데 1980년대부터 대기업들은 해외 과학기술 두뇌를 유치하기 위한 노력에 박차를 가했다. 이 같은 노력은 1990년에 접어들어서는 기업 임원들이 매년 40~50개의 해외 명문대를 돌며 고급두뇌를 유치하기 위해 노력하는 것으로 이어졌다. 마침내 그러한 노력은 국적에 관계없이 전세계 고급두뇌를 유치하는 것으로 확대되었다.

이렇듯 1980년대에 진행된 일련의 노력은 그 성과가 꾸준히 쌓여나 갔고, 마침내 1990년대 접어들어 독자적인 기술개발에서 일대 비약을 맞이할 수 있었다. 말하자면, 1980년대는 본격적인 기술개발을 위한 일종의 예열단계였던 것이다.

그런데 여기에서 놓쳐서는 안 되는 지점이 있다. 적어도 1980년대까지 기업의 독자적인 기술축적을 자극하고 때로는 선도하기도 했던 것은 바로 정부였다는 사실이다. 경제개발 전반에 나타났던 정부의 선도적 기능이 기술개발 분야에서도 액면 그대로 나타났던 것이다.

박정희 정부는 독자적인 기술개발을 목적으로 1966년 한국과학기술 연구소KIST(현 한국과학기술연구원)를 설립한 뒤, 해외에 있는 한국인 고급두뇌를 유치하기 시작하였다. 그 결과, 일차로 미국, 독일 등에서 연구하던 전도유망한 과학자 17명이 귀국하였다. 이를 위해, 그들은 노벨상의 꿈을 접어야 했고 해외에 있을 때에 비해 4분의 1밖에 되지 않은 보수에 만족해야 했다. 아울러, 본인들이 원했던 연구가 아닌 당장 시급한 산업응용기술을 개발하는 데 매진해야 했다. 뿐만이 아니라, 국가 운영 계획을 수립하기 위해 코피를 흘리며 밤샘작업에 매달리기를 밥먹듯이 해야 했디. 그로 인해 이들 과학기술자들은 엄청난 스트레스에 시달려야 했고, 결국 상당수가 암으로 사망하고 말았다.

1978년 대덕연구단지가 문을 열면서 정부차원에서 해외 고급인력 유치를 위한 노력은 새로운 차원을 맞이하였다.

대덕연구단지는 한국에너지연구소·한국동력자원연구소·한국표준연구소·한국기계연구원·한국전자통신연구소·한국화학연구소·한국인삼연초연구소 등 정부출연 연구기관과 다수의 민간기업 연구소, 한국과학기술원KAIST, 충남대학교 등이 자리를 잡고 연구활동을 하는 대단위 연구단지이다. 1990년대 후반부터는 벤처기업 형태의 소규모 연구소들이 크게 늘어남에 따라 인구 5만이 넘는 세계 유수의 연구 메카로 성장하였다.

그러다보니 대덕연구단지가 문을 열면서 고급인력 수요가 폭주할 수밖에 없었고, 이를 해외 고급두뇌 유치를 통해 해결한 것이다. 마침내 대덕연구단지를 향해 수백 명의 해외 고급 두뇌가 속속 몰려들기 시작했다. 그들은 자신이 원하는 연구를 할 수 없다는 사실을 잘 알면서도 '나라가 우리를 원한다'는 묘한 자부심에 이끌려 대덕연구단지를 선택했다.

이러한 과정을 거쳐 정부 주도의 기술개발은 굵직한 국책사업과 관련하여 의미 있는 성과들을 낳을 수 있었다. 1980년대 한국전자통신연구소가 전자교환기 TDX-1을 개발함으로써 한국을 단기간 안에 통신

강국으로 도약시킨 것은 그 대표적인 경우라고 할 수 있다. 1990년대 후반 이후에 이루어진 것이기는 하지만 한국형 원자로를 독자적으로 개발한 것이나 1996년부터 1천여 명의 국내 기술진이 참여하여 한국형 고속전철 G7을 개발하는 데 성공한 것도 정부 주도의 기술개발이 일구어낸 성과였다.

비슷한 맥락에서, 고액의 개발비용과 장기간의 연구가 필요한 원료 합성·로봇·항공우주 등의 분야에서 많은 성과를 쏟아냈다. 이는 곧바로 민간기업의 기술축적을 자극하고 촉진하는 것으로 이어졌다.

4. 국제무대에서의 국면돌파

한국경제가 수출주도형 공업화 전략을 추구하면서 국민총생산에서 수출과 수입이 차지하는 비중이 매우 높은 수준에 이르렀다. 이러한 한국경제의 무역의존도(대외의존도)는 1980년대에는 90퍼센트 전후였다가, 1990년대 중반 50~60퍼센트 수준으로 내려간 뒤, 2007년에 이르러 다시 94.2퍼센트로 크게 높아졌다. 사실상, 한국경제의 전부가 무역과 연관을 맺고 있다고 해도 과언이 아닌 것이다.

이렇듯 한국경제의 높은 무역의존도는 선진국의 무역의존도가 대체로 40퍼센트를 넘지 않는다는 사실을 감안할 때, 지나치게 높은 것임에 틀림없다. 특히 생존에 가장 기본적인 에너지와 식량의 대부분을 해외에 의존하고 있다는 사실은 매우 심각한 문제가 아닐 수 없다.

이 모든 사실은 한국경제가 외부환경의 변화로부터 절대적인 영향을 받을 수밖에 없음을 의미하는 것이다. 한때 미국의 경제가 기침을 하면 한국의 경제는 몸살을 앓는다고 하는 표현은 이러한 사정을 반영한 것이기도 하였다.

한국경제는 이처럼 높은 무역의존도를 유지한 가운데 외부환경의 변화에 의해 끊임없이 새로운 위기와 기회를 함께 맞이해왔다. 결국, 그러한 위기와 기회에 이떻게 내처하였는가에 따라 한국경제의 명운이 크게 갈렸다.

한국경제사상 가장 극적인 장면

한국경제가 '한강의 기적' 소리를 막 듣기 시작할 무렵인 1973년 1차 석유위기가 발생하였다. 그럼으로써 한국경제는 심각한 위기에 직면해야 했다.

1973년 10월 6일, 중동에서 4차 중동전쟁이 일어났다. 1·2·3차 중동전쟁은 미국의 강력한 지원을 받는 이스라엘이 아랍 진영을 제압한 것으로 나타났다. 4차 중동전쟁은 그에 대한 아랍 진영의 총체적인 반격의 의미가 있었다. 먼저, 이집트는 이스라엘에 대해 기습공격을 가했다. 이집트는 소련제 미사일과 로켓으로 이스라엘 공군과 탱크를 격파함으로써 서전을 승리로 장식할 수 있었다.

미국은 이러한 이집트의 공격에 맞서 이스라엘을 대대적으로 지원하기 시작했다. 그러자 사우디아라비아 등 아랍 6개 산유국은 쿠웨이트에서 비상회의를 갖고 이스라엘을 지원하는 미국과 서방세계를 압박하기 위해 석유를 무기로 삼을 것을 결의하였다. 곧바로 대폭적인 원유가격 인상이 단행되었다. 그에 따라 짧은 기간 안에 국제 원유가가 무려 4배 정도 폭등하였다. 이러한 가운데, 사우디아라비아는 미국에 대한 원유공급의 중단을 선언하였고, 아랍 산유국 전체가 비우호국에 대해 원유공급을 줄일 것을 결의하였다. 한국은 뒤늦게 자신이 비우호국으로 분류되어 있다는 것을 깨달았다.

곧이어 한국에 원유를 독점공급해왔던 걸프, 칼텍스, 유니온 오일 등 미국의 석유 메이저들이 10~30퍼센트 정도 원유공급을 감축하겠다고 통보했다. 원유 비축량이 거의 없었던 상황에서 이 같은 원유공급 감축은 한국경제 전반이 마비되는 것으로 이어질 수밖에 없었다. 긴급한 상황에서 정부는 특사를 파견, 걸프 등이 종전의 수준에서 원유공급을 유지하도록 하는 한편, 친아랍 정책으로 선회하면서 중동 산유국과의 관계를 개선하였다. 덕분에 아랍 산유국들의 원유공급 제한조치가 빠른 시일 안에 해제될 수 있었다.

그럼에도 불구하고, 국제 원유가의 폭등은 물가 전반을 요동치도록 만들었다. 대폭적인 유류가격 인상은 연쇄적인 도소매 물가상승을 초래했다. 도매물가의 경우, 1973년에서 1975년까지 3년 동안 무려 99.9퍼센트 상승하였다. 소비자 물가 또한 같은 기간 동안 72퍼센트 상승하였다. 이는 전세계적으로 보더라도 가장 높은 수준에 해당하는 것이었다.

문제는 여기에서 그치지 않았다. 1973년 한국이 원유도입에 지출한 외화는 3억 516만 달러였는데, 1974년에는 그 세 배 정도인 11억 78만 달러에 이르렀다. 반면, 석유위기의 여파로 세계경기가 위축됨에 따라 수출은 상대적으로 둔화될 수밖에 없었다. 그 결과, 경상수지 적자가 1973년 3억 880만 달러에서 1974년 20억 2,270만 달러로 크게 늘어났다. 도리 없이 외국에서 빚을 얻어다 경상수지 적자를 보충해야 하는 상황이 되었는데, 1974년 한 해 동안 빌려온 돈은 모두 19억 9,840만 달러에 이르렀다. 이는 당시 한국경제의 규모에 비추어 볼 때, 엄청난 액수에 해당하는 것이었다.

만약 이러한 상태에서 달리 돌파구를 찾지 못한 채 몇 년 더 갔다면 한국은 심각한 외환위기에 직면하면서 끝내 파산을 면치 못했을 것이다. 어떤 식으로든지 돌파구를 마련하지 않으면 안 되는 절박한 상황이 된 것이다. 바로 여기에서 위기를 기회로 전화시킨, 한국경제사상 가장 극적인 장면이 만들어졌다.

중동의 국가들은 막대한 석유 판매기금을 바탕으로 건설 붐을 일으켰다. 그에 따라 해외 건설사에 대한 수주가 폭주하였다. 바로 그 기회를 틈타 한국의 건설업체들이 중동지역에 대대적으로 진출하였다.

중동지역에 처음 진출하여 기반을 닦은 건설업체는 삼환기업이었다. 삼환기업은 1974년 10월, 사우디아라비아의 행정수도인 제다시 미화공사를 하던 중 시장으로부터 특별한 요청을 받았다. 이슬람교도들의 순례기간이 시작되는 12월 20일 전까지 제다시로부터 메카에 이르는 20킬로미터의 왕복 8차선 도로공사를 완료해달라는 것이었다. 남은 시간은 두 달, 누가 보아도 불가능한 공사였다. 하지만 삼환기업은 그 요청을 수락했고, 철야작업으로 공사를 밀어붙였다. 폭염이 극성을 부리는 낮에 두세 시간 자는 것을 제외하고는 하루 종일 작업에 매달렸다. 수백 개의 횃불이 줄줄이 타오르는 가운데 중장비를 동원한 야간작업은 제다 시민들 사이에서 화젯거리가 되었고 마침내 국왕의 눈에까지 들어갔다. 한국인들은 일시에 불가능을 가능으로 만드는 경이로운 대상으로 떠올랐으며 성실하고 부지런한 사람들이라는 평가를 받게 되었다. 덕분에, 이후 한국의 건설업체들이 중동지역에 쉽게 진출할 수 있었다.

목돈을 마련할 수 있다는 희망을 안고 많은 사람들이 가족을 멀리한 채 중동의 건설현장으로 달려갔지만 작업환경은 상상을 초월하는 것이었다.

사막의 뜨거운 열기는 중장비를 손을 댈 수 없을 정도로 뜨겁게 달구었다. 범퍼 위에 계란을 올려놓으면 금방 지글지글 끓으며 프라이가 될 정도였다. 그런 상태에서 장비를 다루다보니 온 몸이 땀으로 뒤범벅이 되는 것은 물론이고 머리가 띵하게 아프다가 눈앞이 어른거리고 헛것이 보이기도 했다. 극심한 더위로 인해 노동자들은 하루에 평균 한 말 정도의 물을 마셔야 했다. 그런데도 오줌은 별로 누지 않았다. 흡수된 물이 거의 땀으로 흘러 나왔기 때문이었다. 워낙 땀을 많이 흘리다보니 노동자들 대부분이 10~20킬로그램 정도 체중이 줄었다. 이 밖에도 노동자들은 극한을 넘나드는 갖가지 고통을 겪어야 했다.

중동의 건설현장은 야근을 하지 않는 날이 거의 없었다. 폭염이 내리쬐는 낮보다는 해가 진 다음의 작업능률이 높았기 때문이었다. 노동자들은 주간근무의 150퍼센트인 야근수당을 받기 위해라도 야간근무를 마다하지 않았다. 이러한 과정을 통해 공기를 크게 단축할 수 있었다. 공기단축으로 한국의 건설업체는 중동의 국가들로부터 한층 높은 신뢰를 얻을 수 있었다. 그렇다고 해서 부실공사를 했던 것은 아니다. 이슬람 국가들은 일반적으로 강간과 도둑, 사기 등을 가차 없이 극형에 처한다. 그런 나라에서 눈속임을 하는 부실공사임이 발각되면 모든 것이 끝나버린다. 그런 만큼 공기단축은 초긴장 상태에서 사력을 다함으로써 얻을 수 있는 결과였다.

극한 상황의 연속이었음에도 불구하고, 노동자들은 오직 지긋지긋한 가난에서 벗어날 수 있다는 생각으로 이 모든 고통을 견뎌냈다. 가난이 곧 모든 것을 극복하게 만든 원동력이 되었던 것이다. 물론 이와 관련해서 결코 간과해서는 안 되는 사실은, 엄격하기 그지없는 병영통제 방식이었다. 노동자들은 공항에 내리면서부터 줄을 서서 번호를 붙이는 등 군인처럼 행동해야 했다. 그로 인해 중동지역 사람들로부터 군부대로 오인되기도 하였다. 중동 건설현장에서의 작업은 대부분 군대 시 돌격전의 양상을 띠었는데, 이를 가능하게 했던 것은 바로 이 같은 병영통제였다.

한국의 건설업체들이 중동에 처음 진출했을 적에 가장 불안했던 요소는 다름 아닌 기술이었다. 선진국 업체들에 비해 건설기술이 현저히 낮은 수준에 머물러 있었던 것이다. 자칫하면 부실공사로 한국 건설업계가 통째로 불신의 대상이 될 수도 있는 상황이었다. 이 점을 감안하여, 정부는 엄격한 심사를 거쳐 일정수준 이상의 기술을 확보하고 있는 업체에 대해서만 중동진출을 허용하였다. 그럼에도 불구하고, 한국의 건설업체들이 중동에 처음 진출했을 때에는 도로공사 등 비교적 기술이 단순한 공사를 맡거나 선진국 업체들이 설계 및 감독을 하고 있는 공사의 하청을 맡을 수밖에 없었다.

하지만 한국 업체들은 그러한 상황에 만족하지 않고 어깨 너머로 부지런히 기술을 익혔다. 그 결과, 얼마 지나지 않아 설계만 선진국이 맡고 공사는 한국 업체가 독자적으로 맡을 수 있는 수준에 올라설 수 있었다. 이 모든 과정이 불과 10년도 채 안 되는 시간 안에 이루어졌다. 사막 한가운데에서 기적을 일구어낸 것이다.

이러한 과정을 거쳐 한국의 건설업체들이 중동에 진출하여 대규모 공사를 담당하는 경우가 늘어났는데, 그 중에서도 대표적인 것은 1976년 현대건설이 수주한 사우디아라비아의 주베일 항만공사라고 할 수 있다.

주베일 항만공사는 수주액만도 9억 4,000만 달러에 이르렀는데, 이는 당시 정부예산의 25퍼센트에 이르는 것이었다. 외국 언론들은 주베일 항만공사를 가리켜 20세기 최대역사로 표현하였으며, 이를 한국의 현대건설이 수주한 사실을 커다란 화젯거리로 삼았다.

당초 주베일 항만공사를 설계한 영국의 윌리엄 할크로우 사는 사우디 정부의 요청으로 입찰에 참가할 업체로서 9개의 세계적인 건설회사를 추천했는데, 여기에는 현대건설이 포함되어 있지 않았다. 현대건설은 뒤늦게 정보를 입수하여 가까스로 입찰에 참여할 수 있었고, 최저가로 응찰함으로써 계약을 성사시킬 수 있었다. 이 과정에서 유럽이나 일본의 업체들이 엄청난 방해공작을 전개했으나, 현대건설은 역정보를 흘리는 등 한수 높은 대응력으로 난관을 극복했다.

주베일 항만공사는 7,900미터의 호안공사와 1,680미터의 방파제 공사를 한 다음, 그 안에 선박 정박용 부두를 만들기 위한 암벽공사를 하였다. 부두용 암벽공사는 수심 6미터 지점에 550미터, 수심 14미터 지점에 2,350미터를 건설하는 것이었다. 그러나 이것이 전부가 아니었다. 보다 큰 공사는 해안으로부터 12킬로미터나 떨어진 수심 30미터의 바다 한가운데 30만 톤급 유조선 4척이 동시에 접안할 수 있는 '해상유조선 정박시설' OSTT(Open Sea Tanker Terminal)을 건설하는 것이었는데, 그 길이가 무려 3.48킬로미터에 이르렀다.

현대건설은 이 대역사를 1979년 12월까지 완성하는 것으로 계약을 했다. 실제 공사할 수 있는 기간은 3년 반밖에 없었던 것이다. 더욱이, 완공기일을 앞당길수록 보너스 상금을 많이 받는 반면에 기간을 넘기면 지체보상금을 물도록 되어 있었다. 결국, 공사는 처음부터 시간싸움이 될 수밖에 없었다.

가장 많은 시간을 요한 것은 단연 OSTT 건설이었다. OSTT의 건설공정은 대략 이런 것이었다. 먼저 30미터 수중에 직경 1~2미터 파일을 660개 박고 그 위에 원통형 파이프를 설치한 다음, 그 내부에 철근과 콘크리트를 주입하여 교각 비슷한 것을 만든다. 이들 교각을 철제 구조물로 종힁으로 연결한 다음 그 위에 콘크리트를 타설함으로써 완성을 보게 된다. 여기에서 관건이 되는 것은 철 구조물을 설치하는 것이었다.

당초 외국 기술자들은 울산 현대조선소에서 부품을 만들어 공사장에서 조립할 것을 강력히 권했다. 하지만 현대건설은 시간절약을 위해 전혀 다른 방식을 택했다. 철 구조물을 89개의 재킷jacket으로 나눈 뒤, 이를 울산 조선소에서 제작하여 해상으로 운반하기로 한 것이다. 재킷을 제작하는 것은 별다른 어려움이 없었다. 문제는, 어떻게 운반해서 설치하느냐는 것이었다. 재킷 하나의 크기는 가로 10미터, 세로 20미터, 높이 36미터로 웬만한 건물 10층 크기였으며, 무게만도 400~500톤에 이르렀기 때문이었다.

결국, 1만 5,800톤 급과 5,500톤 급의 바지선 두 척을 연결한 다음 그 위에 재킷 4~5개를 싣고 예인선으로 끌고 가기로 하였다. 더불어, 혹시 태풍으로 해난사고가 나더라도 바다에 떠 있도록 하는 새로운 공법을 개발했다. 이런 식으로 35일에 걸쳐 1만 2,800킬로미터(한국식으로는 3만 2천 리)를 항해했으며, 그와 같은 과정을 19차례 반복함으로써 89개의 재킷 모두를 운반할 수 있었다. 세계 최초의 시도를 성공적으로 마무리한 것이다.

마침내 현대건설은 주어진 기간 안에 모든 공사를 무사히 마칠 수 있었다. 이를 계기로 현대건설, 나아가 한국의 건설업계는 세계 일류급으로 인정받을 수 있었다. 덕분에, 해외건설 수주가 급증하였고, 한국은

1982년 기준으로 미국에 이어 두 번째로 해외건설 수주를 많이 한 나라가 될 수 있었다. 특히, 중동지역에서 20.9퍼센트를 차지함으로써 7.2퍼센트를 기록한 3위 프랑스를 크게 앞질렀다.

그렇다면 중동의 건설부문 진출의 경제적 효과는 어느 정도 되었을까. 1965년부터 1981년에 이르는 17년 동안 해외건설 수주액은 모두 439억 5,000만 달러라는 막대한 액수였다. 그 중 1974년부터 1981년 기간 동안 중동에서 수주한 것은 399억 달러였다. 해외건설 수주의 대부분이 석유위기 이후 중동건설 진출을 통해 이루어졌음을 알 수 있다. 이러한 해외건설 수주액은 수출액과 비교해보더라도 그 액수가 상당한 것임을 알 수 있다. 수출액 대비 해외건설 수주액의 비중은 1974년 5.8퍼센트에 불과했으나, 1975년 16.0퍼센트를 거쳐 1978년에는 64.1퍼센트로 껑충 뛰었다. 1976년에서 1981년 기간 동안 평균치는 47.6퍼센트였다.

이렇듯 막대한 해외건설 수주는 석유위기로 발생한 무역적자를 보충해주었고, 동시에 중화학공업화에 필요한 막대한 외화수요를 감당하도록 해주었다. 중동건설 진출은 석유위기로 야기된 절대절명의 위기를 헤쳐 나갈 수 있는 결정적 돌파구가 된 것이다. 그런 점에서 중동건설 진출을 한국경제사상 가장 극적인 장면으로 꼽는 데 크게 하자가 없을 듯 싶다.

하지만 중동건설 진출로 인한 후과 또한 만만치 않았다. 중동건설 진출 붐이 일어나면서 한국의 건설업계는 국내수요와 관계없이 급속히 몸집이 커졌다. 건설인력과 장비 모두 폭발적으로 증가했음은 물론이다. 그러던 중 1980년대에 접어들어 국제유가가 하락하면서 중동건설 열기가 식자, 그 중 상당수가 부실기업으로 전락할 수밖에 없었다. 이러한 상황에서 정부는 건설경기를 부양하기 위해 끊임없이 새로운 개발을 시도했다. 한국이 한순간도 '삽질'을 멈출 수 없는 과잉 건설국가가 된 것도 그 근원을 따져보면 바로 중동진출의 후과였던 것이다.

단군 이래 최고의 호황

중동으로의 건설진출이라는 돌파구를 통해 한국경제는 두 차례의 석유위기로 조성된 난관을 무난히 헤쳐 나갈 수 있었다. 그러나 1980년대 상반기, 한국경제는 줄곧 장기 불황의 상태에서 벗어나지 못하고 있었다. 무리한 중화학공업화 추진의 후유증도 있었고 선진국의 불황으로 수출이 부진한 탓도 있었다. 부분적으로는 전두환 정부가 물가안정을 최우선으로 하면서 경기부양책을 쓰지 않은 요인도 있었다.

그러나 1980년대 상반기 장기 불황을 거치면서 기업들은 무리한 중화학공업화로 인한 부실요인을 털어낼 수 있었고, 기업의 체질을 종전보다 강화시킬 수 있었다. 이를 바탕으로 한국경제는 1986년 이후 3년간 이른바 '3저호황'이라 불린 단군 이래 최고의 호황을 누릴 수 있었다.

3저호황은 '저유가', '저금리', '저달러' 등 국제환경의 변화로 인해 한국경제 전반이 호황국면을 탄 것을 의미하였다. 그러면 먼저 '저유가', '저금리', '저달러'가 구체적으로 어떻게 전개되었고 각각 한국경제에 어떤 영향을 미쳤는지 살펴보자.

첫째, 저유가가 미친 영향이다. 앞서 확인했듯이 1980년 60달러 수준이었던 국제 원유가는 1986년 14달러 수준으로 대폭 하락하였다. 그 밖의 원자재의 국제가격 역시 1985~1986년 기간 동안에만도 평균 12퍼센트 내릴 정도로 크게 하락하였다. 제조원가에서 수입 원자재 비중이 높았던 한국경제로서는 상당한 비용절감 효과를 거둘 수 있게 된 것이다. 물가안정에 도움이 되었던 것은 두말할 필요도 없다.

둘째, 저금리의 영향이다. 한국의 외채규모는 1985년 468억 달러로서 위험수위를 넘어서고 있었다. 차관도입과 거듭되는 경상수지 적자를 보전하는 과정에서 외채가 급증한 것이었다. 외채의 규모가 팽창하다보니 이자부담 또한 커질 수밖에 없었다.

그런데 1980년대 중반을 넘어서면서 국제금리가 하락하기 시작했다. 선진국들이 경기부양책의 일환으로 금리를 공동으로 인하한 것이다. 미국의 프라임 레이트prime rate의 경우, 1985년에는 9.5퍼센트, 1986년에는 7.5퍼센트로 인하되었다. 이러한 국제금리 인하로 한국은 이자부담이 크게 줄어들었다. 이는 곧 기업의 재무구조를 개선하는 효과를 가져왔다.

셋째, 저달러의 영향이다. 결론적으로, 일본의 엔화가 두 배 가까이 절상되면서 미국시장에서 한국의 수출품이 유리한 위치를 차지할 수 있었다.

1980년대 미국의 경제는 심각한 위기에 직면해 있었다. 이는 여러 가지 원인이 복합적으로 작용한 결과였지만, 일본제품이 파죽지세로 미국시장을 점령함으로써 미국경제가 막대한 무역적자를 기록한 것이 매우 큰 영향을 미쳤다. 미국은 이러한 상황을 타개하기 위해 모든 외교적 노력을 다 동원하였고, 마침내 유명한 플라자 합의가 이루어질 수 있었다. 1985년 뉴욕 플라자 호텔에서 미국, 영국, 프랑스, 일본의 재무장관들이 당시 GDP 대비 3.4퍼센트에 달했던 미국의 경상적자 문제를 해결하기 위해 달러 가치의 인하 및 파운드, 프랑, 엔 가치의 인상조정에 전격적으로 합의하였던 것이다.

이 합의의 결과로 엔/달러 환율은 1년 남짓한 기간에 달러당 243엔에서 157엔까지 대폭 하락했고, 덕분에 미국은 급한 대외불균형의 불을 끌 수 있었다. 반면, 1970~1980년대 중반 기간 동안 막대한 대미흑자를 기록하였던 일본은 일시에 대미 수출품 가격이 두 배 가까이 오르면서 상당한 어려움에 직면해야 했다.

미국시장에서 일본제품의 가격이 급등하자 비슷한 제품을 수출하고 있었던 한국은 일시에 호조건을 맞이하였다. 일본제품에 부담을 느낀 미국 소비자들 상당수가 한국제품으로 발길을 옮긴 것이다. 덕분에, 한국은 1986~1988년 기간 동안 급속하게 대미수출이 증가되었다. 그 결과, 한국의 무역흑자는 1986년 42억 달러, 1987년 76.6억 달러, 1988년 114.5억 달러를 기록할 수 있었다.

이렇듯 국제 원자재 가격의 폭락으로 물가가 안정됨과 동시에 이자부담 또한 크게 줄어든 가운데 대미수출의 급증으로 무역흑자가 늘어나면서 한국의 경제는 전례 없는 호황을 누릴 수 있었다. 경제성장률은 1985년 7퍼센트에서 1986년에는 두 배에 가까운 12.9퍼센트에 이르렀고, 실업률은 1985년의 4.0퍼센트에서 1986년 3.8퍼센트로 하락세를 보이기 시작했다. 1인당 GNP 또한 1980년 1,592달러에서 1987년에는 3,110 달러로 불과 7년 만에 두 배 증가하였다.

1인당 국민소득이 늘어나면서 치킨집이 번창하고 승용차가 급속히 보급되는 등 소비수준이 크게 높아졌다. 그와 함께 3저호황으로 돈이 넘쳐나면서 증권시장이 크게 활성화되었다. 1987년 3월 20일, 사상 처음으로 하루 주식거래량이 1억 주를 돌파하면서 증권시장의 호황은 절정에 이르렀다.

이러한 가운데 자금력이 풍부해진 기업들은 첨단산업으로의 진출을 재촉함과 동시에 독자적인 기술개발에 더욱 많은 돈을 투자할 수 있었다. 한국경제가 새로운 단계로 도약할 수 있는 발판이 마련된 것이다. 무엇보다도 한국은 3저호황으로 확보한 외화수입을 바탕으로 외채위기에서 벗어날 수 있었다. 외채의 규모는 1985년 468억 달러를 정점으로 하여, 1986년 445억 달러, 1987년 356억 달러, 1988년 321억 달러로 줄어들었다.

하지만 전례 없는 호황이 빚어낸 부작용 또한 만만치 않았다. 대표적으로, 크게 늘어난 유휴자금이 대거 부동산으로 몰리는 바람에 부동산 투기가 극성을 부렸고 그에 따라 땅값, 집값이 폭등하였다. 결국 실수요자들의 부담이 크게 늘어나면서 호황이 도리어 집 없는 서민들을 울리는 꼴이 되고 말았다. 이와 함께 3저호황기의 거듭된 대미흑자는 미국으로부터 강력한 통상압력을 초래하는 요인이 되었다.

새로운 시장의 개척에 나서다

미국은 적어도 1970년대까지는 한국경제에 대해 별다른 관심을 기울이지 않았다. 워낙 경제규모가 작았기 때문에 자국 경제에 미치는 영향이 별로 크지 않았기 때문이었다. 하지만 한국경제가 급속하게 규모를 키워가자 1980년대부터는 태도를 바꾸기 시작하였다. 그러던 중 3저 호황기 동안 한국이 상당한 규모의 대미흑자를 거두게 되면서 미국은 고강도 통상압력을 행사하기 시작했다.

미국은 1987년부터 슈퍼301조라 불리는 종합무역법안을 무기로 시장개방을 강력히 요구해왔다.

미국은 '즉각적인 보복'도 불사한다는 초강경 입장을 고수하면서 한국이 농산물, 서비스 등 거의 모든 분야에서 시장을 개방하도록 압력을 가했다. 당시 경제부총리가 미국으로 가서 개방의 폭을 줄이려고 시도한 적이 있었으나, 별 소득이 없었다. 미국의 압력이 거세지는 가운데 GATT마저 1988년 10월 한국에 대하여 '국제수지를 이유로 수입제한을 할 수 없다'는 결정을 내림으로써 한국은 더욱 곤란한 처지에 놓이게 되었다. 한국은 GATT의 국제수지보호조항BOP(Balance of Payment Article)으로부터 강제졸업을 당한 것이다.

미국의 통상압력은 고압적이기 짝이 없었다. 그 결과, 순수한 경제논리로서는 설명이 쉽지 않은 현상들이 비일비재하게 발생하였다. 예컨대, 정부가 과소비 억제정책의 일환으로서 사치품 수입에 제한을 가하자 미국은 자국 상품의 판매를 방해하는 것이라며 이를 중지하도록 압력을 넣었다. 결국 한국 정부는 '과소비 억제를 자제'하는 것으로 후퇴하고 말았다. 또한 지방자치단체들이 담배에 포함되어 있는 지방세 수입을 확대할 목적으로 시내 곳곳에 '우리 고장 담배를 사 피우자'라는 내용의 현수막을 내걸었으나 미국이 자국산 담배의 판매를 방해하는 것으로 간주하고 압력을 행사하면서 일시에 철거해야 했다.

이러한 가운데 한국 정부는 빠른 속도로 시장개방을 확대해나갔다. 진통을 거듭한 끝에 1988년 7월에 국내 보험시장을 완전히 개방하였고, 수입 쇠고기도 다시 시판을 허용하였다. 야채 주스, 육즙 등 소비재 시장이 대폭적으로 개방되어 백화점의 외제품 코너를 가득 채우기 시작했다. 또한 정부는 1989년 영화배급업, 해운주선업, 1990년 광고업, 부가가치통신, 1991년 여행알선업 등을 차례로 개방하였다. 자본시장 또한 개방하여 1992년부터는 외국인도 일정한도 내에서 주식거래를 할 수 있게 하였다.

이렇게 하여, 국내 시장개방은 1988년을 고비로 사상 유례를 찾아볼 수 없을 만큼 빠른 속도로 진행되었다. 그 결과, 한국의 평균 수입자유화율은 1993년 1월 현재 98.1퍼센트로 선진국에 맞먹는 수준까지 올라갔다. 제조업 분야의 수입자유화율은 99.9퍼센트, 투자자유화율은 97.8퍼센트 수준에 이르렀다. 농산물과 서비스 분야의 일부를 제외하고는 국내 시장의 대부분이 개방되었던 것이다. 그마나 나머지도 대부분 개방 일정이 잡혀 있는 상태였다. 아울러, 개방은 모든 나라에 대해 균등하게 이루어질 수밖에 없었다. 그에 따라 일본의 전자제품 수입을 억제하기 위해 시행하였던 수입선다변화 정책도 폐지되었다.

상황은 여기에 그치지 않았다. 미국은 통상압력의 일환으로 환율의 평가절상을 요구하였다. 미국은 원화 환율을 구체적으로 얼마까지 내리라는 식으로 압력을 가했다. 한국 정부는 나름대로 사력을 다했으나 밀리고 밀린 끝에 1988년 한 해 동안 원화 환율을 달러당 792원 300전에서 684원 10전으로 무려 108원 20전(15.8퍼센트)을 내려야 했다.

이러한 가운데 한국 정부는 미국이 한국을 환율조작국으로 지목, 압력을 가하는 조건에서 환율결정의 방식을 바꾸었다.

그 동안 한국은 대외적으로 공개하지 않는 공식에 따라 환율을 정부가 결정하는 복수통화바스켓 방식을 취해왔다. 정부는 이러한 복수통화바스켓 방식에서 외환의 수요공급에 따라 환율이 결정되는 자유변동환율제의 전단계인 시장평균환율제로 전환했다. 시장평균환율제는 외환시장에서 거래된 실적을 바탕으로 평균을 내서 이를 다음날의 기준환율로 삼고, 일정범위에서 자유롭게 환율이 움직이도록 하는 것이다. (김영삼 정부 아래에서 한국의 환율제도는 자유변동환율제로 전환하였다.)

달러 대 원화의 환율이 인하되자, 그 효과는 곧바로 나타났다. 미국시장에 대한 한국의 수출은 1989년을 기점으로 4년 연속 마이너스 성장률을 기록하였다. 한국의 대미수출은 1988년 214억 400만 달러를 정점으로 1989년에는 206억 3,900만 달러, 1990년 193억 6,000만 달러, 1991년에는 185억 5,900만 달러, 1992년에는 180억 달러로 계속 내리막 행진을 하였다. 비슷한 맥락에서, 서유럽과 일본에 대한 수출 또한 다 같이 마이너스 행진을 하였다.

선진국으로의 수출이 축소되면서 수출 증가율은 1988년 28.4퍼센트에서 1989년 2.8퍼센트로 둔화되었고, 경상수지 적자는 1990년 21.8억 달러에서 1991년 87.3억 달러로 크게 늘어났으며, 대외채무 잔액 역시 1990년 317억 달러에서 1991년 393억 달러로 증가하였다.

지금까지 살펴본 것처럼 한국은 3저호황이라는 단군 이래 최고의 호황을 만끽하자마자 미국의 통상압력에 직면하면서 순식간에 시장을 전면 개방해야 했고, 동시에 환율인하 등의 영향으로 선진국 중심의 수출체제를 더 이상 유지할 수 없는 상황에 봉착하고 말았다. 말 그대로 진퇴양난의 위기에 빠진 것이다.

그렇다면 한국경제는 1980년대 후반에 조성되기 시작한 위기상황을 어떻게 극복해갔는가.

만만치 않은 위기상황이 조성되었지만 워낙 그 동안 숱한 고비를 넘겨온 터라 큰 동요가 일어나지는 않았다. 그럼에도 불구하고, 한편으로 비관적 전망이 심심치 않게 쏟아져 나왔다. 머지않아 일본제품이 한국의 전자제품 시장을 완전 점령할 것이라는 이야기도 있었다. 이러한 상황 속에서 위기를 극복한 주역은 바로 기업들이었다.

기업들은 경쟁력 강화를 위해 독자적인 기술개발에 주력하였다. 그 결과, 국내시장을 상당 정도 지켜낼 수 있었을 뿐만 아니라 수출 경쟁력을 한층 높은 수준으로 끌어올릴 수 있었다. 이와 함께, 기업들은 기존 선진국 중심의 수출체제에서 벗어나기 위해 새로운 수출시장을 개척하는 데 혼신의 힘을 쏟아 부었다.

새로운 수출시장을 개척하기 위한 노력은 러시아를 중심으로 한 북방시장 개척으로 이어졌다. 러시아 시장을 개척한 대표적인 기업은 LG전자였다.

1998년 러시아가 모라토리엄을 선언했을 때, 대부분의 외국기업들이 철수했음에도 불구하고 한국의 LG전자는 그대로 자리를 지키면서 러시아인들로부터 전폭적인 신뢰를 얻을 수 있었다. 덕분에, LG 제품은 러시아에서 국민 브랜드로서의 지위를 구축할 수 있었다. 대도시를 먼저 공략하는 다른 업체들과 달리, 역으로 지방에서 LG 붐을 조성한 것도 비법 중의 하나였다. LG전자는 즐길 거리가 별로 없는 지방도시의 사정을 감안하여 해마다 180개 도시에서 콘서트, 가족 노래자랑, LG 요리교실 등을 열었다. 그 중 많은 경우는 지역축제로 자리 잡기에 이르렀다.

이와 함께 한국의 기업들은 인도, 동남아시아, 중동, 중앙아시아, 동유럽, 아프리카, 중남미 등에서 다소라도 비어 있는 곳이 있다면 수단과 방법을 가리지 않고 밀고 들어갔다. 많은 한국인 직원들이 낯선 이국땅에 가방 하나만 달랑 든 채 뛰어들었다. 그들은 전화번호부를 뒤져가며 영업망을 구축했고, 차에 제품을 싣고 오지 깊숙이 들어가 제품을 판매하기도 하였다. 이런 식으로 이른바 오지시장을 개척하였다.

기업들이 새로운 수출시장 개척을 위해 사력을 다하고 있을 무렵, 이후 한국경제의 명운을 좌우할 결정적 활로가 열렸다. 바로 거대한 중국시장이 열린 것이다.

중국은 1979년 개혁개방이 본격화된 이후, 연평균 7~10퍼센트의 고속성장을 거듭하면서 급속하게 경제규모를 키워왔다. 2007년 현재 실질 구매력을 기준으로 보면, 중국의 국내총생산은 미국 다음 가는 규모이며 외환 보유고 역시 2조 달러를 넘어섬으로써 일본을 제치고 세계 1위를 차지하였다. 이러한 가운데, 중국은 세계의 공장으로서 전세계 투자 자본을 빨아들이는 블랙홀로 부상하고 있다. 무엇보다도 내륙을 향해 끊임없이 팽창하는 거대한 시장이 무한한 가능성을 안겨다주고 있다.

한국이 중국시장에 본격적으로 진출하기 시작한 것은 1992년 한·중 수교가 이루어지면서부터였다. 수교가 맺어지자 미국의 보호무역주의 강화, 국내에서의 채산성 악화 등으로 고전을 거듭하던 한국의 기업들이 다투어서 중국시장으로 진출하였다. 그 결과, 짧은 시간 안에 중국은 한국의 최대 교역국이자 투자대상국이 되었다.

수출시장에서 중국이 차지하는 비중은 대체로 30퍼센트를 웃돌았는데, 이는 미국의 그것에 비해 두 배 이상 되는 것이었다. 한때는 대만, 홍콩을 포함한 중화권 시장이 전체수출의 50퍼센트 정도를 차지하기도 하였다.

흥미 있는 것은 한·중·일 세 나라의 교역관계이다. 한국은 1960년대 이래 줄곧 일본과의 무역에서 적자를 면치 못했다. 한국은 이러한 대일 무역적자의 누적을 대중 무역흑자를 통해 보전할 수 있었다. 반면, 중국은 일본과의 무역에서 계속해서 흑자를 거두었다. 세 나라가 기묘하게 맞물리는 관계를 형성한 것이다.

이러한 가운데, 많은 기업들이 중국투자를 확대하면서 중국 붐을 일으켰다. 그로 인해 국내 산업의 일부에서는 공동화 현상이 나타나기도 하였다. 그렇다고 하여 중국에 진출한 기업이 모두 성공한 것도 아니었다. 전체적으로 볼 때, 중국에 성공적으로 안착한 한국의 기업은 30퍼센트를 크게 넘지 않았다. 실패한 경우는 대부분 중국 정부의 까다로운 통제를 고려하지 않은 채 낮은 임금만을 노리고 진출한 경우였다. 중국

정부의 일관된 외자정책은 '중국에 들어왔으면 중국의 이익을 위해 움직여라'는 것이었다. 그에 따라 기술이전, 수출, 외환관리 등에서 엄격한 조건을 부과했고, 이를 지키지 못하는 경우에 대해서는 가혹한 제재를 가했다. 그 결과, 많은 한국의 기업들이 중국을 너무 우습게 보고 덤볐다가 맥없이 주저앉고 말았다.

아무튼 이러한 과정을 거치면서 한국은 미국시장에 절대적으로 의존하였던 것에서 벗어나 수출시장을 다변화할 수 있었다. 참고로 2009년 현재 한국의 수출시장 비중을 살펴보면, 가장 큰 비중을 차지하는 곳은 중국이며 2위는 유럽연합EU이고 3위는 동남아시아 10개국으로 구성된 아세안ASEAN이다. 그 다음 네 번째가 미국이다. 미국이 세계 최대의 시장임을 감안하면 한국의 수출시장에서 미국이 차지하는 상대적 비중은 매우 낮은 수준이라고 할 수 있다.

기술축적에서의 도약

지구상에 존재하는 모든 나라의 경제는 상호의존적이다. 선진국들의 경제조차도 많은 부분을 해외에 의존하고 있다. 그러한 상호의존 관계에서 완전히 벗어나 있다면 이는 틀림없이 고립된 나라일 것이며, 그로 인해 많은 고통을 겪을 것이다. 그런데 의존하면서도 종속적 위치에 있는 경우가 있고 그렇지 않은 경우가 있다. 이러한 차이를 낳는 요소는 여러 가지가 있을 수 있는데, 그 중 가장 중요한 것은 독자적인 기술을 축적하고 있는가 여부이다.

기술축적은 지적이고 창의적 능력이 집약된 것으로서 자주적 문제해결 능력과 직결되는 요소이다. 무엇보다도, 기술축적은 비약을 가능하게 한다. 저발전에서 발전으로 뛰어오를 수 있도록 하는 것도 바로 그러한 기술축적이다. 한국경제의 성공을 하나의 기적이라고 부른다면, 그 중심에는 바로 독자적인 기술축적이 있었던 것이다.

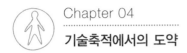

Chapter 04
기술축적에서의 도약

1970~1980년대 민주화 투쟁의 물결
이 출렁이던 시절, 기업에 대한 사회적 인식은 상당히 부정적이었다.
반기업 정서가 매우 광범위하게 퍼져 있었던 것이다. 이러한 정서는 아
직까지도 상당히 긴 그림자를 드리우고 있다.

많은 사람들이 보기에 기업은 한마디로 착취의 도구에 불과했다. 기
업은 외국의 중고기술을 들여다가 저임금 노동력을 쥐어짜는 데만 골
몰했으며, 수출에 전력을 기울였으나 이는 남 좋은 일만 해주는 것에
불과하다고 보았던 것이다. 아울러, 재벌총수들을 위시한 기업인들은
정경유착을 통해 독재정권과 완전히 한 패가 되어 있다고 보았다.

이처럼 기업에 대한 인식이 부정적이었던 것은 부분적으로 마르크
스주의 영향도 있었지만, 일차적으로 기업 스스로 자초한 측면이 강했
다. 기업은 사람들에게 매력을 안겨다줄 지점을 보여주지 못한 채 온갖
부정적 요소들만 가득 안고 있던 것이 사실이었기 때문이다.

그런데 1990년대를 거치면서 기업에 대한 사회적 인식은 상당히 달
라지기 시작하였다. 기업에 대한 인식은 착취의 도구가 아닌 부의 창출

을 주도하는 조직이라는 것으로 바뀌어갔고, 기업의 이미지 또한 혐오스러운 것에서 매력적인 것으로 달라졌다. 이와 함께 기업은 세계무대에서 한국인으로서의 긍지를 드높이는 데 기여한 일등공신으로 간주되기도 하였다. 요컨대, 기업이 부끄러운 대한민국을 자랑스러운 대한민국으로 탈바꿈시키는 데 가장 중요한 역할을 수행한 것으로 평가받기 시작한 것이다.

이렇듯 기업에 대한 사회적 인식을 변화시킨 가장 중요한 지점은 바로 지금부터 살펴보고자 하는 기술축적에서의 일대 비약이었다. 많은 기업들이 세계 최고 수준의 기술을 확보하는 데 성공한 것이다.

1. 변화한 환경, 과감한 도전

시장개방이 빠르게 진행되고 선진국 중심의 수출체제를 유지하기 어려운 조건에서 기업들이 위기타개의 일환으로 독자적인 기술개발에 착수했음을 앞에서 간략히 언급한 바 있다. 그런데 기업들이 독자적인 기술개발을 재촉한 것은 시장상황의 변화 때문만이 아니었다. 보다 결정적으로는, 그 때까지 한국상품의 경쟁력을 떠받쳤던 저임금 체제가 더 이상 유지될 수 없게 된 환경 때문이었다.

저임금 체제를 허물어뜨린 것은 저임금 체제의 희생양이었던 노동자 자신들이었다. 약 3개월 동안 전국을 뜨겁게 달구었던 1987년 노동자대투쟁과 그 뒤를 잇는 근로조건 개선투쟁은 극도로 낮은 수준에 묶여 있었던 한국 노동자의 임금수준을 지속적으로 상승시켰다. 그 결과, 노동자의 생활수준은 이전과 비교해 눈에 띌 만큼 향상되기에 이르렀다. 그 중에서도 사무전문직과 대기업 노동자들의 상당수는 생활수준이 중산층과 크게 다르지 않을 정도가 되었다.

물론, 이러한 변화에도 불구하고 당시 노동자들은 실질적인 기여에 비하면 여전히 충분한 대가를 받지 못하고 있었다. 아울러, 같은 노동자라 하더라도 소득수준에서 심각한 차이가 있었다. 그럼에도 불구하고, 지속적인 임금상승은 적어도 한국의 기업들이 종전처럼 저임금 노동력에 의존하여 경쟁력을 유지하는 것을 더 이상 기대할 수 없도록 만들었다.

이러한 가운데 중국과 동남아시아 등이 한국과 비교할 수 없으리만큼 낮은 저임금을 바탕으로 맹렬하게 추격해오고 있었다. 그 결과, 1992년 당시 외국 바이어들의 70퍼센트 정도가 수입선을 한국에서 중국 등 다른 나라로 전환할 계획을 갖기에 이르렀다. 주된 이유는 가격이 불리하다는 것이었다. 이러한 경향은 완구, 피혁, 의류, 신발, 가방 등 노동집약적 경공업 제품일수록 더욱 심하게 나타났다.

어느 모로 보나, 한국의 기업들이 종전과 같이 저임금에 의존하여 국제경쟁력을 확보하는 것은 더 이상 가능하지 않았다. 이러한 상황에서 적지 않은 기업들이 보다 싼 노동력을 확보하기 위해 생산기지를 중국이나 동남아시아 등으로 옮겼다. 하지만 보다 많은 기업들은 자리를 지킨 채 독자적인 기술개발을 통해 기술력으로 승부를 내는 쪽을 선택했다.

기술도입 비용의 급격한 상승 또한 한국의 기업들이 독자적인 기술개발을 재촉하는 중요한 요소의 하나였다. 기술개발을 둘러싼 국제경쟁이 치열해지면서 기술도입료가 대폭 상승했던 것이다. 1990년의 기술도입 건수는 1989년보다 3.3퍼센트 줄었다. 그에 비해, 기술도입료는 16.9퍼센트가 늘어난 10억 8,700만 달러를 기록했다. 건당 기술도입료가 크게 늘어난 것이다. 실제로, 1988년의 1건당 기술도입료 지급액이 70만 달러였으나 1990년에는 150만 달러로 불과 2년 만에 2배 이상으로 늘어났다. 또한 1992년에는 1건당 평균 210만 달러를 지불하였다. 기술도입료가 가파르게 상승하였던 것이다.

이렇듯 건당 기술도입료가 상승하면서 매출액 대비 기술도입료 비중은 초기에는 3~5퍼센트에 그쳤으나, 1990년대 이후에는 10퍼센트를 넘는 경우가 속출하였다. 심한 경우는 30~40퍼센트에 이르기도 하였다. 배보다 배꼽이 더 큰 이 같은 현상은 첨단기술일수록 두드러지게 나타났다. 외국으로부터의 기술도입에 의존해서는 도무지 수지타산을 맞출 수 없는 상황이 된 것이다.

더 이상 선택의 여지가 없는 상황에서 한국의 기업들은 독자적인 기술개발을 위해 사력을 다했다. 그런데 기술로 승부를 낸다는 것은 곧 세계무대에서 1등이 되어야 하는 것을 의미했다. 기술의 세계에서는 오직 1등만이 살아남기 때문이다. 그로부터 한국의 기업들은 독자적인 기술개발에 착수하면서 너나 할 것 없이 기술강국 일본을 넘어서는 것을 목표로 정했다.

기업들이 일본을 넘어서야 한다는 강박관념을 가진 것은, 한편으로는 일본 콤플렉스를 벗어던지고 싶은 강렬한 욕망이 빚어낸 결과이기도 하였다. 한국인들의 가슴 깊숙한 곳에는 일본에 의해 식민지배를 받았으면서도 일본의 자본과 기술에 의존하여 경제개발을 해온 것에 대한 강한 콤플렉스가 자리를 잡고 있었다. 기업들은 그러한 콤플렉스를 벗어던질 수 있는 길은 바로 기술개발에서 일본을 넘어서는 것뿐이라고 인식했던 것이다.

이러한 맥락에서, 기업들은 종전과 달리 독자적인 기술개발을 위해 과감한 투자를 아끼지 않았다. 현대자동차의 경우는 엔진 개발을 위해 1천억 원이 넘는 자금을 투입하기도 하였다. 그러자 그 동안 외국의 중고기술을 도입하여 소화하고 어깨 너머로 외국의 첨단기술을 훔쳐보면서 축적한 잠재기술 능력이 본격적으로 빛을 발휘하기 시작하였다. 무엇보다도 세계 최고 수준의 교육열을 통해 확보된 고급 기술인력이 큰 보탬이 되었다. 정치사회 편에서 살펴보았듯이, 세계 최고 수준인 러시아의 기초과학기술과 첨단 군사기술을 적극 흡수한 것 또한 상당히 큰 힘이 되었다.

마침내 세계를 놀라게 할 만큼의 기술적 성과들이 연속적으로 터져 나오기 시작하였다. 덕분에, 한국은 짧은 시간 안에 세계적으로도 손꼽힐 정도로 창의력이 풍부한 나라로 부상하였다. 현재 한국은 해마다 미국 특허청이 승인하는 특허건수에 있어서 다섯 손가락 안에 꼽히는 나라이다.

한국의 기업들은 기술개발에서의 성공을 통해 많은 분야에서 일본을 추월하기 시작하였다. 그 중 하나로서 일본이 절대우위를 자랑하던 전자제품을 들 수 있다. 1990년대 초, 수입선다변화 정책이 폐지되면서 일본 전자제품이 자유롭게 진출할 수 있는 길이 열렸다. 하지만 카메라 등 극히 일부 제품을 제외하고는 일본제품이 한국시장에 성공적으로 진출한 경우는 거의 없었다.

이러한 과정을 거치는 동안, 한국인들의 일본을 대하는 태도가 크게 바뀌었다. 1990년대 초, 한국경제의 현실을 진단한 저작물을 보면 대체로 '일본은 저렇게 잘 나가는데 한국은 도대체 뭐냐'는 자조적인 분위기가 지배적이었다. 그런데 10여 년이 지나자 분위기는 '일본쯤이야'

하는 것으로 크게 바뀌었다. 한국에 머물렀던 일본인 특파원들이 일제히, 세계에서 일본을 깔보는 나라는 한국밖에 없다는 이야기를 하기 시작한 것도 이 무렵이다.

노동자들의 투쟁으로 저임금 체제가 무너지고 기업들이 독자적 기술개발에서 성공을 거두면서, 한국경제의 체질에 큰 변화가 일어났다.

기업들이 독자적인 기술개발에 성공하자, 그 동안 외국으로부터 수입에 의존하던 기계·원자재·부품의 국산화가 빠르게 진척되었다. 그에 따라 외국으로부터 기계·원자재·부품을 값비싸게 수입하는 과정에서 발생했던 경제잉여 유출이 크게 줄었다. 이 점에는 특히 중소기업들의 기여가 매우 컸다.

독자적인 기술개발의 성공은 수출방식에도 영향을 미쳤다. 국내기업은 기술개발의 성과를 바탕으로 기존의 주문자상표부착방식OEM에서 탈피하여 독자적인 상표를 바탕으로, 독자적인 영업망을 구축하기 시작하였다. 국제하청생산으로부터 탈피하기 시작한 것이다. 여기에 덧붙여, 수출시장이 다변화되면서 제 값을 받고 수출하는 경우가 크게 늘어났고 그에 따라 경제잉여 유출이 대폭 감소되었다.

이렇듯 독자적인 기술개발의 성공은 경제잉여 유출을 감소시킴으로써 국내 기업들은 보다 많은 이윤을 손에 넣을 수 있었고, 이를 통해 지불능력을 크게 향상시킬 수 있었다.

기계·원자재·부품의 국산화 확대는 곧 고용의 증가로, 기업들의 지불능력 향상은 임금상승으로 이어졌다. 그 결과, 노동자들의 소비지출이 늘면서 내수시장이 빠르게 팽창했다. 대표적인 예로, 승용차 판매의 확대를 들 수 있다.

1980년대 중반까지만 해도 승용차를 보유할 수 있는 경우는 부유한 중산층 이상의 사람들뿐이었다. 그러나 1988년 이후에 자가용 승용차는 빠르게 대중화되었고, 1990년대 중반을 넘어서면서 승용차 보유는 더 이상 부의 상징이 아닐 정도가 되었다. 1994년 한국의 자동차는 700만 대를 돌파했는데, 그 중에서 93퍼센트 정도가 자가용 승용차였다. 비슷한 시기에 유홍준의 《나의 문화유산 답사기》가 출간되어 대형 베스트셀러가 됨과 동시에 문화유산 답사가 '붐'을 이루었는데, 이는 자가용 승용차의 폭넓은 보급이 없었으면 가능하지 않은 현상이었다. 유홍준이 소개하는 문화유산은 대체로 자가용 승용차를 가진 사람만이 쉽게 접근할 수 있는 한적한 곳이기 때문이었다.

아무튼, 한국의 자동차산업은 이 같은 자가용 승용차의 급속한 확산 덕분에 폭발적인 성장을 거듭할 수 있었다.

내수시장의 확대 덕분에 기업들은 매출과 순이익을 크게 늘릴 수 있었고, 이를 바탕으로 기술개발 능력을 더욱 강화할 수 있었다. 그럼으로써 기술개발의 촉진-고용확대와 임금상승-내수시장 활성화-기업수익의 상승-기술개발의 촉진이라는 선순환 구조가 구축되기 시작했다.

이 같은 상황은 한국경제가 적어도 실물경제 부문에서 보다 자립적이고 민주적인 방향으로 발전할 가능성이 충분했음을 의미하는 것이었다. 내수시장이 급속히 확대됨에 따라 무역의존도가 종전의 90퍼센트 수준에서 1995년 57.7퍼센트로 크게 하락한 것 역시 이를 뒷받침하는 징표의 하나였다. 하지만 안타깝게도 실제상황은 1997년 외환위기를 거치면서 상당히 다른 방향으로 흐르고 말았다.

2. 대표적인 성공사례들

1980년대 말부터 본격화된 한국 기업들의 독자적인 기술개발의 대장정은 1997년 외환위기 이후에도 계속되었다. 도리어 외환위기로 조성된 어려움을 극복하는 데 기업들의 기술개발 성공이 매우 큰 기여를 하였다고 할 수 있다. 따라서 지금부터 소개하는 사례들은 외환위기 전후에 이루어진 것 모두를 포괄하는 것이다

기술개발을 위한 노력에는 대기업과 중소기업의 차이가 없었다. 종종 중소기업이 기술개발을 위한 노력에서 앞서가는 경우가 많았는데, 이는 자금력과 시장장악력 등 모든 점에서 불리한 위치에 있는 중소기업이 그나마 성공할 수 있는 길은 기술개발에서 성공하는 것뿐이었기 때문이다.

그럼에도 불구하고, 세계무대에서 빛을 발휘하면서 한국경제 전반에 커다란 영향을 미쳤던 기술개발은 아무래도 자금력과 인재확보 등에서 절대우위에 있었던 대기업의 몫일 수밖에 없었다. 앞으로 살펴보게 될 성공적인 기술개발 사례가 대기업 위주인 것은 바로 이러한 이유에서이다.

그러면 지금부터 포스코의 파이넥스 기술로부터 시작하여 1980년대 말 이후부터 이루어진 성공적인 기술개발의 사례들을 살펴보도록 하자.

철강

포스코는 일찍부터 연구개발의 중요성을 인식한 기업이었다. 그 결과, 1986년 포항공대(포스텍)를, 1987년에는 포항산업과학연구원RIST을 설립, 포스코·포항공대·포항산업과학연구원을 축으로 하는 산·학·

연 연구개발 체제를 확립했다. 포스코의 제철소 건설과 조업의 경험, 포항공대의 기초과학 연구, 포항산업과학연구원의 응용기술 개발이 유기적으로 결합됨으로써 고도의 기술을 창출할 수 있는 기반을 마련한 것이다. 이를 바탕으로, 포스코는 명실상부하게 세계 최고 수준의 기술 개발을 향해 나아갈 수 있었다.

현재 포스코에는 아무리 지체 높은 외국 귀빈이라 하더라도 접근할 수 없는 곳이 있다. 포스코가 자랑하는 최첨단 파이넥스Finex 데모 설비가 바로 그것이다. 파이넥스 데모 설비가 과연 무엇이기에 포스코는 그토록 보안에 철저를 기하는 것일까.

세계 철강업계는 지금도 고로高爐에 의지하고 있다. 철강석과 유연탄을 정제한 뒤 쇳물을 만드는 고전적인 생산방법이 아직까지 통용되고 있는 것이다. 이러한 가운데 세계 철강업계의 메이저 기업들은 한결같이 고로를 대체할 수 있는 신공법 개발에 매달려왔지만 번번이 실패했다. 그만큼 신공법은 고도의 기술을 요구했던 것이다.

바로 포스코가 그 어려운 신공법 개발에 성공한 것이다. 먼저 포스코가 개발한 신공법 파이넥스는 원료값을 크게 줄일 수 있었다. 종전의 용광로는 덩어리 형태의 괴철광석을 사용하는데 파이넥스 공법은 가루형태의 분철광석을 사용한다. 분철광석은 전세계 철광석 생산량의 80퍼센트 이상을 차지하며 가격도 20퍼센트 정도 싸다. 또한 종전의 용광로는 석탄을 구워 덩어리로 만드는 코크스 공정과 철광석을 쪄서 덩어리로 만드는 소결과정이 반드시 필요한데, 파이넥스 공법은 이 과정을 생략함으로써 제조비용을 크게 줄일 수 있었다. 아울러 파이넥스 공법은 종전의 용광로에 비해 설비투자비도 크게 절감하였다.

그리하여 파이넥스는 2005년 원가 경쟁력 측정에서 5개 부문에 걸쳐 세계 신기록을 수립하면서 생산원가를 최소한 17퍼센트 이상 낮출 수 있었다. 1~2퍼센트의 원가차이에 경쟁력이 좌우되는 철강업계 현실에 비추어 볼 때, 엄청난 원가절감 효과를 거둔 것이다. 포스코가 2004년 6월 파이넥스 기술개발 사실을 처음 공개했을때, 세계 철강업계 모두가 귀를 의심했던 것은 그만한 이유가 있었던 것이다.

파이넥스의 강점은 또 있었다. 파이넥스는 오염물질을 종전의 고로에 비해 10분의 1 수준으로 크게 줄였다. 파이넥스 공법은 막대한 공해를 유발해온 굴뚝산업의 대표주자 철강산업이 '청정산업'으로 탈바꿈할 수 있는 길을 연 것이다.

이렇게 하여 포스코는 가동을 시작한 지 약 30년 만에 세계적 수준의 철강업체로 부상할 수 있었다.

포스코가 최정예 인력 5명으로 파이넥스 팀을 꾸린 것은 1992년이었다. 갈수록 강해지는 환경규제와 가격 경쟁력을 앞세운 중국의 무서운 추격이 포스코로 하여금 새로운 기술개발에 집중하도록 만든 것이다.

개발에 착수할 당시, 파이넥스 공법은 말 그대로 상상의 세계에서만 존재하는 '꿈의 기술'이었다. 누구도 해내지 못한 공법이었으니만큼 참고할 만한 교본이나 기술자문을 구할 수 있는 곳은 그 어느 곳에도 없었다. '피 말리는 10년간의 전쟁' 끝에 결국 기술개발에 성공하였는데 그 과정에서 개발팀은 세계 최초가 된다는 것이 얼마나 힘든가를 절실히 깨달을 수 있었다.

반도체

디지털 시대 대부분의 전자제품에 들어가는 핵심소재는 두말할 필요도 없이 반도체이다. 말 그대로 반도체는 산업의 쌀인 것이다. 당연히 그에 대한 수요는 폭발적으로 증가해왔다. 그런데 이토록 중요한 반도체 기술에서 1992년 이래 줄곧 세계 1위를 달려온 기업이 있다. 바로 한국의 삼성전자이다.

1970년대 말까지 세계 반도체 시장을 주도한 것은 미국의 인텔 사였다. 그 이후에는 일본 업체들이 줄곧 선두를 달렸는데, 메모리 제품의 세대가 바뀔 때마다 선두바뀜 현상이 있었다. 그런데 삼성이 반도체 1위 업체로 등극한 이후로는 선두주자가 한 번도 바뀐 적이 없다. 말 그대로 삼성의 독주시대가 열린 것이다. 미국회사로서 D램dynamic random access memory 반도체를 만드는 곳은 마이크론 하나만 남았는데 모두가 삼성과의 경쟁에서 패한 결과였다. 그러다보니 다른 업체가 새로이 반도체 시장에 진입하는 것은 아예 엄두도 낼 수 없는 상황이 되었다.

삼성이 반도체 사업을 시작한 계기는 1974년 (1988년 이후 삼성그룹 회장이 된) 이건희가 아버지인 (당시 삼성그룹 총수였던) 이병철 회장을 설득하여 파산위기에 내몰린 한국반도체를 인수한 것이었다. 향후 전자산업에서 반도체가 절대적인 비중을 차지할 것이라는 판단에 따른 것이었다. 한국반도체 인수를 바탕으로 이건희는 실무총책으로서 반도체 사업을 실질적으로 책임지고 이끌어갔다.

그런데 삼성이 반도체 사업을 시작한 때는 1차 석유위기 여파로 세계경제가 극심한 불황에 시달리면서 기존 반도체 업체들도 구조조정에 몰두하고 있을 무렵이었다. 그 와중에서 겨우 흑백 TV나 만들던 삼성이 반도체를 시작한다고 하자 곳곳에서 비아냥거리는 소리가 흘러나왔다. 삼성 내부에서조차 반발이 적지 않았다. 게다가 삼성의 반도체 사업이 1986년까지 2,000억 원 정도의 누적적자를 기록하자, 이 같은 분위기는 쉽게 가시지 않았다. 삼성이 1980년대 초 (반도체소자 재료인) 웨이퍼 생산에 대규모 투자를 하게 되었을 적에 경제기획원에서는 "이병철 회장의 처음이자 마지막 실패작이 될 것"이라는 말이 흘러나왔고, 한국개발연구원KDI은 한국은 반도체산업을 육성하기에 부적절하다는 보고서를 내기도 하였다.

이러한 가운데 삼성은 반도체 사업을 시작한 지 9년째인 1983년 64K D램을 개발하며 D램 시장에 본격적으로 뛰어들었다. 삼성이 세계에서 세 번째로 64K D램 개발에 성공한 것은 미국의 마이크론으로부터 기술을 도입한 덕분이었다. 말하자면 이 단계까지는 해외로부터 기술도입에 의존한 것이었다.

그로부터 몇 년 뒤인 1988년, 삼성은 한동안 삼성반도체통신으로 분리되어 있던 반도체 사업을 삼성전자로 재통합시킴으로써 투자능력을 크게 강화시켰다. 이를 계기로, 삼성전자는 반도체 부문에서의 독자적인 기술개발에 전력을 기울였다. 남들 하는 것 따라가다가는 평생 2등밖에 못한다는 것이 그 이유였다. 삼성전자의 독자적인 기술개발을 위한 노력은 결국 1990년 16메가 D램의 개발성공으로 이어졌다.

그로부터 2년 뒤인 1992년, 마침내 삼성전자는 64메가 D램을 개발하는 데 성공함으로써 일본을 제치고 반도체 기술 세계 1위에 올라섰다. 그 때까지만 해도 삼성전자의 반도체 기술에 대한 일본의 반응은 반신반의하는 분위기였다. 하지만 1994년 삼성전자가 또 다시 세계 최초로 256메가 D램 개발에 성공하자, 일본은 쓰나미 이상의 충격을 받았다. 삼성전자가 반도체 기술에서 일본을 추월했다는 것이 확실해졌기 때문이었다.

이후, 삼성전자는 메모리 칩 분야에서 줄곧 세계 1위를 달렸다. 1996년의 1기가 D램, 2001년의 4기가 D램 개발 모두 세계 최초였다. 그 결과, 삼성전자는 반도체 메모리 용량이 1년 반마다 2배로 늘어난다는 인텔 창업자 무어의 법칙을 뒤집을 수 있었다. 대신, 메모리 용량이 1년마다 2배로 늘어난다고 말한 삼성전자 반도체 부문 황창규 사장(2009년 이후 사장직을 그만둠)의 '황의 법칙'이 널리 통용되기에 이르렀다.

그렇다면 삼성전자가 이 같은 반도체 신화를 일구어낼 수 있었던 요인은 무엇인가. 이는 삼성전자가 어떻게 하여 일본의 소니 등을 제치고 세계 최고 수준의 전자업체로 부상할 수 있었는지를 짐작케 하는 대목이기 때문에 조금 자세히 살펴볼 필요가 있다.

첫째, 고급두뇌 확보를 위해 전력을 기울였다. 다른 분야와 마찬가지로 반도체 개발의 성패는 핵심인력 확보가 관건이다. 이러한 맥락에서 이건희는 반도체 사업을 시작하면서 본인이 직접 해외인력 스카우트에 나섰다. 그 결과, 황창규·진대제·권오현 박사 등이 해외에서의 안정된 생활을 포기하고 국내에서의 모험에 뛰어들 수 있었다. 황창규 박사가 삼성에 합류하게 된 동기는, 그 자신의 표현을 빌리면 "일본을 한번 이겨보기 위해서"였다. 삼성전자는 이들 핵심 연구진을 바탕으로 유학파와 국내 고급인력을 영입, 지속적으로 반도체 사업에 투입했다.

둘째, 삼성전자는 과감하고도 공격적인 투자를 했다. 1993~2003년 기간 동안 삼성전자의 반도체 사업에 대한 매출액 대비 투자율은 26퍼센트로서 세계 반도체산업의 평균 투자비율인 22퍼센트보다 약간 높은 편이다. 그러나 D램 부문에 초점을 맞추어 보면, 삼성전자의 투자는 일본의 업체들보다 4배 이상 많았다. 또한 삼성전자는 경쟁업체들보다 한 걸음 앞서 신속하게 투자를 하였다. 가령, 1993년 일본의 업체들이 6인치 웨이퍼를 사용하는 데 머무르고 있을 때, 삼성전자는 과감하게 8인치 웨이퍼 양산체제로 전환했다. 이와 함께 삼성전자는 경쟁업체들이 불황으로 투자를 주저할 때에도 공격적인 투자를 바탕으로 신제품 개발을 통해 새로운 시장의 창출을 선도하기도 하였다.

셋째, 삼성전자는 공정에서의 대대적인 혁신을 통해 신제품 개발, 생산원가, 품질 등에서 절대적인 우위를 확보할 수 있었다.

앞서 언급한 바와 같이, 반도체는 제품의 주기에 따라 값이 엄청나게 차이가 난다. 4메가 D램의 경우, 초기에는 개당 40달러에 팔렸지만 4년 뒤에는 20분의 1인 2달러 수준으로 가격이 떨어졌다. 그렇기 때문에 누가 먼저 개발해서 제품을 출시하는가에 의해 승부가 좌우될 수밖에 없다. 늦게 시장에 진입하는 경우라면 도리어 손해를 볼 가능성이 크다. 반도체 시장은 한마디로 속도싸움에 의해 승부가 나는 것이다. 삼성전자의 공정혁신은 바로 이러한 속도싸움에서 압도적 우위를 점유하기 위한 것이었다.

먼저, 삼성전자는 여러 세대의 제품개발을 거의 동시에 추진하였다. 가령 16메가 D램을 개발하고 양산하기 이전에 64메가 D램의 개발을 시작하고 곧바로 256메가 D램 개발을 착수하였다. 그럼으로써 삼성전자는 경쟁업체들보다 신제품 개발에서 항상 한걸음 앞설 수 있었을 뿐만 아니라 차세대 혹은 차차세대 제품개발에서 획득한 기술을 현세대 제품에 적용함으로써 품질을 획기적으로 개선할 수 있었다. 삼성전자가 칩의 크기를 절반으로 줄인 것은 그 대표적인 경우이다. 칩의 크기가 줄면, 안전성이 높아질 뿐만 아니라 부품의 소량화가 생명인 모바일 제품에 사용될 수 있는 여지가 그만큼 커진다.

또한 삼성전자는 제품개발과 대량생산체제의 구축을 긴밀하게 통합했다. 이를 위해서, 삼성전자는 제품설계에서 대량생산에 이르기까지 모든 단계의 엔지니어들이 동시에 참여하도록 하였다. 그 결과, 제품개발과 대량생산체제의 구축이 거의 동시에 이루어지면서 신제품 개발과 시판 사이의 시차를 최소화할 수 있었다.

한걸음 더 나아가, 삼성전자는 생산라인의 활용을 극대화함으로써 커다란 효과를 거두었다. 신제품이 개발되면 새로운 생산 라인을 까는 것이 그 동안 세계 반도체업계를 지배한 불변의 통념이었다. 그런데 삼성전자는 이 통념을 깨고 기존 라인에서 신제품을 생산하고 D램 생산라인에서 플래시 메모리 등 비D램 제품을 생산하는 방식을 개발하였다. 신규 생산라인을 설치하는 데 소모되는 시간과 비용을 절약함으로써 대량생산 시기를 앞당기는 것은 물론 제조원가를 대폭 절감할 수 있었다. 덕분에, 삼성전자는 속도싸움이 생명인 반도체 시장에서 제품 수명주기 초기국면을 완전 장악함과 동시에 후반에 경쟁업체들이 가격하락으로 적자를 볼 때에도 흑자를 거둘 수 있었다. 경우에 따라, 값을 더욱 내림으로써 경쟁업체들의 손실이 커지면서 투자여력을 갖지 못하도록 만들기도 하였다.

이와 함께 삼성전자는 세계 반도체업계에서 유일하게 생산라인과 연구시설을 한 공간 안에 배치함으로써 문제가 생기면 연구원들이 즉각적으로 해결하도록 하는 기민함을 보였다. 문제해결 방식 또한 독특하다. 제품개발이든 대량생산이든 이 과정에서 수많은 문제가 발생하게 마련이다. 이럴 때, 경쟁업체들은 가능성이 가장 높아 보이는 부분에서 문제해결을 시도했고, 그래도 안 되면 다른 부분으로 옮겨가는 순차적 해결방식을 취했다. 그런데 삼성전자는 어떤 문제가 발생했을 때 문제의 원인이 될 만한 확실한 것 다섯 가지를 찾아낸 다음, 그 해결을 동시에 시도하는 병렬적 해결방식을 사용했다. 그럼으로써 삼성전자는 최단기간 안에 문제를 해결할 수 있었다.

이 밖에도 삼성전자가 반도체 신화를 일구어낼 수 있었던 요인은 여러 가지이지만, 지면 관계상 생략할 수밖에 없을 것 같다. 아울러, 앞서 소개한 것보다 더욱 중요한 요인들이 있을 수 있는데, 이는 회사의 기밀사항이라 알 수가 없다. 아무튼 이렇게 하여 삼성전자는 반도체 분야에서 정해진 목표의 대부분을 주어진 기간 안에 달성하면서 매번 거짓말 같은 신기록을 세울 수 있었다.

에어컨

2000년 이후, 세계 에어컨 시장에는 LG전자의 휘센 바람이 거세게 불었다. 휘센은 미국의 GE, 일본의 마쓰시다와 미쓰비시를 제치고 2000년 이후의 에어컨 판매에서 부동의 1위 자리를 지키고 있다. 2004년 전세계 시장에서 팔린 5,100만 대의 에어컨 중 5분의 1인 1,012만 대가 휘센이었다.

1990년대 초반, LG전자의 에어컨은 국내시장에서조차 2등을 벗어나지 못하면서 최악의 상황에 직면해 있었다. 1992년 내수침체로 적자가 쌓였고, 1993년에는 엘리뇨 현상마저 겹쳐 최악의 실적을 냈다. LG전자 내부에서 에어컨은 골칫거리로 간주되었으며 컨설팅을 맡은 맥킨지조차도 승산이 없다며 사업포기를 권유하였다. 당시의 상황에서 통상적인 선택은 사업을 포기하거나 생산기지를 통째로 중국으로 이전시키는 것이었다.

그러나 LG전자는 정반대의 길을 갔다. 1995~1999년 기간 동안 LG전자는 엄청난 액수의 연구개발비를 신형 에어컨 개발에 쏟아 부었다. 개발을 책임졌던 어느 간부의 말대로 "하지 말라고 하면 더 하는 한국인 특유의 기질이 발동된 것"이다. 이 과정에서 에어컨 사관학교를 통해 매년 10여 명에 이르는 최고수준의 엔지니어를 육성한 것이 매우 큰 도움이 되었다.

LG전자 에어컨 개발팀은 먼저 에어컨 시장을 면밀하게 관찰하였다. 그러자 그 동안 보이지 않았던 점들이 눈에 들어오기 시작하였다. 생사의 기로에 서자, 비로소 눈이 트이기 시작한 것이다.

소비자들 입장에서 볼 때, 에어컨 사용을 부담스러워했던 가장 큰 요인은 엄청난 전기 소모량이었다. 소비자들이 더운 날씨임에도 불구하고 일정 시간이 지나면 에어컨을 껐던 것도 전기료 부담 때문이었다. 기존 에어컨은 용량이 큰 한 대의 콤프레서가 냉매를 압축하는 방식으로서 실내의 온도에 따라 압축기를 켰다 껐다 하면서 온도를 유지시켰다. 그러다보니 콤프레서가 다시 작동할 때마다 부하가 커져서 전기소모량이 많았던 것이다. 이 점에 주목한 LG전자 개발팀은 용량이 큰 콤프레서를 용량이 작은 두 대의 콤프레서로 대체함으로써 전기부하를 획기적으로 줄이는 방식을 채택하였다. 간단치 않은 기술적 난점이 수없이 앞을 가로막았지만 개발팀은 이 모든 것을 해결하는 데 성공하였다.

마침내 종전의 제품보다 60퍼센트 정도의 전기를 절약할 수 있는 초절전 에어컨 휘센이 탄생할 수 있었다.

이 밖에도 LG전자 에어컨 개발팀은 팬 기술, 열효율, 저소음, 공기청정, (최적의 상태로 부품을 연결하는) 부품매칭 등에서 세계 최고 수준의 기술을 확보하는 데 성공하였다. 아울러, 세계적으로 유명한 화가의 그림을 전면에 부착한 액자형 에어컨을 개발하는 등 디자인에서도 한걸음 앞서 나갔다.

LG전자는 여기에 머무르지 않고 각국의 실정에 맞게끔 새로운 기능을 추가하기 위한 노력을 경주했다. LG전자의 주요무대인 러시아를 예로 들어보자. 러시아는 추운 나라이기 때문에 에어컨이 필요 없을 것이라고 생각하기 쉬운데, 실은 그렇지가 않다. 도리어 러시아 사람들은 추위에 익숙한 반면, 여름에 기온이 약간만 올라가도 견디지 못한다. 또한 계절별 온도차가 심하기 때문에 환절기에는 보조 난방기구가 반드시 필요하다. 이런 점을 감안하여 LG전자는 여름에는 에어컨, 환절기에는 난방기구로 쓸 수 있는 냉난방 에어컨을 개발하여 선을 보였다. 결과는 대성공이었다.

이렇게 하여 LG전자는 에어컨 분야에서 당초 '2000년 세계시장 3위 입성' 목표를 뛰어넘어 세계 1위 자리에 등극할 수 있었다.

담수화 설비

1998년 5월, 사우디아라비아 알쇼아이바에서는 하루 45만 톤의 물이 생산되는 세계 최대 규모의 (바닷물을 담수로 전환시키는) 담수화 플랜트가 가동되기 시작하였다. 최대 1,900만 명이 마실 수 있는 양이었다. 전체면적의 90퍼센트 이상이 모래사막으로 뒤덮여 있는 사우디아라비아에서는 석유보다 더 절실한 것이 바로 물이었다. 사우디아라비아는 그러한 물공급을 담수화 플랜트를 통해 해결하고자 했던 것이다.

이 공사를 담당한 기업은 한국의 두산중공업이었다. 두산중공업은 당시 세계 담수화 플랜트 시장의 40퍼센트를 차지하고 있을 만큼 그 분야에서는 타의 추종을 불허하는 최강기업이었다.

그러나 1970년대 처음 중동에 진출했을 무렵, 두산의 처지는 처량하기 그지없었다. 당시 담수화 플랜트 시장은 선진국의 독무대였다. 현대건설이 1979년 사우디아라비아에서 처음으로 담수화 플랜트 수주를 받았지만, 이는 독일, 미국, 프랑스 등의 유명 건설회사와 컨소시엄을 통해서였다. 도리 없이 두산은 하청업체 신세를 면치 못한 채 굴삭기로 오아시스를 건설하는 일에만 몰두해야 했다. 그러한 상황에서도 두산은 어깨 너머로 선진국 기술을 익혔고 기회가 있을 때마다 설계도면을 몰래 훔쳐봤다. 이러한 과정을 거쳐 두산은 담수화 플랜트에 대한 독자적인 기술을 축적할 수 있었다.

10년 고생 끝에 두산은 1988년 아랍에미리트 제벨알리 담수화 프로젝트를 단독으로 수주할 수 있었다. 하지만 기쁨도 잠시, 착공 2년 만에 시운전에 들어갔으나 물이 한 방울도 나오지 않았다. 천당과 지옥을 오가는 가운데 두산 기술자들은 사투를 벌였고, 결국에는 성공을 거둘 수 있었다. 이처럼 위기상황에서도 물러나지 않고 끈기 있게 문제를 해결하는 한국인의 모습은 중동인들에게 강한 인상을 심어주면서 이후의 대규모 프로젝트를 수주하는 데 큰 도움이 되었다.

두산은 곧바로 아랍에미리트 아부다비의 알타윌라 담수화 프로젝트에 도전했고, 44개월이 걸리는 공사를 32개월 안에 끝내겠다는 파격적인 제안을 함으로써 수주에 성공할 수 있었다. 문제는, 발주처에서 공사기간을 아예 26개월로 줄여줄 것을 요구하면서부터 발생하였다. 뜨거운 태양 아래에서 모래바람이 하루 종일 이는 중동의 여건상 용접일을 할 수 있는 시간은 하루 중 불과 4시간밖에 되지 않았다. 밤샘작업이 가능한 도로공사와 성질이 달랐던 것이다. 난감한 상황에서 두산은 발상을 전환하기로 하였다. 플랜트를 국내에서 제작하여 옮기자는 것이었다.

결국, 축구장 만한 크기에 3,500톤에 이르는 초대형 설비가 두산중공업이 자리잡고 있는 창원에서 제작되었다. 제작이 완료된 플랜트 설비는 부두까지 이르는 800미터를 곡예를 하듯 이동했고 마침내 바지선에 실리는 데 성공했다. 그로부터 45일간에 걸친 항해 끝에 공사장에 도착, 얼마 후 시원한 물을 뿜어내기 시작했다. 덕분에 세계 최단 납기의 기록을 세우기는 했지만, 두산의 시도는 국내외 보험사들이 보험가입을 거부할 만큼 모두의 눈에 위험천만한 것으로 비쳐졌다.

이러한 과정을 거쳐 두산은 사우디아라비아 담수화 플랜트를 시공하는 등 관련분야에서 세계 1위에 오를 수 있었다.

LCD

1994년 10월, 일본 열도가 발칵 뒤집혔다. 세계 최대 디스플레이 전시행사인 'LCD 인터내셔널' 행사장에 삼성전자가 10.4인치 LCD 패널을 들고 첫 선을 보인 것이다. 일본의 집안잔치나 다름없던 LCD 전시행사에 느닷없이 나타난 첫 '이방인'이었다. NHK를 비롯한 일본의 언론들은 "한국에서 LCD를 개발했다. 정말 믿기지 않는 일이다. D램에 이어 일본의 마지막 자존심인 LCD도 한국에 먹힐지 모른다"며 바짝 긴장하는 모습이었다. 이 같은 일본 언론의 모습은 그 당시 LCD 분야에서 삼성과 일본의 기술격차가 10년 이상이었음을 감안하면, 상당히 과장된 것일 수도 있었다.

하지만 일본의 우려는 곧 현실로 다가오고 말았다. 불과 1년 뒤인 1995년 10월, 삼성전자가 세계 최대 크기인 22인치 LCD 패널을 세계 최초로 개발함으로써 일본을 따돌리고 만 것이다. 1991년 2월에 LCD 불모지에서 첫 개발에 착수한 지 불과 5년 만에 일어난 일이었다.

LCD는 디스플레이의 꽃으로 불린다. 미래 디지털 TV 시장을 놓고 경합을 벌이고 있는 PDP에 비해 표현할 수 있는 색상수가 100배 정도이며 화면의 밝기도 2~3배이다. 그에 따라 향후 모든 디스플레이가

LCD로 대체될 것이라는 점에 이견을 다는 사람이 별로 없다. 이렇듯 LCD의 잠재력은 무궁무진한 것이었다. 일본이 LCD에 대해 상상을 초월할 정도로 강한 집착을 보였던 것은 모두가 이러한 이유 때문이었다. 그런 점에서 삼성의 추월은 일본으로서는 쉽게 받아들일 수 없는 충격적인 일이 아닐 수 없었다.

삼성전자는 1991년 30여 명으로 LCD 개발팀을 꾸렸다. 당시 삼성전자가 믿었던 것은 반도체 분야에서 축적된 기술과 미국에서 박사학위를 받고 얼마 전 귀국한 단 한 명의 고급인력이었다. LCD의 종주국 일본이 기술을 넘겨줄 가능성은 전혀 없었다. 사실상 백지상태에서 출발할 수밖에 없는 상황이었던 것이다. 숱한 실패를 거듭하면서 애꿎은 유리기판을 축내는 일이 지속되었다. 그나마 당대 최고의 기술을 갖춘 삼성전자의 반도체 기술이 위기극복의 원동력이 되었다. LCD는 거의 반도체 덩어리라고 해도 과언이 아닐 정도로 반도체 이용을 극대화한 전자기기였기 때문이었다.

마침내 4년 만에 세계 최대 크기인 14.2인치 LCD 개발에 성공할 수 있었다. 그로부터 한동안 삼성전자의 LCD 사업은 탄탄대로를 달리는 듯했다. 하지만 곧바로 불어닥친 과잉공급과 가격폭락으로 뒷덜미가 잡히고 말았다. 그에 따라 세계 유수의 LCD 업체들은 적자행진을 거듭하는 가운데 신규투자는 꿈도 꾸지 못하고 있었다. 바로 그 때, 삼성전자는 4조 원 규모에 이르는 매머드 투자를 하는 것으로서 공세적 대응을 하였다. 대규모 양산체제를 갖춤과 동시에 기술수준을 더욱 높은 수준으로 끌어올렸다. 결과는 세계 LCD 시장의 석권이었다.

2004년 말 기준으로 전세계 LCD 생산량은 1억 4,000만 개(10인치 이상 대형 패널 기준)인데, 이 중 한국산은 6,100만 개로 전체의 44.3퍼센트

를 차지하였다. 삼성전자는 1995년 2월 LCD 생산 라인을 가동한 지 5년
만에 매출을 10배로 늘리는 전대미문의 기록을 세우기도 하였다.

기술수준 또한 크게 앞섰다. LCD는 패널의 크기에 따라 기술력이 판
가름 난다. 최첨단 기술을 갖추지 않으면 대형 패널을 만들 수 없기 때
문이다. 바로 이 패널의 크기에서 삼성전자가 세계기록을 세웠다. 일본
의 자존심인 샤프가 야심찬 계획 아래 68인치를 내놓았으나, 삼성전자
가 곧바로 한수 위인 82인치를 선보였다.

이러한 과정을 거쳐 세계 LCD 업계에서는 "삼성이 만들면 표준이
된다"가 하나의 정설로 굳어졌다.

항생제

1980년대까지 한국의 제약회사들은 외국에서 개발된 제품을 단순
복제하는 수준을 넘어서지 못했다. 그 동안 한국의 제약회사들이 만들
어 시판해온 의약품의 대부분은 외국회사의 제품을 모방한 것에 불과
했던 것이다. 그러던 중 1987년 물질특허 제도가 도입되면서 막대한 특
허료를 지불하지 않으면 외국 제약사의 제품들을 모방하여 생산하는
것은 더 이상 가능하지 않게 되었다. 이러한 조건에서 한국의 제약회사
들이 경쟁력을 확보하는 것은 절대 불가능하였다. 선택의 기로에서 독
자적인 신약개발을 향한 도전이 이루어졌다. LG화학의 퀴놀론 계 항생
제 개발은 그 대표적인 시도였다.

LG화학이 1990년 퀴놀론 계 항생제 개발에 착수하려고 했을 무렵,
연구인력은 모두 20여 명 정도였다. 이들 연구인력은 그 동안의 활동을
통해 풍부한 경험을 축적하고 있었다. 말하자면, 이들은 LG화학이 신
약개발에 도전할 수 있었던 일차 원동력인 셈이었다. 그러나 이들 연구

인력이 그 동안 수행해온 주요임무는 다른 회사와 마찬가지로 외국제품을 모방하는 것이었다. 독자적인 항생제 개발에 필요한 능력에는 한참 못 미치고 있었던 것이다. 이러한 조건에서 외국회사로부터 기술을 사오는 길이 있기는 하였지만 너무나 엄청난 비용을 요구하였다. 결국 유기화학 분야의 고급인력을 영입하는 방법을 선택했다.

1991년 미국에서 유기화학 분야 박사학위를 취득한 연구원이 퀴놀론 계 항생제 개발팀에 합류하는 것을 시작으로 새로운 연구인력이 거듭 충원되었다. 한때 연구가 중단되는 홍역을 치르기도 하였지만, 새로운 연구인력이 영입될 때마다 연구작업은 급진전을 보였다. 무엇보다도 기존 연구인력의 풍부한 경험과 새로이 영입된 고급인력의 협력이 커다란 효과를 발휘하였다.

연구팀들은 대부분 연구소 근처의 사원 아파트에 거주하면서 매일 12시간 이상 근무하였다. 자정을 넘어 귀가하는 일은 예사였다. 이들은 "가정을 포기한 사람", "사이코"라는 말까지 들어야 했다. 초기 개발팀장이 위암으로 사망하는 사건도 있었다.

이러한 과정을 거쳐 퀴놀론 계 물질의 5각형 분자구조에 대한 연구가 심층적으로 이루어졌다. 다시 6각형 구조를 찾아냈고, 결국 이들의 중간점인 5.5각형 구조를 발견하면서 영원히 풀릴 것 같지 않았던 문제를 풀 수 있었다. 마침내 퀴놀론 계 항생제 개발에 성공한 것이다. LG화학이 개발한 항생제는 호흡기 감염질환을 일으키는 병원균과 기존 항생제에 내성을 보인 균에 탁월한 효과가 있는 것으로 알려졌다.

자동차

앞서 살펴본 것처럼, 1980년대 현대자동차는 소나타 중형 승용차로 미국시장 진입을 시도했으나 참담한 실패를 맛보고 말았다. 중형차 시장의 높은 장벽을 실감한 현대자동차는 수위를 낮추어 다시금 신형 엑셀 소형차 개발에 전력을 기울였다. 바로 여기에서 소나타 개발을 통해 축적된 기술이 알게 모르게 품질문제를 해결하는 데 많은 도움을 주었다.

현대자동차는 엑셀을 개발하면서 자동차 기술과 전자기술이 결합된 카트로닉스를 처음 적용했다. 아울러, 소형차는 저성능이라는 인식을 깨기 위해 동급 차량으로는 가장 강력한 96마력 엔진을 사용하였다. 또한 가격 경쟁력을 강화하기 위해, 생산규모도 연산 75만 대로 확대했다.

결과는 성공적이었다. 신형 엑셀의 50퍼센트 정도가 미국시장을 포함, 세계 각지에 수출되었던 것이다. 비록 구형 엑셀이 남긴 저품질 차량이라는 이미지에서 완전 벗어나지는 못했고, 소형차가 지닌 부가가치의 한계를 뛰어넘지 못했지만 새로운 발전 가능성을 입증한 것이다.

그로부터 현대자동차는 고품질 고부가가치 승용차 개발을 향해 본격적인 도전에 나섰다. 엘란트라, 액센트, 티뷰론, EF소나타로 이어지는 현대자동차의 도전은 일관되게 독자적인 기술을 바탕으로 미국과 일본의 동종 차종과 품질경쟁을 벌인다는 목표를 갖고 있었다.

이런 점에서 액센트는 비록 소형차이기는 했지만 현대자동차는 물론 한국 자동차산업 역사에서 각별한 의미를 갖는다. 액센트는 엔진을 포함해서 100퍼센트 자체기술로 개발한 최초의 차종이기 때문이다. 현대자동차는 액센트를 통해 온전한 의미에서 자력으로 자동차를 생산할 수 있는 기업으로 등극한 것이다.

액센트에 이어 개발된 티뷰론은 독자적인 스타일링 능력이 가장 잘 표현된 차로 평가받는다. 엔진도 독자적으로 개발한 베타 엔진을 사용했다. 지금까지 수입에 의존해오던 서스펜션도 독일의 포르쉐와 공동 개발을 하여 장착하였다. 티뷰론은 현대자동차 차는 싸구려 저질이라고 하는 종전의 이미지를 개선하는 데 결정적 도움을 주었다.

이러한 성과는 EF소나타 중형 승용차에 이르러 큰 결실을 맺을 수 있었다. 현대자동차는 그 동안 축적된 기술 모두를 EF소나타에 쏟아 부었다. 독자적으로 개발한 175마력 V6 델타 엔진을 장착했고, 역시 독자적으로 개발한 서스펜션을 사용했다. 그 밖에 일본의 도요타나 혼다의 동종 차종과도 충분히 경쟁할 수 있는 고급기술을 채용했다.

EF소나타에 대한 세계시장의 평가는 매우 좋게 나타났다. 2004년 상반기 EF소타나는 미국 DJ파워가 실시한 초기품질지수IQS 조사에서 도요타, 벤츠, 아우디와 같은 유명 브랜드마저 제치고 세계 1위를 차지했다. 비슷한 시기에 현대자동차가 세계시장을 겨냥해서 개발한 고급 승용차 그랜저XG는 도요타 캠리 V6보다 비싸게 팔리기 시작했고, 수출 주력상품의 하나로 자리를 잡은 산타페도 동급의 혼다 CR-V와 비슷한 가격에 팔렸다.

드디어, 한국의 자동차가 일본차를 따라잡기 시작한 것이다. 그러나 세계 1위라고 확신할 수 있는 차종이나 기술을 확보하기 위해서는 더 나아가야 할 점들이 많은 상황이다.

조선

한국의 조선산업은 2000년대에 접어들어 일본을 제치고 35~40퍼센트의 높은 세계시장 점유율로 선두를 유지하였다. 해외 전문연구기관의 발표에 의하면, 2007년 현재 세계 10대 조선소에 한국의 조선업체가 7개나 포함되어 있었으며, 그 중 1위에서 5위까지를 모두 한국업체가 차지하였다.

2007년 한 해 동안 총 3,250만 톤을 수주하여 4년치 가량의 일감을 확보하였는데,·이들 물량 중 80퍼센트 가량이 가스운반선, 초대형 컨테이너선, 부유식 원유생산저장용 해양구조물FPSO, 시추선Drillship 등 고부가가치 선종이었다. 또한 연간 선박 건조량도 1,180만 톤으로 최고 기록을 경신하였는데, 그 대부분을 수출하였다.

한국의 조선산업이 이렇게 성장할 수 있었던 배경에는 업계를 비롯한 연구소, 정부 등 관련기관의 노력이 있었는데, 그 중 중요한 것 몇 가지를 들면 다음과 같다.

첫째, 자본력을 갖춘 대기업이 조선사업 분야에 진출하여 대형 설비를 중심으로 생산체제를 구축한 점을 들 수 있다. 그 결과, 해외선주의 선호도가 높아지고 있는 대형선박을 건조하는 데에서 일본을 압도할 수 있었다.

둘째, 업계를 중심으로 한 끊임없는 연구개발이다. 다른 산업과 마찬가지로 조선산업 역시 사업 초기에는 해외 선진기술을 모방하고 응용함으로써 건조기술을 확보하였다. 하지만 다종 다량의 선박을 건조하는 과정에서 풍부한 노하우를 축적할 수 있었으며 이를 바탕으로 독자적으로 기술을 개발할 수 있는 수준까지 올라설 수 있었다.

2000년대 들어 개발된 기술 가운데 해외선주로부터 주목 받은 분야로는 일반적인 LNG선과 육상LNG 인수기지 역할을 통합한 재기화 시스템 탑재 LNG선LNG-RV, 컨테이너 9,000개 이상을 실을 수 있는 초대형 컨테이너선, 얼음덩어리를 뚫고 극지방을 항해할 수 있는 유조선 등 신개념의 선박들과 육상 건조공법, 수중용접에 의한 건조공법 등 다양한 신공법이 있다.

셋째, 선박에 탑재되는 각종 기계류(조선기자재)에 대한 정부의 국산화 정책과 성능·품질개선을 위한 업계의 노력을 들 수 있다. 2000년 이후 한국의 선박용 장비의 자급률은 80~90퍼센트 수준에 이르렀는데, 국내 조선소의 적극적인 구매 등에 힘입어 성능과 품질 또한 크게 향상될 수 있었다.

넷째, 우수한 인적 자원이 풍부하게 공급될 수 있는 체계가 구축되었다. 2000년 이후, 한국의 조선업체가 일본에 비해 높은 경쟁력을 보이는 분야가 설계분야이다. 20여 개 대학의 조선·해양 관련 학과에서 석·박사 인력을 포함하여 연간 800~900명의 기술인력이 꾸준히 배출되었고, 그 중에서 절반 가량이 조선소의 설계부서에 배치되었다. 이러한 풍부한 설계인력을 중심으로 해외선주들의 다양한 설계주문에 대응할 수 있는 수요자 맞춤형 설계능력을 갖출 수 있었다. 일본은 1980년대 세계 조선 불황기를 거치면서 표준선형을 개발하여 이들 선형을 기본으로 선주가 사양을 선택하는 수요자 선택형 설계시스템을 유지하였으나, 인력부족으로 해외의 까다롭고 다양한 선주의 요구사항을 들어주는 데에는 한계가 있었다.

이러한 요인들이 함께 작용하면서 국내 조선소들은 선박 설계능력과 생산기술력 측면에서 비교우위를 확보할 수 있었다. 남은 과제는 그동안 뒤처져 있던 원천기술을 확보하기 위해 더욱 많은 노력을 기울이는 것이다.

예를 들어, 한국이 2000년대 들어와 세계 발주량의 80퍼센트를 차지한 LNG선의 경우, 핵심 원천기술인 화물창 기술에 대한 기술사용료가 한 척당 1,000만 달러 이상이었다. 2008년 6월 당시 건조해야 할 LNG선이 80여 척임을 감안하면, 적어도 8억 달러 이상의 부가가치가 기술사용로로 빠져나갈 수밖에 없었던 것이다. 그래서 2005년부터 국내 조선소들과 가스공사가 공동으로 한국형 화물창KC1을 개발하기 위해 노력했고 많은 어려움을 겪은 끝에 성공을 향해 다가갈 수 있었다.

하지만 고부가가치이면서 고난도의 기술을 요구하는 분야인 쇄빙상선, 크루즈선, 각종 해양구조물 분야에서는 여전히 원천기술이 부족한 상태이다. 한국의 조선산업이 명실상부한 세계 1위가 되기 위해서는 아직도 가야 할 길이 많이 남아 있는 것이다.

중소기업의 사례들

이상, 대기업을 중심으로 기술개발에서 큰 성공을 거둔 경우들을 살펴보았다. 그러면 독자적인 기술개발이 본격적으로 시작되었던 1980년 말부터 1990년대 초에 이르는 시기, 중소기업들 사이에서 이루어진 성공사례 몇 가지를 살펴보도록 하자.

서울 강동구 둔촌동에 소재한 (주)경덕전자(대표 윤학범)는 자기(마그네틱)를 기초로 한 자동인식장치 분야의 부품과 시스템 제품 전체를 일괄 생산하는 체제를 갖춘 벤처기업이다. 생산품목은 산업용 마그네틱 헤드, 신용카드 및 통장처리용 마그네틱 카드 판독기, 출퇴근용 카드 발행기 등의 카드 판독 터미널, 산업용 SMPS(전원 공급기) 등과 이러한 제품들을 한데 결합한 디지털 마그네틱 판독기능을 가진 시스템 제품 등이다. 경덕전자는 이 모든 것을 자체기술로 개발하였다.

윤대표가 1987년 경덕전자를 창업한 동기는, S전자 등 몇 개 회사에서 근무할 때 OEM방식의 생산에 대한 회의감에 사로잡히면서 자체상표를 앞세운 제품을 만들어보자는 데 있었다. 그리하여 경덕전자는 창립 이듬해에 부설 연구소를 설립했으며, 매년 매출액의 15퍼센트를 연구개발비로 투자해왔다. 210명의 직원 중 순수 연구요원만 60명에 이르렀으며, A/S요원 등 기술직을 포함하면 절반 가까이가 연구기술직이었다. 이렇듯 연구개발에 전력을 기울인 결과, 경덕전자는 1988년에 1억 2천만 원이었던 매출액을 1992년에는 80억 원으로 끌어올릴 수 있었다.

제6회 벤처기업상을 수상한 기업 아이맥스의 김태환 대표는 본래 유리 플라스틱 등을 수입, 판매하는 일에 종사했다. 수익은 좋았지만 일본 등 외국기업의 횡포에 시달리다 오기가 생겨 1988년에 자본금 1억 원의 소규모 유리제품 제조 기업을 창업하였다. 김대표는 창업동기에 대해 이렇게 말했다. "일본이 고급기술로 배짱을 부리는 꼴이 너무 보기 싫었습니다. 기술로 승부를 걸겠다는 마음이 이 기업을 만들게 했지요."

아이맥스 기업이 첫 번째 도전한 기술은 주방용 컵 외관에 다양한 무늬가 새겨진 고부가가치의 에나멜 컵 제조였다. 여러 차례의 시행착오 끝에 마침내 진공상태에서 알루미늄을 입혀 만든 에나멜 컵을 국산화하는 데 성공하였다. 아이맥스는 그 후에도 자체기술을 바탕으로 다양한 제품을 선보였다.

1986년에 창업한 창륭산업은 1993년 현재 1백 명도 채 안 되는 중소기업이지만 정밀 자동차 부품을 비롯하여 공장자동화 시설, 특수계전장치 등 기술집약적인 제품만을 생산하고 있다. 창륭산업이 개발해 판매하는 제품들은 하나같이 고도의 기술수준을 요구하는 첨단제품들임을 알 수 있다.

그 중에서도 창륭산업이 자체기술로 개발한 자동차 변속기용 싱크로나이저 링은 1980년대까지만 해도 국내 자동차업계가 전량 수입에 의존했던 부품이었다. 자동차 변속기에서 기어와 기어 사이에 장착하는 이 부품은 기어 변속에 없어서는 안 될 핵심부품이다. 자동차의 안전과 직결되는 부품이기 때문에 제품의 신뢰성이 가장 중요하다. 자동차 선진국에서도 이 부품은 거의 마지막 단계에서 개발되는 부품으로 알려져 있다. 그러다보니 외국업체들은 기술이전은 고사하고 생산시설을 공개하는 것조차 꺼려하였다. 이러한 조건에서 독자적인 기술개발을 시도하였던 만큼 창륜산업이 성공에 이르기까지 얼마나 많은 어려움을 겪었을지는 쉽게 예상할 수 있는 일이다.

창륜산업은 이 밖에도 로봇을 이용한 프레스용 주변장치와 디지털식 비중계, 엔진 정회전 조절장치 등 첨단부품 분야에서 독보적인 기술을 축적하는 데 성공했다.

마마전기는 1975년 길평전기로 출발하여 전기밥솥 전문 제조업체로 외길을 걸어왔는데 일본과의 승부에 남달리 집착한 것으로 정평이 나 있다. 마마전기 마길평 대표는 1992년 미국 LA를 방문했다가 교민의 가정 모두가 일제 밥솥을 사용하는 것을 발견하였다. 자존심이 상한 마대표는 일제 밥솥을 가져오면 최신형을 반 값에 판다는 판매전략을 구사했다. 수거한 일제 밥솥을 모두 폐기하는 출혈작전이었지만, 그러는 동안 교포 가정의 밥솥들이 하나둘 국산으로 바뀌어갔다.

마마전기는 1990년대 초반, 연간 매출액이 150억 원 남짓한 중소기업이었지만 매출액의 10퍼센트 이상을 기술개발 투자에 쏟아 부었다. 그 결과, 마마전기는 밥솥에 내장되는 컴퓨터 회로기판을 자체설계하고 프로그램도 자체기술로 개발할 수 있는 수준에 이를 수 있었다.

정림DSP산업(대표 박용운)은 산업공장이 환경오염의 주범이 되는 것을 방치하지 않겠다는 것을 기업의 목표로 정하고 진공증발농축법이라는 폐수처리 기술을 자체개발, 사업화하는 데 성공하였다. 1988년에 창립한 후, 기술개발만이 경쟁력을 확보할 수 있는 길이라는 신념 아래

연구개발에 주력하여 마침내 성공을 거둔 것이다. 덕분에 정림DSP산업은 1991년도 10억 원에 불과했던 연간 매출액을 1년 뒤인 1992년에는 100억 원 수준으로 끌어올릴 수 있었다.

3. IT강국의 허와 실

오늘날 앞서가고 있는 나라들의 경제가 공통적으로 '지식기반경제'로 전환하고 있다는 것은 하나의 상식이 되었다. 지식기반경제는 경제협력개발기구OECD에서 공식 채택한 용어로서 지식의 생산과 유통이 경제활동의 중심을 이루면서 생산성을 좌우하는 경제를 가리킨다. 지식기반경제는 육체노동이 지배했던 산업시대와 달리 지식작업이 주도적 역할을 하며 제조업의 비중이 상대적으로 줄어들고 전문적인 서비스업의 비중이 급속히 확대되는 경향을 보여왔다.

개별기업 차원에서도 생산라인보다는 연구개발과 디자인, 마케팅 분야 등 지식을 요구하는 분야의 비중이 커지고 있다. 그에 따라 전통산업마저도 지식산업으로 변모하기에 이르렀다. 일례로, 2004년 당시 두산중공업은 5,000여 명의 직원 중에서 연구개발 인력이 2,300여 명에 이르렀다. 담수화 설비 설계에 처음 발을 들여놓을 무렵의 연구원이 고작 5~6명이었던 것에 비교하면, 상전벽해와 같은 변화가 일어난 것이다.

이러한 지식기반경제는 대부분의 자본주의 국가에서 다른 산업에 비해 훨씬 빠른 성장률을 보이면서 점차 경제의 중심으로 자리잡아가고 있는 추세이다. 한국의 경우, 지식기반경제는 1991~1999년 기간 동안 연평균 13.7퍼센트 성장했다. 이는 같은 기간 다른 산업의 연평균 성장률 4.1퍼센트에 비해 세 배 이상 높은 수치이다. 그 결과, 지식기반경제가 GDP에서 차지하는 비중은 1991년 14.7퍼센트에서 1999년 20.5퍼센트로 상승하였다. 지식기반경제가 GDP에서 차지하는 비중은 캐나다, 스웨덴과 비슷한 수준이며, 성장률에서는 OECD국가 중 가장 높은 수준이라고 할 수 있다.

이러한 지식기반경제로의 전환에서 가장 중요한 위치를 차지하는 산업은 바로 정보기술IT산업이라고 할 수 있다. IT산업이 발전해야 전 사회적 차원에서 지식의 생산과 유통이 원활해지면서 지식기반경제의 발전을 촉진할 수 있기 때문이다. 그런데 바로 그 IT산업이 한국에서 가장 빠르게 성장하는 산업으로 부상한 것이다. IT산업이 국내 총생산에서 차지하는 비중은 2000년 9.5퍼센트에서 불과 4년 뒤인 2004년에 14.2퍼센트로 증가했다. 덕분에, 한국은 일거에 IT강국으로 부상할 수 있었다.

한국이 IT강국으로 부상할 수 있었던 것은 여러 가지 요인들이 복합적으로 작용한 결과였다. 그 중에서도 결코 빠뜨릴 수 없는 것이 유별나게 호기심이 많기로 소문난 한국인 특유의 개성이다.

한국인의 특징 중의 하나는 가지 말라고 하면 더 가보고 싶어 하고, 하지 말라고 하면 더 기를 쓰고 하는 것이다. 창피한 건 참아도 궁금한 것은 못 참는다. 해외 여행지에서 촬영금지 구역에서 열심히 카메라 셔터를 누르는 사람은 어김없이 한국인이다. 포털 사이트 네이버에서 개설한 '지식IN'이 대성공을 거둔 것도 이러한 특징을 반영한 것이라고 할 수 있다. 소설 《개미》로 유명한 프랑스 작가 베르나르 베르베르는 2004년 〈경향신문〉과의 인터뷰에서 "한국인은 호기심으로 가득 차 있다. 어린아이 같은 열린 눈과 열린 마음으로 새로움을 추구한다"고 말하기도 하였다.

이렇듯 호기심이 많기에 한국인들은 정보검색과 정보교환에 유별난 열정을 발휘했으며, 이는 곧 IT산업이 발전할 수 있는 좋은 토대가 되었다.

단적으로, 한국인은 세계 그 어느 나라 사람들보다도 인터넷을 더 열심히, 더 빨리, 더 열광적으로 받아들였다. 1998년 두르넷이 초고속 인터넷 서비스를 처음 실시한 이후로 불과 7년 만인 2005년 3월 말, 인터넷 가입자는 1,208만 6,836가구에 이르렀다. 전체가구의 80퍼센트가 넘는 것이다. 그 후 증가율이 떨어지기는 했지만, 초고속 인터넷 가입자 수는 계속 늘어나 2007년 3월에는 1,410만 2,888가구에 이르렀다.

한국이 IT강국이 될 수 있었던 것은 상당 정도 한글 덕분이라고 할 수 있다. 한글은 무엇보다도 배우기에 가장 쉬운 문자이다. 《훈민정음 해례》에서 정인지는 한글을 가리켜 "슬기로운 사람은 아침을 마치기도 전에 깨우칠 것이요, 어리석은 이라도 열흘이면 배울 수 있느니라"고 하였다. 덕분에, 한국의 문맹률은 거의 0퍼센트로서 세계에서 가장 낮은 수준이다. 한국은 IT산업 발전의 필수요소인 문자해독 능력에서 거의 완벽한 조건을 갖춘 것이다.

참고로 영국 서섹스 대학의 G. 샘슨 교수는 《문자체계》라는 저서에서, 한글이 발성기관의 소리 내는 모습을 따라 만들어진 문자라는 것을 강조하면서 "인류의 가장 위대한 지적 성취 가운데 하나"라고 격찬하였다. 소설 《대지》의 작가 펄 벅 역시 한글을 세계의 문자 가운데 가장 익히기 쉽고 훌륭한 글자라고 추켜세웠다.

IT와 관련하여 한글이 갖는 또 하나의 장점은 입력속도가 엄청 빠르다는 것이다. 아마도 말하는 속도보다 문자를 컴퓨터에 입력하는 속도가 빠른 경우는 전 세계에서 한글밖에 없을 것이다. 그렇기 때문에 한국사람들은 온라인 공간에서 마치 오프라인에서 어울려 대화를 나누듯 메시지를 주고받을 수 있다. 흔히 발견되는 장면이지만 엄지손가락 하나로 휴대폰 메시지를 날리는 속도는 가히 신기에 가깝다. 참고로, 이웃나라 중국은 한자를 사용하고 일본은 한자와 가나를 혼용하여 사용하는데, 컴퓨터에 입력하는 속도가 한글보다 7배 정도 느리다. 그만큼 정보처리 속도에서 크게 차이가 나는 것이다.

뿐만이 아니다. 한글과 컴퓨터는 마치도 컴퓨터를 염두에 두고 한글을 만든 것처럼 기본원리에서 절묘하게 조화를 이루고 있다. 단적으로 휴대폰 문자입력 방식인 '천지인'에서 나타나듯이 모음의 경우는 세 가지만 갖고도 모든 형태를 다 구사할 수 있다. 또한 한글은 소리와 문자가 일 대 일로 대응을 하기 때문에 음성인식에서도 단연 유리하다.

이러한 점들을 감안할 때, 한글이 없었다면 한국은 오늘날 같은 IT강국으로 부상할 수 없었을 것이다.

한국이 IT강국으로 부상하는 데 결코 빼놓을 수 없는 요인 중 하나는 바로 민주화가 진전된 점이다. IT산업은 자유로운 의사소통과 창의성의 고양이 기본 전제이며 이런 전제는 민주화 없이는 확보될 수 없다. 정확한 통계가 있는 것은 아니지만, 민주화 투쟁을 주도했던 사람들이 대거 IT분야로 흘러들어가서 중요한 역할을 수행했던 것도 이러한 맥락에서 이해될 수 있다.

이 모든 요인들이 작용하면서 IT산업이 급속하게 발전하였고, 더불어 한국인들은 그 어느 나라 사람들보다 IT에 대해 탁월한 감각을 가질 수 있었다.

2005년 3월 13일, 미국 일간지 〈샌프란시스코 크로니컬〉은 '정보기술IT의 미래는 한국에 있다'는 제하의 특집기사를 통해 '실리콘 밸리의 유수 업체들이 한국 소비자들에게 합격을 받기 위해 신제품을 속속 한국으로 가져가고 있다'면서 '한국이 IT의 타임머신 역할을 하고 있다'고 전했다. 이를 뒷받침하기 위한 예로서, 삼성이 신제품을 수출시장에 내놓기 6~8개월 전에 국내에 먼저 풀어 소비자들의 활발한 피드백을 통해 문제점을 개선한다는 사실과 함께 미국 마이크로소프트 사가 2년 전에 미국보다 6개월 앞서 한국에 모바일 메신저 서비스를 선보였던 일을 소개하였다. 한국인 전체가 '필드 테스터(현장 시험요원)'로 정평이 나 있는 셈이다.

한국이 IT강국이 된 것은 분명하다. 하지만 자세히 내막을 들여다보면, 곳곳에 허점이 도사리고 있음을 알 수 있다. 무엇보다도, 핵심기술과 부품생산 등에서 독립을 달성하고 있지 못하다. 대표적인 예로서, 그 동안 핵심 소프트웨어인 컴퓨터 운영체계가 미국의 마이크로소프트 MS사에 의해 절대적으로 지배되어왔다는 점을 들 수 있다.

사실 그 동안 컴퓨터 운영체계에서 MS의 지배로부터 벗어나기 위한 시도는 계속 있어왔다. 1989년에 삼성·금성(이후 LG)·현대·대우 등 대기업과 중견업체들이 한국컴퓨터연구조합을 결성한 뒤, 당시 MS-DOS에 대항하여 독자적인 컴퓨터 운영체계인 K-DOS 개발에 착수하였다. 그 결과, 1991년 K-DOS 프로그램이 담긴 디스켓과 사용 설명서 책자를 세상에 내놓을 수 있었다. 하지만 K-DOS는 초등학교 교육용 PC에 일부 깔리기도 하였으나, 마이크로소프트 사의 기술혁신 속도에 크게 뒤처지면서 얼마 안 가 생명을 다하고 말았다. 독자적인 컴퓨터 운영체계 개발이 실패로 끝난 것이다. (이후, 독자적인 운영체계 개발을 위한 노력은 계속되었고, 2009년 이 책의 원고가 마무리될 무렵에는 국내 모기업이 운영체계 시제품 개발에 성공하여 마이크로소프트 사에 도전장을 냈다.)

소프트웨어뿐만 아니라 IT기기에서도 비슷한 양상이 나타났다. 핵심적인 IT기기인 컴퓨터의 경우, 소형 PC는 몇몇 핵심부품을 제외하고는 그런 대로 국산화에 성공하고 있다. 하지만 중대형 컴퓨터는 IBM, NEC 등 외국업체의 기술수준에 크게 미치지 못하면서 국산화에 성공하지 못하고 있다.

마찬가지로 중대형 컴퓨터 국산화를 위한 노력이 전혀 없었던 것은 아니다. 1989년 한국전자통신연구원ETRI과 삼성전자·금성사(이후 LG전자)·현대전자·대우통신 등 4개 기업이 공동으로 한국형 중형 컴퓨터인 타이콤 개발에 착수하였다. 그로부터 2년 뒤인 1991년, 타이콤은 첫 시제품을 선보일 수 있었고, 일부는 행정 전산용으로 사용되기 시작하였다. 이러한 타이콤 개발은 여러 가지 부수적인 성과를 낳기도 하였다. 타이콤 개발과정에서 300명 이상의 뛰어난 인재가 육성되었고, 외국에서 도입된 전산망이라고 하더라도 독자적인 A/S를 할 수 있는 능력이 확보되었다. 하지만 K-DOS와 마찬가지로 타이콤은 IBM의 제품과 기술력 등에서 현저한 차이를 드러내면서 1994년을 끝으로 사용이 중단되고 말았다.

이렇듯 한국은 1991년 K-DOS와 타이콤 개발의 성공을 바탕으로 IT의 독립을 선언했음에도 불구하고, 결과적으로 핵심기술에서의 독립을 이루지 못하고 말았다. 이 같은 양상은 또다른 핵심 IT기기의 하나인 휴대폰에서도 그대로 나타나고 있다.

한국은 가장 고급스러운 휴대폰을 생산하는 나라이며, 휴대폰이 널리 보급되어 있는 나라로 정평이 나 있다. 휴대폰 수출 또한 2001년 3,800만 대에서 2007년 2억 1,000만 대로 크게 증가했다. 수출로 올린 매출도 2001년 11조 원에서 2007년 27조 원으로 6년 만에 두 배 이상 뛰었다. 하지만 한국은 휴대폰 관련 원천기술을 확보하고 있지 못한 상태이다. 단적으로, 한국의 휴대폰 생산업체들이 CDMA 기술 사용료로 미국 퀄컴 사에 지급한 기술 사용료는 2007년 한 해에만 4,800억 원에 이르렀다. 2001년부터 5년 동안 퀄컴 사에 지급한 기술 사용료는 모두 2조 원이 넘는다.

IT기기 생산과정에서 과도할 만큼 많은 부품을 해외에 의존하고 있는 것 역시 IT의 독립을 가로막는 중요한 요인 중 하나이다.

1995년도 전기전자 업종의 외화 가득률은 65.3퍼센트였다. 그런데 2004년 반도체, 핸드폰, 통신장비 등 IT제품을 포함한 전기전자 업종의 외화 가득률은 40.0퍼센트로 크게 떨어졌다. 해당 분야의 외화 가득률이 1970년 수준으로 후퇴한 것이다. 반도체, 휴대폰 등에서 부품의 해외 의존도가 그만큼 높아졌다는 이야기이다. 이는 해외로의 공장이전과 함께 국내 중소업체의 기술개발의 지연 등이 복합적으로 작용한 것이었다. 중소기업의 기술개발 지연은 주로 개발비용 조달의 어려움으로 인한 것인데, 좀 더 자세한 이유는 나중에 살펴볼 것이다.

이상과 같은 맥락에서, 한국은 자타가 인정하는 IT강국으로 부상하였지만 그 기초는 매우 취약함을 알 수 있다. 말하자면, 절름발이 IT강국에서 크게 벗어나지 못한 것이다.

CHAPTER

05

재앙을 부른 협주곡

모든 현상은 내부요인과 외부요인이 결합하여 발생한다. 외부요인이 같다고 하더라도 내부요인이 다르면 다른 결과가 나타난다. 가령, 똑같은 돌을 던져도 모래벌판과 호수에서는 전혀 다른 현상이 일어난다. 마찬가지로, 질병 바이러스가 창궐한다고 해도 평소 건강관리를 잘한 사람과 그렇지 않은 사람이 질병에 걸릴 확률은 크게 차이가 난다.

미국은 전 지구적 범위에 걸쳐 신자유주의 세계화 전략을 추진하였다. 이 점에서 모든 나라가 처한 외부환경은 대체로 동일했다고 볼 수 있다. 그러나 각 나라 내부의 상태와 대응에 따라 결과는 매우 다르게 나타났다.

결국, 주체적 관점에서 문제를 대한다는 것은 외부환경을 직시하면서도 내부문제를 드러내고 그 해결을 위해 주력하는 것이라고 할 수 있다. 한국경제의 운명을 크게 바꾸어놓았던 1997년 외환위기 역시 이런 관점에서 접근할 때, 정확한 평가를 내릴 수 있다.

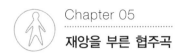

Chapter 05
재앙을 부른 협주곡

세상에서 가장 가난한 상태에서 출발했던 한국경제는 숱한 고비를 넘기고 난관을 극복하면서 고도성장을 거듭해왔다. 무엇보다도 종속이 심화되는 조건에서도 자립적 토대를 구축하는 극적인 반전을 연출했다.

한국은 1960년대 초만 해도 미국의 원조 없이는 생존을 보장받을 수 없었으며 외국자본을 끌어들이지 않으면 공장 하나 제대로 지을 수 없는 나라였다. 그런데 1990년대 이후, 독자적인 기술개발에 성공하면서 많은 분야에서 세계 수위를 달리기에 이르렀다. 수출시장 또한 다변화되면서 특정국가의 시장에 의존하지 않아도 되었고, 과거 OEM방식에서 탈피하여 자기 상표를 갖고 독자적인 영업망을 구축할 수 있었다. 자본능력의 경우는 2000년 이후 외환 보유고가 2,000억 달러를 넘어서면서 채무국에서 유력한 채권국으로 전환하는 데 성공했다. 적어도 실물경제의 관점에서 보면, 상당한 수준에서 자립적 토대를 구축하는 데 성공한 것이다. (비록, 식량과 에너지의 대부분을 해외에 의존한다고 하는 치명적 약점이 존재하기는 했지만.)

이러한 맥락에서 보자면, 민주화 투쟁을 승리로 이끈 구세대는 경제 건설에서도 대단한 기적을 일구어냈다고 볼 수 있다. 말 그대로 피와 눈물로 얼룩진 세월을 보내면서 얻어낸 값진 성과였다.

그러나 정치사회 편에서 언급했듯이 구세대는 공통적으로 신자유주의를 넘어서지 못한 한계를 드러냈다. 이는 구세대 입장에서 가장 고통스럽게 회고될 수 있는 부분일 것이다. 구세대가 신자유주의를 넘어서지 못했다는 것은 복합적인 의미가 있었다. 한편으로는 미국이 주도했던 신자유주의 세계화의 본질을 정확히 깨닫지 못한 것도 있었지만, 다른 한편으로는 재앙을 불러들일 국내요인에 대해 충분히 주의를 기울이지 못했거나 문제를 제 때에 해결하지 못했던 것이다.

1997년 외환위기가 발생하고 한국사회가 신자유주의 세계화 흐름 속으로 편입된 것은 바로 이러한 구세대의 한계가 빚어낸 총체적 결과였다.

1. 방치된 독재, 재벌

민주화 투쟁을 승리로 이끈 구세대가 스스로에게 던질 수 있는 질문 몇 가지가 있다. 그 중 하나는 정치 분야에서의 독재에 대해서는 그토록 결사적으로 투쟁했음에도 불구하고, 경제 분야에서의 독재에 대해서는 왜 그토록 무감하거나 혹은 관대했는가이다.

한국경제의 중추를 차지해온 재벌은 누가 봐도 경제분야에서의 독재체제였다. 보기에 따라서는 최소한의 민주적 선출과정도 없고 권력을 세습한다는 점에서 더욱 극악한 독재체제라고 할 수도 있다.

물론 그들이 한국경제 발전에 기여한 바가 많은 것은 사실이다. 하지만 재벌체제가 빚어낸 부정적 결과는 그들이 기여한 것을 훨씬 뛰어넘는다. 게다가, 거대한 몸집을 지닌 그들이 한 번 사고를 치면 대형사고일 수밖에 없고, 그 결과는 국민경제 전체를 파멸로 내몰 만큼 파괴적이었다. 과잉 중복투자를 통해 외환위기를 초래한 주범도 바로 재벌이었다.

이러한 점을 염두에 두면서, 재벌의 실체가 무엇인지 그들이 한국사회에서 어떤 위치를 차지하고 있는지 살펴보도록 하자.

재벌은 '총수 일가에 의해 소유, 지배되는 다각화된 기업집단'이다. 그런 점에서 독립경영을 하는 포스코나 국민은행, 총수의 지배를 받지 않았던 외환위기 이전의 기아그룹은 재벌이라고 볼 수 없다.

재벌chaebol은 세계적으로도 고유명사로 통용되고 있을 만큼 한국에만 있는 고유한 현상이다. 유사한 형태로서 일본에 다양한 업종에 걸쳐 있는 대규모 기업집단으로 '계열'이 있으나, 특정 가족이 지배하고 있지는 않다. 대부분 계열사인 은행이 다수의 지분을 소유함으로써 하나의 기업집단을 형성하고 있다.

그룹을 실질적으로 지배하고 있는 재벌총수는 황제와 같은 존재이다. 재벌경영과 관련하여 총수와 전문경영인 사이에 의견이 엇갈리면, 언제나 총수의 의견이 우선된다. 그러다보니 총수의 의견에 이견을 다는 경우는 거의 찾아보기 힘들다. 한라그룹의 한 임원은 "우리는 회장의 아이디어를 그저 실행에 옮겼을 뿐, 계획이라는 것이 없었다"라고 말하기도 하였다. 실패 가능성이 농후했음에도 불구하고, 이건희 회장이 자동차 사업에 20억 달러를 쏟아 붓는 것에 대해 삼성그룹 내에서 어느 누구도 이의를 제기하지 못했다.

재벌들은 과거 황제들이 그러했듯이 자신이 누리던 부와 지위 그리고 권력을 고스란히 자녀들에게 세습시키는 관행을 유지해왔다. 그럼으로써 총수 일가의 지배는 대를 이어 계속되었다. 그 과정에서 엄청난 불법, 편법, 변칙이 발생하였다. 정상적으로 상속세를 내고는 지분을 승계할 수 없기 때문이었다.

이러한 재벌은 순수한 경제논리보다는 비정상적인 정치상황이 빚어낸 결과물이었다. 재벌은 정치권력과 '악어와 악어새 관계'를 유지하면서 막대한 정치자금 제공을 대가로 각종 특혜를 독식함으로써 거대한 몸집으로 자라날 수 있었던 것이다.

역대 독재정권들은 예외 없이 권력유지를 위해 막대한 정치자금을 필요로 하였다. 1990년대 초, 집권여당인 민자당(민주자유당)에서 정세분석 업무를 맡았던 한 관계자는 정치와 정치자금 관계를 '필요악의 공생관계'로 풀이하며 '돈문제에서 해방된 정치'란 공상에 불과할 뿐이라고 단언하기도 하였다. 실제로. 전두환 정권 7년 동안만 해도 대략 1조 원 정도의 정치자금이 조성된 것으로 추정되고 있다.

정치자금 제공의 반대급부였던 정부의 특혜는 영업 인허가, 외자도입 허가 및 지불보증, 외화배정, 조세감면, 종합무역상사 지정, 부실기업 인수의 지원, 공기업 불하 등 매우 광범위했는데, 이를 통해 재벌기업은 짧은 기간 안에 독점적 지위를 확보할 수 있었다. 전두환 정부 때 이루어진 부실기업 정리만 해도 언론사 기자들의 추적에 의하면 인수한 기업들은 거저나 다름없이 기업 하나를 챙겼으며, 심한 경우는 오히려 은행으로부터 정상화라는 명목으로 거액의 신규대출까지 받아 사세를 확장할 수 있었다.

재벌의 몸집이 커지자 자체동력 또한 강력해졌고 그에 따라 성장의 가속도가 붙기 시작하였다.

총수 1인의 지배 아래 수많은 계열사가 하나의 재벌 그룹을 형성하면, 몇 가지 이점이 있다. 먼저 금융기관으로부터 대출을 받을 때 서로 보증을 서줄 수 있다. 또한 계열사끼리 독점구매를 통해 서로 키워줄 수 있다. 그리고 다양한 업종을 망라함으로써 한 분야에서 실패하더라도 다른 쪽에서 성공을 거둘 수 있다. 말하자면 위험을 분산시킬 수 있는 것이다.

재벌들은 이러한 이점을 이용해서 한국경제의 성장동력을 거침없이 흡수하였고, 이를 통해 거대한 괴물로 자라날 수 있었다.

1997년 현재 30대 재벌이 총매출액에서 차지하는 비중은 45.9퍼센트 이르렀다. 한국경제의 절반 정도가 30대 재벌에 의해 지배되고 있는 꼴이다. 더욱이 그 중 상위 5대 재벌의 비중은 32.3퍼센트나 되어 5명의 재벌총수가 한국경제의 3분의 1 정도를 좌우하고 있는 실정이다.

재벌의 성장은 속도에서도 뚜렷이 드러난다. 가령, 1979~1989년 사이 국민총생산은 4.6배 증가하였는데, 같은 기간 동안 10대 재벌의 매출총액은 7.6배 증가하였다. 그 중에서도 삼성은 15.5배, 현대는 11.7배 증가하였으며 대우, LG, 쌍용 등도 8배 이상 증가하였다.

1970년대 후반의 이야기이다. 당시 MBC TV의 간판 프로그램으로서 일요일 저녁 8시에 방송되는 '웃으면 복이 와요'가 있었다. 꽤 인기를 끌었던 코미디 프로그램이었는데, 출연진 중에서 가장 각광을 받은 코미디언은 '비실이' 배삼룡이었다. 당시 배삼룡의 주가는 하늘 높은 줄 모르고 치솟았다. 결국 경쟁사인 TBC TV에서 배삼룡을 스카우트하기 위한 작전에 돌입하였다. MBC와 TBC 사이에 밀고 당기는 공방전이 거듭되었고, 결국 둘 사이에서 지치다 못한 배삼룡은 칩거생활에 들어가고 말았다. 그러고는 두 방송사 대표를 불러, 각각 조건을 제시하면 자신이 최종적으로 선택할 것이라는 입장을 밝혔다.

3자가 회동한 자리에서 TBC측은 백지수표를 던졌다. 원하는 대로 주겠다는 의사표시였다. 승부는 끝난 듯 싶었다. 바로 그 때 MBC측 대표가 배삼룡에게 다가가서 무언가를 귀엣말로 속삭였다. 그러자 배삼룡의 얼굴이 순식간에 굳어지는가 싶더니 MBC의 잔류를 선택했다. 도대체 무슨 말이 오갔기에 백지수표마저 마다하고 그런 선택을 했을까. 내용인즉슨 한마디로 표현하면 이런 것이었다. "각하의 뜻입니다." 말하자면, "대통령 각하께서 '웃으면 복이 와요'의 열렬한 시청자이시고 그 중에서 특히 당신을 좋아하는데 어딜 가려고 하느냐!"라는 것이었다. 그 말 한마디에 배삼룡은 거액의 보수를 포기하고 MBC에 잔류할 수밖에 없었다.

권위주의 시대 청와대는 날아가는 새도 떨어뜨릴 만큼 절대권력을 행사한 최고 권부였다. 이러한 청와대를 정점으로 한 국가권력이 사회 전반을 통제하고 장악했다. 시장 역시 그러한 통제범위에서 벗어나지 못하였다. 무엇보다도 국가권력은 기업들의 생명선인 돈줄을 장악하고 있었다. 대부분의 은행은 국가가 직접 소유하거나 통제하고 있었고, 차관도입 역시 정부의 승인과 지급보증이 필수적이었다. 그렇기 때문에 재벌기업을 포함해 모든 기업은 국가기구를 장악하고 있는 정권 앞에서 무조건 고개를 숙일 수밖에 없었다. 만약 정권의 눈에 벗어나는 순간, 기업은 일순간에 파리목숨으로 전락해야 했다. 전두환 정권 시절, 국제그룹의 해체는 그 단적인 예이다.

이러한 가운데 경제력 집중, 중소기업 갈취, 부동산 과다보유 등으로 재벌의 문제점이 커지자 정부는 1980년 말에 '독점규제와 공정거래에 관한 법률'을 제정하고 1981년에는 경제기획원 산하에 공정거래위원회를 설치하는 등 재벌을 규제하기 위한 작업에 착수하였다. 1982년에는 소비자보호법을 제정하였으며 1987년에는 대기업의 상호출자 금지, 출자총액 제한 등 재벌의 문어발식 확장을 억제하기 위한 제도적 장치를 도입하였다. 정부는 이면에서 각종 특혜를 통해 재벌을 키웠지만, 표면적으로는 재벌을 규제하는 방향으로 나아갔던 것이다.

하지만 1990년대에 접어들면서 상황이 크게 달라지기 시작했다. 1992년 그 때까지 고도성장을 총괄기획하고 지휘했던 경제기획원이 재무부와 함께 재정경제원으로 통합되면서 사실상 역사의 뒤안길로 사라졌다. 이는 국가주도의 경제개발 시대가 막을 내렸음을 보여주는 상징적 사건에 다름 아니었다.

곧이어 1993년에 출범한 김영삼 정부는 국가의 개입을 축소하고 민간의 자율성을 강화한다는 목표 아래 각종 정부의 규제를 폐지했고, 대부분의 시중은행을 민영화시켰다. 정부가 경제를 통제하고 장악할 수 있는 수단을 스스로 포기한 것이다. (김영삼 정부는 그것이 민주화의 과정이라고 인식하였다.) 외환위기 이후, 김대중 정부와 노무현 정부 때 이루어진 신자유주의 구조조정은 이러한 변화에 가속도를 붙였다. 단적으로, 공기업 민영화, 자본시장 자유화 등은 정부가 경제에 개입할 수 있는 여지를 더욱 축소시켰다.

이렇듯 정부 스스로 시장개입을 축소시켜나가자 재벌은 변화되는 상황에 발맞추어 정부에 대한 의존에서 벗어남과 동시에 독자적인 물적·인적 기반을 꾸준히 강화해나갔다.

자금동원과 관련해서는 독자적인 기술개발의 성공으로 사내 유보금이 엄청난 규모로 늘어나면서 외부자금에 대한 의존도가 크게 줄었다. 한걸음 더 나아가, 재벌은 주식시장 활성화 덕분에 직접금융의 비중을 높일 수 있었고 동시에 자신이 소유하고 있는 보험사 등의 금융기관을 통해 자금 동원력을 극대화했다. 마침내 은행마저도 민영화 과정에서 재벌들의 수중으로 들어가고 말았다.

정보와 인적 자원에서도 마찬가지이다. 1960~1980년대에는 관료사회가 가장 많은 정보와 인재를 확보하고 있었다. 관료집단은 이를 바탕으로 정책방향 결정이나 국민경제의 의제설정에서 경제계를 이끌어갈 수 있었다. 하지만 1990년대 이후, 그 관계가 역전되면서 정보나 인재 확보 면에서 기업이나 기업연구소가 관료사회를 압도하기 시작했다. 그 결과는 관료집단이 정치권에 대해서는 목소리를 높이면서도 재벌의 요구에는 무조건 순응하는 것으로 나타났다. 관료집단이 재벌체제 속으로 깊숙이 포섭된 것이다.

무엇보다도 재벌은 대중적 권위에서 정부를 능가하기 시작하였다. 외환위기를 전후하여 정부의 문제해결 능력이 현저히 약화된 조건에서 재벌기업들은 신기술 개발의 성공을 통해 한국경제의 숨통을 트이는 데 주도적인 역할을 수행하였다. 그럼으로써 재벌기업은 국민들 속에서 한국경제를 살리는 희망의 메신저로 떠오를 수 있었다. 가령, 삼성전자가 기술개발에서 거둔 개가는 다수의 국민들을 흥분시키고도 남음이 있었다.

이러한 가운데, 재벌은 막강한 자금력과 조직력을 바탕으로 한국사회에서 실질적인 지배자로 군림하기 위한 다양한 모색을 해왔다.

먼저, 재벌총수들은 한국사회에 대한 지배를 확고히 하기 위해 '혼맥'을 적극적으로 이용해왔다. 그 결과, 오늘날 한국의 재벌들과 정·관계 인사들은 한 다리 건너면 모두 혼맥으로 엮어질 정도가 되었다. SK

회장 최태원이 노태우 전 대통령의 사위가 된 것은 그러한 혼맥형성에서 대표적인 사례에 해당할 것이다.

재벌들은 이 같은 혼맥을 통해 자신이 갖고 있는 '돈'과 정치권이 지니고 있는 '힘'을 결합시킴으로써 한국사회를 배타적으로 지배하는 '로열 패밀리'를 구축할 수 있었다. 여기에 머무르지 않고, 재벌들은 정치권력을 자신의 통제 아래 넣기 위해 일찍부터 공격적인 시도를 해왔다.

1992년 대우그룹 회장 김우중은 자신의 고교 동창생인 이종찬이 민자당 대통령후보로 선출되지 못하자, 박태준 민자당 전 대표를 찾아가 현금 1천억 원을 내놓겠다면서 신당창당을 종용하기도 했다. 또한 현대그룹 회장 정주영은 1992년 대통령 선거에 직접 출마했는데, 당시 그는 "집권자에게 수십, 수백억 원씩 갖다 바치는 돈이 아까워 내가 한번 해봐야겠다고 생각했다"고 출마의 변을 밝혀 충격을 주기도 했다.

삼성은 이들과 전혀 다른 길을 모색하였는데, 그것은 한마디로 말해 스스로가 '지배권력'이 되는 것이었다. 요컨대, 국가기구마저 자신의 발 아래 두는 것이었다. 결과적으로, 삼성은 2000년 이후 보수진영에서 줄곧 영향력 1위로 평가되기에 이르렀으며, 그에 따라 "삼성공화국", "이건희제국" 등의 표현이 등장하기도 하였다.

삼성이 보수진영 안에서 정책적 지도력을 발휘하는 데 혁혁하게 기여한 것은 삼성경제연구소였다. 삼성경제연구소는 그 동안 한국경제의 미래에 대한 다양한 연구성과를 쏟아냈다. 가령, 2005년 삼성경제연구소에서 제출한 'G10 IN Y10 Project(2015년 10대 선진국 진입전략)'의 경우만 보더라도 포괄적 수준에서 한국사회 10년의 전망을 제시하고 있다. 삼성경제연구소가 이러한 연구성과를 발표하면, 언론은 곧바로 이를 받아서 주요기사로 다루었다.

이를 바탕으로 삼성경제연구소는 대중적 영향력에서 국책연구소나 다른 기업연구소를 압도해왔다. 2007 6월 6일 당시, 경제관련 연구소를 찾는 온라인 방문자들의 72.8퍼센트가 삼성경제연구소에 들렀다. 2위는 LG경제연구소로 8.3퍼센트, 전경련 산하 연구원이었다가 분리된 자유기업원이 7.1퍼센트로 3위였다. 반면, 대표적인 국책연구소인 KDI 웹사이트 방문자는 3.8퍼센트였다.

이러한 가운데 삼성은 막강한 자금력과 조직력을 바탕으로 한국사회 전반에 걸쳐 지배력을 강화해왔다.

그 동안 삼성은 한국사회에서 인재들을 무섭게 빨아들이는 마의 블랙홀로 존재해왔다. 정부 핵심기관의 최고 관료들 상당수가 최종적으로 안착하는 곳 역시 삼성이었다. 삼성은 특히 2000년 이후 '삼성 현안'과 밀접한 관련을 갖고 있는 경제부처 공직자들을 집중 영입하였다.

삼성은 한걸음 더 나아가, 탄탄한 조직력을 활용하여 방대하면서도 치밀한 인적 네트워크를 관리해왔다. 삼성은 이러한 네트워크에 자금력을 결합시켜 정부기관, 국회, 언론은 물론이고 그 밖의 사회 요로에 광범위한 영향력을 행사하였다.

이 모든 것의 결과로, 정부기관 중 핵심적인 경제부처는 삼성과 일체화되었고, 검찰 또한 상당부분 삼성의 관리를 받기에 이르렀다. 이와 관련하여 노무현의 오랜 후원자였던 강금원은 언론과의 인터뷰에서 "삼성이 노무현 정부를 갖고 놀았는데, 그 정도가 매우 심했다"고 털어놓기도 하였다.

삼성의 위세가 얼마나 대단했는가를 알기 위해서는 삼성과의 싸움에 대한 사람들의 반응을 살펴보는 것만으로도 충분할 것이다. 청와대나 특정 정당에 대해 문제를 제기하고 싸움을 거는 것에 대해 사람들은

"그 정도야" 하고 별 부담을 느끼지 않는다. 그런데 삼성에 대해서는 "그건 좀" 하고 부담스러워하고 꺼려한다. 삼성 전 법무팀장 김용철 변호사가 삼성의 비리를 폭로하기로 결심하고 과거 투쟁경력이 있는 사람들을 찾아다니며 협조를 구했으나, 대부분 기피하면서 만류하는 분위기였다. 막강한 삼성을 건드리는 것은 무모한 행위라는 것이 그 이유였다. 결국, 천주교정의구현사제단 신부들의 동참을 이끌어낼 수 있었는데, 신부들 자신도 최종적으로 결심을 한 날 밤에 너무 긴장이 돼서 포도주 한 병을 들이키고서야 겨우 잠을 이룰 수 있었다고 한다.

하지만 이러한 삼성의 막강한 영향력은 삼성의 정치권 로비 내역을 담은 이른바 X파일과 김용철 변호사의 폭로로 그 전모가 드러났다시피 철저히 불법적인 뇌물제공을 매개로 하는 것이었다. 삼성은 2002년 대선때만 하더라도 약 400억 원의 자금을 정치권에 제공했으며, 핵심 권력기관인 검찰, 재정경제부, 국세청 직원들에 대해 일상적으로 금품과 향응을 제공해왔다. 삼성은 이를 위해 수천 개에 이르는 임직원 명의의 차명계좌를 개설하는 등의 방법으로 비자금을 조성해온 것으로 드러났다. 그 과정에서 명의도용, 분식회계 등 수많은 불법행위가 이루어졌음은 널리 알려진 그대로이다.

이렇듯 재벌이 국가를 능가하는 실질적 지배자로 떠오르면서 한국사회는 종전과는 사뭇 다른 모습을 보이기 시작했다.

1961년 5·16군사쿠데타 이후 1987년까지 한국사회는 국가가 국민을 군대처럼 통제하는 병영국가 상태에 있었다. 이러한 병영국가의 특성은 기업과 학교 등 사회의 모든 분야에서 액면 그대로 재현되었다. 한국은 1987년 이후 민주화와 함께 이 같은 병영국가에서 빠르게 벗어날 수 있었다. 하지만 한국사회는 1990년대를 거치면서 '기업국가'라는 전혀 새로운 상황에 직면하게 되었다. 요컨대, 국가를 대신해서 재벌을 중심으로 한 기업들이 국민들의 운명을 좌우하는 존재가 된 것이다. 기업 CEO들이 가장 강력한 사회적 영향력을 행사하는 시대의 영웅으로 떠올랐고, 모든 분야의 지도자들이 CEO형 리더가 될 것으로 요구받았으며, 젊은이들이 가장 선망하는 대상이 기업 CEO였던 것 역시 이를 반영한 현상들이었다.

이 같은 변화는 한마디로 권력의 중심이 국가에서 기업으로, 그 중에서도 재벌로 이동했음을 말해주는 것이었다. 다시 말해, 기업이 국가 위에 군림하기 시작한 것이다. 노무현이 대통령 시절, 권력이 시장으로 넘어갔다고 말한 것은 이를 반증하는 것이었다.

이로부터 우리는 이후의 한국사회 변화의 핵심은 기업세계를 어떻게 재구성하는가에 있음을 알 수 있다.

전체적으로 볼 때, 재벌을 보는 한국인들의 시각은 복잡하기 그지없다. 그만큼 재벌이 다양한 얼굴을 갖고 있기 때문이다.

모두가 그런 것은 아니지만, 일부 재벌총수들은 적어도 기업의 양적, 질적 성장의 측면에서 뛰어난 리더십을 발휘하였다. 1970년대 이후, 건설과 중화학 공업에서 일구어낸 현대그룹의 놀라운 성취는 기발한 아이디어와 추진력으로 무장한 그룹회장 정주영의 리더십 없이는 가능하지 않은 것이었다. 또한 1988년 이후, 삼성 계열사들이 눈부신 발전을 하면서 세계 일류기업으로 도약한 것은 그룹회장 이건희의 혁신적 리더십을 빼놓고는 설명할 수 없다.

계열사들끼리 서로 보호해주고 키워주면서 보다 빠른 속도로 성장했던 측면도 무시할 수 없다. 모험이라고 할 만큼의 과감한 투자가 가능했던 것도 그룹이라고 하는 막강한 배경이 있었기 때문에 가능한 것이었다. 이러한 맥락에서 재벌이 한국경제의 성장을 이끈 견인차 구실을 했다는 사실은 상당 정도 진실이다.

하지만 재벌의 존재에 대해 마냥 긍정적으로만 볼 수도 없는 형편이다. 재벌은 성장의 견인차 구실을 하기도 했지만, 그보다 성장의 과실을 독식한 측면이 더 강했다고 할 수 있다. 지금까지 살펴본 것처럼 재벌은 각종 정부특혜는 물론이고 금융, 인적 자원, 시장기회 등을 독식하면서 자신의 몸집을 키워왔던 것이다. 이러한 독식은 당연히 다수의 중소기업과 사회구성원들을 성공에 다가설 수 있는 기회로부터 배제시켜왔음을 의미하는 것이었다. 이와 함께 재벌은 정경유착을 통한 부정부패, 부의 세습, 부동산투기 등에서 가장 표본적인 존재가 되어왔다. 말하자면, 사회구성원들이 원만하게 공존할 수 있는 조건을 위협하거나 파괴하는 데 앞장서왔던 것이다.

경제성장의 관점에서 보더라도, 재벌이 긍정적 기능만을 했던 것은 아니다. 무엇보다도, 업종을 가리지 않고 덤벼드는 재벌의 속성은 국민경제 전체적으로 볼 때 과잉 중복투자를 야기할 가능성이 매우 컸다.

그 동안 상위권 재벌의 경우는 "비누에서 미사일까지"라는 표현에서 드러나듯이 거의 모든 업종을 망라하는 원 세트one set 주의를 추구해왔다. 그러다보니 과잉 중복투자는 필연일 수밖에 없었다. 예를 들면, 1990년대 초에 삼성과 현대는 각각 수천억 원을 빌려 대표적 장치산업인 석유화학에 새로 투자하였다. 충남 서산의 같은 지역에 공장을 나란히 세운 두 재벌의 신규투자는 과잉중복이란 비판을 받았으나 수출에 주력하겠다며 밀어붙였다. 그 후, 한국의 유화업계는 웃는 날보다 우는 날이 더 많았다.

이러한 과잉 중복투자는 과당경쟁을 초래하면서 기업의 부실화를 초래할 개연성이 컸다. 문제는, 계열사들이 상호보증으로 묶여 있어 한 곳에서 문제가 터지면 자칫 그룹 전체의 붕괴로 이어질 수 있다는 데 있었다. 외환위기 직후, 대우그룹의 해체는 이를 단적으로 보여준다.

재벌그룹의 붕괴는 그 규모에 비추어 볼 때 파괴적 영향이 한국경제 전반에 미칠 수 있다. 실제로 재벌그룹이 무너질 때마다 이를 수습하기 위해 엄청난 국민의 혈세가 낭비되어야 했다. 재벌은 언제 한국사회 전체를 뒤흔들지 모르는 시한폭탄과 같은 존재였던 것이다. 결국 1990년대 중반을 지나자, 이들 시한폭탄이 연쇄폭발을 일으킬 순간이 시시각각 다가오기 시작했다.

2. 끝내 뿌리 뽑지 못한 부동산투기

민주화 투쟁을 승리로 이끈 구세대가 스스로 제기했지만 제대로 해결하지 못함으로써 재앙의 불씨로 남겨둔 것이 또 하나 있다. 부동산투기를 확실하게 뿌리 뽑지 못한 것이 바로 그것이다.

그 동안 한국의 지배층들이 부를 축적한 주된 방법은 사채놀이, 부동산투기, (주주자본주의 아래서의) 주식투자 등이었다. 공통적으로 기생적으로 이익을 추구한다는 점에서 '투기'라고 규정할 수 있다. 다시 말해, 한국의 지배층은 임금소득, 사업소득 등 정상적인 소득이 아닌 주로 투기적 방법으로 부를 축적해온 것이다. 이 중에서 가장 오랜 기간 동안 중요한 소득원이 되었던 것은 바로 부동산투기였다.

중요한 것은, 부동산투기를 통해 쌓아올린 거대한 부가 (돈이 돈을 버는 승자독식의) 신자유주의 광풍에 강력한 에너지를 공급하는 요소가 되었다는 사실이다. 우리가 부동산투기를 주목해야 하는 중요한 이유의 하나가 바로 여기에 있다. 그렇다면 과연 그 동안 부동산투기를 둘러싸고 어떤 일이 벌어졌던 것일까.

근대 이후에 많은 계몽주의 사상가들이 사유재산을 옹호했지만, 그것은 어디까지나 정당한 노동을 통해 획득한 경우에 한한 것이었다. 따라서 엄밀한 의미에서 보자면, 토지는 사유재산이 되기 어려운 점이 있다. 토지는 노동과는 무관하게 그 자체로 이미 존재하는 것이기 때문이다.

그럼에도 불구하고, 한국의 토지는 대부분 개인의 소유로 되어 있다. 한국은 전체토지의 77퍼센트 정도가 개인소유로 되어 있는데, 미국이 전체토지의 50퍼센트, 대만은 73퍼센트, 싱가포르는 85퍼센트, 이스라엘과 스웨덴은 100퍼센트가 개인소유가 아닌 국공유지인 것과 뚜렷이 대비된다. 그렇다면 도대체 토지의 사유는 어떤 과정을 거쳐 이루어질 수 있었을까.

조선 시대 한양에는 개인의 땅이 없었다. 모두가 왕의 소유, 곧 국가의 땅이었다. 그런데 1910년 조선 왕조가 멸망한 지 몇십 년도 안 되어 서울의 땅은 수많은 개인의 땅으로 쪼개어졌다. 도대체 어떤 과정을 거쳐 금싸라기 같은 서울의 땅을 개인들이 갖게 되었는지 그 내력을 조사해보는 것도 매우 흥미 있는 일이 될 것이다. 단언컨대, 대부분 개인의 정당한 노력과는 무관하게 토지 소유권이 형성되었을 것이다.

어느 모로 보나, 토지는 인간의 노력과는 무관하게 그 자체로 존재하는 것이다. 그런 만큼 토지의 소유와 거래를 통해 얻는 이익 역시 인간의 노력과 무관하게 얻어지는 것이다.

이러한 맥락에서 부동산투기는 명백한 갈취에 해당한다. 부동산투기는 부동산 가격 상승을 통해 실수요자의 소득을 투기꾼의 수중으로 이전시키는 과정이기 때문이다. 부동산투기가 극심할수록 사회적 위화감이 팽배해지는 이유가 바로 여기에 있다. 한 편에서는 손 하나 깜짝하지 않고 막대한 수익을 거두는 데 반해, 다른 한 편에서는 죽어라 고생해서 번 돈을 오른 땅값상승 때문에 앉아서 날려야 하니 얼마나 억울한 일인가.

문제는 부동산투기를 통한 갈취의 정도가 너무 심하다는 데 있었다. 2005년 국정감사 자료에 따르면, 서울에서 노동자가 돈을 모아 아파트를 사려면 33평짜리 30년, 25평짜리 23.2년이 걸리는 것으로 나타났다. 바로 장기간 계속된 부유층들의 부동산투기로 땅값이 크게 오른 결과였다. 그 과정에 대해 좀 더 자세히 알아보자.

토지의 공급은 한정되어 있다. 간척 등 특별한 경우를 제외하면 사실상 고정불변이다. 토지수요가 고정불변이라면 별 문제가 없겠지만, 경제발전에 따라 택지개발, 공장부지, 도로용지 등 각종 요인이 결합하면서 토지수요는 폭발적으로 증가한다. 따라서 토지를 소수가 독점하고 있다면, 토지가격은 일방적으로 공급자에 의해 주도될 수밖에 없다.

바로 이런 점에서 한국은 토지가격이 폭등할 수 있는 요소를 고르게 갖추고 있었다. 첫째, 한국은 인구에 비해 영토가 매우 비좁았다. 인구밀도가 세계에서 세 번째였다. 서울 등 대도시에 초점을 맞추면, 상황은 더욱 심각했다. 둘째, 장기간에 걸친 고도성장에 의해 토지수요가 폭증해왔다. 셋째, 극소수가 토지를 독점해왔다. 2004년 현재 상위 1퍼센트가 전체 개인소유 토지의 절반 이상을 소유하고 있었으며, 토지소유자의 상위 5퍼센트 정도가 전체토지의 82.7퍼센트를 차지하고 있는 실정이었다. 토지소유의 불균형이 생각 이상으로 심각했던 것이다.

이러한 요인들이 작용한 결과, 한국의 토지가격은 가히 무서운 속도로 상승해왔다. 1963~2004년까지 주요 도시의 땅값은 무려 780배, 서울의 땅값은 954배로 뛰어올랐다. 반면, 이 기간 동안 소비자 물가는 38배 올랐다. 서울의 경우, 소비자 물가와 땅값 상승이 무려 25배 정도 차이가 나는 것이다. 이는 곧 1963년에 서울의 땅을 사둔 사람은 가만히 앉아서 25배나 되는 순이익을 거두었음을 의미한다.

이 같은 토지가격의 고공비행은 한국의 땅값을 엄청나게 부풀리게 만들었다. 2000년 이후 가격 현실화율을 감안한 공시지가 총액은 약 2,300조 원대로 추산되었다. 2,300조 원은 2004년 국내총생산액GDP 778조의 약 3배, 총예금 540조와 총대출금 565조의 약 4배, 상장주식 총액 412조의 약 6배, 상장채권 총잔액 661조의 약 3.5배에 해당되는 것이었다. 다른 지수에 비해 땅값이 지나치게 높았다는 사실을 알 수 있다. 다른 나라와 비교하면, 한국의 땅값은 총액으로 따져 세계 3위 수준이다. 한국의 땅을 전부 팔면, 면적이 한국의 100배가 넘는 캐나다를 6번살 수 있었고, 프랑스를 8번 살 수 있었으며, 미국 땅도 절반을 살 수 있었다는 결론이 나온다.

이렇듯 땅값이 고공비행을 거듭하다보니 부동산투기는 가장 높은 수익률을 보장하는 것이 되었다. 노태우 정부 때 구성되었던 토지공개념연구위원회가 1989년에 발표한 연구결과에 따르면, 1974~1987년 동안 투자액 모두를 시설투자에 사용한 기업은 3.3배 성장한 반면 전액을 땅에 묻어놓은 기업은 무려 10배 성장했다.

그러다보니 기업들은 생산적 투자보다는 부동산투기에 우선적 관심을 갖는 경우가 잦았다. 단적으로, 1988년 당시 언론이 밝힌 바에 따르면, 재벌기업들은 대체로 총투자액의 60퍼센트 이상을 부동산 매입에 사용했다 한다. 삼성·롯데·기아·금호 등 일부 재벌들은 1985년 이후에 전체 투자액의 80퍼센트 이상을 부동산 매입에 쏟아 부었다.

한국이 부동산투기가 극성을 부릴 수 있는 조건들을 두루 갖추고 있었던 것은 분명했다. 하지만 한국에서 부동산투기가 극성을 부렸던 데에는 상당 정도 정부에도 그 책임이 있었다. 정부가 부동산투기 근절에 소극적이거나 심지어 이를 부추겨왔던 것이다.

한국에 부동산투기 열풍이 본격적으로 분 것은 박정희 정부가 서울 강남을 개발하면서부터였다.

서울 강남 개발의 출발점이 된 것은 1967년 한남대교가 완공되고, 이어서 한남대교와 경부고속도로가 연결된 것이었다. 강남이 교통의 중심축을 형성할 수 있는 조건이 확보된 것이다. 그로부터 얼마 후인 1972년 12월, 박정희 정부는 영동주택단지 조성사업의 첫 테이프를 끊음으로써 강남 개발에 본격적으로 돌입하였다. 그 결과, 짧은 시간 안에 허허벌판에 불과했던 약 900만 평의 강남 일대가 거대한 도시로 변모해갔다. 가히, 단군 이래 최대 규모의 개발이 이루어진 것이다.

박정희 정부가 강남 개발을 하면서 비용조달을 위해 사용한 것은 경부고속도로 건설 때 사용한 바 있었던 구획정리 방식이었다. 즉, 토지를 수용하여 개발하고 남은 땅인 체비지를 팔아 비용을 충당했던 것이다. 문제는, 이 경우에 땅값이 크게 올라야 효과를 볼 수 있었다는 데 있었다. 땅값 상승을 목적으로 정부가 투기를 적극 유도할 수밖에 없었던 것이다. 실제로 박정희 정부는 강남 개발을 추진하면서 투기수요를 부추기기 위한 다양한 유인책을 쏟아냈다. 대표적으로 명문 고등학교를 강남으로 대거 이전시킴으로써 이른바 8학군이라는 신흥 명문학군을 형성하였다. 이렇듯 정부의 유인정책이 쏟아지자 상황은 일순간에 돌변, 강남 지역에 대한 투기수요가 폭발하였다.

분양권 전매와 대리계약이 자유롭게 허용된 조건에서 투기꾼이 몰려들자 분양권 프리미엄이 폭등하였고, 그에 따라 엄청난 투기이익이 발생하였다. 1970년대 후반, 세간에 화제를 모았던 한 아파트의 경우는 분양권 프리미엄이 150~250만 원이었다. 당시 9급 공무원의 월급이 6만 원 정도였음을 감안하면 엄청난 액수였음을 알 수 있다. 아파트 분양가 프리미엄뿐만 아니라 강남 일대의 땅값 또한 크게 올랐다. 지금의 양재 지역인 말죽거리는 1960년대까지만 해도 소와 말을 키우는 목장만 즐비하던 곳으로서 땅값은 평당 300원 정도에 불과했다. 그러나 강남 개발이 본격화되자 부동산중개업소가 줄줄이 들어서면서 땅값은 평당 5,000~6,000원대로 뛰었다. 그로부터 40여 년 뒤인 2000년대 초, 양재역 근처의 대로변 상업용지는 평당 5천만 원을 호가하기에 이르렀다.

이렇듯 서울 강남의 개발은 부동산투기 열풍을 부추기면서 진행되었다. 그럼으로써 서울 강남은 부동산투기의 원형을 이루었으며, 이후에도 부동산투기를 선도하는 대표적인 지역이 되었다. 그 결과, 서울 강남의 땅값은 개발 이후 16년 만에 무려 1,000배 이상 뛰었으며 전국토의 0.1퍼센트에 불과함에도 불구하고 시가총액은 전라남북도와 강원도의 땅값을 합친 것과 비슷한 수준에 이르렀다.

부동산투기를 자극했던 박정희 정부의 개발정책은 자연스럽게 정부와 건설업체 간에 건설 커넥션을 형성시켰다. 이러한 커넥션에는 택지를 공급하는 토지공사와 주택공급을 위해 정부투자기관으로 설립한 주택공사가 가세하면서 한층 공고한 것으로 자리 잡았다.

이 같은 건설 커넥션은 정부가 바뀌면서 한층 높은 수준으로 발전해왔다.

1981년 5·17쿠데타로 설립된 국가보위 입법회의는 '택지개발촉진법'을 제정하였다. 이 법은, 건설 관련 부처의 장관이 택지개발 예정지구로 지정하면 어디든 누구의 땅이든 소유자의 의사에 관계없이 강제수용할 수 있도록 되어 있었다. 단, 장관의 지구지정을 신청할 수 있는 단체는 중앙정부, 지방자치단체, 토지공사, 주택공사로 제한하였다.

택지개발촉진법은 강제적인 토지수용을 통해 주택공급을 원활하게 하는 것을 목표로 하고 있었다. 이 법이 효력을 발휘하기 시작하면서 2005년 7월까지 632개 지구 1억 5,861만 7천 평이 아파트 숲으로 바뀌었다. 수도권 곳곳의 신도시들은 모두가 이렇게 조성된 것들이었다.

이러한 조건에서 1980년대 말까지 건설업자들은 땅 짚고 헤엄치기 식으로 쉽게 돈을 벌 수 있었다. 건설사들은 조성된 택지를 매입한 뒤, 그 땅을 담보로 얼마든지 은행대출을 받았다. 그리고 전 세계에서 유례없는 방식, 즉 공사가 시작되기도 전에 분양을 하는 선분양 제도를 통해 건설비용을 마련할 수 있었다. 만약 분양가마저 마음대로 결정할 수 있었다면, 건설사들은 말 그대로 폭리를 취할 수 있는 상황이었다.

바로 여기에 제동을 건 것은 1988년에 출범한 노태우 정부였다. 노태우 정부는 부동산투기를 억제한다는 목표 아래, 원가연동제 도입을 통해 아파트 가격을 정부가 지정하도록 하였다. 투기바람을 타고 아파트 가격이 무분별하게 뛰는 것을 막기 위한 것이었다. 그런데 1998년 김대중 정부는 원가연동제를 폐지하고 아파트 분양가를 건설업자들이 자율적으로(?) 정하도록 하였다. 말 그대로 시장에 내맡긴 것이다. 과연 그 다음 어떤 일이 벌어졌을까.

경제정의실천시민연합(경실련)이 용인·죽전 등 4개 지구를 분석한 바에 따르면, 토지공사는 토지를 매입하여 택지로 조성한 다음 건설사에게 매각하는 과정에서 평당 70만원, 4대 지구 전체에서 4,901억 원의 이익을 남겼다. 건설회사는 이 땅을 평당 314만 원에 구입하여 아파트를 지은 뒤, 평당 702만 원에 분양함으로써 각종 비용을 제외하고도 평당 388만 원, 4개 지구 전체에서 2조 8,497억 원이라는 천문학적인 수익을 거두었다. 이는 분양가의 절반 이상이 건설사의 수익이었음을 말해주는 것이다. 적정가격보다 두 배 가까이 부풀려진 것으로서 30평을 기준으로 보면 입주자들이 1억 원 정도를 건설사에 갖다 바친 꼴이었다.

정부투자기관인 토지공사까지 가세하는 가운데, 건설사들이 땅장사를 통해 실로 엄청난 폭리를 취한 것이다. 서울의 동시분양 아파트의 평당 분양가가 1998년 543만 원에서 2004년 1,263만 원으로 2, 3배 폭등한 것은 바로 이러한 건설사들의 폭리 때문이었다.

이렇듯 아파트 분양가가 폭등하자 시민단체들은 아파트 원가를 공개하도록 요구했다. 하지만 노무현 대통령은 이를 반대했다. 시장의 원리에 맞지 않는다는 것이었다. 사실, 정부는 산하에 있는 주택공사의 건설원가를 공개함으로써 민간기업을 압박할 수도 있었다. 하지만 사태는 거꾸로 돌아가고 말았다. 주택공사 역시 민간기업과 똑같은 행태를 보이면서 원가개념과 무관하게 주변시세에 맞추어 분양가를 정한 것이다. 아파트 원가를 공개하지 않은 것은 물론이었다.

참고로, 경실련은 1998년 이전처럼 조성원가로 택지를 공급하고, 건설사의 폭리를 제거하면 아파트 분양가격을 절반 정도로 낮출 수 있다고 분석한 바 있다.

이와 함께 주목해야 할 또 하나의 사실은, 전국적으로 주택공급이 충분한 수준에 이르고 있다는 점이다. 1980년 서울의 주택보급률은 56.1퍼센트에 불과했으나 2004년 현재 103퍼센트에 이르렀으며, 전국의 주택보급률 역시 102.2퍼센트에 이르고 있다. 단, 수도권이 93.9퍼센트로서 수도권 일부가 여전히 부족하지만 전체적으로 필요한 양을 초과하고 있는 것이다. 만약 주택소유가 균등하게만 이루어진다면, 수요공급 법칙에 의해 아파트 가격이 더 이상 폭등할 이유가 없는 상황인 것이다.

소수의 토지독점에 의한 땅값의 비정상적인 상승은 곳곳에서 심각한 문제를 야기해왔다. 그 중 대표적인 현상을 꼽으면 다음과 같다.

첫째, 사회적 불평등을 심화시키는 결정적 요소가 되어왔다.

한국은 그 동안 통상적인 수입을 기준으로 보면, 자본주의 세계에서 평등지수가 높은 나라의 하나로 꼽혀왔다. 임금소득, 사업소득 등에서는 그다지 큰 차이가 나지 않았던 것이다. 그러나 투기, 그 중에서도 부동산투기를 매개로 소득의 차이가 결정적으로 벌어졌다. 가령, 같은 의사라고 하더라도 부동산투기를 한 사람과 그렇지 않은 사람의 실제소득은 엄청난 차이가 났다.

고도 자본주의 사회라고 하는 한국은 여전히 토지소유 관계가 부의 분배를 가르는 결정적 기준이 되고 있는 셈이다. 자본주의가 아닌 지본주의地本主義 사회라는 표현이 나올 법하다. 토지문제 해결 없이는 그 어떤 소득 재분배 노력도 제대로 성과를 낼 수 없는 상황인 것이다.

둘째, 자금이 생산적 방면으로 흐르는 것을 차단시켜왔다.

수십 년 간에 걸친 고도성장 속에서 부의 불균등 분배가 지속된 결과, 방대한 규모의 잉여자금이 형성되기에 이르렀다. 2006년 당시 잉여

자금의 성격이 강한 시중 유동자금은 대략 500조 원이 넘을 것으로 추정되었다. 그러나 다른 한편에서는 중소기업처럼 자금부족 현상으로 인해 심각한 고통을 겪고 있는 경우가 허다했다. 부동산투기 등을 통해 보다 높은 수익률을 기대할 수 있는 조건에서 자금이 생산적 방면으로 흐르지 않았던 것이다.

셋째, 국가 경쟁력에 치명적 요소로 작용해왔다.

지속적인 부동산투기에 의한 땅값 폭등은 경쟁력의 발목을 잡는 요인이 되고 말았다. 경쟁국에 비해 턱없이 비싼 부지가격과 임대료가 경쟁력 약화를 초래하는 결정적 요소가 되었던 것이다. 국내에서 빠져나간 기업들의 상당수가 임대료 상승을 주된 요인으로 꼽을 정도였다.

넷째, 거품형성으로 인한 경제의 불안정성을 고조시켰다.

한국의 땅값이 지나치게 고평가된 것은 두말할 나위가 없다. 땅값 자체가 엄청난 거품 위에 떠 있었던 셈이다. 만약, 이런 거품이 빠지기 시작하면 걷잡을 수 없는 사태가 벌어진다. 투자원금을 날리게 되는 개인 투자자(?)들은 물론이고 부동산을 담보로 대출했던 은행들까지 파산위협에 직면하게 된다. 과거 일본이 이러한 요인으로 인하여 오랫동안 장기불황의 늪 속에 빠져들었는데, 한국에도 그 같은 사태가 올 가능성이 충분히 있었던 것이다.

결국, 그 같은 사태가 벌어지고 말았다. 노무현 정부 시기, 건설사들은 투자 수익률 50~100퍼센트를 자랑할 정도로 폭리를 취하면서 다투어 주택공급을 확대해왔다. 여기에 투기목적의 가수요가 붙으면서 부동산 경기가 활황을 유지했으나, 결국 정점을 지나자 거품이 꺼지기 시작했다. 2008년 상반기 미분양 아파트는 25만 채에 이르렀고, 그로 인해 묶인 자금만 해도 45조 원에 이르렀다. 아울러, 그 과정에서 180여

개의 건설업체가 도산하고 말았다.

　어느 모로 보나, 부동산투기는 백해무익한 것이다. 역대 정부도 이 사실을 인정하면서 나름대로 부동산투기를 억제하기 위한 다양한 시도를 해왔다.

　그 동안 역대 정부가 부동산투기 억제를 위해 도입한 것은 주로 조세 정책이었다. 부동산투기에 대해 무거운 조세를 부과함으로써 투기를 억제시키고자 한 것이다. 노태우 정부 때 제정된 '택지소유상한에 관한 법률', '개발이익 환수에 관한 법률', '토지초과이득세법' 등 토지공개념 관련법은 이러한 조세정책을 뒷받침하기 위한 것이었다.

　하지만 토지공개념 관련법 제정 이후에도 아파트 가격은 계속 폭등했다. 결정적인 이유는, 소수가 토지를 독점하고 있는 조건에서 토지소유자는 부과될 조세를 토지가격에 반영시켜버린 데 있었다. 투기억제를 목표로 조세를 부과했지만 결과적으로 토지가격 상승만을 부채질한 꼴이 된 것이다. 결국 부동산투기는 의연히 계속되었고 상위 5퍼센트가 차지하는 사유지의 비중은 1988년 65.2퍼센트에서 2004년 82.7퍼센트로 크게 상승하였다. 토지소유의 불균형이 더욱 심화된 것이다.

　(이 모든 것은 조세정책만으로는 부동산투기 억제가 사실상 불가능하다는 것을 확증해준다. 요컨대, 부동산투기를 근절하기 위해서는 부동산의 소유와 거래 자체를 규제하는 방안이 마련되어야 하는 것이다.)

　결론적으로, 한국사회는 정부의 부분적 노력에도 불구하고 부동산투기에 대해 사실상 무방비 상태나 다름없었다고 할 수 있다. 이러한 조건에서 부유층은 방대한 토지소유를 바탕으로 투기이익을 거대하게 쌓아올릴 수 있었던 것이다. 하지만 부유층은 여기에 만족하지 않고 투기이익을 증식할 수 있는 기회를 끊임없이 찾아 나섰다. 그들의 욕심은 끝이 없었던 것이다.

그러던 중 부유층은 외환위기를 거치며, 돈이 돈을 버는 승자독식의 신자유주의를 만날 수 있었다. 쉽게 예상할 수 있는 일이었지만, 그들은 신자유주의를 열렬히 환영하였고 이를 적극적으로 뒷받침했다. 그 결과, 부동산투기를 통해 축적된 방대한 잉여자금은 신자유주의 광풍에 강력한 에너지를 공급하는 원천이 되었다.

3. 무너지는 저항의 마지노선

그 동안 반복해서 제기했듯이, 민주화 투쟁을 승리로 이끈 구세대는 공통적으로 신자유주의를 넘어서지 못했다. 도리어 상당수는 적극적으로 신자유주의를 추종했고, 신자유주의가 민주화 세력이 담당한 정부의 정책기조를 이루기도 하였다. 도대체 왜 이런 현상이 일어난 것일까. 지금부터 그 원인에 대해 좀 더 자세히 살펴보도록 하자.

1980년대 민주화 투쟁을 이끌었던 재야 민주화 세력은 자본주의 체제에 대해 그다지 우호적이지 않았다. 그들에게 자본주의는 어떤 형태로든지 극복해야 하는 대상이었던 것이다. 하지만 세 가지 요인이 작용하면서 자본주의 체제에 대한 시각이 크게 바뀌었다.

먼저, 소련·동구 사회주의권이 붕괴함에 따라 이념의 후퇴가 뚜렷해졌다. 소련의 붕괴는 그 자체로서 사회주의 이념의 설득력을 크게 떨어뜨렸다. 일순간에 사회주의는 악이 되었고, 자본주의는 선이 되었으며, 승자인 미국식 자본주의는 모두가 수용해야 하는 보편적인 것으로 간주되었다. 적어도 표면상 사회적 분위기는 그러한 방향으로 흘렀다.

소련 붕괴의 영향은 곧바로 노동운동 진영에 파국적 영향을 미쳤다. 그 동안 자본주의 이후의 사회를 꿈꾸며 노동운동에 투신했던 수많은 학생운동 출신들이 '전망 없음'을 선언하면서 썰물처럼 빠져나가기 시작하였다. 똑같은 맥락에서 마르크스주의의 영향 아래 있었던 학계의 소장파 그룹 역시 빠른 해체과정을 거쳤다. 비슷한 양상이 사회운동 곳곳에서 나타났다.

이러한 양상은 한국경제의 동향에 의해 더욱 강화되었다. 과거에 많은 '운동권' 인사들이 급진적 성향을 갖게 된 것은, 상당 부분 한국경제의 장래에 대한 비관적 전망 때문이었다. 1980년대 중반까지만 해도 운동권 사람들 눈에 비친 한국경제는 머지않아 망할 경제였다. 과도한 대외의존성, 위험수위를 넘은 외채, 심화되는 부익부 빈익빈 등은 그러한 판단을 갖도록 한 중요한 징표들이었다.

그런데 1987년 이후 한국경제는 (엄격하게는 외환위기 이전까지만 해당되는 것이지만) 독자적인 기술축적과 소득 재분배, 내수시장 확대 사이에 선순환 관계가 형성되면서 자립적 토대가 강화되고 있었다. 그에 따라 자본주의 체제 안에서도 문제를 해결할 수 있다는 낙관적 전망이 널리 확산되었다.

여기에 덧붙여, 김영삼·김대중·노무현 정부를 거치면서 체제 밖에서 저항하던 많은 운동권 인사들이 정·관계에 적극 진출함에 따라, 체제와의 화해가 폭넓게 확산되었다. 1995년부터 실시된 지방자치제의 경우만 보더라도, 기초의원부터 광역단체장에 이르기까지 선출직만 해도 4천여 개에 이르렀다. 여기에 보좌관, 전문위원 등까지 합치면 참여가 가능한 자리는 그 몇 배에 이르렀다. 그만큼 운동권 인사들이 진출할 수 있는 정치공간이 매우 넓어졌다는 이야기이다.

이상과 같은 요인들이 결합되면서 민주화 투쟁을 수행했던 구세대들의 대부분은 자본주의 시장경제를 거역할 수 없는 대세로 받아들이기 시작했다. 그만큼 자본의 이윤추구에 대해서도 관대한 태도를 갖게 되었다. 이는 곧 자본의 이윤 극대화를 추구하는 신자유주의의 위험성을 감지할 능력이 약화되는 것으로 이어질 수밖에 없었다.

문제는 여기에 그치지 않았다. 민주화 투쟁을 수행했던 구세대의 상당 부분이 신자유주의를 개혁 이데올로기로 간주하고, 이를 적극적으로 받아들이기 시작한 것이다.

민주화 세력은 군사독재와 투쟁하면서 군사독재가 지니고 있었던 특징들을 무조건 부정적인 것으로 간주하는 경향을 갖게 되었다. 무엇보다도, 국가가 사회 모든 영역을 통제하는 것을 매우 못마땅하게 여겼다. 그에 따라 민주화 세력은 국가의 사회통제를 해체 혹은 완화시키는 것이 자신들의 몫이라고 생각했다.

물론 국가의 통제체제 중에는 민간의 자율을 증대시키고 민주화를 진척시키기 위해 해체 혹은 완화되어야 할 부분이 많았던 것이 사실이었다. 문제는 국가의 통제완화를 사안에 따라 판단하지 않고 맹목적으로 추구했다는 데 있었다. 국가의 통제는 악이고 통제완화는 선이라는 다분히 이분법적 사고에 젖어 있었던 것이다.

그런데 방금 전 확인한 것처럼 소련의 붕괴 이후 민주화 세력 사이에는 자본주의 시장경제가 유일한 대안이라는 사고가 널리 확산되어 있었다. 말하자면 사고가 자본주의 시장경제의 틀 안에 갇혀버린 것이다. 이러한 조건에서 국가의 통제완화를 맹목적으로 추구하면, 시장의 기능과 자본의 자유를 확대하는 것을 옹호하게 될 가능성이 매우 크다. 그럴 경우, 필연적으로 신자유주의를 개혁 이데올로기로 수용하게 된다. 왜냐하면 신자유주의의 핵심논리 중 하나가 바로 국가의 개입을 축소하고 시장의 기능과 자본의 자유를 극대화하는 것이기 때문이었다.

바로 이러한 이유로 민주화 투쟁을 수행했던 구세대의 상당수가 신자유주의를 개혁 이데올로기로 받아들였던 것이다. 유작《진보의 미래》를 통해 스스로 밝혔듯이 노무현도 그러한 사람들 중 한 명이었다. 민주화 세력이 자신의 의도와 관계없이 신자유주의를 개혁 이데올로기로 받아들인 대표적인 사례로, 1988년 이후 불거진 '중앙은행(한국은행)의 독립'을 둘러싼 논란을 들 수 있다.

금융의 공공성을 확보하기 위해서는 금융기관, 그 중에서도 중앙은행에 대한 국가의 통제는 필수적이다. 물론 국가가 민주적 통제 아래 있어야 한다는 것은 기본전제이다. 만약 중앙은행이 국가의 통제를 벗어나는 순간, 궁극적으로 시장논리에 따라 자본의 통제 아래 들어가기가 쉽다. 그 순간, 중앙은행은 전체 국민경제의 이익이 아니라 소수자본의 이익을 중심으로 움직이게 된다.

그런데 중앙은행 독립을 둘러싼 논쟁에서 독립, 즉 국가의 통제를 포기할 것을 주장한 것은 주로 민주화 세력이었던 것이다. 비록 기존의 관치금융이 많은 문제를 낳은 것은 사실이지만, 이는 중앙은행 독립이 아니라 정치권력의 민주화를 통해 해결해야 할 문제였다. 말하자면, 민주화 세력은 문제를 잘못 짚은 것이다.

아무튼 이러한 과정을 거쳐 제도정치권에 진출한 민주화 세력 대부분과 시민사회운동의 상당 부분은 신자유주의를 개혁 이데올로기로 수용하고 이를 바탕으로 경제정책을 수립하였다. 이 같은 민주화 세력의 사고는 그들이 실제 정권을 담당하면서 한층 극단적인 모습을 보이기도 하였다.

가령, 과거 군사독재 시절 사회적 위화감을 억제한다는 목표 아래 시행했던 사치품 수입규제, 조기유학 억제 등도 국가권력의 남용으로 간주하여 포기하고 말았다. 또한 앞서 살펴본 대로, 시장원리에 맞지 않는다는 이유로 노태우 정부가 부동산투기를 억제하기 위해 도입했던 아파트 분양가 원가연동제를 폐지했고 아파트 건설원가 공개도 반대하였다.

이러한 맥락에서, 개혁정책이 추진될수록 사회적 불평등이 심화되는 기현상이 나타났다. 민주화 세력이 정권을 담당했던 김영삼·김대중·노무현 정부의 개혁이 실패로 끝난 원인의 상당 부분이 바로 여기에 있었다.

제도정치권과 시민사회운동에 포진해 있었던 민주화 세력의 상당 부분이 신자유주의에 대해 우호적 입장을 취하고 있는 상태에서 신자유주의에 저항할 마지막 보루는 자본운동과 대척점에 있는 노동운동일 수밖에 없었다.

그런데 이념의 퇴조는 학생운동 출신 노동운동가들의 철수를 재촉했을 뿐만 아니라 노동현장을 지키고 있던 현장 활동가들에게도 상당한 영향을 미쳤다. 무엇보다도 노동운동의 목표가 자본주의를 극복하는 것에서 자본주의 체제 안에서 노동자의 경제적 이익을 증대시키는 것으로 옮겨가기 시작했다. 그에 따라 1980년대까지 노동자 집회를 수놓았던 "노동해방" 구호도 어느 사이엔가 사라져버렸다.

이러한 가운데 1987년 노동자대투쟁을 거치면서 노동자들의 생활조건은 꾸준히 향상되었다. 그 결과, 많은 노동자들은 계속 이러한 추세로 간다면 그런 대로 먹고 살 만한 세상이 될 수도 있다는 희망을 갖기 시작했다. 그리하여 도무지 가능할 것 같지도 않은 자본주의 극복에 매달릴 것이 아니라 실질적 성과를 하나씩 쌓아가는 것이 삶을 개선시키는 최선의 길이라는 생각이 노동자들 사이에 빠르게 퍼져나갔다.

이러한 과정을 거쳐 노동자들의 시야는 점차 공장과 직장 안으로 좁아졌다. 노동자들이 눈앞의 이익에 매달리는 경향을 보이기 시작한 것이다. 노동조합이 사회개혁의 과제를 제기하기도 하였으나, 결코 전력을 기울이지 않았다. 노동조합 간부들은 노동해방 투사이기를 그만두면서 도덕적 긴장 또한 크게 이완되었다.

그럼에도 불구하고, 지난한 과정을 통해 축적된 노동조합의 투쟁역량은 여전히 살아 있었다. 무엇보다도 노동조합은 민주주의에 대해 변함없는 신념을 간직한 대표적인 조직이었다. 적어도 자신의 이익이 침해될 경우에는 강력하게 저항할 태세가 되어 있었다.

그러던 중 1996년 12월 26일 새벽, 여당인 신한국당이 단독으로 개악된 노동법과 안기부법을 날치기로 통과시키는 사태가 발생했다. 개악된 노동법은 복수노조 허용, 정리해고제·변형근로제 도입, 파업기간 중 무노동 무임금 원칙 적용, 동일사업장 내 대체근로와 신규 하도급 허용 등 신자유주의 구조조정을 제도적으로 뒷받침하기 위한 것이었다. 안기부법은 1993년 말 여야합의에 의해 박탈했던 안기부의 반국가단체에 대한 고무찬양죄와 불고지죄에 대한 수사권을 복원하는 것이었다.

김영삼 정부의 날치기는 곧바로 노동자 대중과 광범위한 국민들로부터 격렬한 저항을 촉발시켰다.

노동자들 입장에서 노동법 개악은 자칫하면 그 간의 투쟁을 통해 획득한 성과가 일거에 날아갈 수도 있는 위협적인 것이었다. 더욱이, 정부의 시도는 그 동안 노동자·사용자·정부대표로 구성된 '노사정위원회'의 합의를 바탕으로 노동법을 개정하기로 한 약속을 뒤엎은 것이었다. 명백한 배신행위였던 것이다.

개악된 노동법이 여당 단독국회에서 날치기로 통과되었다는 소식이 전달되자, 기아자동차·현대자동차 등 완성차 노조를 출발로 일시에 총파업 물결이 전국을 뒤덮었다. 총파업을 주도한 조직은 민주노조의 전국적 결집체인 민주노총KTCU이었다. 그런데 당시는 연말 연초로서 사회적 분위기가 극도로 이완되어 있던 시기였다. 그럼에도 총파업이 단행되었다는 것은 노동자 대중의 입장에서 그만큼 상황이 절박했음을 말해주는 것이었다.

1996년 12월 26일부터 시작된 민주노총 총파업 투쟁은 1997년 1월 18일까지 23일 동안 지속되었다. 모두 528개 노조 40만 3,000여 명의 노동자들이 한 번 이상의 파업에 참가하였다. 민주노총의 총파업 투쟁에 발맞추어 전국적으로 20개 이상의 지역에서 집회가 연일 개최되었고, 집회참여 연인원은 100만 명이 넘었다. 이렇듯 투쟁의 열기가 달아오르면서 야당과 각계각층 민주단체들은 개악 노동법·안기부법 날치기 통과에 대한 비난성명을 잇달아 발표했고, 목회자들은 서울 기독교회관에서 날치기 무효화를 요구하며 농성을 전개했으며, 폭발적인 호응 속에 날치기 철회 가두서명이 전개되었다.

투쟁의 주축을 이루었던 민주노총의 총파업은 광범위한 국민적 지지 속에서 진행되었다. 당시 여론조사 결과에 따르면, 국민의 80퍼센트 정도가 민주노총의 총파업 투쟁을 지지한 것으로 나타났다.

다수 국민들이 민주노총 총파업 투쟁을 지지했던 것은, 한 가지 분명한 이유 때문이었다. 국민들 눈에 비친 노동법·안기부법 날치기 통과는 그 동안 힘들게 획득해온 절차적 민주주의에 대한 명백한 위협이었다. 천주교정의구현사제단이 날치기 파동 직후 발표한 성명서를 통해 "성탄절 다음날 새벽, 우리는 이 땅의 민주화를 위한 노력이 한순간에 무너져내리는 아픔과 충격을 겪어야 했습니다. 문민정부의 조종의 소리가 울려퍼진 것입니다"라고 한 것은 이러한 입장을 대변하는 것이었다. 미국《뉴욕 타임스》가 김영삼 대통령의 지시에 따라 감행한 '다수의 폭력'은 회생했던 한국의 민주주의에 치명타를 가했다고 보도한 것 역시 그 같은 분위기를 반영한 것이었다.

바로 이러한 이유로 다수 국민들은 민주노총의 총파업 투쟁을 민주주의 사수투쟁으로 간주하고 적극 지지하였던 것이다. 요컨대, '민주주의의 후진'을 결코 용납하지 않는 전통이 민주노총 지지라는 형태로 가시화된 것이었다.

결국, 김영삼 정부는 굴복하고 말았다. 노동법·안기부법 개악은 철회되었고 민주노총 투쟁지도부에 대한 검거령 또한 취소되었다. 이로써 출범한 지 2년도 채 안 되는 민주노총은 정권과의 맞대결에서 빛나는 승리를 거둘 수 있었다. 민주노총의 승리는 여러 모로 의미심장한 것이었다.

1990년대에 접어들어, 세계 노동운동은 신자유주의를 앞세운 자본진영의 공세에 밀려 후퇴에 후퇴를 거듭하고 있었다. 유구한 전통을 간직한 나라들의 노동운동마저 이 시점에서만큼은 무기력하기 짝이 없었다. 바로 그러던 시점에 한국에서 날아든 낭보는 세계 노동운동계를 흥분시키기에 충분했다. 정부의 신자유주의 정책을 철회시킨 민주노총의 승리는 세계 노동운동의 반격을 위한 청신호가 될 수 있었기 때문이었다. 그로 인해 민주노총은 일약 세계 노동운동계의 영웅으로 부상했고, 단체 이니셜인 KTCU는 승리의 희망을 상징하는 로고가 되었다.

그러나 정작 당사자들은 자신들의 투쟁이 세계사적으로 얼마 만큼 중요한 의미가 있었는지 충분히 깨닫지 못했다. 이러한 무지는 곧바로 승리의 영광을 지키는 것을 어렵게 만드는 요소로 작용했다. 사태는 불과 1년을 넘기지 못하고 비극적 형태로 드러났다. 외환위기와 함께 지도부의 심각한 판단혼란으로 귀중한 승리를 반납하고 만 것이다.

총파업 투쟁이 승리로 마감되었던 1997년 말, 외환위기가 밀어닥치면서 노동자 대중은 심한 충격 속에서 적지 않은 심리적 동요를 일으켰다. 자칫하면 국가경제의 파산과 함께 모든 것을 잃어버릴 수도 있다는 위기감이 곳곳에 침투했다. 결국 다음해인 1998년, 민주노총 대표들은 노사정위원회에 참여하여 정리해고 도입 등 노동시장 유연화의 법제화에 동의하고 말았다. 민주노총 대표들 역시 신자유주의의 본질을 정확히 꿰뚫지 못한 채 막연한 공포의 포로가 되어 있었던 것이다.

민주노총 지도부의 선택은, 극단적으로 표현하면, 노동자 대표들이 노동자의 목을 칠 수 있는 칼자루를 자본의 손에 쥐어준 것이나 다름없었다. 민주노총은 그 대가로 민주노총 자신과 전교조의 합법화를 얻어냈으나 조합원의 목숨을 팔아서 얻은 합법화는 결코 정당화될 수 없었다.

민주노총이 노동시장 유연화의 법제화에 동의한 것이 얼마나 치명적인 것이었는지를 입증하는 데는 그다지 오랜 시간을 필요로 하지 않았다.

정리해고가 합법적 지위를 얻게 되자, 곧바로 노동자의 목을 치는 칼바람이 거세게 밀어닥쳤다. 신자유주의 구조조정이 진행되는 곳은 예외 없이 대량감원이 뒤따랐다. 마치 대량감원 자체가 구조조정의 목표인 것 같았다. 그 결과, 노동자들이 매일 잠에서 깨어나 자신의 목이 제대로 붙어 있는지를 점검해야 할 만큼 고용안정은 심각하게 파괴되고 말았다. 일부 노동자들은 격렬한 저항을 통해 대량해고의 정도를 완화시키기도 했으나, 또 다른 일부는 감당하기 힘든 거대한 힘에 눌려 일찌감치 체념하고 말았다.

이러한 과정을 거쳐 1987년 이후 10년 동안 노동자들이 투쟁을 통해 힘겹게 쌓아올린 성과가 대부분 날아가버렸다. 더불어, 총파업 투쟁의 승리를 통해 얻은 민주노총의 권위도 함께 실추되고 말았다. 세계 노동운동계의 빛나는 영웅 KTCU가 불과 1년 만에 씁쓸한 영웅으로 전락한 것이다.

문제는 여기에서 끝나지 않았다. 정리해고제 도입 등 노동시장 유연화는 심각한 수준에서 노동자의 생존권을 위협한 동시에 노동운동의 토대를 크게 약화시키는 기제로 작용하였다.

노동조합이 노동시장 유연화의 법제화에 동의하고 구조조정의 순간에도 정리해고를 막아내지 못하자, 노동자들은 노동조합이 자신들을 결코 보호해줄 수 없다는 것을 깨달았다. 노동자들 입장에서 볼 때, 궁극적으로 자신을 책임질 수 있는 것은 자기 자신뿐이었던 것이다. 그 다음에 노동자가 무엇을 선택할지는 불을 보듯 뻔한 것이었다. 즉, 정리해고에 대비하여 한푼이라도 더 벌기 위해 사력을 다하는 것이었다. 결국, 잔업 철야시간을 늘려가면서까지 생존의 아귀다툼을 벌이는 가운데 일부 사업장에서는 노동자들끼리 일감을 갖고 다투는 서글픈 현상마저 나타났다.

외환위기 이후, 노동자들이 개인의 이익을 앞세우면서 단결력이 크게 약화되었다는 비판적 지적이 많았는데, 그 실상은 바로 이러한 것이었다. 고용안정의 붕괴가 노동자의 단결력을 밑바닥에서부터 분해, 해체시키는 작용을 한 것이다.

많은 현장 활동가들이 노동자의 단결을 복원하고 본연의 역사적 임무를 다하기 위해 피눈물 나는 노력을 기울였으나 쉽게 출구가 열리지 않았다. 그에 따라 민주노총은 국민들 사이에서 협소한 의미에서 이익집단의 하나로 간주되기 시작했고, 한국사회의 변화를 주도할 수 있는 능력도 크게 약화되었다.

4. 결국 외환위기의 함정에 빠지고 말다

1997년 외환위기는 한국인을 깊은 충격 속으로 몰아넣었다. 곧이어 외환위기의 원인을 둘러싸고 다양한 문제제기와 분석이 잇달았다. "도대체 누가? 무엇을 어떻게 잘못했기에 이 지경이 되었는가?"

외환위기의 원인은 매우 복합적이다. 내부적 요인과 외부적 요인, 정책적 착오와 기업의 과실이 함께 작용한 결과였다. 한마디로, 당시 한국사회를 관통하고 있던 온갖 모순이 집약된 결과라고 할 수 있다.

그러나 모든 평가가 그러하듯이 1차적 요인은 정부의 정책적 오류에서 찾을 수밖에 없다. 실제로, 외환위기는 한국 정부가 정책방향을 제대로 잡았다면 충분히 피할 수 있는 성질의 것이었다. 피할 수 없는 숙명과도 같은 그 무엇이 결코 아니었던 것이다. 결론적으로, 외환위기는 (민주화 세력이 주도한) 김영삼 정부의 오판이 빚어낸 한심스러운 결과였다.

섣부른 금융산업의 개방화·자유화

1993년 출범한 김영삼 정부는 개방화·자유화를 경제정책의 기조로 삼았다. 이는 당시 상황에 비추어 볼 때, 크게 틀린 것은 아니었다.

경제규모가 작고 발전수준이 낮을 때는 국내시장을 보호하면서 외국에 수출을 해도 큰 문제가 없지만, 경제규모가 커지고 발전수준도 높아지면 사정이 달라질 수밖에 없다. 누가 봐도, 자기 나라 시장은 열지 않은 채 남의 나라에 물건을 판다면 지극히 불공정한 것이기 때문이었다. 적어도 수출주도형 전략을 포기하지 않는 한, 개방화는 피해 갈 수 없는 성질의 것이었다.

이와 함께 한국경제의 질적 성장을 위해서도 개방화는 반드시 필요했다. 모든 것이 유아기에 머물러 있었던 경제성장 초기 단계에서 국내 산업에 대한 정부의 적극적인 보호는 매우 필수적인 것이었다. 장하준 교수의 저서인 《나쁜 사마리아인들》과 《사다리 걷어차기》에 생생하게 묘사되고 있듯이 영국, 미국, 일본 등 선진국들 또한 예외 없이 그러한 과정을 통해 산업화에 성공하였다. 그런데 산업이 어느 정도 성장하여 자생력을 갖추면, 개방화를 통해 기업의 체질을 개선하고 경쟁력을 강화하는 것이 필수적인 것이다.

정부의 간섭을 줄이는 것으로서 자유화 역시 마찬가지였다. 산업화 초기, 기업의 자생력이 약할 때는 정부가 일일이 간섭하면서 키워주고 안내해주는 것이 필요하다. 하지만 어느 정도 성장하면, 기업 스스로 자기 길을 개척할 필요가 있다. 부모의 보호 아래 성장한 젊은이가 때가 되면 독립해서 자기 힘으로 살아가는 것과 같은 이치라고 할 수 있다.

이런 모든 점을 고려할 때, 개방화·자유화는 불가피했을 뿐만 아니라 유익할 수도 있었다. 실제 그러한 과정을 거쳐 기업들의 체질이 많이 개선되었고 경쟁력 또한 상당히 강화될 수 있었다. 그런데 개방화·자유화를 추진하면서 반드시 고려해야 할 요소들이 있고 또한 취해야 할 조치들이 있었다.

먼저, 각 부문의 실정을 감안하여 개방속도를 조절하는 것은 기본이며, 개방을 하더라도 국내 산업을 보호할 수 있는 최소한의 안전장치는 확보하고 있어야 한다. 가령, 대부분의 선진국들은 외국자본이 국가기간산업에 진출하는 것에 대해 사전심의제 등 다양한 규제책을 마련해 놓고 있다. 또한 유럽 국가들의 경우, 외국자본이 자국의 기업에 대해 적대적 인수합병을 시도하는 것에 대해 엄격히 규제하고 있다.

무엇보다도 금융산업에 대한 개방화·자유화는 매우 신중을 기할 필요가 있다. 금융은 경제의 피다. 그런 만큼 금융산업은 다른 산업과 구별되는 특수한 지위를 갖고 있다. 또한 예금주 혹은 보험가입자가 일반 국민인 것에서 드러나듯이 금융산업의 소유자는 원칙적으로 국민이다. 이런 점에서 금융산업의 사유화는 엄격히 제한되어야 하며, 공공성을 유지하기 위해 최대한 노력해야 한다.

금융산업이 공공성을 지닐 수밖에 없는 것은 금융업 자체가 정부차원의 다양한 보호와 지원 없이는 유지될 수 없기 때문이기도 하다. 예를 들면, 한국은 예금자보호법에 의해 특정 금융기관이 리스크 관리 등의 실패로 파산하게 되더라도 원리금 5천만 원까지는 정부에서 지급 보장하도록 되어 있다. 고객들이 안심하고 은행에 자금을 맡길 수 있는 것은 이 때문이다. 마찬가지로 금융기관이 유동성 위기에 빠졌을 때는 중앙은행이 시중금리보다 싼 이자로 비상자금을 공급하도록 되어 있다. 미국의 경우, 은행지주회사법을 통해 금융당국이 지분의 25퍼센트 이상을 직·간접적으로 보유한 자를 감독하도록 명문화하고 있는데, 이 역시 금융산업의 공공성을 유지하기 위한 최소한의 조치라고 할 수 있다.

그런데 김영삼 정부는 이토록 중요한 금융산업의 개방화·자유화를 추진하는 과정에서 너무 서둘렀다.

김영삼 정부는 미국으로부터 고강도의 금융시장 개방압력을 받고 있었는데, 그에 대해 치밀하게 대처하지 못하고 시종 끌려다니는 모습을 보였다. 여기에 덧붙여, 쓸데없는 과욕이 문제를 더욱 어렵게 만들었다.

김영삼 정부는 임기 내에 한국을 선진국으로 진입시킨다는 야심찬 계획을 갖고 있었다. 이를 가시적으로 입증하기 위한 조치의 하나로서 선진국 클럽이라고 할 수 있는 경제협력개발기구OECD 가입을 추진했는데, 그 전제조건은 금융시장의 전면개방이었다. 결국, 김영삼 정부는 1996년 9월에 금융시장 개방화를 마무리하는 상징적 조치로서 한국은행이 국제결제은행BIS에 가입하도록 한 뒤, 한 달 뒤인 10월에 29번째 회원국으로 OECD에 가입하였다.

바로 이 같은 일정에 맞추어 김영삼 정부는 서둘러서 금융시장 개방화·자유화를 추진하였던 것이다.

금융시장의 개방화·자유화가 부분적으로 이루어지기 시작한 것은 노태우 정부 때였다. 노태우 정부는 금융 자율화, 금융시장 활성화, 금융 국제화 등을 통해 금융을 선진화한다는 목표 아래 1991년 서울투자금융 등 5개사를 증권회사로, 한양투자금융 등 3개사를 은행으로 전환시켰다.

김영삼 정부는 이러한 흐름을 이어받아 1993년에는 금융산업의 진입규제를 완화하고 금융기관의 대형화, 전문화를 적극 유도하였다. 금융시장을 개방하더라도 국내 금융기관이 충분한 경쟁력을 갖고 대처할 수 있도록 만들겠다는 취지에 따른 것이었다.

이를 뒷받침하기 위해, 김영삼 정부는 1993년 8월 12일에 '금융 실명 거래 및 비밀보장에 관한 대통령 긴급명령'(이른바 금융실명제)을 전격 발표하였다. 금융실명제는 전두환·노태우 정부때 시도했으나 음성적인 정치자금 거래가 노출되는 것을 두려워한 정치권의 반대로 번번이 실패했던 사항이었다. 강권정치를 펼쳤던 군사정부조차 하지 못했던 것을 김영삼 정부가 일거에 해치운 것이다. 당시 김영삼 정부가 금융실명제 도입을 성사시킬 수 있었던 것은 부분적으로 음성적 자금을 양성화시켜 금융산업을 발전시키자는 논리가 먹혀들어간 덕분이었다.

김영삼 정부는 금융산업의 재편과 관련해서 종래 분업주의에서 선진국형 겸업주의로 전환하는 것을 목표로 삼았다. 그에 따라 1994년에는 LG, 삼양, 금호, 경남, 한길, 경수, 고려, 영남 등 9개의 투자금융사를 종합금융사로 전환시켰다. 이어서 1996년에는 대한, 중앙, 동양, 제일, 나라, 신한, 한화, 항도, 대구, 울산, 쌍용, 신세계, 청솔, 경일 등 15개 투자금융사를 종합금융사로 전환시킴으로써 이들 금융사들이 기존의 어음할인 업무 외에도 해외증권 투자 및 외환운용을 할 수 있도록 했다.

그 과정에서 재벌들은 막강한 자금력을 바탕으로 보험, 증권, 신용카드, 할부금융, 상호신용금고, 국민투자신탁 등 제2금융권의 대부분을 손쉽게 손에 넣을 수 있었다. 뿐만 아니라, 재벌들은 시중은행의 민영화, 대형화 과정에서 대주주로 변신함으로써 사실상 한국의 금융산업 전반을 자신들의 지배 아래 둘 수 있었다.

이렇게 하여 무분별한 금융산업 개방화·자유화 추진은 결과적으로 금융산업에 대한 재벌의 확고한 지배로 이어지고 말았다. 금융기관이 공공성을 상실한 채 재벌의 사금고로 전락하고 만 것이다. 과연 이러한 현상이 어떤 문제를 낳았을까.

파멸을 초래한 과잉 중복투자

재벌은 금융산업을 지배하게 됨으로써 자금동원력이 한층 풍부해졌다. 더욱이 금융산업 개방화·자유화가 추진되면서 1990년대 중반부터 해외차입이 자유로워졌다. 차관 도입시 정부의 승인과 보증을 받아야 했던 과거의 관행이 사라진 것이다. 외국의 금융기관 또한 한국경제의 신인도가 높아짐에 따라 이전에 비해 한결 쉽게 자금을 제공하였다.

문제는 이 같은 분위기를 타면서 재벌의 고질적인 병이 도지기 시작했다는 데 있었다. 자금을 동원하기가 전례 없이 좋아진 상태에서 재벌들은 업종을 가리지 않고 경쟁적으로 투자를 확대한 것이다.

상위권 재벌들은 원 세트one set 주의에 입각하여 스스로 취약하다고 여긴 곳에 진출하여 모든 업종을 평정하겠다는 강한 의욕을 드러냈다. 삼성그룹이 자동차산업에 뛰어들고 현대그룹이 전자산업에 진출한 것은 그 대표적인 경우라고 할 수 있다. 이와 함께, 중하위권 재벌들 사이에서는 풍부한 자금공급에 의존하여 일거에 상위권 재벌로의 도약을 목표로 한 모험적인 투자가 잇달았다. 한보그룹이 무려 6조 원의 은행대출을 바탕으로 대규모 철강회사를 세운 것은 그 중 하나였다.

재벌들이 정도를 넘어 과잉 중복투자를 한 것은 정부의 변화된 산업정책과도 밀접한 연관이 있었다. 앞서 살펴본 것처럼 김영삼 정부는 정부의 규제를 완화하고 시장의 자율성을 강화하는 것을 목표로 그간 진행되어온 각종 정부규제와 정부개입 장치를 제거해나갔다. 그 일환으로, 1963년 이래 30년간 유지되어온 경제개발 5개년계획 수립을 1993년에 공식적으로 종식시켰으며, 투자조정정책 또한 폐기됐다. 결국, 재벌들의 과잉 중복투자를 억제하고 조정할 정부의 기능이 사라진 것이다.

이러한 가운데, 재벌들의 무모한 투자는 해외로까지 확대되었다. 이른바 '글로벌 경영' 바람이 분 것이다.

1989년 삼미그룹은 캐나다의 특수강 업체인 아틀라스를 2억 1천만 달러에 인수하였다. 같은 해 대우그룹은 인도의 DCM과 도요타 자동차가 인도 뉴델리 부근에 합작으로 설립한 DCM-도요타 사의 주식 51퍼센트를 3,780만 달러에 인수하였다. 1993년 현대전자는 세계 굴지의 HDD(하드디스크 드라이브) 생산업체인 맥스터 사의 주식지분 40퍼센트를 1억 5천만 달러에 인수하였다. 1995년 LG전자는 최초로 TV를 생산한 업체로서 미국의 자존심이라 불렸던 제니스 사를 3억 5천만 달러에 인수하였다. 이와 함께 1995년 삼성전자는 당시 세계 6위의 컴퓨터 생산업체인 미국의 AST 사의 지분 40.25퍼센트를 3억 7,750만 달러에 인수하였다.

한편, 김영삼 정부는 재벌의 무분별한 해외투자가 초래할 결과를 예감하고 사전심의제 도입 등을 통해 이를 억제하고자 하였다. 하지만 김영삼 정부의 그 같은 시도는 곧바로 세계 각국으로부터 격렬한 반발을 초래하고 말았다. 결국, 김영삼 정부는 사전심의제 도입을 포기해야 했고, 그에 따라 해외투자에 대해 전혀 손을 쓸 수 없는 상황이 되었다. 자본의 자유로운 이동을 추구하는 신자유주의 세계화의 위력이 유감없이 드러난 대목이 아닐 수 없었다.

재벌들의 해외투자가 상당한 무리가 따르는 것이었음은 얼마 가지 않아 드러났고, 그 후과가 국내에까지 미쳤다.

삼미는 아틀라스 특수강을 인수했지만 세계 특수강 경기가 침체되면서 경영 부실화를 피할 수 없었고, 결국 그룹 전체가 도산하고 말았다. LG전자가 인수한 제니스 사는 1995년 인수 당시 주가가 주당 10달러였으나 1998년에는 3.17달러로 하락하는 등 경영상태가 계속 악화됨으로써 그룹 내 최대 골칫거리가 되었다. 삼성전자는 AST 사를 인수한 후 소액주주들의 간섭을 배제하고자 주식을 100퍼센트 인수하면서 15억 달러 이상을 투자하였다. 그러나 막대한 자금을 투입한 것과는 달리 경영의 부실상태가 계속되면서 삼성그룹을 곤경에 빠뜨리고 말았다.

현대전자가 인수한 맥스터 사 역시 경영부실로 매년 1~2억 달러의 적자를 냈다. 1989년 현대자동차가 북미시장 진출을 목적으로 캐나다 브르몽에 설립한 소나타 생산공장 역시 적자누적으로 4년 만에 공장을 폐쇄했는데, 그로 인해 4억 3천만 달러 상당의 손실을 입어야 했다.

이렇듯 재벌들이 무리한 해외투자로 고전을 면치 못하고 있는 가운데 국내상황 또한 극도로 악화되고 있었다. 무모하기 짝이 없는 과잉 중복투자가 끝내 연쇄부도 사태를 초래하고 만 것이다.

1997년 1월 한보, 3월 삼미, 4월 진로, 6월 기아차 부도를 거쳐 대기업들이 연쇄적인 부도사태에 휘말려들어갔다. 이 같은 사태는 수년간 계속되었고 그 과정에서 대부분의 재벌들이 직격탄을 맞았다. 현대그룹의 모기업인 현대건설이 부도를 맞고, 삼성그룹 전체가 힘을 쏟아 부으면서 야심차게 추진했던 삼성자동차 역시 부도에 쓰러지고 말았다. 한때 세계경영으로 각광을 받았던 대우그룹은 그룹 자체가 해체되는 수모를 겪어야 했다.

재벌기업들의 부도로 부실채권이 증가하자, 은행들은 BIS조건을 충족시키기 위하여 신규대출을 줄임과 동시에 점차 여신을 회수하기 시작하였다. 그러자 자금난에 직면한 기업들은 앞다투어 종합금융사로 몰렸고, 종합금융사는 급전을 조달하기 위하여 콜머니뿐만 아니라 국제 자본시장에서 상대적으로 금리가 높은 단기자금을 대거 차입하기 시작하였다. 이로 인해 (해외차입이 자유화된 조건에서) 한국의 외채는 눈덩이처럼 불어났다. 상황은 재벌기업에 과다한 대출을 해준 종합금융사들마저 부실채권 양산을 우려하여 1997년 6월 23일부터 자금회수를 본격화하면서 최악을 향해 치달았다.

결국, 재벌기업들의 부도사태는 돌이킬 수 없는 지경에 이르렀고 그 파장이 점차 중소기업으로 확산되면서 견실한 중견기업들까지 부도 도미노 사태에 휘말려들었다. 기업들의 연쇄적인 부도는 다시금 부실채권을 급격히 증가시키면서 은행과 종합금융사를 막론하고 금융권 전체를 동반부실의 늪으로 빠뜨리고 말았다. 단적으로, 한보와 기아그룹의 주거래은행이었던 제일은행은 폭격을 맞은 듯이 폭삭 주저앉아야 했다.

금융권 부실화 과정에서 드러난 심각한 문제 중의 하나는 금융권이 대출해준 자금 중 상당 정도가 해외로부터 차입한 것이었다는 사실이었다.

1994~1996년 사이 연간 외채 증가율은 33.6퍼센트에 이르렀는데, 이는 외채위기가 거론되었던 1979~1985년 기간의 17.8퍼센트보다 두배 정도 높은 것이었다. 그에 따라 1993년 440억 달러 수준이었던 외채 규모는 1997년 최고 1,280억 달러에 이르고 말았다. 외채의 규모가 상당히 위험스러운 수준에 이르고 있었던 것이다.

그렇다고 하여 한국이 곧바로 외환위기에 직면할 것이라고 단정할 수 있는 상황은 아니었다. 먼저, 외채가 급증했음에도 불구하고 국민총생산 대비 대외부채 비율은 결코 높은 수준이 아니었다. 세계은행은 국민총생산 대비 대외부채 비율이 48퍼센트 미만인 나라들은 위험이 낮은 것으로 간주해왔다. 1996년 당시 한국의 국민총생산 대비 대외부채 비율은 22퍼센트였기 때문에, 이 기준으로만 보면 큰 문제가 될 것이 없었다. 참고로, 1995년 말 각국의 해당수치를 보면 멕시코 70퍼센트, 인도네시아 57퍼센트, 태국 35퍼센트, 아르헨티나 33퍼센트, 브라질 24퍼센트였다.

또한 상품과 서비스의 수출에 대한 총채무의 비율을 의미하는 채무상환 비율도 세계은행의 경고수준인 18퍼센트보다 한참 낮은 5.8퍼센트(1996년 기준)였다. 다른 나라의 1995년 비율을 보면 멕시코 24.2퍼센트, 브라질 37.9퍼센트, 인도네시아 30.9퍼센트였다.

이 두 가지 수치만 놓고 보면, 외채의 급격한 상승에도 한국이 외환위기에 직면할 가능성은 결코 높지 않았음을 알 수 있다. 그럼에도 불구하고, 한국은 끝내 외환위기에 직면하였고 결국 IMF 구제금융을 신청하고 말았다.

한국이 이러한 과정을 밟기까지 여러 가지 변수가 작용하였는데, 그중에는 미국이 어떤 태도를 취했는가도 포함되어 있었다. 결론부터 이야기하자면, 한국의 외환위기는 미국의 신자유주의 세계화 전략과 밀접한 연관성을 갖고 있었다. 한국의 외환위기 발생배경을 파악하기 위해서는 반드시 미국의 신자유주의 세계화 전략 수립과정을 살펴봐야 하는 이유가 바로 여기에 있다.

워싱턴 컨센서스

현대 자본주의는 한마디로 금융자본주의라고 부를 수 있다. 1990년 세계 금융자산은 43조 달러로서 세계 GDP 21조 달러보다 두 배 이상 많았다. 2006년에 와서는 세계 GDP는 48조 달러였으나 세계 금융자산은 그 세 배에 이르는 167달러에 이르면서 그 차이가 더욱 벌어졌다. 금융자산이 GDP보다 많은 나라의 수 또한 1990년 33개에서 2006년에는 그 두 배인 72개로 늘어났다. GDP 대비 금융자산의 규모가 갈수록 커진 것이다.

이러한 세계 금융시장에서 가장 큰 비중을 차지하고 있는 나라는 단연 미국이었다. 미국이 세계 금융자산에서 차지하는 비중은 2006년 현재 34퍼센트로서 다른 나라에 비해 압도적 우위를 점하고 있었다. 이는 곧 미국경제에서 금융부문이 차지하는 비중이 다른 나라에 비해서도 매우 크다는 것을 의미하는 것이기도 하였다.

사실, 미국은 산업혁명의 본고장이었던 영국과 함께 1970년대부터 금융자산이 GDP 규모를 훨씬 능가하면서 금융자본의 흐름이 전체 경제의 동향을 좌우하는 상황에 직면했다. 이러한 조건에서 1980년대 미국의 레이건 정권과 영국의 대처 정권은 신자유주의 세계화 전략을 전격적으로 추진하기 시작하였다. 경제를 철저하게 금융자본을 중심으로 운영하는 것을 전제로, 금융자본이 세계시장에서 이윤을 극대화할 수 있는 최적의 조건을 마련하는 데 주력한 것이다. 개방화, 자유화, 민영화, 노동시장 유연화 등은 이를 위한 구체적 정책들이었다.

그런데 레이건 정권이 신자유주의 세계화 전략을 추진하면서 가장 우려했던 지점은 그에 대한 반발로 자본주의를 뛰어넘는 사회혁명이 촉발되는 것이었다. 레이건 정권이 이러한 우려를 불식하기 위해 선택한 것은 모든 사회혁명의 배후라고 여겨진 소련을 붕괴시키는 것이었다.

많은 사람들이 한낱 망상에 불과하다고 여겼던 소련 붕괴 프로그램은 소련 지도부의 전략적 판단의 오류, 소련사회의 시스템 결함 등과 맞물리면서 액면 그대로 실현되었다.

1989년 소련의 최고지도자 고르바초프는 몰타 회담을 통해 소련이 더 이상 자본주의 세계를 위협하지 않을 것임을 선언하였다. 서방세계는 이를 냉전종식이라고 표현했지만 소련 인민의 다수는 사실상 미국에 백기를 든 것으로 받아들였다. 곧이어 소련은 자본주의 시장경제 도입을 위한 급속한 개혁을 단행했으나, 도리어 소련사회 전체를 총체적인 무정부 상태에 빠뜨리고 말았다. 그 결과, 소련은 빠르게 붕괴되어 갔다. 신자유주의 세계화 전략의 실현을 가로막았던 결정적 장애물이 사라지기 시작한 것이다.

소련의 붕괴가 가시권에 들어오자, 국제통화기금IMF, 세계은행IBRD 그리고 내로라하는 미국의 싱크 탱크들이 세계 자본주의 체제를 재편하기 위한 전략수립에 골몰하였다. 한마디로 '신자유주의 세계화 전략'을 한층 정교한 수준에서 모색한 것인데, 그 결과로써 마련된 것이 워싱턴 컨센서스Washington Consensus였다.

워싱턴 컨센서스는 한국 등 아시아 국가들을 포함해서 전세계 개발도상국을 대상으로 한 신자유주의 구조조정 프로그램과 이를 관철시킬 전략방도를 핵심내용으로 하고 있었다. 신자유주의 구조조정 프로그램은 정부예산의 삭감, 자본시장의 자유화, 외환시장 개방, 관세의 인하, 국가 기간산업 민영화, 외국자본들의 국내 우량기업 인수·합병 허용, 정부규제 축소 그리고 재산권 보호 등 여덟 가지로 구성되었다.

워싱턴 컨센서스는 신자유주의 구조조정 프로그램을 관철시키는 전략방도로서 크게 두 가지 문제를 다루고 있다.

하나는 개발도상국이 외환위기가 발생할 경우, 이를 곧바로 수습하지 않고 더욱 심화시켜 신자유주의 구조조정 프로그램을 관철시킬 수 있는 기회로 삼는 것이다. 이는 곧 신자유주의 세계화 전략을 관철시키기 위해 외환위기를 적극 유도할 수도 있음을 암시하는 것이었다.

또 다른 하나는 어떤 정권의 손을 빌려 신자유주의 구조조정 프로그램을 관철시키는 것이 좋을지를 다루고 있다. 워싱턴 컨센서스 작성자들은 1980년대 미국의 레이건과 영국의 대처 정권 등 보수정권이 신자유주의 정책을 추진하는 과정에서 적지 않은 반발에 봉착했던 경험을 곱씹었다. 그로부터 기존의 보수정권이 신자유주의 구조조정을 단행하면 실패할 가능성이 높다는 교훈을 이끌어냈다.

이러한 교훈을 바탕으로 워싱턴 컨센서스가 제시한 해답은 상이한 기반을 갖는 두 세력이 연합한 중도성향의 정권이 신자유주의 구조조정을 추진하도록 하는 것이었다. 그렇게 함으로써 다수의 국민들이 신자유주의 구조조정을 개혁의 일환으로 인식하도록 할 수 있으면서 동시에 기업과 노조의 반발을 최소화시킬 수 있다는 것이다. 아울러 워싱턴 컨센서스는 선거시기를 잘 활용하되 가능한 신자유주의 구조조정을 강제할 계기로서 외환위기와 선거시기를 최대한 일치시킬 것을 주문하였다. 그럴 때 목표지점에 가장 효과적으로 다가설 수 있다는 것이 워싱턴 컨센서스의 주문이었다.

워싱턴 컨센서스는 특정국가를 대상으로 한 것이 아니라 전 세계 개발도상국을 신자유주의 세계화 흐름 속으로 편입시키기 위한 프로그램이었다. 그런데도 1997년 외환위기를 전후하여 한국에서 벌어진 일련의 진행과정과 그 내용이 우연의 일치라고 보기에는 기묘하리만치 맞아떨어지는 대목이 많았다.

미국은 한국이 외환부족 사태에 직면했을 때, 이를 적극 방치함으로써 위기를 키웠다. 또한 외환위기와 대선이 1997년 하반기에 연속적으로 진행되었으며 새로운 정권은 DJP연합(DJ, 즉 김대중과 JP, 즉 김종필의 연합)이라는 상이한 기반을 갖는 두 집단의 연합을 통해 창출되었다. 외환위기 이후 다수의 국민들이 신자유주의 구조조정을 개혁의 일환으로 받아들인 것 역시 워싱턴 컨센서스가 기대했던 그대로였다. 이 모든 것은 워싱턴 컨센서스와 한국의 외환위기는 어떤 형태로든지 연관을 맺고 있음을 암시하는 것이었다.

이러한 맥락에서 보자면, 1990년대 초부터 시작된 미국의 금융시장 개방압력조차도 그 다음 국면을 충분히 염두에 두고 이루어졌을 가능성을 부정할 수 없다. 요컨대, 미국은 한국의 금융시장을 개방시킴으로써 과잉투자를 야기하고 최종적으로 외환위기를 유도한다는 일련의 수순에 따라 움직였을 가능성을 배제할 수 없는 것이다. 이는 중남미 등에서 비슷한 과정이 종종 발생했음을 감안하면, 그 가능성이 매우 크다고 할 수 있다.

물론 미국이 한국에 대해 금융시장 개방압력을 가함으로써 궁극적으로 외환위기를 유도하고자 했더라도, 한국 정부가 주도면밀하게 대처했더라면 외환위기는 얼마든지 피할 수 있는 성질의 것이었다. 거듭 강조하지만, 외환위기는 피할 수 없는 숙명과 같은 것이 결코 아니었던 것이다.

백기를 든 한국

앞서 이야기했듯이, 국민총생산 대비 대외부채 비율과 채무상환 비율을 기준으로 보면, 1997년 한국이 외환위기에 직면할 가능성은 높지 않았다. 그런데 문제가 하나 있었다. 전체 외채 중에서 단기외채의 비중이 지나치게 높았다는 것이다.

단기외채 비율은 1996년 말 이미 58.3퍼센트에 이르고 있었는데, 이는 1980년대 상반기 외채위기가 고조되었을 당시에 개발도상국들의 총 외채 대비 단기외채 비율이 평균 20퍼센트 수준이었음을 감안하면 매우 높은 것이었다. 그러던 중 1997년 부도위기에 내몰린 기업들이 종합금융사로 몰리고 종합금융사들이 급전을 마련하기 위해 국제금융시장에서 고리의 단기외채를 끌어오면서 단기외채의 비중이 더욱 높아졌다.

결국 단기외채를 얻어 단기외채를 갚는 악순환이 계속되었는데, 그마저 한국의 경제상황이 심상치 않음을 간파한 외국 금융기관들이 대출을 기피함에 따라 갈수록 어려워졌다. 이러한 양상은 태국, 인도네시아 등 동남아시아 국가들에서 외환위기가 발생함으로써 더욱 심각해져 갔다. 이래저래 국내 금융기관들은 외채상환 불능상태로 내몰리기 시작한 것이다.

다급해진 한국 정부는 10월 말 일본 정부에 지원을 요청했다. 일본의 미쓰즈카 히로시 대장상이 기회가 있을 때마다 한국에서 외환위기가 발생하면 돕겠다고 다짐했고, 그 해 7월에는 외환위기가 발생한 태국을 지원하기도 했기 때문이었다. 그런데 바로 그 때 미국의 클린턴 대통령과 루빈 재무장관이 각각 일본의 하시모토 수상과 미쓰즈카 대장상에게 편지를 보냈다. 클린턴 대통령의 편지에는 '한국은 국제통화기금 IMF에 구제금융을 신청해 IMF의 프로그램을 받아야 하므로, 일본 정부는 지난 7월 초 바트화 폭락으로 어려움을 겪은 태국에 협조융자로 150억 달러를 지원한 것처럼 한국에 협조융자를 해주면 안 된다'고 못을 박고 있었다.

결국 일본 정부는 한국의 지원요청을 거절하였다. 그에 따라 일본계

은행 역시 한국의 외채에 대한 만기 재연장을 거부하였다. 외환위기가 엄습해오는 상황에서 한국 정부는 다시금 일본 정부에 지원을 요청하기로 하였다. 하지만 11월 11일 한국 정부의 관리가 일본 도쿄에 도착했을 즈음, 일본 증시에 투자했던 미국 투자자들이 갑자기 투자금을 회수하여 떠나버렸다. 그러자 일본 증시는 일제히 폭락했고, 그렇지 않아도 얼마 전 홍콩 증시 폭락으로 자금압박을 받고 있던 일본 금융기관들은 상황이 더욱 어려워지면서 한국에 대출해주었던 자금을 긴급히 회수하기 시작했다. 이 같은 자금회수 사태는 미국 월가의 큰손들이 대거 합류함으로써 한층 속도를 더해갔다.

걷잡을 수 없이 자금이 빠져나가면서, 한국은행 외환창고는 일거에 바닥을 드러내기 시작했다. 한국은 꼼짝없이 외환위기에 직면한 것이다. 정확히 이야기하면, 한 달 정도 버틸 외화가 부족한 상황이었다. 미국이 출구를 모두 봉쇄한 상태에서 한국 정부가 선택할 수 있는 경우의 수는 모라토리엄(대외채무 지불유예)을 선언하거나 IMF에 구제금융을 신청하는 것뿐이었다.

대부분의 한국사람들은 모라토리엄 선언을 차마 생각할 수도 없는 끔찍한 것으로 받아들였다. 하지만 한국경제는 모라토리엄을 선언하더라도 (비록 일시적 고통이 따르겠지만) 헤쳐 나갈 수 있는 능력이 충분히 있었다. 실제로, 한국이 무역흑자를 통해 적정 외환 보유고를 회복하는 데는 외환위기로부터 1년 반도 걸리지 않았다. 더욱이 비슷한 시기 외환위기에 직면했던 말레이시아는 IMF 구제금융을 신청하지 않은 채 자본통제 정책을 채택함으로써 1년 만에 위기에서 벗어날 수 있었다. 또한 1년 뒤인 1998년에 러시아는 모라토리엄을 선언하였지만, 마찬가지로 1년 만에 플러스 성장으로 돌아서면서 7년 넘게 상승국면을

1997년 12월 13일 IMF 긴급자금지원의향서 서명
임창렬 부총리와 이경식 한국은행 총재가 캉드쉬 IMF 총재 옆에서 긴급자금지원의향서에 서명하고
있다. 한국정부는 IMF의 자금 지원을 받은 대가로 혹독하기 그지없는 구조조정 프로그램을 수용해
야 했다.

이어갔다.

　이 모든 점을 감안할 때, 한국 정부는 모라토리엄 선언을 신중히 검
토했어야 옳았다. 만약 그렇게 했더라면 미국이나 일본 정부의 태도도
바뀔 가능성이 얼마든지 있었다. 하지만 김영삼 정부는 모라토리엄 선
언 가능성을 전혀 고려하지 않은 채, 11월 14일 IMF에 구제금융을 요청
하기로 결정하였다. 미국의 우회적 압력에 무릎을 꿇고 만 것이다.

　1997년 12월 3일, 한국은 IMF로부터 500억 달러의 구제금융을 제공
받기로 하였다. 하지만 그 대가는 혹독한 것이었다. 본래 IMF헌장에,
IMF는 경상수지 균형문제에만 관여하도록 되어 있다. 하지만 1980년대
각국 정부와 맺어진 IMF협약과 마찬가지로 1997년 한국정부와 IMF가
맺은 '협약' 속에는 강도 높은 IMF 구조조정 프로그램이 담겨 있었다.

　IMF 구조조정 프로그램에는 크게 ①거시경제 긴축 ②시장개방 ③구

조개혁으로 구성되어 있었다. 거시경제 정책은 고금리와 긴축예산을 결합시키는 가운데 콜금리를 종전의 3배 이상 상향조정하는 조치가 포함되어 있었는데, 부작용이 너무 커서 얼마 안 가 취소되었다. 시장개방은 상품 수입장벽의 완전제거, 외국인의 자산·부동산 소유제한 철폐, 자본시장의 완전 자유화 등을 요구하고 있었다. 구조개혁 속에는 회생불능 금융기관 청산, 정리해고 및 파견 근로제 법제화, 공기업 민영화, 정부의 규제 대폭축소 등이 포함되어 있었다.

그런데 한국정부가 IMF와 협약을 체결했음에도 불구하고 월가의 큰 손들은 한국에 투자했던 자금을 계속해서 빼내갔다. 그 결과, 자칫하면 한국은행 외환잔고가 머지않아 마이너스로 돌아설 상태에 이르렀다. 국가부도의 징후가 갈수록 농후해졌던 것이다.

상황이 긴박하게 돌아가고 있던 12월 22일, 얼마 전 대통령 선거에서 당선된 김대중은 데이비드 립튼 미 재무부차관을 만나 새 정부는 IMF와 맺은 협약을 충실히 이행하는 것은 물론 'IMF 플러스 개혁'까지 할 의사가 있음을 분명히 했다. 'IMF 플러스 개혁'이란 외환관리법 전면개정, 적대적 인수합병 허용, 집단 소송제 도입 등 IMF 구조조정 프로그램에 포함되어 있지 않은 그 이상의 조치를 취하는 것을 의미했다. 이는 미국이 원하는 주주자본주의 시스템을 전면 도입할 것을 약속한 것으로서 사실상 백기를 든 것이나 다름없었다.

이렇듯 새 정부의 최고책임자가 백기를 들자, 미 재무부는 이틀 뒤인 12월 24일 자정 무렵 100억 달러 조기지원 방침을 발표했다. 그제서야 서방 금융기관들은 한국에 대출해준 자금에 대해 만기연장을 하기 시작했다.

몰아치는 신자유주의 광풍

나름대로 신뢰할 만한 유력인사들이 신념을 갖고 움직이면 무언가 이유가 있을 것이라고 생각하기 쉽다. 더욱이, 다수가 그런 방향으로 움직이면 거역할 수 없는 대세라고 생각할 가능성이 크다. 하지만 역사는 그러한 현상이 집단적 자기 최면에 불과할 수도 있음을 알려주고 있다. 1990년대 이후 한국사회에 유입된 신자유주의를 둘러싸고 바로 그러한 현상이 발생했다.

2008년 신자유주의 세계화의 진원지였던 미국 금융자본주의는 허망하게 무너졌다. 이는 곧 신자유주의 세계화가 얼마나 허무맹랑한 것이었는지를 생생하게 입증한다. 미국 금융자본주의의 심장부였던 월가는 많은 투자전문가들이 생생하게 증언하였듯이 투기, 나아가 사기의 온상에 불과했다.

그럼에도 불구하고, 지성을 자랑하는 수많은 사람들이 신자유주의에 매료되어 열렬한 지지를 보냈던 것이다.

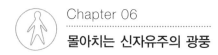

Chapter 06
몰아치는 신자유주의 광풍

1997년 외환위기를 계기로 한국사회는 '전 지구적 범위에서 금융자본의 이윤 극대화를 위한 최적의 환경을 마련하는 것'을 목표로 하는 신자유주의 세계화 흐름 속으로 깊숙이 편입되었다. 그에 따라 국가 시스템과 경제운영 논리, 사회체질 등 모든 방면에서 획기적 변화가 일어났다. 그 최종결과는 돈이 돈을 버는 승자독식 체제가 수립됨과 동시에 사회구성원 다수가 승자의 반열에 오르기 위해 치열하게 경쟁하는 것으로 나타났다.

한국의 보수진영은 신자유주의로 '올인'하였다. 뿐만 아니라, (보수를 제외한 나머지를 포괄하는 넓은 의미의) 진보세력의 상당수도 신자유주의에 합류하거나 그에 포섭되었다. 특히, 신자유주의 시스템을 정착시키기 위해 노력하였던 정부는 진보세력의 지지를 받았던 김대중 정부와 노무현 정부였다. 가히, 신자유주의 광풍이 한국사회 전반을 집어삼켰다고 해도 과언이 아니었던 것이다.

1. 주식회사 대한민국의 구조조정

외환위기를 겪으면서 한국경제는 파국적인 상황으로 내몰렸다. 1996년 말, 1달러에 844원이었던 환율은 외환위기 직후인 1997년 12월 24일에 1달러 당 1,965원 수준으로 두 배 이상 치솟아 올랐고, 1996년 1,000을 넘었던 종합주가지수는 1997년 12월에 350 수준으로 곤두박질 쳤다. 아울러 1998년 한국경제의 성장률은 마이너스 6.7퍼센트라는 사상최악의 수치를 기록하였다. 1996년 50만 명 수준이었던 실업자 수는 1998년에 이르러 최대 170만 명까지 늘어났으며, 실업률 또한 1996년의 2.3퍼센트에서 1998년 8.0퍼센트로 치솟았다. 물론, 이는 어디까지나 공식통계에 불과한 것으로서 1998년도 실질적인 실업자 수는 400만 명에 이르렀다.

이러한 가운데 노숙자의 수가 급증하였고 이른바 IMF형 범죄가 크게 늘어났다. 1998년 9월, 생활고를 견디다 못한 한 아버지가 보험금을 타내기 위해 10살짜리 아들의 새끼손가락을 자른 사건이 일어났는가 하면, 12월에는 보험금을 노리고 자신의 발목을 절단한 사건이 일어나기도 하였다.

이렇듯 외환위기를 계기로 사상 초유의 경제난을 경험하면서 한국사회 안에는 외환창고를 채울 수 있는 일이라면 무엇이든지 할 수 있다는 분위기가 형성되었다. 일종의 집단적 최면상태에 빠져든 것이다. 바로 그 같은 상황을 이용해 국제금융자본이 한국경제의 요로를 일거에 점령하였고, 거의 동시에 영미식 주주자본주의가 굉음을 내며 작동하기 시작했다.

김대중 정부의 외자유치 작전

1998년 새롭게 출범한 김대중 정부는 외환위기로 발생한 사태를 수습하기 위해 크게 두 가지 노력을 병행했다.

먼저 부실기업에 대해 강제퇴출과 합병을 포함한 고강도 구조조정을 추진하였다. 부실기업 구조조정은 기업의 연쇄적 파산을 막는 것을 목표로 하였지만, 결과는 재벌기업들과 하청관계를 맺고 있던 수많은 중소기업들이 파산하는 것으로 나타났다. 단적으로, 1998년 1년 동안 무려 6만 8천 개의 사업체가 문을 닫아야 했다.

이와 함께 군살빼기의 일환으로 대대적인 정리해고가 진행되면서 1998년의 경우에는 매월 10여 만 명 정도의 신규 실업자가 발생하는 등 전대미문의 대량실업 사태가 벌어졌다. 집중적인 구조조정 대상이 되었던 금융부문의 경우는 절반 정도의 노동자들이 거리로 쫓겨나야 했다.

금융부문의 구조조정은 이미 IMF와 전체의 27퍼센트인 572개 회생 불능 금융기관을 청산하기로 약속이 되어 있는 상태였다. 김대중 정부는 이러한 금융부문 구조조정 과정에서 부실채권 인수, 경영난 해소를 위한 지분참여 등을 위해 모두 156조 2천억 원의 공적 자금을 투입했다. 이는 구조조정에 투입된 공적 자금 158조 9천억 원의 사실상 전부에 해당하는 것이었다. 문제의 공적 자금은 2002년부터 정부가 중앙예산으로 갚아나가야 할 성질의 것이었기 때문에 사실상 국민세금이나 다름없었다.

부실기업에 대한 구조조정과 함께 김대중 정부가 사활을 건 것은 외국자본을 유치하는 것이었다. 김대중 정부는 외자도입을 위해서는 어떤 희생도 감수할 각오가 되어 있음을 과시하기 위해 정부 소유의 자산에 대한 해외매각을 추진하였다. 그 대표적인 사례로서 (공적 자금이 투입되면서 정부 소유로 되어 있었던) 제일은행 매각을 들 수 있다.

　김대중 정부는 1999년 말 총주식의 50.99퍼센트인 지배주식을 유일한 입찰자인 미국의 투자회사 뉴브리지 캐피탈에 5천억 원을 받고 매각하였다. 정부는 매각조건으로 이후 2~3년간 발생하는 모든 부실채권을 매입해주기로 약정했다. 그로 인해 뉴브리지 캐피탈이 손해를 볼 가능성은 거의 없어졌다. 이러한 조건에서 제일은행은 2000년 3,064억원, 2001년 전반기에만 2,002억 원의 순익을 기록했다. 뉴브리지 캐피탈은 1년 반 만에 투자액을 상회하는 순익을 거둔 것이다. 뿐만 아니라, 뉴브리지 캐피탈은 주가상승으로 인해 그보다 훨씬 큰 추가이익을 거둘 수 있었다.

　가히 편집중 수준에서 진행된 김대중 정부의 외자유치 노력은 국제금융자본이 진출할 수 있는 최적의 환경을 마련하는 데 집중되었다. 물론 이 모든 것은 구제금융 대가로 IMF 및 미국정부와 사전에 약속된 것이었다.

　김대중 정부는 외국인의 주식·채권투자를 전면 허용하고 외국인 지분한도를 100퍼센트까지 풀어주는 등 자본시장을 완전 개방하였다. 외환의 유입과 유출 또한 한결 자유롭도록 만들었다.

　이와 함께 김대중 정부는 영미식 주주자본주의가 원활하게 작동할 수 있도록 하는 일련의 조치를 취했다. 그 동안 억제되었던 인수합병 M&A을 활성화하기 위한 제도개선을 추진했고 소액(소수)주주 권익보호를 위한 제도적 장치를 도입하였으며 자본시장의 공시 및 투명성 제고를 위한 방안을 도입하였다.

　한걸음 더 나아가, 김대중 정부는 1999년도를 '자본시장 육성의 해'로 선포하면서 뮤추얼 펀드*의 도입, 건전한 기관투자가 육성, 기업공개 및 상장요건 완화, 증권 위탁거래 전문회사 및 채권전문 딜러회사 설립요건 완화, 신용평가 기관의 육성 등 제도적 보완조치를 잇달아 발표했다.

이 같은 김대중 정부의 조치는 즉각적으로 효과를 발생시켰고, 그에 따라 국제금융자본의 유입이 빠르게 확대되있다.

덕분에 김대중 정부는 공약했던 대로 출범 후 1년 반이 지난 1999년 8월 15일 외환위기를 완전 극복했다고 선언할 수 있었다. 실제로 두 배 이상 치솟았던 환율이 달러당 1,170원으로 안정되었고 외환 보유액도 정상화되었다. 그로부터 2년 뒤인 2001년 8월 23일, 김대중 정부는 IMF로부터 빌린 달러를 모두 상환했다고 발표했다. 예정보다 앞당겨 상환한 것이었다. 그에 따라 한국 정부는 IMF의 간섭에서 완전히 벗어날 수 있었다.

이러한 맥락에서 보자면, 김대중 정부의 외환위기 극복노력은 매우 성공적이었다고 할 수 있다. 하지만 외환위기의 파장은 그 때부터 본격화되었다. 김대중 정부가 국제금융자본의 유입을 확대하기 위해 공들여 구축했던 주주자본주의 시스템이 본격 작동하면서 한국인 전체의 운명을 크게 뒤바꾸어놓았던 것이다.

---

* 개별 투자자의 자금을 모아 대규모로 투자금을 형성한 것을 펀드라고 하는데, 뮤추얼 펀드는 그 중 하나이다. 뮤추얼 펀드는 일반 투자자들로부터 자산을 모아서 주식, 채권, 단기 금융상품에 투자하는 것으로서, 법인 형태나 신탁수익증권 형태로 운영되고 있다.
참고로, 헤지 펀드hedge fund는 금융감독기관이나 증권거래소에 등록할 필요가 없는 사적 투자 파트너십으로서 여러 시장에 투자하고 거래하는 펀드이다. 헤지 펀드의 구성은 보통 100만 달러 이상의 투자를 하는 100명 이내의 투자자로 구성한다. 투자자를 비공개로 모집하기 때문에 투자자들에 주기적으로 펀드의 가치나 투자내용을 알리도록 하는 감독을 받지 않는다.
펀드의 또 다른 형태로서 사모 펀드private equity fund가 있는데, 창업기업에 투자하거나 공개된 기업의 주식을 매수해 구조조정을 거친 후에 되팔아 이익을 얻는 펀드이다.

그렇다면 김대중 정부가 구축했던 주주자본주의의 실체는 도대체 무엇인가. 이를 파악하기 위해서는 잠시 주주자본주의의 본고장인 영국과 미국으로 시선을 돌릴 필요가 있다.

앞서 확인했듯이, 신자유주의의 핵심목표는 거대하게 누적된 금융자본의 이익을 극대화하는 것에 있었다. 그런데 이윤을 창출하는 것은 주로 기업이었다. 이러한 기업과의 관계에서 금융자본 소유자가 이윤을 추출할 수 있는 방법은 주주가 되는 것이었다. 요컨대, 금융자본의 이익 극대화는 주주의 이익 극대화를 통해 이루어질 수 있는 것이었다.

그런데 2차 세계대전 이후부터 1970년대에 이르기까지 선진 자본주의 국가에서 노동자의 고용은 제도적으로 보장되었고, 금융은 국가의 엄격한 통제 아래 놓여 있었다. 기업경영은 대체로 전문경영인 체제가 확립되어 있었다.

이러한 조건에서 주주들은 기업운영과 관련하여 별다른 권한을 행사할 수 없었다. 그들은 다만 주식시장 동향에만 촉각을 곤두세웠을 뿐이었다. 설령, 권한을 행사한다 해도 자신의 이익을 극대화하기에는 다양한 법적 제도적 제약이 뒤따랐다. 예를 들면, 적대적 인수합병 등의 수단을 통해 경영자를 압박하는 것은 거의 불가능에 가까웠다. 무엇보다도 냉전시기 사회주의 진영에 의한 체제위협이 상존한 조건에서 무제한의 이윤추구에 대한 사회적 저항이 매우 강했다.

1980년대 이후, 영국과 미국을 중심으로 형성된 주주자본주의는 바로 이러한 상황을 근본적으로 바꾼 것이었다.

그 동안 주주들의 행동을 제약했던 각종 제도적 장치들이 빠른 속도로 제거되었다. 그와 동시에, 거대한 규모의 금융자본이 주식시장에 진입하여 주주총회를 장악했다. 이제 주주들은 자유롭게 적대적 인수합병을 통해 경영권을 인수하거나 경영자를 굴복시킬 수 있었다. 실제로 1991~1992년 기간 동안 미국의 주주들은 제너럴 모터스GM 등 많은 기업에서 주주이익 옹호에 소극적인 최고경영자CEO를 해고했다. 동시에, 경영자에 대한 스톡옵션(주식 보너스) 부여는 주가를 끌어올리면 본인에게 막대한 이익이 돌아가도록 함으로써 경영자를 주주이익의 절대적 옹호자로 만들었다.

이러한 조건에서 주주이익의 극대화를 위한 다양한 방안이 시도되었다. 주가상승을 유도할 목적으로 대량감원 및 비정규직 확대를 포함한 고강도 구조조정, 기업자금을 동원한 자사주 매입, 기술개발 투자 등 장기투자의 축소 등이 진행되었으며, 더불어 종전과는 비교할 수 없는 초고배당이 실시되었다. 그 결과, 주주들의 이익은 급격한 증가세를 보였다. 배당과 시세차익을 포함한 주주들의 총지분 수익률은 미국의 경우에 1973~1982년간 6.6퍼센트였으나, 1983~1992년에는 16.2퍼센트로 그리고 1993~2003년 21.0퍼센트로 가파르게 증가하였다.

이러한 주주의 이익증대는 기업의 이익을 잠식할 정도로 심각한 것이었다. 단적으로, 1981년 이후 미국에서는 주주에게서 기업으로 흘러들어간 자금보다 기업에서 주주로 흘러나간 것이 훨씬 많았다. 주주는 전통적 의미에서 자본 공급자가 아니라 기업의 이윤을 자신의 파이프 속으로 뽑아올리는 '추출자'가 된 것이다.

이렇게 하여 주주가 기업의 권력을 온전히 장악하고 철저하게 주주의 이익을 중심으로 기업을 운영하도록 하는 '주주자본주의'가 작동하기 시작했다. 바로 국제금융자본의 이익 극대화를 목표로 한 신자유주의 세계화 전략의 핵심 메커니즘이 형성된 것이다.

김대중 정부가 국제금융자본을 유치하기 위해 짧은 시간 안에 구축한 것 역시 이 같은 영미식 주주자본주의 시스템이었다. 특히 한국의 경우, 국가기간산업과 기업 경영권 보호를 위한 최소한의 장치도 마련하지 않은 채 주주자본주의 시스템을 도입하였는데, 이는 전세계적으로도 유례가 없는 것이었다. 말 그대로 완전 무방비 상태에서 국내 기업을 국제금융자본의 공격 앞에 노출시킨 것이다.

거침없는 점령

주주자본주의 시스템이 완비되는 등 최적의 환경이 갖추어지자, 국제금융자본이 대거 밀려오기 시작했다.

국제금융자본은 국내에 진출하자마자 신속하게 한국경제의 핵심을 장악해 들어갔다. 국제금융자본이 가장 우선적으로 장악한 것은 금융산업이었다. 당시 금융기관의 대부분은 공적 자금이 투입된 결과, 종래의 재벌 중심의 민간소유에서 정부소유로 전환해 있었다. 김대중 정부는 이러한 금융기관을 국제금융자본이 자유롭게 지분을 확보할 수 있도록 민영화시켰다. 그에 따라 대부분의 주요 은행들의 지분이 국제금융자본에 의해 장악되었으며 한미은행, 외환은행, 제일은행 등은 소유권 자체가 외국으로 넘어갔다. 유사한 흐름이 생명보험사 등 제2금융권으로 확대되면서 금융산업 전반에 대한 국제금융자본의 장악력이 급속도로 강화되었다.

다른 공기업 또한 비슷한 과정을 거쳤다. 예를 들면, 대표적인 우량 공기업이었던 포스코, KT, KT&G 등은 민영화되면서 외국인 지분이 절반 수준을 넘어섰다.

비슷한 양상이 일반기업으로 확산되었다. 재벌기업 중에서도 한국을 대표하는 삼성전자, 현대자동차, SK텔레콤 등은 주식의 절반 이상이 외국인 투자자에 의해 점유되었다. 만도기계, 한라공조, LG금속 등 역시 최대주주가 외국인이다.

전체적으로 보더라도, 외국인 투자자의 비중은 매우 높다. 2004년 5월 말 기준으로 한국의 주식 시가총액은 357조 원 규모인데, 그 중에서 외국인 투자자의 비중은 43.1퍼센트 기준에 이르렀다. 이는 6년 전의 13.0퍼센트에 비해 세 배 이상 증가한 것이며, 같은 시기 일본의 17.7퍼센트, 대만의 23.1퍼센트, 태국의 32.8퍼센트보다도 훨씬 높은 수준에 해당하는 것이었다.

그런데 일반적으로 국제금융자본은 단기이익을 중심으로 움직이는 투기자본의 성격이 강하다. 이는 펀드 매니저들의 보수가 연간실적을 기준으로 정해지는 것과도 밀접한 연관이 있다. 더욱이 국제금융자본 입장에서 볼 때, 한국은 이머징 마켓, 곧 신흥시장 가운데 하나로서 높은 투자수익을 보장할 수 있다는 점에서 매력적이기는 했지만, 언제 어떻게 될지 모르는 불안한 곳이었다. 그렇기 때문에 한국에 진출한 국제금융자본은 그 어느 곳에서보다도 철저하게 단기이익을 중심으로 움직였다. 그에 대해 좀 더 구체적으로 살펴보자.

먼저, 국제금융자본은 집단부실을 경험한 금융기관과 기업들을 헐값에 매입한 뒤, 강도 높은 구조조정을 단행했다. 그에 따라 대대적인 정리해고를 수반하는 강제적 퇴출과 합병 등이 뒤를 이었다. 예를 들면, 브릿지증권을 인수한 BIH는 직원을 814명에서 230명으로 감원시켰고, 론스타는 외환카드 직원의 30퍼센트, 외환은행 직원의 20퍼센트를 감원하였다. 이러한 과정을 통해, 국제금융자본은 인위적인 주가상승을 유도함으로써 막대한 시세차익을 거둘 수 있었다.

주가상승에 의한 시세차익 이외에 배당이익 또한 폭발적으로 증가하였다. 외국인의 배당이익은 2004년 5조 원을 돌파하였는데, 이는 IMF 이전에 비해 10배 증가한 것이었으며 1년 전과 비교해도 40퍼센트 증가한 것이었다. 이러한 배당이익은 국제금융자본이 주주총회를 움직여 초고배당을 실시하도록 유도함으로써 이루어진 것이었다. 실제로, 국제금융자본의 주식잠식 정도가 높을수록 배당률이 높은 것으로 나타났다. 외국인 지분이 70퍼센트에 이른 포스코는 2006년 연간수익의 50퍼센트를 주주들에게 배당했으며 KT 역시 비슷한 수준에서 배당을 실시했다.

이 밖에도 경영진을 압박하여 자사주 매입을 통해 주가상승을 유도하도록 하는 일이 빈번하게 발생하였다. 자사주 매입이란, 기업이 사내 유보금을 투입하여 자사주를 매입한 뒤 소각함으로써 전체 주식량을 줄이는 대신 개별주식의 가치를 끌어올리는 것을 의미한다. 결국, 자사주 매입에 투입된 자금 만큼 주주들의 이익은 증대하였다.

문제는 여기에서 그치지 않았다. 국제금융자본은 단기이익 중심으로 움직이기 때문에 당연히 5년 뒤 혹은 10년 뒤의 한국의 기업이나 국민 경제의 장래에 대해서는 전혀 관심을 갖지 않았다. 그러다보니 국제금융자본은 기업의 설비투자에 대해서도 극히 부정적 태도를 취하였다.

설비투자는 기업의 장래를 결정짓는 가장 중요한 요소의 하나이다. 과감한 설비투자를 통해 기술혁신을 일으키고 이를 통해 생산성을 향상시킬 때, 기업의 장래가 보장되는 것이다. 문제는 이러한 설비투자 효과가 대체로 2~5년 정도의 시간이 흐른 뒤에 나타난다는 것이다. 이러한 이유로 국제금융자본은 설비투자를 단기이익을 잠식하는 것으로 간주하면서 최대한 축소시키기 위해 애를 썼다. 예를 들어보자.

SK텔레콤은 2003년 1월, 3세대 이동통신 사업을 중심으로 2조 4,900억

규모의 설비투자 계획을 발표했다. 그러자 곧바로 외국인 투자자들이 주식을 투매하기 시작하면서 SK텔레콤 주가가 폭락하고 말았다. 결국 SK텔레콤은 기업의 명운을 걸고 추진했던 투자계획을 곧바로 철회할 수밖에 없었다.

이렇듯 주주들이 기업의 설비투자에 제동을 거는 것은 증권회사들이 제출하는 투자의견 속에서 자주 발견되었다. 가령, 2004년 무렵 CSFB증권은 삼성전기 투자 관련 의견을 통해 "설비투자 확대는 3, 4분기 불확실성을 더해줄 것"이라고 했고, USB증권은 K&G 관련 투자의견을 통해 "한 해 2,700억 원의 설비투자는 너무 많다고 판단된다"면서 설비투자 계획을 축소하도록 압력을 넣은 바 있었다.

그런데 이러한 주주들의 압력에 대해 국내 기업의 경영진은 별다른 저항을 하지 못한 채 순응하는 모습을 보여왔다. 도대체 경영진들이 그러한 모습을 보인 이유는 무엇인가. 그에 대한 해답은 의외로 간단하다. 경영진은 주주이익을 옹호하지 않으면 미국에서처럼 주주총회로부터 해고압력을 받았다. 반면, 주가가 오르고 이윤의 많은 부분이 주주에게 배당되면 다량의 스톡옵션을 부여받은 경영진들 역시 상당한 이익을 얻을 수 있었다. 이러한 조건에서 경영진이 어느 쪽을 선택할 것인지는 불을 보듯 분명한 것이었다.

주요 대기업 임원 1인당 평균연봉은 2007년 당시 종업원 1인당 평균연봉에 비해 삼성전자 160배, 현대자동차 27배, 두산 26배에 이를 만큼 고액이다. 도요타 자동차의 3배에 비하면 턱없이 차이가 큰 것이었다. 하지만 이마저도 스톡옵션을 통해 얻는 소득에 비교하면 한낱 푼돈에 불과했다.

1999년부터 2006년 6월까지 상장법인이 임원들에게 부여한 스톡옵선은 총 1억 1,779만 주에 달했는데, 2007년 7월 기준으로 스톡옵션의 평가차익은 무려 3조 2천억 원에 이르는 것으로 추산되었다. 임원 1인당 적어도 수십억 원에서 수백억 원의 수익을 거두었다는 이야기이다. 예를 들면, 김정태 전 국민은행장은 연봉 1억 원으로 출발하였으나 스톡옵션 40만 주를 부여받아 4년 만에 110억 원을 벌었다.

이러한 조건에서 한국의 대기업 경영진들 역시 미국에서처럼 철저하게 주주의 이익을 대변할 수밖에 없었다. 그런 점에서 대기업 경영진들은 자의든 타의든 국제금융자본의 확실한 동반자이기도 하였다.

이와 같이 대기업 경영진이 국제금융자본과 공생관계를 형성하면서 주식시장은 미국과 마찬가지로 기업에게 자금을 공급하기보다는 도리어 기업의 자금을 추출하는 역할을 수행하기에 이르렀다.

금융감독원에 따르면, 2004년 상반기 동안 기업들이 유상증자와 기업공개를 통해 주식시장에서 조달한 자금은 4조 1,836억 원에 그쳤다. 반면, 같은 기간 동안 상장기업들이 주주 배당금으로 지급한 금액은 7조 2,266억 원으로 사상 최고치를 기록했다. 이와 함께 같은 기간 동안 자사주 매입에 투입된 자금은 4조 3,110억 원에 이르렀다. 이렇게 하여 2004년 상반기 동안 상장기업들로부터 주식시장으로 빠져나간 자금은 유입된 것보다 7조 3,549억 원이 많았다.

이러한 조건에서 국제금융자본은 막대한 수익을 손에 넣을 수 있었는데, 2004년 한 해만 해도 국제금융자본의 수익증가는 36조 원에 이르렀다. 또한 1998년 이후 7년 동안 국제금융자본이 직접 회수한 이익은 줄잡아 70여 조 원에 이르는 것으로 알려졌다. 막대한 국부가 유출된 것이다.

물을 만난 토착 금융자본

지금까지 살펴본 것처럼 한국의 경제 시스템은 외환위기를 거치면서 주주(금융자본 소유자)의 이익을 극대화하는 방향으로 극적인 변화를 겪었다. 이 과정에서 국내 금융자본 또한 높은 수익률에 이끌려 주주자본주의 시스템 안으로 빠르게 흘러들어 갔다.

2008년 3월말, 개인들이 소유한 금융자산 총액은 1천 709조 6천억 원 정도이며, 기업들의 금융자산 잔액은 808조 5천억 원 수준에 이르렀다. 개인 소유 금융자산만 놓고 보면, 국민 1인당 평균 2천만 원 정도의 금융자산을 갖고 있는 셈이었다. 물론 이는 어디까지나 평균치일 뿐이며 실제로는 개인 간에 극심한 차이가 있다. 대체적으로 상위 10퍼센트가 압도적으로 많은 부분을 소유하고 있었다고 보면 틀림없다.

거액의 금융자산을 보유하고 있던 상위 10퍼센트는 주주자본주의가 작동하자 물고기가 물을 만난 것 같은 분위기에 휩싸였다. 국제금융자본의 움직임에 장단을 맞추면 크게 한몫 잡을 수 있었기 때문이었다. 말 그대로 돈이 돈을 버는 승자독식의 세상이 된 것이다. 외환위기 이후 부유층이 술자리에서 술잔을 부딪치며 "이대로!"를 외쳤던 것은 이러한 분위기를 반영하는 것이었다.

증권선물거래소KRX 자료에 따르면 2007년 말 현재 한국의 주가총액은 1,051조 7,762억 원에 이르렀다. 이는 2004년 말 443조 7,371억 원에 비해 크게 늘어난 것이었다. 금액 기준 주식소유 분포를 살펴보면, 정부 및 정부관리 기업이 30조 1,361억 원으로서 2.87퍼센트, 기관투자자가 210조 997억 원으로서 19.98퍼센트, 개인투자자가 265조 5,880억 원으로서 25.25퍼센트, 외국인 투자자가 325조 4,552억 원으로서 30.94퍼센트를 차지하고 있었다.

외국인 투자자의 비중은 2004년 말의 40.1퍼센트에 비해 10퍼센트 정도 하락하였는데. 금액만으로 보면 177조 9,572억 원에서 325조 4,552억 원으로 두 배 가까이 증대하였다. 이는 곧 같은 기간 동안 외국인 투자자보다 내국인 투자자의 비중이 더 큰 폭으로 증가했음을 말해주는 것이었다.

참고로, 2007년 말 당시 주식투자 인구는 444만 명으로서 경제활동 인구의 18.5퍼센트를 차지하였다. 개인 투자자는 전체 투자자의 99퍼센트인 440만 명에 이르지만, 이들이 보유한 주식의 시가총액은 앞서 살펴보았듯이 전체의 25퍼센트인 265조 5,880억 원 수준이었다. 이는 개인 투자자 1인이 보유한 주가총액은 평균 6천만 원 정도 됨을 의미하였다.

토착 금융자본의 비중이 비약적으로 증가했다는 것은 이중적 의미를 갖는다. 한편으로는 금융시장이 국제금융자본(여전히 중요한 요소이기는 하지만)에 의해 일방적으로 좌지우지되지 않게 되었음을 의미했다. 그러나 다른 한편으로는 한국사회가 그만큼 금융자본의 지배 아래 더욱 깊숙이 편입되어갔음을 의미하는 것이었다.

한국사회에서 금융자본이 절대적인 영향력을 행사하기 시작했다는 사실은 너도나도 금융자본의 운동에 동참하는 것으로 나타났다. 단적으로, 주식시장이 급속히 팽창하는 가운데 간접투자 상품인 '펀드'가 크게 각광을 받았다. 주식에 대한 전문지식이 없어도 투자가 가능하다는 것이 주된 요인이었다. 특히, 매달 일정액을 넣는 '적립식 펀드'는 목돈이 없는 서민들의 참여를 확대하는 데 크게 기여하였다.

2007년부터 자본시장통합법*이 시행되면서 일반은행들도 펀드 상품

* 금융권은 크게 은행, 증권회사, 보험회사 세 가지로 나눌 수 있는데, 자본시장통합법은 은행의 예금수신과 대출, 증권회사의 주식위탁매매만을 제외한 나머지의 경계선을 없앤 것이다. 그에

을 판매할 수 있게 된 것 역시 펀드 확산에 크게 기여하였다. 은행들은 펀드 수익에 관계없이 수수료 수입을 증대시킬 수 있었기 때문에 고객들에게 무조건 펀드 가입을 종용하였다. 이를 위해 "요즘 세상에 펀드 한두 개 가입하는 것은 기본 아니냐!"며 펀드에 가입하지 않으면 시대의 흐름에서 뒤치진다는 분위기를 소성하기도 했다.

그리하여 펀드 판매가 급증했고, 그 결과로 전체 펀드 계좌수는 2007년 11월 말 현재 2,295만 개에 이르렀다. 가히 펀드 열풍이 일어났다고 해도 과언이 아니었다. 주식형 펀드*의 경우는 2008년 5월 현재 설정액(수탁액)이 140조 원을 넘어섰다. 그 중 국내 주식형 펀드는 79조 원 정도였고, 해외 주식형 펀드는 60조 원 정도로 나타났다. 해외펀드의 경우, 2007년 초 7조 원 수준이었음을 감안하면 가히 폭발적으로 성장했다고 할 수 있다.

참고로 2007년 한 해 동안 펀드 전체가 거둔 수익은 어느 정도였는지 살펴보도록 하자. 2007년 펀드 투자의 총 평가차익은 총 44조 2,393조 원으로서 상장 제조업체 순이익 33조 9,407억 원보다 많은 액수이다. 펀드 계좌수가 2,295만 개임을 감안하면 한 계좌당 1,280만 원을 투자해 193만 원의 수익을 올렸다는 이야기이다. 돈을 가장 많이 벌어다 준 자산운용사는 미래에셋으로서 전체 펀드 평가차익 중 무려 35퍼센트를 창출한 것으로 집계되었다.

해외펀드 역시 상당한 수익을 거두었다. 51개 자금운용사들이 운영

따라 펀드는 은행, 증권회사, 보험회사 모두 판매할 수 있게 되었다.

* 약관(정관)상 간접투자 재산의 60퍼센트 이상을 주식에 투자하는 펀드를 가리킨다. 반면, 간접투자 재산의 60퍼센트 이상을 채권에 투자하도록 되어 있는 경우는 채권형 펀드라고 부른다. 이와는 달리, 주식이나 채권 등에 대해 50퍼센트 이하 투자하는 것을 전제로 여러 곳에 분산투자하는 것은 혼합형 펀드라 한다.

한 8,866개 해외펀드는 2007년 한 해 19조 원을 벌어들였다. 이는 무역 흑자를 통해 벌어들인 순이익의 1.4배가 되는 액수였다.

이렇게 하여 펀드의 확산은 서민들까지 자본시장으로 대거 끌어들이면서 그들로 하여금 투자의 짜릿함을 맛보도록 만들었다. 그럼으로써 펀드 열풍은 국민의 다수를 한몫 크게 잡을 수 있다는 집단적 자기 최면의 상태로 몰고 갔다. 하지만 이 같은 최면상태가 깨지는 데는 그다지 많은 시간이 걸리지 않았다. 2008년에 접어들어 미국발 금융위기와 함께 주가가 폭락하기 시작했고, 그에 따라 원금의 반 토막으로 전락한 펀드가 속출했던 것이다.

그런데 주가변동에 관계없이 주식투자(간접투자인 주식형 펀드를 포함해서)의 확산은 국민들의 의식구조에 심각한 영향을 미쳤다.

주식투자자는 누구든지 주가동향에 촉각을 곤두세운다. 당연히 주가가 상승하기만을 바라며 주가상승을 위해서라면 그 어떤 것도 받아들일 마음의 준비가 되어 있었다. 문제는, 주주자본주의에서의 주가상승은 상당 정도 노동자, 나아가 기업 자체의 희생을 대가로 얻어진다는 데 있었다. 따라서 주식 투자자는 자연스럽게 노동자의 정리해고를 수반하는 구조조정과 장기투자의 축소를 지지하기 쉬웠다. 결국, 주식투자와 펀드 확산은 다수의 국민들로 하여금 금융자본의 논리를 추종하도록 만들 가능성이 매우 컸던 것이다.

2. 금융자본의 이익과 국민경제 사이의 모순

먼저 외환위기를 전후해서 벌어진 일들을 압축해서 표현해보자. 금융시장이 자유화되고 외채도입의 요건이 완화되자, 국내기업들은 앞뒤 가리지 않고 자금을 끌어다 썼다. 심할 정도로 과식을 한 것이다. 결국 배탈을 일으키면서 온 몸이 뒤틀리는 구토를 일으키고 말았다. 사후적으로 확인되었지만, 당시 한국경제의 상태는 정신을 바짝 차리고 몸을 추스르면 늦어도 1~2년이면 충분히 회복이 가능한 것이었다.

하지만 한국 정부는 당장의 고통을 참지 못하고 IMF병원을 찾았고, IMF는 구제금융 제공이라는 응급조치를 취한 후, 한국경제에 대한 대대적인 수술에 착수했다. IMF 구조조정이라는 이름의, 오장육부를 모두 헤집는 이 수술은 결국 한국경제의 체질을 완전히 바꾸어놓기에 이르렀다. 그렇다면 그 후 한국경제의 모습은 어떠한가.

대형수술 후 한국경제는 식욕도 왕성해졌고 근력 또한 크게 강화된 모습이었다. 그 동안 정부의 보호 아래 차입경영과 과잉 중복투자를 일삼는 등 방만한 경영에 익숙해 있던 대기업들은 혹독한 수술을 거치면서 부채비율을 두 자릿수로 끌어내리는 등 부실요인을 과감하게 털어버렸다.

이러한 과정을 거치면서, 한국의 기업들은 거듭된 신기술 개발을 바탕으로 수출확대에 전력을 기울였다. 2000년 이후 한국의 수출은 사상 최고의 신장률을 보이면서, 2004년에 이르러 상장기업들의 수익률 또한 사상 최고치를 기록하기에 이르렀다. 외환 보유고도 2,000억 달러를 넘어서면서 세계 유수의 채권국으로 변신하였다. 그 결과, 한국은 채권 매입을 통해 미국정부의 재정적자까지 보전해줄 수 있는 능력을 갖추었다. 외환위기 직후에 연건평 최대규모를 자랑하는 서울 강남의 파이낸스 빌딩을 외국자본에 매각했던 한국이 10여 년 뒤인 2009년에 미국 월가 최고층 빌딩인 AIG본사 빌딩을 매입한 것은 이러한 변화를 상징적으로 보여준 사건이었다. 한때 외환위기를 겪은 나라라고 보기에는 도무지 믿기 어려운 상황이 벌어진 것이다.

이 모든 것은 한국경제의 기초체력이 그만큼 튼튼했음을 말해주는 것이었다. 헌데, 심각한 문제가 있었다.

그 동안 한국은 수출주도형 공업화 전략을 바탕으로 대기업 중심의 성장을 추구해왔다. 따라서 대기업의 수출이 확대되고 수익이 증가하면 덩달아 전체 국민경제가 활성화되는 것이 보통이었다. 그렇다면 2000년 이후의 한국경제 역시 고도성장을 구가해야 했다. 하지만 결과는 전혀 다르게 나타났다. 대기업의 수출호조 및 수익증가에도 불구하고, 국민경제는 바닥을 헤맨 것이다. 마침내 2005년도 이르러 경제성장률은 위험수준이라고 할 수 있는 3퍼센트대로 곤두박질치고 말았다.

2000년에는 예외적으로 8.5퍼센트의 고성장을 기록했는데, 이는 상당 부분 벤처 붐이 일어난 덕분이었으며, 2002년 7퍼센트 성장을 보인 것은 신용카드의 대대적 보급에 따른 일시적 소비증가의 결과였다. 하지만 투기적 요인이 결합된 벤처 붐은 곧바로 거품임이 드러났고 신용카드의 과도한 보급은 300만 명이 넘는 신용불량자만을 양산하면서 상황을 더욱 악화시키고 말았다.

분명, IMF 대수술 이후 한국경제는 장기능이 강화되었고 덕분에 영양섭취도 호전되었다. 그런데 왜 이런 현상이 나타난 것일까. 결론적으로 한국경제는 IMF 대수술의 후유증으로 심각한 혈액순환 장애를 앓기 시작했던 것이다.

국민경제에서 돈은 피와 같은 존재이다. 돈은 돌고 돌아야 경제가 왕성하게 살아 움직일 수 있다. 그런데 바로 그 돈의 흐름이 곳곳에서 막히거나 지체되는 현상이 나타난 것이다. 결국 IMF 대수술은 작은 병은 고쳤지만 더 치명적인 병을 유발한 셈이다. 수출증가율이 사상 최고의 수준에 이르렀음에도 불구하고 국민경제가 바닥을 긴 것은 바로 이러한 이유에서 발생한 현상이었다.

첫째, 주주자본주의가 작동되면서 그 동안 경제성장을 주도해왔던 기업들의 투자능력이 크게 잠식되었다.

앞에서 살펴본 것처럼, 주주들은 단기이익을 잠식한다는 이유로 기업들의 설비투자를 가로막아왔다. 이와 함께 기업들은 경영권 방어용으로 막대한 자금을 금고에 비축해두면서 스스로 투자여력을 약화시켰다.

주주들이 경영진을 굴복시키는 대표적인 방법 중의 하나는 경영권을 박탈할 수도 있다는 위협을 가하는 것이었다. 이러한 상황에서 경영진은 막대한 자금을 경영권 방어용으로 금고에 비축해두어야 했다. 지난 2004년의 경우, 대기업이 이러한 용도로 비축하고 있던 자금은 대략 20조 원 정도에 이르고 있었으며, 그 중 적지 않은 액수를 주주들을 달래기 위해 자사주 매입 등의 형태로 지출했다. 2004년 삼성전자가 그런 식으로 지출한 돈은 무려 5조 6천억 원에 이르렀다. 반도체와 LCD, 휴대폰 등을 수출해서 벌어들인 막대한 수익은 결국 주주들의 몫으로 돌아가고 만 것이다.

이렇게 되자, 기업은 돈이 있어도 투자를 확대하기가 쉽지 않은 상황이 되고 말았다. 단적으로, 1990~1997년 37퍼센트에 이르렀던 기업의 평균투자율은 2000년 이후 25퍼센트 수준으로 하락하였다. 경제성장을 좌우하는 설비투자에 초점을 맞추면, 상황은 한층 심각했다. 2005년 11월에 산업은행이 발간한 《한국의 설비투자》에 따르면, 같은 해 국내 설비투자 금액은 모두 78조 원으로, 1996년보다 1조 원 늘어난 데 불과했다.

10년 동안의 증가율이 1.3퍼센트에 불과했던 것이다.

한국의 설비투자가 매우 낮은 수준에 머물러 있었다는 사실은 미국과 일본의 설비투자율과 비교해보면 한층 분명하게 드러난다. 외환위기 이전의 한국 설비투자 증가율은 한강의 기적이라는 수식어에 걸맞게 미국과 일본의 그것을 크게 앞서 있었다. 그러나 2001년 이후 2007년 상반기까지의 한국의 설비투자 증가율은 미국의 3.0퍼센트, 일본의 2.4퍼센트에 크게 못 미치는 0.8퍼센트에 불과했다.

둘째, 금융기관이 주주자본주의 체제에 포섭되면서 결과적으로 대기업과 중소기업 사이의 선순환 구조가 파괴되었다.

본래 은행은 소액자금을 모아 필요한 곳에 자금을 공급하는 생산적 배분역할을 하는 곳이다. 피와도 같은 돈을 빨아들여 필요한 곳에 보내는 역할을 한다는 점에서 금융기관은 사람 몸에서 심장과 같은 역할을 수행한다고 할 수 있다. 그런데 그러한 금융기관에 심각한 이상이 발생한 것이다.

외환위기 이후, 은행은 국제금융자본에 의해 점령되면서 철저하게 주주의 이익을 중심으로 운영되었고, 그 결과 자금을 필요한 곳에 골고루 배분하는 기능을 상실하고 말았다. 은행들이 주주의 단기이익을 우선하면서 위험부담이 크고 회수기간도 긴 기업대출을 꺼린 것이다. 실제로, 은행의 기업대출은 1995년 77.0퍼센트에서 2002년 45.3퍼센트까지 떨어졌다. 반면, 위험부담이 적고 회수기간도 빠른 주택담보 가계대출은 1999년 이후에 연평균 40퍼센트 증가하였다.

이 과정에서 가장 심각한 타격을 입은 것은 중소기업이었다. 은행이 담보능력도 약하고 경영전망이 불투명하다는 이유로 중소기업 대출을 크게 줄인 것이다. 그 결과, 제조업 생산과 고용의 절반을 차지하는 중소기업에 대한 대출은 전체대출에서 불과 2.5퍼센트밖에 되지 않았다.

중소기업에 대한 대출감소는 곧바로 중소기업의 기술혁신을 지체시켰다. 많은 중소기업들이 잠재력이 충분함에도 불구하고 자금부족으로 기술개발에 성공하지 못하였다. 이 모든 요인이 작용하면서 중소기업의 대기업에 대한 부품 공급능력이 크게 약화되었다. 그에 따라 대기업은 더욱 많은 부품을 해외에 의존해야 했다.

이러한 상황은 대기업 스스로 인건비 절감 등을 목표로 생산라인을 해외로 이전시킴에 따라 더욱 심화되었다. 가령, 삼성전자는 2003년 말에 전자레인지 공장을 태국으로 이전한 데 이어 냉장고와 에어컨 공장도 중국과 태국, 멕시코 등으로 이전했다. 이들 제품의 경우, 이미 해외 법인의 생산량이 국내 생산량을 추월한 상태이다. LG전자도 세탁기 공장을 중국과 인도, 베트남으로 이전했다. 전기전자산업뿐만 아니라 2000년대 접어들어 사상 최고의 실적을 기록한 조선업계도 중국에 부품공장을 늘리는 추세이다. 자동차와 철강업계 역시 비슷한 움직임을 보여왔다.

이렇듯 중소기업의 기술혁신이 지체되는 가운데 대기업이 주요 제품의 생산기지를 해외로 옮김에 따라, 중소기업이 대기업의 협력업체로서 역할을 할 소지가 크게 줄어들었다. 그 결과, 대기업의 수출이 확대되더라도 중소기업의 생산이 늘지 않는 현상이 발생했다. 말하자면, 대기업과 중소기업 사이의 선순환 구조가 파괴된 것이다. 앞서 살펴보았듯이, IT와 전기전자 제품 등에서의 외화 가득률이 크게 저하된 것은 이 점을 단적으로 보여주고 있다.

셋째, 사회적 양극화의 심화로 부유층과 서민층의 지출 모두가 둔화되면서 내수시장이 위축되었다.

돈이 돈을 버는 승자독식 체제가 확립되자, 한국의 상류층은 더할 수 없는 호시절을 구가하였다. 미국의 증권회사 메릴린치가 밝힌 바에 의하면, 한국은 100만 달러 이상의 금융자산을 보유한 부유층의 증가속도가 아시아 국가들 가운데 가장 빠른 나라였다. 메릴린치 보고서를 보면, 2005년 100만 달러 이상의 금융자산을 보유한 한국 부자의 증가율은 21퍼센트로, 주요 아시아 국가들의 평균인 7.3퍼센트의 3배에 이르렀다. 그 결과, 2007년 현재 언제든지 투기자금으로 전환할 수 있는 부유층 소유의 시중 유동자금은 줄잡아 500조 원을 넘어서기에 이르렀다.

두말할 필요도 없이 상위 10퍼센트가 스스로 감당하기 힘들 정도의 부를 쌓아올릴 수 있었던 것은 어떤 형태로든지 나머지 90퍼센트의 고혈을 빨아올린 결과였다. 구조조정으로 인한 주가폭등의 반대편에는 언제나 대량의 해고자가 있었으며, 부동산투기이익의 급증은 실수요자의 막중한 부담의 증가를 대가로 한 것이다. 그 결과, 상류층이 환호를 지르는 그 반대편에는 언제나 90퍼센트의 피울음이 있게 마련이었다.

이 모든 것의 결과로 사회적 양극화가 극단적으로 심화되었다. 잘사는 10퍼센트와 그렇지 못한 90퍼센트가 정반대의 세계를 향해 질주하기 시작한 것이다.

삼성금융연구소가 2005년 전국 2천 가구를 대상으로 가계금융 이용실태를 조사한 결과, 상위 20퍼센트 계층의 자산 보유액은 평균 7억 6,986만 원, 하위 20퍼센트 계층은 평균 3,938만 원으로 나타났다. 두 집단 사이의 자산격차가 무려 19.5배에 이르렀던 것이다. 2년 전인 2003년의 조사결과와 비교해보더라도 상위 20퍼센트는 4,684만 원이 늘었고, 하위 20퍼센트는 오히려 569만 원이 감소한 것으로 나타났다. 양극화가 꾸준히 심화되었음을 알 수 있다.

이러한 사회적 양극화의 심화는 1990년대 급격히 확대되었던 중산층의 붕괴로 이어졌다. 2007년 11월 12일자 〈동아일보〉에 실린 여론조사 결과에 따르면, 외환위기 직전 자신이 중산층에 속한다고 생각한 경우는 전체의 41퍼센트였다. 절반 가까이가 넉넉하지는 않지만 그런 대로 먹고 살 만하다고 여긴 것이다. 그러나 외환위기 이후 10년을 넘기면서, 그 비율은 28퍼센트로 크게 줄었다. 그 대신 국민의 60퍼센트 정도가 자신은 서민이나 빈민에 속한다고 생각하기 시작했다. 중산층은 서민으로, 서민은 빈민으로 일제히 하향이동을 한 것이다. 그에 따라 중산층이라는 낱말은 신문의 어느 한쪽에서조차 찾아보기 힘들 정도로 사람들 입에서 사라져갔다

이러한 사회적 양극화는, 구체적 이유는 서로 다르지만, 모든 계층에서 자금흐름을 둔화시키고 말았다.

잘사는 10퍼센트는 돈이 너무 넘쳐나서 마땅한 투자기회를 찾지 못하고 장롱에 돈을 쌓아두어야 했다. 아파트 분양가 자율화 조치에 따라 부동산 경기가 살아나면서 자금이 부동산으로 몰렸으나, 거품붕괴의 조짐이 보이면서 그마나 주춤거리기 시작했다. 마찬가지로 한때 해외펀드를 통해 크게 재미를 보기도 했으나, 2008년 이후 세계경제의 침체로 반전되고 말았다.

그렇다면 90퍼센트에 속하는 사람들의 사정은 어떠했는가. 넉넉지 않은 수입, 그나마 언제 직장에서 쫓겨날지 모른다는 두려움, 크게 늘어난 가계빚, 한 해 2천만 원을 호가하는 대학등록금 등은 90퍼센트의 소비를 극도로 위축시켜왔다. 수입이 부족하기도 했지만, 설령 돈이 있

어도 지갑을 쉽게 열 수 없는 상황이었던 것이다.

그 결과, 2000년 이후 여러 해 동안 수출과 기업의 순이익 모두 사상 최대의 증가폭을 보였음에도 불구하고 내수경제는 꽁꽁 얼어붙고 말았다. 다음은 2004년 초 어느 TV 프로그램에 소개된 장면들로서 내수시장이 어떤 상태인지를 잘 보여주고 있다.

남대문시장. 여느 때 같으면 연말특수로 발 디딜 틈조차 없던 남대문시장이 12월 말 경에도 한산하기만 했다. 어느 남대문시장 상인의 말이다.

"이제는 지쳤습니다. 장사하고 싶어서 하는 게 아닙니다. 그만 두려 해도 가게를 빼주지도 않아 죽지 못해 하는 것입니다. 여기 보세요. 문 닫은 가게가 허다하지 않습니까."

영등포역 앞. 택시 정류장엔 손님을 기다리는 택시들이 길게 늘어서 있다. 체감경기의 바로미터로 불리는 택시를 타는 사람들이 줄어든 것이다. 어느 택시기사의 말이다.

"영등포는 그래도 잘 되는 편입니다. 어떤 때는 2, 30분씩 기다리다가 지쳐서 그냥 가버리는 경우도 있습니다."

용산전자상가 선인프라자. 구매고객들 대부분이 중산층으로 중산층 경기를 대표했던 이곳에서는 50개 매장 중 다 문 닫고 20여 곳 정도만 남아 있다. 그나마 문을 연 곳도 거의 개점휴업이나 다름없다. 어느 상인의 말이다.

"서울이 이 정도면 대전이나 부산 같은 지방의 큰 곳들은 다 문 닫았다고 보시면 됩니다."

성남 인력시장. 경기를 가늠할 수 있는 대표적인 곳 중의 하나이다. 새벽에 일거리를 찾아 모인 사람들의 이야기를 들어본다.

"경기가 얼마나 안 좋은지 성남 시내를 가봐. 가게들 다 문 닫 았으니까. 경기는 IMF 때보다 훨씬 안 좋아. 중산층 다 사라졌어. 중산층이 어디 있나?"

"노임도 IMF 때는 (종전에 비해) 70퍼센트 정도는 됐는데, 지 금은 5, 60퍼센트로 다운되었다."

"온 사람들 대부분은 회사 다니다 명예퇴직 등으로 일자리를 잃은 사람들이야."

이러한 내수시장 위축은 기업의 투자를 축소시켰다. 그 결과, 고용사 정이 더욱 악화되면서 사회적 양극화를 심화시켰고, 이는 또다시 내수 시장을 위축시키는 악순환으로 이어졌다. 국민경제의 건강상태가 갈수 록 악화되어온 것이다.

3. 환상, 그 이면의 세계

외환위기 이후, 한국경제가 현기증 나는 급격한 변화를 거치면서 가 치관 또한 크게 변화하였다.

무엇보다도 돈이 최고의 가치로 등장하였다. 1999년 12월 20일자 〈한겨레신문〉에 '사람들은 새 해, 새 세기를 얘기하지 않는다. 미래형 화두는 없고, 모였다 하면 돈얘기이다. 세기말 한국에는 돈바람이 불고 있다'고 한 것은 이러한 세태의 변화를 반영한 것이었다. 그러다보니 돈을 많이 번 사람이 도덕적으로도 우월한 세상이 되고 말았다. 반면,

가난은 죄이고 부끄러운 것이 되었다.

이러한 가운데 승자가 모든 것을 차지하는 승자독식Winner Take All 의 세상이 되면서 한국사회는 표면적으로 일확천금의 꿈을 향한 거대한 질주가 지배하였다. 하지만, 그 이면은 우울하기 짝이 없는 모습들로 가득하였다.

승자독식 사회

한국경제가 경제윤리를 확립할 겨를도 없이 초고속 압축성장을 하면서 돈이 모든 것을 지배하는 사회가 된 것은 꽤 오래 전의 일이다. 돈 없으면 사람취급도 받지 못하는 사회가 된 것이다.

그러다가 1987년 민주화 투쟁이 승리하고 노동자·농민의 투쟁이 확산되면서 노동의 가치가 어느 정도 중시되는 세상이 되었다. 하지만 그것은 잠시뿐, 외환위기를 거치면서 상황은 결정적으로 악화되고 말았다. 금융자본을 소유한 자가 절대권력을 행사하면서 돈의 지배를 정당화하는 가치관이 확립되었고, 그에 따라 철저하게 돈을 기준으로 사람을 가르는 분위기가 형성된 것이다.

사람이 어떤 주택에 사는가는 그 사람의 부를 한눈에 알려준다. 아울러, 사는 동네마다 (외국 기준의 부촌은 아니라고 하더라도) 부촌인가 빈촌인가의 차이가 있다. 결국 사는 동네, 살고 있는 아파트의 평수 등이 한국사람들의 신분을 가르는 중요한 기준이 되었다. 나중에는 '당신이 사는 곳이 당신을 말해줍니다'라는 노골적인 아파트 광고 카피가 등장하기도 하였다.

그러다보니 저소득 영세민을 위해 신규 아파트 단지 일부를 영구임대 아파트로 지어 분양하도록 한 것이 그 취지와는 무관하게 사람을 차별하는 근거가 되고 말았다. 임대아파트 주민들이 지나다니면 자기들 아파트값 떨어진다고 높은 담장을 쳐 통행을 차단하는 곳도 있고, 임대 주택 아이들과 일반분양 주택의 아이들을 한 학교에 다니게 할 수 없다고 항의시위를 하는 학부모들도 있었다. 부모들이 "저곳(임대주택) 아이들과 놀지 마라"고 자식들을 가르치는 것도 흔하고 흔한 일이다. 그러다보니 부유한 집 아이들이 가난한 집 아이들을 '거지밥'을 먹는다고 노골적으로 '왕따'시키는 현상이 빈번하게 발생하였다.

이렇듯 돈으로 사람을 가르는 분위기가 한층 노골화되는 가운데, 일확천금의 신화들이 끊임없이 쏟아졌다. 젊은 벤처 사업가가 코스닥에 상장하여 일거에 수백, 수천억 원의 자산가가 되었다는 이야기는 한때 언론매체를 장식했던 단골 메뉴 중의 하나였다. 또한 10억 연봉의 보험 설계사가 텔레비전에 상세하게 소개되는가 하면 유망 펀드 매니저가 일약 스타로 떠오르기도 하였다. 어느덧 쉽게, 빨리, 많은 돈을 버는 것이 진정한 능력으로 인정되고 높은 점수를 받는 세상이 된 것이다.

1999년 말, 어느 동문회에 경제부처 고위관리와 펀드회사 회장이 자리를 함께한 적이 있었다. 그런데 참석자들의 관심은 온통 펀드회사 회장으로 쏠렸고, 그 바람에 경제부처 고위관리는 졸지에 찬밥신세가 되고 말았다. 당시 사람들의 관심이 어디에 있었는지를 잘 말해주는 장면이 아닐 수 없다.

그런데 신자유주의 체제 아래에서 일확천금의 꿈을 실현하고 있는 것은 잘 해야 인구의 10퍼센트를 넘지 않았다. 나머지 90퍼센트는 그로부터 배제되어 있거나 심지어 빼앗기는 입장이었다. 일확천금의 꿈에 부풀게 한 대표적인 무대였던 코스닥을 예로 들어보자.

벤처기업을 중심으로 현재가치가 아닌 미래가치를 기준으로 투자가 이루어지는 코스닥 시장이 처음 문을 연 것은 1996년이었다. 그로부터 3년 후인 1999년도에 이르러 코스닥 시장은 불과 1년 사이에 시가총액이 12배로 증가할 만큼 폭발적인 성장을 하였다. 그 결과, 코스닥에 상장된 새롬기술의 대표는 순식간에 3,000억 원 대의 주식거부로 등장하는 등 말 그대로 일확천금을 거두는 사례들이 속출하였다.

상황이 이러하다보니, 투자자들이 대거 코스닥으로 몰렸고 앞뒤 안 가리고 투자를 하는 '묻지 마 투자' 열풍이 불었다. 그 과정에서 코스닥 시장에는 엄청난 거품이 형성되었고, 결국 얼마 안 가서 거품이 일시에 꺼지고 말았다. 그 결과, 1999년 말 98조 7,000억 원으로서 최고치를 기록하였던 코스닥 시장의 시가총액은 5년 후인 2004년 10월, 30조 1,000억 원으로 곤두박질쳤다. 대략 68조 6,000억 원이 어디론가 사라진 것이다.

그 사이 큰손들은 이미 크게 한몫 챙겨 빠져나간 상태였다. 결론적으로, 사라진 거액의 돈은 바로 이들 큰손들의 호주머니 속으로 들어가 있었던 것이다. 반면, 뒤늦게 합류한 중산층과 서민들은 투자금의 대부분을 날려야 했다. 코스닥에 투자했던 사람들은 평균적으로 투자원금의 5퍼센트밖에 건지지 못한 것으로 확인되었다.

이렇듯 일확천금의 꿈에 부풀게 만들었던 곳은 10퍼센트가 나머지를 구조적으로 약탈하는 승자독식의 무대가 되었다.

그런데도 이 사회는 강력한 저항에 직면하지 않은 채 그런 대로 굴러왔다. 도대체 그 이유가 무엇인가? 만약 성공하는 10퍼센트가 처음부터 정해져 있고 나머지 90퍼센트와의 사이에 넘을 수 없는 장벽이 존재한다고 가정해보자. 모든 가능성을 박탈당한 90퍼센트는 곧바로 들고 일어날 것이다. 평등주의 지향이 유별나게 강한 한국인들은 그런 상황을 결코 참지 못할 것이다.

바로 이 점에서 신자유주의는 그렇게 우둔하지 않음을 보여주었다. 신자유주의는 누구든지 10퍼센트에 진입할 수 있다는 가능성을 효과적으로 유포하였다. 한마디로, 일확천금의 꿈을 모두가 구매 가능한 상품으로 만들었던 것이다. 누구나 가입 가능한 펀드 상품을 대대적으로 판매한 것은 그 내표석인 경우라고 할 수 있다.

결국, 신자유주의 체제 아래에서 한국인의 평등주의 지향은 모두가 일확천금의 꿈을 실현하기 위해 치열하게 경쟁하는 것으로 나타났다.

하지만 시장에서의 경쟁은 형식상 모두에게 참여기회를 준다는 점에서 공정한 것 같지만 실제에서는 지극히 불공정한 것일 수밖에 없었다. 거액의 자금을 지닌 사람과 푼돈을 쥐고 있는 사람이 시장에서 맞붙었을 때에는 결코 공정한 경쟁을 기대할 수 없기 때문이었다. 그것은 마치 동네 구멍가게와 대형 슈퍼마켓 사이에 공정한 경쟁이 이루어지기를 기대하는 것 만큼이나 비현실적이었다.

결국 신자유주의 체제 아래에서 경쟁의 이름으로 벌어지는 모든 게임은 승자가 더욱 많은 것을 차지하고 끝내는 승자가 모든 것을 차지하는 것으로 귀결될 수밖에 없었다. 돈이 돈을 버는 '승자독식'이 하나의 법칙으로 작용하였던 것이다.

이 같은 승자독식 현상은 시간이 흐르면서 사회 모든 분야로 확산되어왔다. 심지어 가장 공정한 경쟁의 무대가 되어야 할 교육마저 그러한 방향으로 갔다.

그 동안 한국사회에서 교육은 기회의 균등을 보장했던 대표적 영역이었다. 즉, 교육을 통해 보다 높은 지위로 상승하는 것이 가능했던 것이다. 실제로 가난한 농촌 출신들이 교육을 통해 그러한 길을 걸은 경우가 많았다. 왕왕 개천에서 용 나던 시절이 있었던 것이다. 그러나 갈수록 사교육의 비중이 높아지고 사교육비의 투입정도에 의해 성적이 좌우되면서 이마저 지나간 옛날 이야기가 되고 말았다. 부모의 소득수준과 서울대 입학 사이의 상관관계는 이 점을 여실히 보여주고 있다.

일반가정 대비 고소득층의 서울대 입학비율은 1985년 1.3배에 그쳤지만, 2000년에는 무려 16.8배로 확대되었다. 아울러 이 격차는 갈수록 벌어지고 있다. 건강보험 납부액을 바탕으로 2007년 서울대 학생들의 가구소득 수준을 조사한 결과, 소득수준 상위 10퍼센트에 해당하는 신입생은 전체의 39.8퍼센트였고, 20퍼센트에 속하는 학생은 전체의 61.4퍼센트였다. 반면, 기초생활보장법상 수급권자를 부모로 둔 경우는 조사대상 1,463명 중에서 불과 25명밖에 되지 않았다.

이 모든 것은 교육이 사회적 불평등을 완화시키고 개방적인 지배구조를 유지하는 데 기여하는 것이 아니라, 거꾸로 불평등을 재생산하면서 폐쇄적인 지배구조를 뒷받침하는 장치가 되고 있음을 의미하는 것이다. 말하자면 교육이 승자독식 체제를 유지하는 영역으로 변질된 셈이다. 적어도 이 대목에서만큼은 한국사회는 1980년대 이후 후퇴를 거듭해왔다고 할 수 있다.

우울한 자화상

결코 공정하지 않은 경쟁은 사람들의 꿈과 현실 사이에 심각한 괴리를 발생시켰다. 신자유주의 시대 사람들의 머릿속은 온통 일확천금의 꿈에 부풀어 있었다. 그러나 몸을 둘러싸고 있는 현실은 전혀 다르게 나타났다. 머리와 몸이 전혀 다른 세계에 머물러 있었던 것이다.

그러면 지금부터 모든 환상을 걷어내고 그 이면에 펼쳐졌던 사람들의 삶의 모습을 살펴보도록 하자. 불행한 이야기이지만 일확천금의 꿈으로 가득 찼던 환상의 세계 이면에는 우울하기 그지없는 장면으로 가득 차 있었다. 즉, 일상적인 삶이 고통에 짓눌려 있었던 것이다. 그 중에서도 신세대, 특히 여성은 신자유주의의 최대 희생자로 전락하면서 이중삼중의 고통을 겪었다. 일을 그르친 것은 구세대인데, 아무 잘못이 없는 신세대가 더 큰 고통을 겪었던 것이다.

신자유주의가 빚어낸 첫 번째 우울한 장면은 아무래도 극도로 악화된 고용사정일 것이다.

고용사정과 관련하여 우선적으로 주목해야 할 점은, 한국경제를 주도하고 있는 대기업의 일자리 창출능력이 크게 약화되었다는 사실이었다. 대기업의 고용 기여도는 1993년 12.4퍼센트에서 2004년에 이르러 5.3퍼센트로 크게 감소하였다. 50대 기업만 놓고 보면 사정은 한층 심각하다. 1999년과 2004년 사이 50대 기업의 매출은 247조 원에서 415조 원으로 115퍼센트, 당기 순이익은 12조 원에서 39조 원으로 215퍼센트 각각 신장되었다. 그런데 같은 기간 고용은 49만 2,977명에서 49만 957명으로 도리어 0.4퍼센트 줄어들었다. 주주가치 상승을 목적으로 한 반복되는 구조조정이 빚어낸 결과라고 할 수 있다. 설령, 새로이 직원을 채용한다 하더라도 고급인력 빼가기 식의 경력직 채용의 비중이 82퍼센트에 이르렀는데, 이는 1997년 41퍼센트에 비해 무려 두 배나 늘어난 것이다. 결국 신세대들에게 일자리를 제공할 수 있는 실질적인 신규채용은 얼마 되지 않았다는 이야기이다.

이렇듯 대기업의 고용능력이 크게 약화된 조건에서 외환위기 이후 새로운 일자리를 만들어낸 것은 그나마 중소기업들이었다. 2002년의 경우, 중소기업이 신규고용에서 차지한 비중은 86.7퍼센트에 이르렀다.

이러한 가운데, 1998년 노사정위원회에서의 합의를 거쳐 정리해고,

계약제, 근로자 파견제 등이 법제화되면서 고용사정은 악화일로를 걸어왔다.

먼저 정리해고의 급격한 확대에 따라 그나마 어렵사리 유지되었던 고용안정마저 처참하게 파괴되었다. 정리해고는 연봉제 아래 상대적으로 임금수준이 높은 고령자를 대상으로 우선적으로 이뤄졌다. 명예퇴직제와 조기정년제 같은 제도가 도입되면서 정년까지 같은 직장에 근무한다는 '평생직장'의 개념이 사라졌다.

2002년 한국의 평균 근속연수는 5.6년으로 유럽 국가들의 절반 정도였고, 신자유주의를 대표했던 미국의 6.6년(1996년)보다도 더 짧았다. 정규직이라고 하더라도 언제 잘려나갈지 모르는 파리목숨으로 전락한 것이다. '오륙도', '사오정', '삼팔육'과 같은 용어들은 심화되고 있는 고용불안을 반영하는 대중적인 언어들이었다.

이와 함께 임시계약직, 일용직 등 비정규직이 급속히 확대되어왔다. 1996년 이후 2005년까지 피고용자는 약 198만 명이 늘어났지만, 이 가운데 정규직은 41만 명에 불과한 반면, 임시직과 일용직은 각각 약 115만 명과 42만 명 늘었다. 늘어난 피고용자의 80퍼센트 정도가 비정규직이었던 것이다. 이는 새롭게 직장을 구한 신세대의 경우, 대부분 비정규직으로 흘러들어 갔음을 말해주는 것이었다.

그런데 급속히 늘어난 비정규직의 70퍼센트를 차지한 것은 여성들이었다. 가령, 평소에 쉽게 만날 수 있었던 은행 창구업무를 보는 직원들이나 대형 슈퍼마켓의 계산대 직원들은 대부분 비정규직이었다고 보면 거의 틀림없다. 그 중에서는 정규직으로 있다가 정리해고당한 뒤, 비정규직으로 같은 직장에서 근무하는 경우도 종종 있었다.

그러면 이들에 대한 처우는 어떠했는가. 2004년 남성 정규직 노동자의 평균임금을 100이라고 했을 때, 남성 비정규직 노동자의 평균임금은 56.3이었다. 똑같은 일을 하고도 절반 정도의 임금밖에 받지 못한 것이다. 그런데 여성 비정규직 노동자는 그보다도 한참 못한 36.9였다. 비정규직이라는 이유와 여성이라는 이유로 이중적인 착취를 받았던 것이다.

장래가 선혀 보장되지 않는 불안정한 직장, 낮은 임금, 복지후생으로부터의 소외, 인간적 차별은 비정규직 노동자들을 극심한 심리적 고통 속으로 몰아넣었다.

연세대 원주의대 고상백 교수 팀이 조사한 2003년 조선업종 노동자(정규직 681명, 비정규직 1,032명)를 대상으로 조사한 결과는 비정규직의 고통을 극명하게 보여준다. 이 조사에서 비정규직 노동자의 스트레스를 유발하는 가장 큰 요인은 '직업 불안정성'으로 나타났다. 장래에 직장을 잃을 수도 있다는 불안감이 스트레스를 부르는 주범이라는 것이다. 특히, 비정규직에는 위험수위라고 할 수 있는 고高긴장 집단이 조사대상의 33.5퍼센트로서, 정규직의 9.1퍼센트에 비해 압도적으로 높았다. 고용이 불안정한 비정규직 노동자가 하루하루를 불안에 짓눌려 살며 극심한 스트레스를 받고 있었음을 알 수 있다.

가장 비극적인 이야기 가운데 하나는, 이러한 고통이 자녀가 성인이 되었을 때의 건강에까지 영향을 미친다는 사실이었다. 경상대 김학주 교수가 1998~2005년 기간의 자료를 바탕으로 30~59세에 해당하는 총 6,597명을 조사한 결과, 부모의 직업이 정규직인 경우는 자녀가 청·장년기에 건강하지 않을 확률이 8.8퍼센트인 반면, 부모가 비정규직이면 그 수치가 15.1퍼센트로 훨씬 높은 것으로 나타났다. 부모가 실업자인 경우는 더욱 높아져 28.7퍼센트에 이르렀다.

고용이 불안해지고 정리해고가 확대되면서 자영업자가 급속히 늘어났다. 달리 직장을 구할 수 없는 상태에서 그나마 먹고 살 수 있는 길이 장사를 하는 것이기 때문이었다. 2000년 이후, 자영업은 전체직업의 3분 1 수준으로까지 확대되었는데, 이는 10퍼센트 안팎인 선진국에 비해 지나치게 높은 것이다.

이렇듯 자영업이 팽창하면서 동종업종 간에 과당경쟁이 일어날 수밖에 없다. 대표적으로, 식당의 경우는 인구 80명당 하나 꼴로 존재할 만큼 과도하게 늘어났다. 국민들이 아무리 자주 외식을 한다고 해도 모든 식당이 적정한 수익을 내기란 구조적으로 불가능했던 것이다. 그럼에도 불구하고, 적지않은 자영업자들이 근근이 버티고 있었던 것은 두 가지 이유 때문이었다.

2006년 현재 임금노동자의 평균 근무시간이 주당 50.21시간인 데 반해 자영업자는 59.19시간이었다. 주 84시간(매일 12시간) 이상 일하는 자영업자도 무려 14.2퍼센트에 이르렀다. 대부분의 자영업자들이 노동시간을 늘려서 버티었던 것이다. 또 하나는 한국의 도시 자영업자의 90퍼센트 이상이 5명 미만의 영세한 규모였다는 사실이다. 이는 대부분의 자영업이 무급 가족노동 덕분에 유지되고 있었음을 말해준다. 결론적으로, 가족까지 달라붙어서 새벽부터 밤늦게까지 난리를 쳐야 겨우 유지될 수 있었다는 것이다.

이렇게 해서 벌어들인 자영업자들의 소득은 어느 정도 수준이었을까. 2006년 현재 월평균 200만 원 미만 자영업주가 무려 67.8퍼센트나 되었다. 7.6퍼센트가 적자를 보고 있었고, 100만 원 미만도 30퍼센트 가량이나 되었다. 여기에다 무급 가족노동을 감안하면 실제 남는 것은 별로 없었던 셈이 된다.

이렇듯 열악한 상황에서 대자본과의 경쟁은 자영업자들을 조이는 숙명적인 올가미가 되어왔다. 대표적으로, 대규모 유통업체의 진출은 소규모 유통업체를 심하게 압박했다. 통계청 자료에 따르면, 대형 마트를 제외한 소매점의 판매액 지수는 2000년을 100으로 했을 때 2005년 94.3으로 떨어졌다. 반면, 대형 마트의 판매액 지수는 2000년을 100으로 했을 때 1996년 20.1에서 매년 급속도로 상승, 2005년에는 195.7에 달했다. 대형 마트가 소형 판매점의 시장을 급속히 잠식하였던 것이다.

이렇듯 신자유주의 흐름이 확산되면서 더욱 더 많은 사람들이 보다 안정된 곳에서 불안정한 곳으로, 중심에서 주변으로 밀려나고 말았다. 정리해고로 쫓겨나고 비정규직으로 밀려나고 여성은 거기에서 더 밀려나야 했다. 많은 사람들이 자의반 타의반으로 자영업을 선택했지만, 대부분 주변부 신세에서 벗어나지 못하고 있다. 문제는 여기에서 그치지 않았다. 많은 사람들이 계속 주변으로 떠밀리고 있는 가운데 신세대 청년층은 높은 진입장벽으로 인해 '주변의 주변'을 정처 없이 배회해야 했다.

지난 2004년 정부가 발표한 청년실업률은 7.3퍼센트로 전체 실업률 3.3퍼센트의 2배를 웃돌았다. 하지만 이 통계는 잠시라도 일자리를 가져본 사람을 제외한, 말 그대로 완전 실업자만을 집계한 것이었다. 또한 취업을 준비하거나 취업을 포기한 숫자 역시 통계에서 빠져 있었다. 실제로는 같은 해 교육인적자원부가 밝힌 것처럼 대학 졸업자의 절반이 안정된 직장을 갖지 못한 '백수'상태에 놓여 있었다. 20대 태반이 백수라는 '이태백'은 단순한 비유가 아니라 엄연한 현실이었던 것이다.

2004년 말 개봉된 노동석 감독의 영화 〈마이 제너레이션〉은 20대의 우울한 자화상을 세밀하게 그린 작품이다. 〈마이 제너레이션〉의 주인공 병석은 낮에는 결혼식 비디오를 촬영하는 아르바이트를, 저녁에는 갈비집에서 숯불 지피는 일을 하면서 영화감독의 꿈을 키우고 있다. 병석의 애인 재경은 '알바 인생'에도 못 미치는 갑갑한 삶을 살고 있다. 어렵사리 사채업자 사무실에 취직하지만 인상이 너무 우울하다는 이유로 쫓겨나고 만다. 재경은 인터넷 다단계 판매 회사에 사기를 당하고 결국은 '카드깡'을 하고 만다.

실제로 20대의 많은 청년들이 때로는 학비조달을 위해, 때로는 정식으로 직업을 마련하기 전 생계를 위해 이른바 '알바'에 종사하였다. 주유소, 편의점, PC방, 커피숍, 식당 등 주로 자영업이 알바의 주무대가 되었다. 20대가 열악한 자영업에 저임금 노동력을 공급하는 저수지 구실을 하였던 것이다.

알바 급여는 말 그대로 최저수준이었다. 근로기준법상 시간당 최저임금*에도 못 미치는 경우가 수두룩했다. 일부 고급 레스토랑의 경우는, 손님이 뜸한 시간에는 알바를 밖에 나가 있도록 하고 그 시간의 급여를 제외하는 이른바 '꺾기'를 하기도 하였다. 이런 꺾기는 그 어느 곳에서도 전례를 찾아볼 수 없는 아주 악질적인 것이었다.

불안정하기 짝이 없는 경제상황은 급기야 혈기왕성한 신세대 청년층을 극도의 심리적 불안정 속에 빠지게 하였다. 통계청이 발표한 '2003년 사망원인 통계 결과'에 따르면 20~30대의 사망원인 1위가 자살이었다. 인터넷 취업포털 '잡 링크'가 구직회원 2,449명을 대상으로

---

* 매년 액수가 재조정되는데, 2008년의 경우는 시간급 3,770원(8시간 기준 일급 3만 160원)으로 사업의 종류에 대한 구분 없이 동일하게 적용하도록 되어 있다. 단, 사용자가 노동부장관의 승인을 얻은 자는 최저임금액의 20퍼센트를 감액하여 시간급 3,016원을 지급할 수 있다.

설문조사를 한 결과, '구직활동중에 스트레스로 질병을 앓아본 적이 있는가'라는 질문에 61.6퍼센트가 '그렇다'라고 답했다. 아울러, 가장 심하게 앓은 질병은 우울증으로서 무려 52.7퍼센트를 차지하였다. 청년실업이 청년우울증을 낳았던 것이다.

시정이 이러하다보니, 정년이 보장되는 직업에 대한 선호가 급속히 높아졌다. 고교 졸업자들은 교육대학으로 몰렸고, 대학생들 사이에서는 전공을 불문하고 각급 공무원 시험과 고시를 준비하는 학생들이 급증했다. 개인의 적성이나 비전보다 안정성을 우선으로 하는 세상이 되고 만 것이다. 그만큼 삶을 둘러싼 환경이 불안으로 가득 차 있었음을 말해주는 것이었다.

전반적인 삶의 환경이 악화되면서 끝내 가족위기가 도래하고 말았다. 사람들이 마지막으로 의지할 수 있는 안식처마저 위험스러운 상태에 직면한 것이다.

먼저, 무거운 가계부채가 가족을 짓눌렀다. 불안정한 소득은 부채를 급증시켰고, 그 결과로 개인이 금융기관에서 빌린 부채의 잔액은 2006년 9월 당시 558조 8,176억 원에 이르렀다. 이는 외환위기 직전인 1997년 9월말 186조 1,055억 원의 3배를 넘는 액수였다. 언제 파산의 회오리가 사람들을 덮칠지 알 수 없는 상황이 된 것이다. 폭등하는 집값 역시 가족의 안정을 어렵게 만드는 한 요소였다. 2006년 한 해 아파트 시세는 총액 기준으로 30퍼센트나 상승했다. 수도권의 경우, 이보다 훨씬 높은 수준으로 상승했다. 정상적인 수입으로 집을 장만하기가 요원한 상황이 된 것이다.

심한 경제적 압박은 출산율의 빠른 저하를 초래했다. 합계출산율(여성이 평생 낳을 수 있는 아기수)은 1996년 1.58명에서 2005년 1.08명으로 세계 최저수준을 기록하였다. 아기를 낳아도 키울 자신이 없기 때문이었다. 특히 유치원부터 대학까지 소요되는 교육비는 이만저만 부담스러운 것이 아니었다. '차라리 애 안 낳고 그 돈을 내가 쓰는 것이 낫지 않느냐'는 생각을 품기에 족한 상황이 된 것이다.

이러한 가운데, 가족위기를 촉진하는 이혼이 급증했다. 이혼은 1990년 4만 5,649건에서 2003년 16만 7,096건으로 13년 사이 거의 280퍼센트나 늘었다. 이혼증가의 사유는 여러 가지였지만 가장 크게 늘어난 경우는 경제능력을 상실한 남성들이 가족 내에서 지위를 유지하기 힘든 데 따른 것이었다.

가족의 위기는 자살이 급증하면서 한층 심각한 국면에 직면하였다. 실업이나 신용불량 등으로 생활이 어려워지면서 1997년 이후 자살률은 매년 12.5퍼센트씩 증가했다. 2005년 한 해 동안 자살자 수는 자동차 사고로 사망한 7,947명보다 훨씬 많은 1만 2,047명에 이른다. 하루평균 33명이 자살한 셈이었다. 가족 구성원 일부나 전부의 자살은 곧바로 가족의 해체로 이어졌고, 그에 따라 곳곳에 버려진 아이들이 생겨나면서 고아가 급증했다.

스트레스 왕국

지금까지 한 이야기를 바탕으로 한국인의 사는 모습이 평균적으로 어떤 것인지를 한 장의 종이 위에 그려보자. 물론 이 그림은 개인적 차이나 계층적 차이, 시간적 차이를 배제하고 그린 것이다.

한국에서 태어난 어린이들은 초등학교, 빠르면 유치원 때부터 입시지옥 속으로 빨려들어 간다. 특목고 입학은 그 첫 번째 관문이며 궁극적으로 명문대 입학을 목표로 초등학교부터 고등학교 때까지 피나는 경쟁을 한다. 그렇게 해서 대학에 들어가면, 잠시도 눈을 돌릴 틈 없이 취업준비에 몰두해야 한다. 취업은 금방 되는가. 그야말로 바늘구멍이다. 취업을 위해 여러 해를 전전해야 한다. 물론 취업을 했다고 해서 끝난 것이 아니다. 살아남기 위해 혹은 한 계단이라도 더 올라서기 위해 또 다시 치열한 경쟁을 뚫고 나가야 한다. 그 과정에서 끊임없이 해고 위협에 시달리며 실제로 해고되기도 한다.

그렇게 40대를 넘기고 50대가 되어 어느 정도 안정을 누릴 수 있는 때가 되면 어떠한가? 어느덧 자식들이 커서 자신이 겪어왔던 과정을 고스란히 겪는 것을 지켜보면서 노심초사해야 한다. 그러다가 마침내 자식농사 마무리 짓고 조기에 정년퇴직을 하게 되었다. 하지만 불행하게도 초고령화 사회가 닥치면서 노년의 삶은 오래 사는 것이 죄라도 짓는양 눈칫밥을 먹어야 하는 것으로 전락하고 있다. 그렇게 구질구질하게 살다가 결국 죽는 것이다. 이것이 요즈음 대한민국 사람들의 평균적 삶이다.

물론, 이 과정에서 목표를 성취하기도 하고 그로 인해 충분한 보람과 기쁨을 느끼기도 한다. 인생이 마냥 허무하게 흘러가는 것만은 아닌 것이다. 그럼에도 불구하고, 공통적으로 겪는 고통이 있다. 인생의 대부분의 기간 동안 엄청난 스트레스에 시달려야 하는 것이다.

미국에서 경제학 박사학위를 받고 대표적인 국책연구소인 한국개발연구원KDI에 취직한 어느 한 사람을 떠올려보자. 그는 한국에서는 촉망받는 최고 엘리트 중의 한 명임에 틀림없다. 그만큼 삶의 질이 높아야 할 것이다. 그런데 그는 평소 극심한 스트레스에 시달린다. 무엇보다도 보수를 결정하는 근무평점이 그를 괴롭히고 있다. 동일한 호봉이라도 근무평점에 따라 연봉은 40~45퍼센트까지 차이가 난다. 근무평점은 1억 원짜리 연구용역을 따오면 100점, 3억 원짜리 용역을 따오면 300점 하는 식으로 매겨지고 있다. 근무평점을 높이려면 도리 없이 '영업'을 뛰어야 하는 것이다. 평소 연구에만 매진해왔던 그로서는 여간해서 감당하기 쉽지 않은 일이다.

이렇듯이 한국인은 저마다의 위치에서 이러저러한 이유로 스트레스에 시달리고 있다. 지위가 높으면 과중한 책임으로, 지위가 낮으면 상사의 압박으로 스트레스에 시달린다. 다른 사람 눈치를 볼 필요가 없을 것 같은 중소기업 대표들은 그들 나름대로 자금확보와 판로개척 등의 문제로 인해 극심한 스트레스에 시달린다.

《파이스턴 이코노믹 리뷰》가 지난 1996년 아시아 10개국 직장인들의 스트레스를 조사한 결과, 1위 한국, 2위 홍콩, 3위 대만으로 나타났다. 한국은 또한 흡연인구와 음주량에서도 세계 1, 2위를 다투고 있다. 흡연율은 많이 떨어졌지만 음주량은 꾸준히 증가해왔다. 1960년대 중반 1.7리터였던 1인당 순수 알코올 소비량은 2002년에 이르러 6.9리터로 무려 네 배 정도 늘어났다. 40대 사망률이 세계 1위인 것 역시 빼놓을 수 없는 사항이다. 이 모든 것은 한국인들이 평소 얼마나 많은 스트레스를 받고 있는지를 여실히 드러내고 있다. 참고로, 한국의 40대 남성의 수명은 여성보다 8년 정도 짧다. 과중한 직무 스트레스 등으로 40대 남성의 돌연사가 그만큼 빈번하게 발생해왔다는 이야기이다.

다른 나라에서는 흔치 않은데 한국의 거리에서 쉽게 찾을 수 있는 '방'이 두 가지 있다. PC방과 노래방이 그것이다. 술자리 다음 코스는 으레 노래방이다. 노래 부르기를 유별나게 좋아하는 문화적 요인도 있지만, 스트레스를 해소하고자 하는 욕구가 그만큼 강하다는 것을 반영한 것이기도 하다.

평소에 강한 스트레스를 받는다는 것은 사람들이 내적 요구를 실현하지 못한 채 그 무엇인가에 의해 강하게 억압받고 있음을 의미하는 것이다. 실제로, 어느 정도 안정된 직업을 갖고 있는 사람들조차 소득증가와 지위상승 등 세속적 목표를 추구하면서 늘상 심각한 스트레스에 시달리고 있다.

이 모든 것은 대부분의 사람들이 행복을 얻기 위해 줄달음치지만 정작 행복을 느낄 수 있는 순간은 그다지 많지 않음을 말해주는 것이다. 달리 말해, 모두가 인간답게 살기 위해 몸부림치지만 정작 현실은 인간다운 삶을 끊임없이 유예하는 것으로 나타나고 있는 것이다. 지금의 삶의 양식을 근본적으로 재검토해야 할 필요성을 제기하는 지점이 아닐수 없다.

4. 미국 금융자본주의의 몰락

2008년 세계 각국의 시선은 온통 미국으로 모아졌다. 신자유주의 세계화를 주도하던 미국의 금융자본주의가 맥없이 붕괴되었기 때문이다.

주가 대폭락과 함께 세계에 군림하던 월가의 초거대 금융기관들이 차례로 쓰러졌다. 결국, 모기지 회사인 페니매, 프레디맥은 국유화되었고, 투자은행의 선두 그룹을 형성했던 리먼브러더스는 파산보호를 신청했다. 또한 거대 증권회사 메릴린치는 아메리카 은행BOA에 합병되었고 세계 최대 보험사 AIG에는 공적 자금이 투입되었으며, 투자회사 1, 2위를 다투었던 골드만삭스와 모건스탠리는 지주회사로 전환했다.

아울러 세계 최대 은행인 시티은행도 국유화 절차를 밟았다. 이 과정에서 미국 정부는 2008년 한 해 동안 7,000억 달러 이상의 재정을 투입해야만 했다.

결국, 국가의 개입을 거부하고 철저하게 시장방임주의를 추구하던 신자유주의는 위기의 순간에 자신의 운명을 국가에 의탁해야만 했다. 시티그룹의 한 시장정보지가 '환영 미 사회주의합중국Welcome to the United States Socialist Republic'이라는 표제를 썼던 것은 이러한 상황에 대한 자조 섞인 표현이라고 할 수 있다. 머리글자 USSR은 구소련의 약자이기도 했다.

사실, 미국 금융자본주의의 붕괴는 필연적인 것이었고 오래 전부터 예고된 것이었으며 이미 진행되어온 바였다.(자세한 내용은 나의 전작인 《혁명의 추억, 미래의 혁명》 PART 3을 참조하기 바란다.)

신자유주의 세계화의 심장부를 형성하였던 미국의 금융자본주의는, 아주 간단히 말하면 금융자본이 실물경제에 기생하여 이윤을 추출하는 시스템이었다. 이미 살펴본 것처럼, 주주자본주의는 그 핵심 메커니즘을 이루었다. 그런데 이윤을 창출하는 것은 어디까지나 실물경제이다. 따라서 금융자본의 이윤증대는 궁극적으로 실물경제를 질식시킴으로써 이윤창출의 원천을 파괴하는 것으로 이어질 수밖에 없었다.

실제로 금융자본주의가 본격적으로 작동하면서 미국의 제조업은 심각하게 망가지고 말았다. 미국의 제조업을 대표했던 자동차 빅3(GM, 포드, 크라이슬러)가 2005년 신용평가기관으로부터 사형선고나 다름없는 투기등급으로 강등된 것은 그 단적인 증거라고 할 수 있다. 한때 세계 최대 기업이었던 GM은 2009년에 결국 파산을 맞이하면서 국유화 절차를 밟아야 했다.

이러한 맥락에서 볼 때, 미국의 금융자본주의는 처음부터 지속가능한 시스템이 될 수 없었다. 미국의 금융자본주의가 붕괴되는 것은 시간 문제였던 것이다.

미국 금융자본주의가 붕괴조짐을 보이면서 처음으로 빨간 불이 켜진 것은 2000년 4월 주가 대폭락 사태였다. 당시 나스닥 시장은 한 주 동안 무려 25.3퍼센트나 급락하였다. 이는 한 주간의 낙폭으로서는 미국 종합주가지수 사상 최고치에 해당하는 것이었다. 특히 한 주의 장을 마감하는 금요일에는 무려 1조 달러 정도가 주식시장에서 증발했다.

주가 대폭락 이후, 연방준비제도이사회FRB는 주가부양을 위해 2001년 한 해 동안에만도 무려 11차례나 금리를 인하하면서 자금공급을 확대하였다. 그 덕분에 주가폭락을 일시적으로 저지할 수 있었지만, 더 큰 문제를 야기하고 말았다.

초저금리로 통화공급이 확대되자 덩달아 소비지출이 촉진되었고, 그 일환으로 주택담보 대출이 크게 늘었다. 그러나 이러한 인위적 소비 확대는 실물경제의 회복에 의해 뒷받침되지 않은 채 거품경제에 의존한 것이었다. 결국, 서브프라임 모기지론(비우량 주택담보대출)에서부터 문제가 불거지기 시작했다.

비우량 주택담보대출이란 신용등급이 낮아 일반은행에서 돈을 빌리지 못하는 사람들을 상대로 고금리의 돈을 빌려주는 것이었다. 금융기관들은 먼저 주택을 담보로 주택시세의 100퍼센트에 이르는 돈을 대출해주었다. 금융기관들은 여기에 머무르지 않고 '주택담보대출금에 대한 원리금상환 청구권'을 바탕으로 각종 파생상품을 만들어 판매했다. 이러한 가운데 돈을 빌린 사람들은 너도나도 주택투기에 나섰다. 매입한 주택값이 오르면 되팔아 빌린 돈도 갚고 시세차익도 챙길 수 있었기 때문이었다. 이 과정에서 무리하게 돈을 빌려준 금융기관들도 큰 돈을 벌 수 있었다. 고객으로부터 높은 금리를 챙겼을 뿐만 아니라 고수익의 파생상품도 팔 수 있었기 때문이었다.

그런데 이러한 과정이 계속 이어지려면 주택시세가 계속 상승해야 하고 그러자면 더욱 높은 가격에 주택을 구입하려는 사람이 계속해서 나타나야 했다. 하지만 이러한 흐름은 어느 순간이면 한계에 봉착하게 마련이었다. 결국, 주택가격이 투기바람을 타며 고공비행을 계속하고 그에 따라 주택가격이 한계선을 넘으면서 더 이상 주택을 구입할 수 없게 되자, 상황은 일거에 역전되고 말았다. 고객은 대출금을 상환하기 어려운 상황에 빠졌고, 금융기관들 사이에서 막대한 규모의 부실채권이 발생했으며, 그 여파로 대출금 상환 청구권을 바탕으로 만들어진 각종 파생 금융상품들도 일시에 휴지조각으로 전락하고 말았다. 이른바 서브프라임 쇼크가 발생한 것이다.

서브프라임 사태는 수많은 파생상품으로 이어지는 복잡한 먹이사슬 중 하나의 고리만 끊어져도 먹이사슬 전체가 휘청거릴 수 있음을 입증하였다. 그런데 실물경제의 약화, 초저금리 정책으로 인한 부채의 과도한 증가 등이 맞물리면서 곳곳에서 먹이사슬의 고리들이 끊어질 위험성이 증대해왔다. 2008년 초, 거대 금융기관의 연쇄 부실화는 바로 그러한 위험성이 누적되면서 발생한 것이었다.

미국경제가 앞으로 어떤 방향으로 나아갈지 정확히 예측하기는 쉽지 않다. 다만, 분명한 것은 미국은 종전의 자유방임적인 금융자본주의를 더 이상 고집할 수 없게 되었다는 사실이다. 그렇다고 하여 금융자본주의를 완전히 포기할 수도 없는 상태이다. 제조업이 망가져 있을 뿐만 아니라 금융의 비중이 너무 큰 상태에서 금융산업을 포기하기가 결코 쉽지 않기 때문이다.

결국, 미국은 적어도 당분간은 국가가 조세를 투입하여 금융산업을 유지하고 관리하는 시스템으로 갈 가능성이 가장 크다. 미국의 금융산업은 이렇듯 국가에 기대어 구차한 목숨을 이어나가겠지만 종전처럼 막강한 힘을 발휘하기는 힘들 것이다. 무엇보다도 미국정부가 부실기업 구제 등을 위해 재정적자를 대폭 확대함에 따라 달러의 가치가 급속히 하락하였고, 그에 따라 기축통화로서 달러의 지위가 심각하게 흔들리고 말았다. 이는 미국의 금융자본이 달러의 기축통화 지위를 이용해 세계시장을 한 손에 쥐고 흔드는 것이 더 이상 가능하지 않게 되었음을 의미하는 것이었다.

미국 금융자본주의 붕괴는 자칫 세계경제의 파국으로 이어질 수도 있는 위험신호였다. 다행히도 G20으로 표현되는 20여 개의 주요 국가들이 긴밀한 협력체제를 구축함으로써 최악의 상황을 피할 수 있었다. 그 과정에서 중국, 한국, 브라질 등 신흥 경제대국들의 국제적 위상이 크게 높아졌다.

그럼에도 불구하고, 미국 금융자본주의의 붕괴는 전세계적 차원에서의 신용경색을 야기하면서 세계경제를 극도로 위축시켰다. 미국 금융자본주의 붕괴의 파장이 어디까지 미칠지 모르는 불안한 상황에서 돈을 빌려주기를 꺼려하는 분위기가 형성되었고, 그에 따라 자금난이 심화되면서 생산 또한 위축될 수밖에 없었던 것이다.

이렇듯 세계 각국이 미국 금융자본주의 붕괴로 홍역을 치렀지만, 그 중에서도 가장 큰 타격을 받은 나라는 다름 아닌 한국이었다. 모진 놈 옆에 있다 벼락 맞는 격이었다.

그 동안 미국의 금융자본은 막강한 자금 동원력을 바탕으로 전세계 시장으로 진출하여 투자를 주도해왔다. 하지만 금융기관들이 연쇄적으로 부실화되자, 세계 각국에 투자했던 자금을 회수하여 유동성 위기를 보충해야 하는 상황이 되었다. 말하자면, 급히 돈을 거두어들여 구멍 난 곳을 메워야 했던 것이다. 세계 각국에서 투자를 주도했던 미국계 금융회사들이 일순간에 돈을 빨아들이는 블랙홀로 변한 것이었다.

그런데 한국은 이머징 마켓(신흥시장) 중에서도 상대적으로 유동성이 풍부한 나라였다. 자금을 비교적 쉽게 회수할 수 있는 나라였던 것이다. 이러한 이유로 자국의 금융기관들이 일제히 부실화되자 미국계 투자자들은 다투어서 한국에서 사들였던 주식·채권·부동산 등을 매도하기 시작하였다.

이러한 과정을 거쳐 한국은 주가폭락과 함께 대대적인 환전으로 인해 환율이 급등하는 등 심상치 않은 위기상황에 직면해야 했다. 더불어, 미국 금융자본주의 붕괴의 파장으로 인한 세계경제의 후퇴는 수출의존도가 높은 한국경제에 직격탄을 안겨다주었다. 다행히 한국경제는 2009년을 거치면서 조금씩 회복조짐을 보였고, 이를 통해 한국경제의 기초체력이 탄탄하다는 것을 다시 한 번 입증했다. 하지만 불황의 어두운 그림자는 꽤 오랫동안 사람들을 고통스럽게 만들었다.

미국은 자금 동원력, 시스템, 첨단기법 등 모든 점에서 금융자본주의가 도달할 수 있는 최고수준을 보여주었다. 이는 곧 어느 나라도 금융자본주의를 통해 미국보다 나은 결과를 낳을 수 없다는 것을 말해주는 것이었다. 따라서 미국 금융자본주의 붕괴는 자유방임적인 금융자본주의가 궁극적으로 귀착하게 될 지점이 어디인지를 명료하게 보여준 사건이었다고 할 수 있다.

이런 점에서 2009년 4월 2일, 런던에서 개최된 G20 정상회의는 금융 자본주의에 대한 국제사회의 입장을 좀 더 분명하게 정리한 자리라고 할 수 있다.

G20 정상회의는 미국과 유럽의 주요 나라들을 포함하여 한국과 중 국, 러시아 등 세계경제를 대표하는 20개국 정상들이 당면한 세계경제 의 위기를 타개하기 위하여 개최한 회의였다. G20 정상회의는 예상을 깨고 (세계은행과 IMF 등을 통해) 1조 달러의 자금을 투입함으로써 금 융위기를 진정시키고 세계경제의 회복을 도모하기로 하는 등 모두 6개 항의 합의를 이끌어내는 데 성공했다.

그 중에서 결코 빼놓을 수 없는 조항이 금융규제를 합의한 것이었다. 이는 유럽 국가들의 강력한 요구가 수용된 것으로서 자유방임적 금융 자본주의는 더 이상 허용해서는 안 된다는 국제사회 공통의 규율을 정 한 것이나 다름없었다.

분명 이 모든 것은 금융자본의 이익을 극대화하는 것을 목표로 하는 신자유주의의 흐름이 크게 후퇴할 가능성을 예고하는 것이었다. 전세 계적 범위에서 보면, 이 점은 매우 명백하다. 신자유주의는 이미 절정 기를 지나 쇠락의 길로 접어들기 시작한 것이다.

하지만 한국에 초점을 맞추면, 문제는 그렇게 간단치 않았다. 한국은 비교적 탄탄한 실물경제를 기반으로 풍부하게 이윤을 창출하고 있는 몇 안 되는 나라 중 하나였다. 한국은 위기에 처한 금융자본 입장에서 볼 때 훌륭한 피란처가 될 수 있는 나라였던 것이다. 더욱이, 국내 지배층 은 이미 신자유주의 시스템과 자신의 이해를 온전하게 일치시키고 있는 상태였다. 이는 미국 금융자본주의의 붕괴 이후, 한국에서는 신자유주의 압력이 더욱 강화될 가능성이 있음을 강하게 암시하는 것이었다.

실제로 미국 금융자본주의 붕괴 이후에도 한국사회를 짓누르고 있던 신자유주의 흐름은 후퇴할 조짐을 별로 보이지 않았다. 세계적으로 신자유주의가 절정기를 지나 쇠락의 길을 걷고 있음에도 불구하고, 한국의 신자유주의 시스템은 종전과 다름없이 작동했다. 지배층의 입맛에 딱 들어맞고, 여전히 활개를 칠 공간이 있으며, 아직까지는 결정적인 실패를 겪지 않았다는 이유로 무서운 관성을 발휘하며 살아 꿈틀거렸던 것이다. 그 결과, 민중의 입장에서는 세계적인 불황까지 덮치면서 더욱 힘든 상황에 직면해야만 했다. 말 그대로 엎친 데 덮친 격이었다. 미국 금융자본주의 붕괴가 자연스럽게 신자유주의로부터의 해방으로 이어지는 일은 결코 일어나지 않았던 것이다.

새로운 세계를 여는 신세대혁명

새로운 세상을 꿈꿀 때, 가장 먼저 해명해야 할 것은 누가 그것을 만들 것인가를 밝히는 것이다. 그에 대한 해답은 역사 이래 변함 없이 민중이었다. 그런데 중요한 것은, 누가 앞장서서 길을 열고 돌파할 것인가이다. 그에 대해 근대 이후의 역사는 기성세계의 이데올로기, 습성, 이해관계로부터 자유로운 새로운 세대임을 알려주고 있다. 식민지 시대의 독립운동과 군사독재 시절의 민주화 투쟁 모두 젊고 혈기왕성한 새로운 세대들이 앞장서서 돌파하였다.

그 다음 중요한 것은 새로운 세대가 새로운 세상을 만들기 위해 결심하고 착수해야 할 지점이 무엇인지를 밝히는 것이다. 독립운동 때는 총을 들고 무장투쟁을 전개할 것을 결심하는 것이었으며, 민주화 투쟁 때는 시위를 주동하고 노동현장으로 투신할 것을 결심하는 것이었다.

그렇다면 지금의 새로운 세대 역시 새로운 세상을 만들기 위해 앞장설 수 있는가 그리고 그를 위해 결심하고 착수해야 할 지점은 무엇일까.

Chapter 07
새로운 세계를 여는 신세대혁명

　　　　　　　外환위기를 계기로 정착된 신자유주의 체제는 사회적 양극화를 심화하는 등 갖가지 부작용을 일으키면서 많은 사람들로부터 비판의 대상이 되었다. 그러던 중 2008년, 미국 금융자본주의의 몰락이 분명해지면서 신자유주의 체제는 더욱 더 많은 사람들로부터 거부의 대상이 되었다.

　하지만 '이건 아니다!'라는 것만으로 신자유주의를 극복할 수 있는 것은 아니다. 신자유주의 체제는 그것을 넘어서는 새로운 세계를 창조할 수 있을 때, 비로소 역사의 무대에서 퇴장시킬 수 있다.

　바로 이 지점에서 구세대는 저마다의 위치에서 악전고투했으나 결정적인 돌파구를 열지 못했다. 이러한 조건에서 역사는 신자유주의의 최대 희생자이면서 창조적 에너지로 약동하는 신세대가 앞장서 돌파구를 열 것을 요구하고 있다. 신세대가 그러한 역사의 요구에 응답할 때, 구세대 또한 풍부한 연륜을 바탕으로 자신의 몫을 다할 수 있을 것이다.

1. 고독한 자들의 소통과 연대

신세대를 이야기함에 있어서 주의할 점이 한 가지 있다. 신세대는 연령과 관련이 깊은 것은 사실이지만, 그렇다고 해서 연령이 절대적인 것은 아니다. 10대, 20대에도 전혀 신세대답지 않은 애늙은이가 있을 수 있고 거꾸로 60대, 70대에도 신세대 노인이 있을 수 있는 것이다.

또한 새로운 것이 낡은 것을 변화시키는 사물의 일반적 법칙대로 신세대가 갖고 있는 속성은 구세대에게 영향을 미치면서 구세대 스스로가 변화하도록 만들기도 한다. 인터넷을 통한 소통문화는 그 단적인 예이다. 신세대와 구세대 사이의 경계선이 절대적인 것은 결코 아닌 것이다.

그러면 이런 점을 염두에 두면서 신세대가 1990년대에 등장한 이후에 어떻게 다양한 반란의 주역이 되면서 빠르게 진화해왔는지를 살펴보자.

1990년대 초, 신세대가 유쾌한 반란에 돌입하면서 처음 그 모습을 드러낸 것은 이른바 '오빠부대'였다. 어느 순간부터인가 공연장의 분위기를 지배한 오빠부대를 구성하고 있었던 것은 10대 여학생이었다. 요컨대, 오빠부대는 신세대와 여성이라는 정체성을 동시에 갖고 있었던 것이다. (근엄한 남학생들은 내숭을 떠는 건지 쑥스러워서 그런지 그런 부대를 잘 만들지 않았다. 그래서 '언니부대'는 있어도 '누나부대'나 '형님부대'라는 용어는 잘 사용되지 않았다.)

이들 오빠부대들은 말 그대로 밥은 안 먹어도 음악은 들어야 하고, 학교는 가지 않아도 공연장에는 가야 하는 열렬한 문화주의자들이었다. 또한 그들은 일찍부터 온라인을 매개로 팬클럽을 형성하고, 나아가 오프라인 회합을 통해 함께 공연장을 휩쓸고 다니는 등 온·오프라인을 넘나드는 커뮤니티의 선구자가 되었다. 이와 함께, 이들은 그 어떤 억압에도 순응하지 않는 자유분방하고 반항적인 자율적 시민이었다.

이렇듯 오빠부대 속에는 유쾌한 반란의 원형이 모두 녹아 있었다. 이런 점에서 오빠부대는 신세대 진화의 첫 페이지를 장식한 일종의 시조라고 할 수 있다.

그런데 그로부터 십수 년이 흐른 2008년, 광우병위험 미국산 쇠고기 수입결정으로 촉발된 촛불시민항쟁의 첫 자락에 똑같이 10대 여학생들로 구성된 촛불소녀들이 자리하고 있었다. 이들 촛불소녀들은 촛불시민항쟁의 불을 질렀을 뿐만 아니라 촛불시민항쟁의 패턴을 결정짓기도 하였다. 말하자면, 촛불시민항쟁의 산파역할을 하였던 것이다.

오빠부대들이 점령한 것은 공연장이고 가요계였다. 그러나 촛불소녀들이 점령한 것은 광장이었고, 나아가 역사의 무대 한복판이었다. 이 둘 사이의 차이는 십수 년의 시간이 흐르면서 신세대가 매우 의미심장한 진화를 겪었음을 암시해준다. 도대체 그 시간 동안 신세대 안에서는 어떤 일이 일어났던 것일까.

신세대들이 10대였을 때, 그들의 일상은 집과 학교를 반복해서 오가는 것이었다. 그런데 두 곳 모두 단절과 소외, 억압만을 안겨다주었을 뿐이다. 신세대는 구세대보다 자의식이 훨씬 강했음에도 불구하고 구세대가 어렸을 적보다도 더욱 심하게 속박을 받는 모순된 상황이 벌어진 것이다.

가정에서 부모는 전형적인 구세대의 모습을 하고 있었다. 부모들은 "요즘 애들과는 도무지 대화가 안 된다"고 투덜거렸고, 아이들은 아이들대로 "어른들의 삶의 방식은 도무지 이해가 안 된다"며 답답해 하였다. 부모와 자식 사이에 높은 벽이 가로막혀 있었던 것이다. 그런 상태에서 10대들이 부모들로부터 듣는 이야기는 오직 "공부! 공부! 공부!" 뿐이었다.

이런 이야기가 있다. 어느 아이가 학교에서 돌아와 현관문을 열며 "엄마 나 100점 맞았어!"라고 환호성을 질렀다. 그에 대한 엄마들의 반응은 대략 이런 것이었다. "너희 반에 100점 맞은 애들이 몇 명이지?", "중요한 것은 기말고사니라. 지금부터 방심하지 말고 열심히 공부해!", "녀석아! 이렇게 잘 하면서 그 동안 뭐 했어!" 한마디로 부모들은 끊임없이 아이들의 기를 죽였던 것이다.

이러한 가운데 수많은 10대들이 초등학생 때부터 학교와 학원을 맴돌며 정신없는 하루를 보내야 했다. 그들은 부모가 짜놓은 빼곡한 스케줄에 의해 친구들과 마음껏 뛰어놀 수 있는 시간을 모두 빼앗겼던 것이다. 끝내 자살을 선택한 어느 초등학생은 유서를 통해 "왜 1주일에 쉬는 시간이 아빠보다 내가 적으냐"고 하소연하기도 하였다.

10대가 부모들과의 관계에서 가장 고통스럽게 느끼는 것은 무엇보다도 심할 정도로 무시당하는 것이었다. 어른들은 10대를 말 그대로 애들 취급했다. 어른들의 입에서 나오는 이야기는 항상 "니들이 뭘 안다고 함부로 까불어!"라는 식이었다. 하지만 10대도 알 것은 다 아는 나이였다. 우리들 조부모 세대에는 10대때 다 시집·장가를 갔고, 식민지 시대 어느 한 때는 10대들이 독립운동을 주도하기도 하였다. 10대는 아무것도 모르는 어린애에 불과하다는 것처럼 실상을 왜곡하는 이야기는 없다.

학교는 또한 어떠한가. 입시학원이나 다름없는 학교는 시험성적을 둘러싸고 끊임없이 경쟁해야 했다. 밤늦게까지 학교 교실을 지켜야 하는 학생들은 친구들과 어울려 마음껏 웃고 떠들며 노는 것은 상상조차 하기 힘들어졌다. 10대들이 구조적으로 정서적 불안과 고독감에 시달릴 수밖에 없는 현실이었던 것이다. 희생자 한 명을 따돌림으로써 가장 **손쉽게** 동류의식을 느끼는 '왕따' 현상이 자주 발생했던 것도 그러한 현실이 빚어낸 비극 중 하나라고 할 수 있다.

1990년대에 첫 선을 보인 신세대들이 대학에 들어갔을 때는 대체로 외환위기 전후해서였다. 신세대 대학생들은 외환위기를 겪으면서 개인들이 조직에 의해 허망하게 내팽개쳐지는 장면들을 수도 없이 목격하였다. 신세대들이 보기에 자기 자신 이외에 개인의 운명을 책임져주는 곳은 그 어디에도 없었던 것이다. 이런 상태에서 사회는 신세대 대학생들에게 오직 경쟁에서 이기는 자만이 살아남는다는 것을 끊임없이 주지시켰다. 도리 없이 신세대 대학생들은 입학하자마자 좁아진 취업문을 뚫기 위해 전쟁 아닌 전쟁에 돌입해야 했다. 그들에게는 과거 대학가를 지배했던 낭만을 누릴 여유가 전혀 없었던 것이다. 신세대 대학생들에게는 고등학교가 대학입시 준비기관이었던 것처럼 대학은 취업 준비기관에 불과했다.

가장 불행했던 것은, 신세대 대학생들에게 현실을 뛰어넘어 새로운 세계를 사고할 수 있는 사상과 이론, 전략 모두 주어지지 않았다는 것이었다. 신세대 대학생들에게 신자유주의는 거역할 수 없는 대세로 다가왔다. 민주화 투쟁의 주역인 386세대를 포함하여 민주정부를 이끌었던 정치인들이 신자유주의를 개혁 이데올로기로 간주하는 태도는 이러한 분위기를 만드는 데 결정적 요소로 작용하였다. 신세대 대학생들은 그 나름대로 대안이 분명한 조건에서 주저 없이 현실을 거부할 수 있었던 1980년대 대학생들과 확연히 다른 상황에 놓여 있었던 것이다. 결국 신세대 대학생들은 대안부재의 상황에서 현실의 좁은 벽에 갇혀 신음하지 않으면 안 되었다. 그것은 종종 피 말리는 고통을 안겨다 주었지만 달리 탈출구를 찾을 수 없었다.

덕분에, 신세대들은 역사상 가장 무미건조한 대학생활을 보내야 했다. 어느 순간부터인가 경쟁에서 뒤처지면 끝장이라는 공포 분위기가 대학을 지배하기 시작했다. 수많은 대학생들이 잔뜩 '쫄아' 있는 상태에서 '스펙 쌓기'에 골몰하는 등 오직 살아남기 위해 몸부림쳤다. 그에 따라 신세대의 고유한 속성이었던 개성과 다양성을 상실한 채 체제가 요구하는 천편일률적인 인간형으로 전락하는 대학생들이 속출했다. 서태지의 '07교실이데아' 노랫말에 나오듯이, 대학은 학생들의 상품가치를 높이기 위해 멋진 포장지로 싸는 포장센터에 다름 아니었던 것이다. 그리하여 과거 가장 강력한 저항의 기지이자 창조의 요람이었던 대학은 그 어느 시대보다 기성질서에 순응하는 모습을 보이고 말았다.

대학을 졸업한 신세대 중 많은 수가 백수생활로 시간을 쪼개거나 '알바'로서 주변부 인생을 살아야 했다. 어렵사리 직장을 구하는 데 성공하더라도 고달픈 삶은 쉽게 해소되지 않았다. 신세대들이 흘러들어간 곳은 앞서 확인했듯이 대부분 비정규직이었다. 비정규직은 보수가 낮기도 하였지만, 무엇보다 장래가 전혀 보장되지 않는다는 데 가장 큰 문제가 있었다. 그로 인해 신세대들은 극도의 불안 속에서 심한 스트레스에 시달려야 했다. 드물게 정규직으로 진출하기도 했지만, 이 역시 정리해고의 위협 속에 시달려야 했다. 정리해고의 칼바람 속에서 용케 살아남았다고 해도 성과에 근거한 연봉제 아래에서 모두를 상대로 한 치열한 경쟁을 벌이지 않으면 안 되었다. 이래저래 신세대들의 하루하루는 숨 막히는 전쟁의 연속이었던 것이다.

이러한 조건에서 신세대들은 그 어떤 조직에도 마음으로부터 충성을 바치지도 않았고, 거꾸로 의존하려고 하지도 않았다. 냉소와 불신이 팽배한 가운데 신세대는 철저하게 자신의 이익을 중심으로 사고했고, 절서하게 그 누구에게도 의존하지 않고 자신의 힘으로 헤쳐 나가고자 하였다. 그에 따라 행동양식도 이전의 세대들과 판이하게 달라졌다.

영업사원의 경우를 예로 들어보자. 영업활동을 하다보면 다양한 정보를 수집하게 되고 다양한 네트워크가 형성되게 마련이다. 과거에 이모든 것은 자연스럽게 회사에 귀속되었다. 그러나 외환위기 이후 변화된 상황에서 신세대 영업사원들은 상당 부분을 자신에게 귀속시키기 시작했다. 지금 있는 회사에서 잘릴 경우, 새로운 회사에 취직하거나 창업을 할 때를 대비해서이다. 이는 지식축적과 네트워크 구축에서 기업(조직)이 아닌 개인이 중심이 되기 시작했음을 의미한다.

지금까지 살펴본 것처럼, 외환위기 이후 신세대는 홀로 모든 것을 헤쳐 나가면서 자신의 의지와 무관하게 집단에 의해 구속되지도 않고 거꾸로 의지하지도 않는, 온전한 의미에서 '자유롭고 독립적인 개체'가 되어갔다.

신세대는 거친 세파 속에서 자신을 책임질 수 있는 것은 자기 자신밖에 없음을 그리고 부단히 자기 안에 지식을 축적하고 자신을 중심으로 네트워크를 구축하지 않으면 생존할 수 없음을 누구보다도 절실히 깨달을 수 있었다. 시대상황이 신세대의 가장 중요한 특징인 '나는 세계의 중심'임을 거듭 확인해주고 체질화시키도록 만든 것이다.

그러나 자유롭고 독립적인 개체가 된 신세대들은 심각할 정도로 단절되고 고립된 상태에 놓여 있었다. 그들은 백수가 되어 세상과 담을 쌓고 살아야 했고, 피 튀기는 경쟁상대들과 차가운 만남을 계속하거나, 말이 통하지 않는 사람들과 답답한 시간을 보내야 했다. 그 결과, 고독은 신세대를 잠시도 떠나지 않는 그림자 같은 것이 되어버렸다. 고독은 신세대들로 하여금 종종 깊이를 알 수 없는 무기력감에 빠져들도록 하였고, 때로는 존재에 대한 견딜 수 없는 회의감에 사로잡히도록 만들기도 하였다.

이로부터 신세대들의 가슴 속에는 변함없이 세계의 중심으로서 나를 지키면서도 고독과 무기력으로부터 탈피하고 싶은 강한 열망이 뜨겁게 끓기 시작했다. 고독이 깊을수록 무력감이 커질수록 소통과 연대에 대한 열망은 더욱 뜨거워졌다. 그러한 열망은 마침내 '각자가 중심이 되어 소통하고 연대하는 것으로서의 네트워크 구축'에 대한 보다 강렬한 의지로 발전하였다. 때맞추어 네트워크 구축의 기술적 조건이 풍부하게 형성되었다. 인터넷을 중심으로 한 온라인의 공간이 활짝 열린 것이다.

한국은 초고속 인터넷이 가장 많이 보급되어 있는 나라의 하나이다. 사무실은 물론이고 거의 모든 가구에 인터넷망이 깔려 있다. 노인들 몇 가구가 사는 산골 벽지에까지도 인터넷이 들어가 있는 실정이다. 자연스럽게 컴퓨터는 필수 가전제품이 되었다. 더불어 전세계적으로 희귀할 만큼 동네마다 골목마다 PC방이 개설되어 있다. 진중권 교수는 한국의 인터넷 보급정도에 대해 그의 저서 《호모 코레아니쿠스》에서 이렇게 묘사하고 있다.

어느 여름날 해수욕장 파라솔 아래 누워 있는데, 핸드폰이 몸부림친다. 신문사의 원고독촉 전화. 칼럼 쓰는 것을 깜빡 잊었던 것이다.

"시간 얼마나 주실 수 있어요?"

"두 시간 드릴게요."

바로 일어나 PC방으로 들어간다. 인터넷으로 간단히 기사를 검색한 뒤, 원고를 작성해 이메일로 보내고 나서 다시 모래밭에 눕는다. 이런 일이 가능한 곳은 세계에서 대한민국이 유일할 거다. 자료 찾으러 독일로 갈 때마다 주윗사람들에게 나는 이렇게 농담을 하곤 한다.

"제가 오지로 떠나거든요. 연락이 잘 안 될 겁니다."

인터넷이 많이 보급되어 있을 뿐만 아니라 사용 빈도수 또한 세계 최고 수준이다. 언론에서는 인터넷을 자주 사용하는 사람을 흔히 네티즌(누리꾼)이라고 부르면서 종종 네티즌을 아주 특별난 존재처럼 묘사하는데, 실은 한국인의 적어도 3분의 2는 네티즌에 속한다고 볼 수 있다. 미니홈피를 제공하는 '싸이월드' 가입자 수만도 2006년 현재 1,700만 명에 이르렀다. 이렇듯 많고 많은 네티즌 중에서도 신세대 네티즌들은 하루평균 3~4시간을 온라인 공간에서 보냈다. 절대적으로 많은 수가 필요한 뉴스를 포털 사이트를 통해 접하고 있다. 신세대들의 일상 대부분이 온라인을 매개로 이루어졌다고 해도 과언이 아닌 것이다.

그런데 신세대들이 이러한 온라인 활동을 통해 추구한 가장 중요한 것은 다른 네티즌과 소통하는 것이었다. 이는 온라인 활동이 주로 개인이 필요한 정보를 수집하는 데 초점이 맞추어져 있는 다른 나라와 뚜렷이 구별되는 점이었다. 1인 게임이 발달해 있는 일본과 달리 여러 사람이 함께 하는 온라인 게임이 발달했던 것도 이러한 사정을 반영한 것이라고 할 수 있다.

　신세대들은 온라인 공간을 통해 말이 통하고 마음이 맞는 네티즌을 만나 열정적으로 소통하였고, 그들과 함께 다종다양한 커뮤니티를 형성하였다. 신세대들은 온라인 공간에서 익명의 네티즌을 만나 소통하더라도 오프라인 세계에서 어울리는 것과 조금도 다르지 않은 정서적 교감을 나눌 수 있었다. 많은 경우, 삭막한 오프라인 세계에 비해 훨씬 아름답고 풍부한 관계가 형성되었다. 그렇게 해서 맺어진 관계들은 자연스럽게 오프라인에서의 만남으로 이어지기도 하였다.

　이렇듯 신세대는 온라인 세계에서의 소통을 통해 단절되고 고립된 상태에서 빠르게 벗어날 수 있었다.

　온라인 공간을 통한 소통과 커뮤니티 형성은 신세대의 삶에서 절대적인 비중을 차지하면서 그들의 사고방식과 행동양식에 결정적인 영향을 미쳤다.

　권위주의 시대 모든 조직은 피라미드 형의 수직적 위계질서에 입각해 있었다. 이러한 조건에서 피라미드의 상층부는 정보의 흐름을 장악하고 통제할 수 있었다. 반면, 피라미드의 아래에 위치해 있는 사람들이 정보를 얻거나 자신의 정보를 전파하기 위해서는 불가피하게 수직적 위계질서의 상층부에 의존할 수밖에 없었다. 정보의 취득과 전파에서 지극히 불평등한 관계가 성립되었던 것이다. 이는 곧 상층부가 하층부를 향해 강력한 권력을 행사할 수 있는 원천이 되었다.

　하지만 온라인의 등장으로 사정은 180도 바뀌었다. 정보의 흐름과 이를 바탕으로 한 권력구조에서 혁명적 변화가 일어난 것이다. 온라인의 등장으로 인해 그 동안 수직으로만 흘렀던 정보가 수평으로 흐르게 되었다. 누구든지 원하는 정보를 상층부에 의존하지 않고 직접 취득할 수 있는 기회가 열렸으며, 마찬가지로 위를 거치지 않고 직접 정보를 전파시킬 수 있게 되었다.

이러한 정보흐름의 혁명적 변화는 수직적 위계질서를 대체하는 '수 평적으로 소통하고 연대하는 네트워크'가 광범위하게 창출되는 직접적 근거가 되었다.

온라인 공간을 매개로 한 수평적 소통과 연대구조는 기존의 수직적 위계질서와 모든 점에서 질적으로 다르다. 수평적 소통과 연대구조에 서는 여전히 각자가 중심이며, 그런 만큼 모두가 평등하다. 당연히 수 평적 소통과 연대구조에서 권위를 앞세우면 비웃음거리가 된다. 말하 자면 이런 것이다. "봉건 시대에 왕은 세습되었다. 근대 민주국가에서 왕은 선출되었다. 그러나 온라인 공간에 이르러 모두가 왕이 되었다."

비슷한 맥락에서 수직적 위계질서에서는 자신의 아래를 만들고 이 를 장악하는 것이 중요하지만 수평적 소통과 연대구조에서는 옆과의 관계를 형성하고 소통하는 것이 더 중요해진다. 마찬가지로 수직적 위 계질서에서는 그 누구인가의 아래로서 관계가 '독점'되지만 수평적 소 통과 연대구조에서는 다양한 사람의 옆이 될 수 있다는 점에서 관계는 '공유'된다. 그런 만큼 수직적 위계질서에는 정보의 독점이 중요하지 만, 수평적 소통과 연대구조에서는 정보의 공유가 더욱 중요한 의미를 갖는다.

이 같은 수평적 소통과 연대구조를 통해, 정치사회 편에서 다룬 '유 쾌한 반란'들이 비약을 이룰 수 있었고 신세대는 더욱 더 확고하게 유 쾌한 반란의 주역으로 자리잡아갈 수 있었다.

신세대는 열정적인 온라인 활동을 통해 너나 할 것 없이 소식을 전파하는 기자가 되었고, 이슈를 분석·평가하는 논객이 되었으며, 미니홈 피와 블로그 관리를 통해 매체 운영자가 되었다. 신세대들은 명실상부한 의미에서 미디어 공존 시대를 여는 전위가 된 것이다.

온라인 공간은 음악, 동영상, 사진 등이 끊임없이 소통되고 공유되는 문화의 아지트이다. 아무리 무미건조한 사람도 온라인 세계에 오래 머무르다보면 문화적 감수성이 풍부해지게 마련이다. 온라인 공간에서 통하는 보편적 언어는 바로 문화이기 때문이다. 그에 따라 신세대는 자연스럽게 열렬한 문화주의자로 변신해가면서 대중문화계의 도발을 촉발시키는 원천이 되었다.

무엇보다도 온라인 공간은 여성들에게 가장 자유스러운 해방의 공간이었다. 여성이기 때문에 직면해야 하는 특별한 진입장벽도 없었고, 발언기회를 제한받지도 않았다. 덕분에, 여성들은 온라인 공간에서 손쉽게 다양한 블록을 형성하였고 그들의 영토를 부단히 확장해나갈 수 있었다. 액면 그대로 온라인 공간에서만큼은 세상의 절반은 여성들의 몫이었다.

이처럼 온라인 공간을 통해 유쾌한 반란이 가속화되면서 곧바로 거대한 에너지가 비축되어갔다.

온라인 공간의 커다란 장점은 정보가 서로 주고 받는 쌍방향으로 흐르며 수많은 사람들이 한꺼번에 접속하여 동시토론을 할 수 있다는 것이다. 또한 온라인 공간은 시간과 공간의 한계를 아무런 제한 없이 뛰어넘는다. 여기에 수평적이고 개방적인 온라인 공간의 특성이 결합함으로써 수많은 사람들이 한꺼번에 접속하여 감각과 의지를 일치시키는 일이 가능해졌다. 이는 곧 놀라운 기동성을 바탕으로 짧은 시간 안에 거대한 폭발력을 갖는 흐름이 창출될 수 있음을 의미하는 것이었다.

이 모든 요인들로 하여, 온라인을 매개로 (수평적 소통과 연대구조로서) 네트워크 안에 막강한 힘이 축적될 수 있었고, 일정한 계기를 맞이하여 폭발을 일으키면 능히 세상을 뒤흔들기에 이르렀다.

1975년 개봉된 영화 〈바보들의 행진〉의 주인공 '병태'는 긴급조치 세대라 불린 당대 젊은이들의 자화상이었다. 통기타와 생맥주, 청바지로 대변되는 자유와 장발단속 등의 억압이 교차하는 가운데, 긴급조치 세대는 한편에서는 고뇌와 저항으로 몸부림쳤지만 다른 한편에서는 박정희의 철권통치 아래에서 한없는 무력감을 느껴야 했다. 그렇기 때문에 긴급조치 세대의 얼굴에는 언제나 어두운 그림자가 드리워 있었다.

1980년대에 등장한 이른바 386세대의 모습은 이전세대와 달랐다. 고뇌의 본질은 긴급조치 세대와 비슷했으나 저항정신은 전의 세대보다 한층 격렬했고, 자신감이 넘쳐났으며 행위도 훨씬 도전적이었다. 그들은 강한 동질성을 바탕으로 대중을 조직하는 데 성공하였고, 이를 바탕으로 민주화 대장정을 승리로 이끌 수 있었다. 자신의 힘으로 세상을 바꾸는 데 성공한 첫 세대가 된 것이다.

하지만 시간의 흐름은 이들조차 곧바로 구세대로 전락시키고 말았다. 1990년대 우리가 신세대라 부른, 이전세대와는 또 다른 부류가 등장한 것이다. 이들 신세대가 유쾌한 반란의 주역으로 떠올랐을 때, 첫 모습은 앞서 이야기했듯이 오빠부대였다. 구세대는 오빠부대로 상징되었던 이들 신세대들을 곱지 않은 시선으로 보았다. 심지어 일탈로 보는 경우도 많았다.

하지만 신세대들은 현실세계에서 끊임없는 단절과 고립을 경험하면서 이를 극복하기 위해 온라인 공간에서 적극적으로 소통하고 연대하기 시작했다. 이른바 X세대가 N(네트워크)세대로 진화한 것이다. 그 과정에서 신세대의 시야도 크게 넓어졌고 사회정치적 관심도 고양되었다.

이를 바탕으로 신세대는 2000년대 접어들면서 온라인 활동을 바탕으로 그들 앞에 펼쳐진 세계를 향해 적극적인 참여Participation를 시작했고, 자기계발을 하고 목표를 성취하기 위해 특유의 열정Passion을 불태웠으며, 네트워크를 바탕으로 거대한 힘Power을 비축하면서 사회 전반에 걸친 패러다임Paradigm의 변화를 주도할 수 있는 위치에 설 수 있었다.

구세대로부터 (정체가 묘연하다는 의미에서) X세대로 불렸던 신세대가 N세대를 거쳐 드디어 사회변화를 주도할 수 있는 P세대로 진화한 것이다.

2. 촛불시위, 그들의 화려한 데뷔

곤륜산을 타고 내린 차가운 물 사태沙汰가 사막 한가운데인 염택에서 지하로 자취를 감추고 몇천 리를 잠류한다. 그러다가 물의 흐름은 청해에 이르러 지표면으로 그 모습을 드러낸 뒤, 장장 8,800리 황하를 이룬다. 마찬가지로 신세대는 오랫동안 자신의 모습을 드러내지 않은 채 잠류를 계속했다. 그러다가 2002년에 이르러 신세대들은 본격적으로 지표면으로 분출하기 시작했다.

2002년 한국에서는 한국인 자신은 물론이고 전세계에 문화적 충격을 안겨다 준 세 가지 사건이 잇달아 발생했다. 붉은악마 거리응원, 노사모, 촛불시위가 바로 그것이었다. 이 셋은 전혀 다른 계기로 발생했고 양상도 달랐으며 성격 또한 상당히 차이가 있었음에도 불구하고, 뚜렷한 공통점이 있었다. 그것은 바로 온라인 세계에서 형성된 사람들의 특성이 오프라인 세계에서의 행위로 표출되었다는 점이었다.

붉은악마 거리응원은 2002 한·일월드컵 당시 한국 팀이 경기를 할 때마다 선을 보였다. 첫 경기인 한국 대 폴란드 경기때에는 서울 대학로에서 20만 명 정도가 모여 함께 응원했다. 모두가 그것도 참 대단하다고 생각했는데, 거리응원전의 규모는 횟수를 거듭할수록 무서운 기세로 늘었다. 급기야 4강전에서 독일과 맞붙게 되었을 때에는 전국에서 700만 명 정도가 거리응원전에 나섰다. 모두가 붉은 티셔츠를 입고 거리를 가득 메운 채 춤을 추며 응원하는 장면은 누가 보더라도 진기한 장면이 아닐 수 없었다.

거리응원에서 사람들은 평소 온라인에서 활동하던 그대로 자유롭게 자신을 표현하면서도 낯선 사람들과도 붉은악마라는 코드 하나만으로 자연스럽게 어울렸다. 아울러, 더욱 많은 사람들이 어울릴수록 신명 또한 더욱 커졌다. 그에 따라 거리응원 장소는 사람들이 되도록 많이 모일 수 있는 곳으로 정해졌다. 이 역시 접속자가 많을수록 즐거움이 커지는 온라인 세계의 특성이 그대로 발현된 것이었다.

노사모(노무현을 사랑하는 사람들의 모임)는 온라인을 매개로 전국적인 정치활동을 조직함으로써 권력의 향배에 결정적 영향을 미친 경우였다. 나름대로 최소한의 중앙조직을 갖추고 지역별 '번개모임'을 했지만 활동의 중심무대는 온라인 공간이었다. 회원들은 온라인 공간을 통해 수평적으로 관계를 맺었으며, 의사결정 역시 회원 전체가 참여하는 온라인 토론으로 이루어졌다. 온라인 토론을 통하여 실천과제가 합의되면 회원들은 각자의 위치에서 자신의 몫을 실행에 옮겼다.

촛불시위는 두 여중생의 희생으로 촉발되었다. 2002년 6월 13일, 경기도 의정부에서 심미선·신효순 두 여중생이 미군 장갑차에 깔려 목숨을 잃는 참변이 발생했다. 사건이 발생한 장소는 미군이 두 여중생을 비켜가는 데 아무런 지장이 없는 곳이었다. 고의적 살해 가능성이 매우 컸던 것이다. 그런데도 한국 정부는 두 여중생을 살해한 미군을 법정에 세울 수 없었다. 불평등하기 짝이 없는 한미행정협정SOFA 규정을 근거로 미군 당국이 범인의 인도를 거부했기 때문이었다. 결국 범인은 미군의 법정에 섰는데, 11월 경 미군법정이 범인들에게 내린 평결은 '무죄'였다.

분노의 물결이 일시에 전국을 강타했다. 온라인 공간에서는 두 여중생을 추모하는 커뮤니티가 무서운 기세로 확산되었다. 시간이 흐르면서 수많은 사람들이 무언가 행동을 하지 않으면 안 된다는 생각에 사로잡혀갔다. 그러던 중 '앙마'라는 아이디를 가진 〈오마이뉴스〉 시민기자 김기보가 두 여중생을 추모하는 촛불행사를 11월 30일(토) 광화문에서 가질 것을 제안하였다.

세계에 우리의 의지를 보여줍시다.
우린 광화문을 걸을 자격이 있는 대한민국의 주인들입니다.
피디수첩을 보면서 울었습니다.
그렇게 강경하게 싸운 그들이 이제야 이해가 되었습니다.
죽은 이의 영혼은 반딧불이 된다고 합니다. 광화문을 우리의 영혼으로 채웁시다. 광화문에서 미선이 효순이와 함께 수천 수만의 반딧불이 됩시다.

토요일, 일요일 6시, 우리의 편안한 휴식을 반납합시다.

검은 옷을 입고 촛불을 준비해주십시오.

누가 묻거든, 억울하게 죽은 우리 누이를 위로하러 간다고 말씀해주십시오.

촛불을 들고 광화문을 걸읍시다.

(……)

광화문을 우리의 촛불로 가득 채웁시다.

평화로 미국의 폭력을 꺼버립시다.

김기보의 제안문은 수많은 네티즌들이 퍼 나르면서 온라인 공간을 타고 빠르게 퍼져나갔다. 그로부터 얼마 후 11월 30일 저녁 6시가 되자 광화문에는 아무도 예상하지 못한 일이 벌어졌다. 수만 명의 사람들이 손에 손에 촛불을 들고 나타난 것이다. 그들은 손에 촛불을 든 것 하나만으로 이미 자신의 의사를 표현하고 있었다. 수만 명이 '추모의 촛불'이라는 코드 하나로 쉽게 접속한 것이다. 그렇게 촛불시위는 매주 토요일마다 광화문 거리를 가득 메웠다.

촛불시위의 성공요인은 여러 가지가 있었겠지만 무엇보다도 온라인 세계의 속성을 정확히 반영한 것이기 때문이었다.

기존의 '운동단체'들이 주도한 집회시위는 대체로 수직적 위계질서에 바탕을 두고 있었다. 항상 투쟁지도부가 있었고, 참가자는 그에 충실히 따라야 했으며, 집회시위의 내용은 주로 지도부의 연설과 지도부가 준비한 전단을 통해 표현되었다. 이처럼 수직적 위계질서에 입각하여 준비한 집회시위는 필연적으로 폐쇄적인 성격이 강할 수밖에 없었다. 단적으로, 소속깃발이 없는 사람은 참여하기가 쉽지 않았던 것이다. 참여하더라도 주변에서 구경하는 수준을 크게 넘어설 수가 없었다.

그런데 촛불시위는 이러한 폐쇄적인 수직적 위계질서를 허물고 시위를 수평적이면서 개방적인 것으로 만들었다. 촛불시위는 촛불을 드는 것만으로 누구나 자신의 의사를 충분히 표현할 수 있었다. 그런 만큼 촛불시위의 중심은 촛불을 든 각자였으며, 참가자 모두는 동격이었다. 국회의원도 연예인도 한 명의 촛불에 불과했고, 나이 어린 여중생도 당당히 촛불의 일원이 될 수 있었다. 촛불시위는 각자가 중심이면서 수평적으로 소통하고 연대하는 온라인 공간의 속성을 정확히 반영하고 있었다.

촛불시위는 2004년 탄핵반대 촛불시위를 거쳐 2008년 광우병위험 미국산 쇠고기 수입반대투쟁을 계기로 촛불시민항쟁으로 폭발해오르면서 그 진가를 유감없이 발휘하였다.

2008년 촛불시민항쟁의 불길을 당긴 것은 10대였다. 여기에는 그럴 만한 사정이 있었다. 앞에서 이야기했듯이, 10대들은 자율적 공간이라고는 전혀 없는 상태에서 새벽부터 밤늦게까지 어른들이 세워놓은 틀 속에서 어른들이 짜놓은 스케줄에 따라 살아야 했다. 그러던 중 이명박 정부가 영어몰입교육 도입, 특목고 확대, 0교시 수업 허용 등을 추진하자, 10대들은 '뿔'이 돋고 말았다. 설상가상으로, 이명박 정부가 광우병위험 미국산 쇠고기를 수입하기로 방침을 정하자, 10대들의 분노가 폭발하고 말았다. 수입된 쇠고기는 학교급식을 통해 자신들에게 공급될 것이 분명했기 때문이었다.

곧바로 온라인 공간은 10대들의 광우병위험 미국산 쇠고기 수입에 대한 성토로 도배되기 시작했다. '안단테'라는 아이디의 고2 학생이 이명박 탄핵서명을 제안하자 폭발적인 호응이 일어났다. 짧은 기간 안에 무려 130여 만 명이 서명에 동참하였다. 경찰이 안단테에 대해 수사를 시도하자, 수많은 네티즌들은 그를 경찰의 추적에서 보호하기 위해 일제히 자신의 아이디를 안단테로 바꾸어버렸다.

탄핵서명은 순식간에 '이명박 탄핵' 관련 용어가 대표적인 포털 사이트 검색어 상위권을 독차지하도록 만들었다. 그러자 다급해진 이명박 정권의 한 인사가 포털 사이트에 압력을 가해 검색어 상위권을 연예인 이름으로 대체하도록 하였다. 하지만 이 같은 조치는 네티즌들에게 고스란히 발각되었고, 결국 타는 불꽃에 기름을 부은 셈이었다.

마침내 57만 명의 회원이 참여하고 있는 '미친소를 몰아내는 10대 연합', '전국청소년연합', '안티이명박 카페', '미친소 닷넷' 등 온라인 단체들이 촛불집회를 추진하기에 이르렀다. 10대들이 주축을 이룬 이들 온라인 단체들은 촛불집회를 제안하고 실무적 준비까지 담당하는 등 촛불시민항쟁의 초기국면을 주도하였다. 촛불시민항쟁의 초기 참가자의 50~60퍼센트를 차지한 것 역시 바로 이들 10대들이었다.

5월 2일, 서울 청계천광장에 모여 처음 촛불을 든 것은 10대 여학생들이었다. 사람들은 그들에게 '촛불소녀'라는 이름을 선사했다. 여학생들은 "아직 연애도 못해봤고, 하고 싶은 것도 많은데, 빨리 죽고 싶지 않아요"라면서 "미친 소, 너나 먹어"라고 외쳤다. 소녀들의 입에서 터져나온 이 간명하고 직설적인 구호는 어른들의 감성을 뒤흔들어놓았고, 결국 소녀들의 외침은 거대한 촛불시민항쟁의 대폭발을 일으키는 뇌관이 됨과 동시에 촛불시민항쟁의 전개방식까지를 결정하고 말았다.

2008 촛불시민항쟁은 5월 2일부터 7월 12일까지 주최측 추산으로 연인원 299만 4,400명(경찰 추산 55만 6,600명)이 참여했다. 6월 10일의 경우

는, 전국적으로 60여 만 명이 참가하기도 하였다. 시위양상 또한 끈질기기 짝이 없었다. 72시간 릴레이 시위처럼 장시간에 걸친 마라톤 시위가 등장했는가 하면, 촛불문화제로 시작하여 다음날 새벽까지 경찰과 대치하는 철야시위도 일상화되었다. 그리하여 2008 촛불시민항쟁은 역대 촛불시위 중 가장 많은 사람들이, 가장 오랜 기간 동안, 가장 완강하게 지속한 투쟁이 되었다. 촛불시민항쟁이라 이름 붙이기에 조금도 부족함이 없었던 것이다.

시민들은 넥타이 부대, 유모차 부대, 가족 및 연인 등 다양한 모습으로 참여하였다. 그러나 절대다수를 차지한 것은 다음 아고라 등 온라인 커뮤니티를 통해 참여한 경우였다. 이들은 평소 온라인에서 치열한 토론을 통해 투쟁의 의미를 공유했고, 구체적 행동방식을 정하고 필요한 시위도구를 마련하는 등 만반의 준비를 거쳐 촛불시민항쟁에 참여하였다. 촛불시민항쟁에 힘을 불어넣어주었던 '무적의 김밥부대' 역시 온라인 공간을 통해 추진된 것이었다. 명실상부한 의미에서 온라인 커뮤니티가 대규모 투쟁을 만드는 아지트 구실을 한 것이다.

투쟁의 양상 또한 각자가 중심이면서 소통하고 연대하는 온라인의 특성을 그대로 재현했다. 참가자들이 한 곳에 모여 집회를 할 때에는 준비된 연사의 정치연설이 아닌 참가자들의 자유로운 발언이 줄을 이었다. 가두시위가 진행될 때에도 전체대열을 이끌고 가는 지도부가 따로 존재하지 않았다. 시위 참가자들 각자가 판단하여 움직였고, 필요하면 즉석에서 토론을 벌이기도 하였다.

촛불시민항쟁 참가자들의 다수는 그 어떤 조직에도 구속되는 것을 꺼렸고, 또한 의존하려고 하지도 않았다. 심지어, 그 누구인가가 자신을 가르치려 들거나 이끌려고 하면 강한 거부감을 드러냈다. 그 결과,

2008년 5월 20일 촛불시위 참가자

2008 촛불시민항쟁은 규격화된 틀에 갇히지 않고 참가자 각자가 재치와 열정, 감수성을 거침없이
분출함으로써 종전과는 다른 새로운 세계가 열릴 수 있음을 강하게 암시했다.

수많은 오합지졸이 무질서하게 몰려다니는 듯 보이기도 했으나, 전체
적으로는 기가 막힐 정도로 멋진 작품을 만들어냈다.

2008 촛불시민항쟁은 신세대와 교집합을 구성하고 있는 여성이 투
쟁 전반을 주도했던 자리이기도 하였다.

우선, 여성들은 2008 촛불시민항쟁에 그 어떤 투쟁보다도 적극적이
고 주도적으로 참여하였다. 남학생들이 PC방에서 게임에 빠져 있을 때,
여학생들이 최초로 촛불을 들고 거리에 나선 것은, 이 모든 것을 상징적
으로 보여주는 장면이었다. 이러한 현상은, 길게 보면 여성들의 사회참
여가 활발해진 결과였지만, 직접적으로는 2008 촛불시민항쟁을 촉발시
킨 이슈가 생명과 관련이 깊은 사안이었다는 점에 기인한 것이었다. 즉,

생명의 가치에 한층 민감한 여성들이 생명을 위협하는 광우병위험 쇠고기 수입이 결정되자, 즉각적이고 본능적으로 반응을 보인 것이었다.

이렇듯 여성들이 주도적으로 참여하자, 투쟁의 양상 또한 한층 여성스러운 방향으로 흐르기 시작했다.

그 동안 집회시위는 압도적으로 남성주의 문화에 의해 이끌려왔다. 군대처럼 도열하고 행진하는 것은 기본이었으며, 구호도 군인들처럼 입과 동작을 맞추어 외쳤고, 투쟁가요도 군가와 유사한 점이 많았다. 투쟁의 양상 또한 완력을 겨루는 물리적 접전 위주로 진행되었고 종종 전쟁터를 방불케 하는 치열한 전투로 격화되기도 하였다. 평가 역시 그러한 물리적 접전에서 상대를 얼마나 잘 제압했는가를 기준으로 이루어졌다. 군대는 군대로 맞설 수밖에 없었던 군사독재 때 형성된 투쟁문화가 강한 관성을 발휘하면서 오랫동안 유지되었던 것이다.

그러나 2008 촛불시민항쟁은 전혀 다른 양상으로 진행되었다. 투쟁을 주도했던 소녀들은 전경버스 아래 지친 모습으로 앉아 있던 전경들에게 돌을 던지는 대신 과자를 주었다. 주저하던 전경들이 쑥스러운 표정으로 과자를 집어가자 소녀들은 함박웃음을 지으며 손뼉을 쳤다. 이어서 촛불숙녀, 촛불아줌마, 촛불유모차들이 등장하면서 김밥에 과자, 귤, 파전 등을 날랐고 이를 통해 촛불시위를 국민엠티 풍의 축제로 만들어갔다. 경찰에 대한 대응양상도 달랐다. 경찰이 길을 막으면 몸싸움을 하는 것이 아니라 에돌아서 갔고, 경찰이 물대포를 쏘아 옷이 흠뻑 젖었을 때도 폭력적으로 응징하는 것이 아니라 "세탁비 내놔!"라고 여유 있게 내질렀다.

그렇다고 해서 남성들이 소외되거나 부차적 존재로 전락하는 현상은 없었다. 경찰의 폭력에 대한 대응을 놓고 갈등이 있기는 했으나, 전체적으로 보면 모두가 자연스럽게 어울렸다. 이는 집회시위가 남성화될 때, 여성이 소외되거나 부차적 존재로 전락하는 것과 뚜렷이 다른 점이었다. 여기에서 여성화(여성주의)의 보편성을 발견할 수 있다.

신세대와 여성이 투쟁을 주도하면서 부드러움과 여유로움이 이전시기 투쟁을 지배하였던 비장함과 강인함을 대신하였고 문화적, 예술적 상상력과 재기발랄함이 물리적 힘을 대체하였다. 그럼으로써 시위대는 확고한 도덕적 우위를 점할 수 있었고, 이를 바탕으로 여론을 자신들이 원하는 방향으로 이끌고 갈 수 있었다. 이에 대해 문화정책연구가 목수정은 다음과 같이 묘사하고 있다.

> 여기 세계사에 새롭게 기록되어야 할, 놀라운 시민운동의 형태가 한국에 나타났다. 비폭력은 기본, 간디 같은 상징적 지도자 하나 없이, 모든 사회계층이 자발적으로 참여하여, 이 나라의 주권이 국민에게 있다는 오묘한 문장을 외친다. 서로의 머리와 어깨를 타고 전해지는 에너지는 재기발랄, 동시다발의 전략으로 독재자의 치부를 발가벗기고, 독재자의 하수인에겐 장난을 걸며, 거리에서 춤을 추고, 쌈을 싸먹고, 빗속에서 물장난을 치며 축제와 흡사한 시민운동의 형태를 만들어냈다.
>
> 촌철살인의 순발력과 기지, 넉넉한 익살로 상대의 공격들을 무력화시키고, 권력의 모든 공격을 문화적 예술적 상상력으로 뭉그러트리며 막판에는 폭소를 작열하는 것으로 마무리하는 이 신종의 저항은 그 어떤 외신도 우리에게 타전해주지 못한 강력하고 신선한 형태의 시민운동이다.
>
> (남구현 외,《대한민국은 민주공화국이다》, 125~126쪽)

2008 촛불시민항쟁은 직접행동을 통해 국가를 복속시키고자 하는 자율적 시민의 상을 극적으로 보여주었다.

그 동안 정부는 중요한 외교사안이 발생할 때마다 국익을 앞세웠다. 노무현 정부가 이라크에 파병할 때도 그랬고 한미FTA를 추진할 때도 그랬다. 국민들은 그러한 정부의 논리를 상당히 수긍하기도 하였다. 국민의 90퍼센트가 미국의 이라크 침공은 잘못된 것으로 간주했으면서도, 70퍼센트 정도는 국익을 위해 이라크에 파병하는 것은 옳은 것이라고 생각하였다. 그런데 이명박 정부가 똑같이 국익을 앞세우며 광우병 위험 쇠고기를 수입하려 하자, 이번에는 전혀 다른 상황이 발생했다. 국민들은 정부가 말하는 국익이 다수의 희생을 바탕으로 소수의 이익만을 보장하기 위한 것임을 간파하였던 것이다.

이로부터 촛불시민항쟁 참가자들은, 국가의 실체는 국민 한 사람 한 사람이며 국가는 그러한 국민을 위해 존재하는 것임을 확인시켜주고자 노력했다. 즉, 촛불을 든 내가 곧 국가이고 나의 이익이 국가의 이익임을 선언한 것이다. "대한민국은 민주공화국이다. 대한민국의 모든 권력은 국민으로부터 나온다"는 노랫말의 〈헌법 제1조〉를 수백 번 반복해서 부른 것은 이러한 맥락에서였다.

그렇기 때문에 촛불시민항쟁 참가자들은 문제해결을 위해 국회나 정당에 의존하지도 않았다. 오직 자신의 존재를 드러내고 자신의 힘으로 문제를 해결하기 위해 끈질기게 물고 늘어졌을 뿐이다. 그러다보니 촛불시민항쟁의 열기가 고조되었음에도 불구하고, 진보정당의 지지율이 오르지 않았다. 이 점은 매우 특이한 현상으로서 2008 촛불시민항쟁을 이전시기 역사의 굽이마다 등장했던 대규모 투쟁과 구분 짓는 점이기도 하였다.

지금까지 살펴본 것처럼 2008 촛불시민항쟁은 1990년대 이후 '유쾌한 반란'을 통해 꾸준히 축적되었던 에너지, 문화, 기량 등이 거침없이 발산된 것이었다. 바로 그 과정에서 반란의 주축이었던 신세대, 그 중에서도 신세대 여성들은 역사의 무대에 화려하게 데뷔할 수 있었다. 이를 통해 신세대는 한국사회를 밑바탕에서부터 뒤흔들 수 있는 엄청난 잠재력이 있음을 입증했다.

2008 촛불시민항쟁은 문화적 헤게모니가 구세대에서 신세대에게로 넘어가는 확실한 역사적 경계선이 되었다. 그러한 경계선을 넘어서면서, 인류 역사에 일찍이 없었던 새로운 사회운동의 작동원리와 법칙이 선보였다. 한마디로, 2008년 촛불시민항쟁은 각자가 중심이면서 수평적으로 소통하고 연대하는 공존의 패러다임을 사회적 실체로 형상화시켰던 것이다.

이 모든 것은 사회운동을 지배하던 기존의 이론과 전략은 낡은 것으로 전락할 수밖에 없음을 의미하는 것이었다. 여전히 개인을 집단에 종속시키고 수직적 위계질서에 근거한 권위를 앞세우거나 다양한 중심이 존재할 수 있음을 인정하지 않고 타자를 쉽게 대상화시키는 것은 그 같은 낡은 경향을 대표하는 것들이라고 할 수 있다.

3. 새로운 주체, 새로운 전략

1990년대 초반, 한국사회에 신세대라는 새로운 종이 등장했다. 그로부터 얼마 후 외환위기와 함께 밀어닥친 신자유주의는 이들 신세대들을 이전세대와는 비교할 수 없을 만큼 자율적이고 독립적 존재로 단련시켰다. 하지만 그 반대급부로 신세대는 더없이 지독한 고독에 시달려야 했다. 바로 그 때, 그들 눈앞에 온라인 세계가 활짝 펼쳐졌다. 신세대는 바로 그 온라인 공간을 통해 열정적으로 네트워크를 구축함으로써 거대한 힘을 비축할 수 있었다. 마침내 신세대는 인류의 역사에 새 장을 연 촛불시위를 거쳐 화려하게 역사의 무대에 데뷔할 수 있었다.

이 모든 것은 신세대의 등장과 진화, 데뷔가 명백히 계기적 발전을 거듭한 하나의 역사임을 말해준다. 그런데 화려하게 역사의 무대에 데뷔한 그들이 그 다음 무언가를 보여주지 않는다고 해보자. 정말 이상하지 않은가?

신세대는 반란을 통해 태동했다. 반란은 신세대의 고유한 속성이다. 그런 만큼 신세대는 이제 새로운 반란을 꿈꾸어야 한다. 신세대가 반란을 꿈꾸지 않으면 미래의 주역임을 포기하는 것이며, 그 순간 신세대임을 반납해야 한다.

반란의 시작은 당연시되는 모든 것들에 대해 의문을 던지는 것이다. 그리고 현존하는 질서로부터 해방되어 자유롭게 미래를 탐색하는 것이다. 신세대들은 왜 구세대가 만들어놓은 질서의 주변을 배회하고 그곳으로 비집고 들어가기 위해 밀치고 떠밀며 발버둥치고 있는가? 왜 자신들의 속성에 맞는 새로운 질서를 창출하고 이를 통해 낡은 질서를 뛰어넘을 생각을 하지 않는가.

우리가 역사를 공부하는 가장 중요한 이유는 고정불변의 것은 없다는 것을 확인하는 것이다. 특히, 한국의 1년은 세계의 10년이라고 할 만큼 한국사회는 빠르게 변화하고 있다. 그러다보니 오늘 새로운 것이 내일 낡은 것으로 전락하고 있다. 응당 새 것을 준비하는 자만이 미래의 주역이 될 수 있는 그런 나라인 것이다. 따라서 오늘이 아닌 내일을 사는 신세대는 언제나 톡톡 튈 수 있어야 하고 기성세대로부터 황당하기 짝이 없는 세대라는 말을 들을 만큼 도발적이고 창조적이어야 한다.

구세대는 민주화와 경제건설을 위해 피눈물로 얼룩진 세월을 보냈고, 이를 통해 신세대가 출현할 수 있는 제반조건을 창출하였다. 그것으로 할 수 있는 만큼 최대한의 역할을 한 것이다. 여전히 많은 구세대들이 새로운 역사를 탐색하기 위해 고난의 길을 걸으면서 매우 의미심장한 역할을 해왔지만 한계가 많다.

무엇보다도 창조적 에너지가 고갈되어가고 있다. 5년, 10년이 지나도 똑같은 이야기를 반복하고 있는 사람이 많다. 마찬가지로, 본질은 변한 것이 하나도 없다며 20년 전에 학습한 것을 고스란히 답습하는 사람이 적지 않다. 극히 일부를 제외하고는 대부분 참신하고 도발적인 모습과는 거리가 멀다. 그러다보니 질적 변화의 전제조건인 양적 축적을 전혀 만들지 못하고 있다. 신자유주의를 극복하는 과정에서 1년 지나면 이 만치, 2년 지나면 저 만치 달라지는 것이 있어야 하는데, 결코 그렇지를 못한 것이다.

결론은 분명하다. 이젠 신세대가 앞장서야 한다. 신세대가 선두에 서서 돌파구를 열어나가야 한다. 이것은 바로 고통에 몸부림치는 신세대의 내면에서 울려 퍼지는 절박한 목소리임과 동시에 신세대를 태동시킨 역사의 준엄한 명령이기도 하다. 신세대는 신자유주의의 잔영이 여전히 짙게 드리워져 있는 한국사회를 보기 좋게 갈아엎는 유쾌한 반란에 돌입해야 한다. 그럼으로써 끊임없이 자신을 학대하면서 경쟁의 쳇바퀴 속으로 몰아넣지만 결국은 본전도 못 건지는 신자유주의 노예상태에서 스스로를 해방시킬 수 있어야 한다. 이렇듯 신세대가 신자유주의의 노예이기를 그만둘 때, 구세대 역시 낡은 관성으로부터 벗어나면서 풍부한 연륜을 바탕으로 자신의 몫을 다할 수 있다.

그렇다면 신자유주의를 넘어서는 새로운 세계로 나아갈 수 있는 길은 과연 무엇인가. 그 해답을 찾기 위해서는 무엇보다도 익숙한 것들과 결별하고 상상력의 날개를 활짝 펴는 것이 중요하다. 말 그대로 상상력에 권력을 부여해야 하는 것이다.

물론, 주의할 점은 있다. 신세대는 탈이념의 시대를 살아왔기 때문에 밖으로부터 주어진 이념을 바탕으로 신자유주의를 대체할 새로운 사회체제를 구상하기가 결코 쉽지 않다. 하지만 전체로서의 체제를 구상할 수는 없어도 부분을 기획하는 것은 얼마든지 가능하다. 가령, 신세대는 자신의 속성, 감각, 에너지를 바탕으로 작지만 대안적인 기업을 기획하고 실험할 수 있다.

답은 바로 여기에 있다. 부분의 변화를 양적으로 확대시킴으로써 전체를 변화시키는 것 또한 세상을 바꾸는 엄연한 또 하나의 길이기 때문이다. 이런 점에서 신세대는 목표를 포괄적으로 갖되 출발점은 아주 구체적으로 설정할 필요가 있다. 즉, 지금 이곳에서 내가 할 수 있는 대안적 실험에 착수하는 것이 무엇보다도 중요한 것이다. 상상력은 바로 그러한 대안적 실험으로부터 출발하여 신자유주의 이후 새로운 세계를 탐색하도록 하는 데 무한한 힘을 안겨다줄 것이다.

대학을 기지로 하는 '보금자리 전략'

신자유주의를 넘어서는 새로운 세상을 탐색하기 위해서는 몇 가지 전제를 확인할 필요가 있다.

앞서 우리는 한국사회가 1990년대를 거치면서 종전의 병영국가에서 기업이 사람의 운명을 좌우하는 기업국가로 전환하였음을 확인한 바 있다. 기업의 행태가 사람들의 가치관과 생활습성, 나아가 삶의 질을 규정하고 있는 것이다. 그런데 외환위기를 거치면서 신자유주의의 확산과 함께 금융자본의 이윤 극대화 논리가 기업을 지배하기 시작하였다. 결국, 신자유주의란 기업이 사회를 지배하고 금융자본이 기업을 지배하는 체제에 다름 아니었던 것이다.

이로부터 신자유주의 극복의 요체는 금융자본의 이윤 극대화 논리에서 벗어나 부의 창출에 직접적으로 기여한 구성원의 행복증진을 우선하고 사회적 이익과 조화를 이루도록 기업세계를 재구성하는 것임을 알 수 있다. 한마디로, 기업세계의 재구성이야말로 세상을 바꾸는 요체인 것이다.

그렇다면 기업세계를 어떻게 재구성할 것인가. 여기에서 우리는 크게 두 가지 길을 생각해볼 수 있다.

먼저 국가권력을 장악하고, 이를 바탕으로 위로부터의 변화를 모색하는 길을 떠올릴 수 있다. 하지만 이 같은 위로부터의 길은 오늘날의 조건에 비추어 볼 때 결코 가능하지 않다. 먼저 기업의 힘이 국가권력을 능가하고 있는 상태이기 때문에 국가가 기업을 변화시킬 여지가 매우 좁다. 국가권력 장악을 바탕으로 한 문제해결에 의존할 경우, 목표지점에 다가가지 못한 채 주변만 맴도는 '개량주의 함정'에 빠질 가능성이 큰 것이다.

설령, 국가의 힘을 강화한다고 해도 자본의 자유로운 이동을 보장하는 세계화가 극단적으로 진행된 결과, 실질적인 개입의 여지는 그다지 넓지 않다. 국가의 과도한 개입은 자칫 자본의 대대적인 탈출로 이어지면서 산업의 공동화를 초래할 가능성이 크기 때문이다. 그렇다고 하여 자본이동에 통제를 시도하는 등 세계화로부터 후퇴하기도 쉽지 않다.

한국경제의 대외의존성이 너무 높기 때문이다. 대외의존성을 줄여나가야 하는 것은 분명하지만 오랜 시간을 필요로 한다.

(국가에 의존한 위로부터의 변화는 바람직하지도 않다. 20세기 역사는 국가가 모든 것을 책임지고 국가에 모든 것을 의존하는 국가주의 모델의 한계와 그 비극적 종말을 생생하게 입증하고 있다. 신자유주의가 표방하는 시장만능주의와 마찬가지로 국가만능주의 역시 지양해야 할 대상인 것이다. 자세한 내용은 나의 전작인《혁명의 추억, 미래의 혁명》을 참조하기 바란다.)

결국, 우리가 선택할 수 있는 것은 아래로부터의 변화를 도모하고 국가가 이를 지원하도록 하는 형태일 수밖에 없다. 그런데 아래로부터의 변화는 다시 두 가지로 나누어 살펴볼 수 있다.

하나는 기존의 기업을 노동운동과 시민운동의 결합을 바탕으로 내부로부터 변화시키는 것이다. 이 경우는 분명 여지가 있고, 그런 만큼 변화를 위한 노력을 포기해서는 안 된다. 하지만 적지 않은 한계가 있다. 기존의 기업은 각종 기득권으로 겹겹이 둘러싸여 있다. 노동자들마저 적지 않은 수가 주식을 보유하면서 자본의 포로로 전락되어 있는 형편이다. 또한 정규직 노동자의 상당수는 기득권의 일부를 공유함으로써 현상유지에 집착하는 경향을 보여왔다. 게다가, 구세대 노동자들은 지독한 일중독에 걸려 있고, 그에 따라 더 많은 일을 함으로써 문제를 해결하고자 해왔다. 결론적으로, 기업의 지배구조 혁신에 그다지 절박한 이해관계를 갖고 있지 않았던 것이다.

결국, 신자유주의 체제를 극복할 수 있는 가장 명료한 길은 처음부터 신자유주의와 인연을 끊은 새로운 형태의 기업을 만드는 것이다. 이러한 기업을 주축으로 새로운 경제활동 공간을 창출하고, 이를 부단히 확대해나감으로써 궁극적으로 낡은 질서를 포위하고 압도하는 것이다. 말하자면, 정규전을 통해 낡은 질서를 일거에 뒤엎는 것이 쉽지 않은 조건에서 게릴라전을 바탕으로 신자유주의에서 벗어난 대안의 공간(해방공간)을 부단히 확대해가는 전략을 구사해야 하는 것이다. 시간은 많이 걸릴 수 있겠지만, 이것만이 목표지점에 도달할 수 있는 가장 확실한 길이라고 할 수 있다.

과연 이를 어떻게 표현할 것인가가 고민인데, 잠정적으로 대안의 공간을 신자유주의 광풍에서 벗어나 사람들을 포근하게 감싸주는 곳이라는 의미에서 '보금자리'로, 그러한 공간을 부단히 확대해나감으로써 문제를 해결하는 방식을 '보금자리 전략'(고전적 표현을 빌리자면, '해방구 전략'이라고도 할 수 있다)이라고 부르도록 하자.

인류의 역사에 등장한 모든 사회제도는 인간의 필요에 의해 창조된 것이었다. 인간은 자신의 필요에 따라 기존의 제도를 파괴하거나 변형시켰고 이전에 없었던 전혀 새로운 제도를 만들어왔던 것이다. 기업 역시 마찬가지이다. 필요하다면 종전의 기업을 획기적으로 변형시키거나 전혀 새로운 형태의 기업을 고안할 수 있다. 만약 현존하는 기업만이 기업의 전부라고 생각한다면, 이는 상상의 날개를 꺾어버린 채 현실의 좁은 벽에 자신을 가두어버리는 것에 다름 아니다.

이러한 맥락에서 환경보호를 바탕으로 지속가능한 발전을 보장받으면서 사회적 이익과 조화를 이루는 기업, 돈보다는 사람이 권력발생의 주된 원천인 기업, 구성원 모두가 주인으로서의 책임을 다함과 동시에 권리를 행사할 수 있는 기업, 그럼으로써 소모적인 노사분규가 발생할 수 있는 지점을 원천적으로 제거한 기업(이는 대안기업이 사회적 명분을 가질 수 있는 가장 중요한 지점이 될 것이다!), 윤리적이면서도 효율성 등에서 기존의 기업을 능가하는 기업, 바로 그러한 새로운 형태의 대안기업을 고안하고 실험할 수 있다. 기업의 형태로 볼 때, 대안기업으로 떠올릴 수 있는 것은 크게 세 가지가 있을 수 있다.

첫째, 사회적 기업이다. 주식회사의 형태를 띠더라도 기업주와 주주의 이익을 중심으로 움직이는 종전의 기업과 달리 일자리 창출 등 사회적 이익 증진을 주된 목적으로 한다. 미국과 유럽을 중심으로 확산되고 있는 새로운 형태의 기업이다. 미국의 루비콘 사의 한 관계자가 "우리는 빵을 팔기 위해 고용하는 것이 아니라, 고용하기 위해 빵을 판다"고 말한 것은 이러한 사회적 기업의 일단을 잘 드러내고 있다. 이러한 사회적 기업은 정부의 지원이나 기부, 자원봉사 등에 의존하는 비영리단체와 달리 시장에서의 상업적 이익을 통해 재정을 보전한다. 영리적 수익 창출과 사회적 책임 수행을 통일시키는 것이 사회적 기업의 요체인 것이다.

둘째, 협동조합 기업이다. 사용자와 피고용자 구별이 없는 기업인데, 스페인의 몬드라곤이 대표적인 경우에 해당한다. 몬드라곤은 1인 1표 원칙에 입각해 조합원들이 경영진을 선출하는 기업으로서, 2002년 현재 스페인에서 매출규모 8위, 일자리 창출 규모 3위에 이르렀다. 몬드라곤이 성공할 수 있었던 비결은 지속적인 교육을 통해 조합원들이 주어진 책임과 권한을 제대로 발휘함과 동시에 창의성을 극대화하도록 한 데 있었다.

셋째, 네트워크 기업이다. 개인 혹은 소그룹이 독립적인 경영단위이면서 다수가 고밀도 네트워크를 형성함으로써 통일된 경제활동을 수행하는 기업이다. 각자에게 매우 높은 책임과 능력을 요구하지만 그만큼 자유로울 수 있다. 각자가 중심이면서 소통하고 연대하는 온라인 세계의 특성이 반영된 것으로 조직 수평화가 극대화된 기업이라고 할 수 있다. 미래에 상당히 각광을 받을 것으로 예상되는 기업이다.

이처럼 대안기업은 여러 형태를 취할 수 있지만, 내용상 얼마든지 중복될 수 있다. 가령, 형태상으로 협동조합 기업이지만 사회적 기업으로서의 성격을 가질 수 있는 것이다.

대안기업은 돈보다는 사람이 주된 권력의 원천이라는 점에서 돈을 유일한 권력의 원천으로 삼는 신자유주의를 지양한다. 물론, 대안기업 역시 책임에 따른 권한의 차등과 실력에 따른 보수의 차등은 필수적이다. 이를 소홀히 하면 자가발전의 에너지가 사라진 채 무기력한 기업으로 전락할 수 있다. 하지만 책임과 무관한 권한의 남용, 실력과 무관한 보수의 차별은 결코 허용되어서는 안 된다. 요컨대, 대안기업은 실력과 무관하게 단지 여성이라는 이유로, 지방대학 출신이라는 이유로 차별받고 소외되고 배제되었던 그 동안의 관행을 실천적으로 극복하는 장이 되어야 하는 것이다.

대안기업은 원칙적으로 수평적 권력구조를 지향하는데 이는 (지식의 생산과 유통이 경제활동의 중심을 이루는) 지식기반경제의 주축을 이루는 지식작업의 특성을 반영한 것이기도 하다. 지식작업은 기계의 움직임에 맞추었던 산업시대의 노동과 달리 자율적이고 독립적으로 이루어지며, 상호간의 관계 역시 수직적 통제가 아닌 수평적 협력이 위주가 된다. 이런 점에서 대안기업은 새로운 시대에 부합되는 한층 진화된 형태의 기업이라고 할 수 있다. (지식기반경제 시대의 노동의 특성과 기업의 권력구조, 지식기반경제와 신자유주의 사이의 모순 등에 대한 보다 자세한 내용은 나의 전작인《혁명의 추억, 미래의 혁명》을 참조하기 바란다.)

지금까지 살펴본 것처럼 대안기업들은 공통적으로 각자가 중심이면서 수평적으로 소통하고 연대하는 공존의 패러다임을 기초로 삼고 있다. 이는 두 가지 측면이 있다. 하나는 신세대의 속성과 자연스럽게 일치하기 때문에 신세대들이 쉽게 적응하면서 실력을 발휘할 수 있다는 것이다. 또 하나는 대안기업을 통해 승자독식의 신자유주의를 넘어서는 '더불어 함께 사는 사회'를 열 수 있다는 사실이다.

기존사회에서도 발견되듯이 기업은 사회를 자신의 모습대로 만들어 간다. 가령, 퇴폐적인 상품을 파는 기업들이 활개를 치면 퇴폐적인 문화가 넘쳐나게 마련이다. 마찬가지이다. 대안기업의 활동이 왕성해지면 사회 전반에 걸쳐 대안적 가치와 문화, 관계가 풍부하게 형성될 수 있다. 예를 들어, 도시농업 전문기업이 적극적으로 움직이면 도시농업이 발달하면서 생명친화적인 가치와 문화가 확산된다. 대안기업이 능히 대안세계를 여는 중추적 역할을 할 수 있는 것이다. 요컨대, 좋은 기업이 좋은 세상을 만들고, 멋진 기업이 멋진 나라를 만든다고 할 수 있다.

이 모든 것은 대안기업이야말로 신세대가 공존의 패러다임을 기초로 신자유주의 이후 새로운 세계를 창조하는 수단이 될 수 있음을 말해 준다. 1980년 광주민중항쟁 당시 시민군이 등장함으로써 병영국가를 뛰어넘을 수 있는 결정적 계기가 마련되었던 것처럼, 신자유주의 시대 기업국가를 넘어설 수 있는 결정적 담보는 바로 대안기업인 것이다. 바로 여기에서 군대에는 군대로, 기업에는 기업으로 맞서는 맞불작전이야말로 전략적 승리를 보장하는 최고의 작전임이 다시 한 번 확인된다.

그렇다면 과연 이러한 대안기업이 어느 정도 현실성을 갖는 것일까? 두 명의 프랑스 청년이 세계일주를 하면서 수많은 대안기업들을 발굴했고 이를 바탕으로 《세상을 바꾸는 대안기업가 80인》이라는 책을 펴낸 바 있다. 그 속에는 (온전한 의미에서 우리가 원하는 형태는 아니라 하더라도) 대안적이면서도 효율성과 수익성 또한 뛰어난, 지속가능한 발전의 선구자로 평가받는 다양한 대안기업들이 소개되어 있다. 무담보 소액 신용대출로 극빈자들을 구제해온 방글라데시의 그라민 은행도 그 중 하나이다. 그라민 은행은 일반은행보다도 높은 상환율을 바탕으로 고속성장을 거듭할 수 있었고, 그 결과 직원수가 2007년에 2만 4천 명을 넘어섰는데, 급여는 다른 은행과 비슷한 수준이다. 참고로, 그라민 은행의 설립자인 무하마드 유누스는 대안기업이야말로 세계의 모든 악과 불행을 치유할 수 있는 가장 훌륭한 수단임을 강조하면서 젊은이들에게 "직업을 찾지 말고 창조하라"고 권유해왔다.

신자유주의를 넘어서는 새로운 세계를 창조하기 위해서는 대안기업들을 보다 광범위하면서도 빠른 속도로 창출함과 동시에 안정적인 사회진입을 보장할 수 있어야 한다. 그러자면 반드시 강력한 기지가 있어야 한다. 말하자면, 대안기업들은 신자유주의에 저항하는 게릴라부대인 셈인데 게릴라전의 필수적 요소인 (은신처, 훈련소, 보급기지가 되어주었던) '근거지' 역할을 할 수 있는 곳이 있어야 하는 것이다.

(일반적으로 새로운 사회로의 이행전략 수립에서 가장 핵심적 요소는 어디를 '기지'로 삼을 것인가이다. 이는 대체로 경제발전 단계에 의해 규정된다. 농업사회일 때는 농촌을 근거지로 하는 게릴라전이, 산업사회일 때는 대공장을 근거지로 하는 진보정치 전략이 이행전략으로 채택되는 경우가 많았다. 그러나 현재 한국사회에는 그 어느 것도 적합하지 않다. 대공장을 근거지로 한 진보정치 전략조차도 나름대로 빛을 낸 곳은 울산과 창원 두 곳뿐이다. 일반화가 불가능한 것이다.)

대안기업을 광범위하게 창출하고 이들을 지속적으로 지원하며 동시에 네트워크의 허브 기능을 수행하는 기지가 될 수 있는 곳은 바로 '대학'이다. 우리는 바로 이 대학을 기지로 신자유주의를 넘어서는 대안의 세계를 창출하고 이를 부단히 확장해나가는 보금자리 전략을 구사할 수 있는 것이다. 그 이유는 다음과 같다.

먼저 대학은 신세대가 자신의 정체성을 유지하면서 기성의 틀에 얽매이지 않고 새로운 도전과 실험을 할 수 있는 최적의 거점이다. 대학은 신세대가 그 어느 곳보다도 자신의 힘을 결집하고 이를 바탕으로 자기 영역을 구축하기에 가장 용이한 곳인 것이다. 한걸음 더 나아가, 대학은 신세대가 사회적 영향력을 행사하고 사회적 자원을 동원할 수 있는 가장 적합한 곳이기도 하다.

무엇보다도 대학을 기지로 한 보금자리 전략은 경제발전 단계에 부합되는 지극히 합법칙적 과정이다. 앞서 확인했듯이, 한국은 지식기반경제로의 이행이 가장 빠르게 진행되고 있는 나라이다. 대학을 기지로 한 보금자리 전략은 바로 그러한 지식기반경제 시대에 조응하는 새로운 사회로의 이행전략인 것이다.

지식기반경제 시대의 주축을 이루는 것은 지식작업을 수행하는 (지식노동자보다 범위가 훨씬 포괄적인) 지식근로자이다. 그런데 그러한 지식근로자를 대규모로 생성하는 곳은 다름 아닌 대학이다. 동시에 지식기반경제 시대의 핵심요소인 지식을 생산, 축적, 유통시키는 대표적인 공간 역시 바로 대학이다. 말하자면, 대학은 지식근로자를 양성하는 사관학교임과 동시에 지식의 공장이자 집산지인 것이다. 이 모든 것은 대학이 오늘날 대안기업 창출에 필요한 영양소를 풍부하게 간직하고 있으며, 바로 그러한 이유로 능히 대안기업을 잉태하는 모태구실을 할 수 있음을 의미한다.

사실, 구체적으로 파고들면 대학이 동원할 수 있는 인적·지적·물적 자원은 상당한 수준이다. 구축할 수 있는 네트워크 또한 매우 광범위하다. 바로 이러한 잠재력을 바탕으로 대학은 대안기업 창출에 적합한 시스템을 갖추고 프로그램을 개발할 수 있다.

가령, 대학은 대안기업의 창업과 경영에 대해 '컨설팅'(경영지도)을 할 수 있다. 이를 위해 대학원에 컨설팅 학과를 개설하거나 컨설팅 센터를 개설할 수 있다. 그와 함께, 경영학과는 대안기업들의 축적된 경험을 지속적으로 분석함으로써 보다 진전된 경영 모델을 제시할 수 있다. 마찬가지로, 이공계열 학과는 고급인재 확보와 국제적인 기술협력 등을 바탕으로 대안기업이 참여하는 첨단기술 개발 시스템을 구축할 수 있다. 또한 대학은 대안기업들이 일정기간 건물과 부지를 무상으로 사용하도록 하는 등 창업 인큐베이터 기능을 수행할 수 있다.

이 밖에도 대학이 대안기업 창출의 기지가 될 수 있는 요소는 매우 많다. 예를 들어, 대안기업이 우즈베키스탄 등 중앙아시아를 진출대상을 삼는다고 가정해보자. 대학은 즉시 외국어 교습을 위해 러시아어학과를 개설함과 동시에, 해당 나라들과의 다양한 문화교류를 통해 대안기업의 활동을 측면 지원할 수 있다. 이와 함께, 대학은 시민운동과 지방자치단체 등과의 유기적 연대를 바탕으로 미래지향적인 프로젝트를 추진함으로써 대안기업의 활동공간을 폭넓게 창출할 수 있다. 요컨대, 대학을 기지로 대안기업을 창출함으로써 '토털 마케팅', 나아가 '토털 경영'이 가능해지는 것이다.

이렇듯 대학을 기지로 할 경우, 그 동안 대기업이 독식하다시피 했던 각종 기회를 신생 대안기업도 얼마든지 누릴 수 있다. 그만큼 대학을 기지로 삼으면 대안적이면서도 뛰어난 경쟁력을 지닌 대안기업을 창출하고 성공적으로 안착시킬 수 있는 여지가 매우 풍부하다. 적어도 개별적으로 창업하는 것에 비해 성공확률은 비교할 수 없이 높다고 할 수 있다.

그런데 한국은 전세계적으로 대학진학률이 가장 높은 나라이다. 그에 따라 어느 곳을 가든지 대학이 자리 잡고 있을 정도가 되었다. 이는 대학을 기지로 대안기업을 창출하는 보금자리 전략이 널리 적용되었을 때, 엄청난 파괴력을 발휘할 수 있음을 말해준다. 요컨대, 대학을 기지로 한 보금자리 전략이 사회 전체를 변화시킬 수 있는 가능성이 매우 풍부한 것이다.

대학이 온전히 대안기업 창출의 기지로서 역할을 하기 위해서는 현재의 모습에서 과감히 벗어나 전혀 새로운 모습으로 변신하지 않으면 안 된다.

한국의 대학은 양에서는 세계 최고 수준을 자랑하지만 그 질은 평가하기조차 민망스러운 경우가 많았다. 지금까지의 대학은 도무지 무엇을 하는 곳인지 묘연하기 그지없었다. 학생 모두를 학자로 키우려고 하는 건지, 교수의 목표가 매우 불투명했던 것이다. 도대체 졸업 후 자기 전공을 제대로 살리는 경우가 과연 얼마나 되었는가. 다들 열심히 공부하는 것 같았지만 이는 어디까지나 학점을 따기 위한 수단에 불과할 뿐이었다. 또한 대학은, 심하게 말해, 수천만 원짜리 졸업장을 판매했으면서도 졸업 후에 이렇다 할 AS도 하지 않는 무책임하기 짝이 없는 곳이었다.

이런 식의 대학은 이제 종말을 고해야 한다. 대학의 개념을 통째로 바꾸어야 하는 것이다. 앞으로 대학은 학생들의 미래를 처음부터 끝까지 책임질 수 있는 곳이 되어야 한다. 요컨대, '대학 무한책임제'를 도입해야 하는 것이다.

대학 무한책임제는 사회진출에서 차별을 받고 있는 일부 지방대학들이 초보적이고 부분적이나마 실천에 옮기고 있다. 지방의 어느 대학은 3 플러스 1학점제를 도입하여 1년은 취업상태에서 학점을 따도록 하고 있다. 졸업 후에도 취업을 하지 못하는 사태를 막기 위한 강제장치라고 할 수 있다. 또한 어느 대학은 학생 개인의 진로를 함께 설계하는 맞춤형 교육 프로그램을 실시하고 있다. 부산의 어느 대학교수는 신체장애에도 불구하고 직접 발로 뛰면서 자신의 제자만큼은 100퍼센트 취업시키기 위해 노력하고 있고, 취업 후에도 세심하게 신경을 쓰고 있다. 물론 각각에 대해서 다양한 평가를 내릴 수 있겠지만, 대학 무한책임제를 실천하기 위한 노력의 일환인 것은 분명하다고 하겠다.

그런데 대학이 무한책임제를 온전히 구현하기 위해서는 무엇보다도 스스로 일자리를 창출할 수 있어야 한다. 결국 대학이 대안기업 창출의 기지로 기능할 때, 온전히 무한책임제를 실천할 수 있는 것이다.

대학이 대안기업 창출기지가 되기 위해서는 연구소를 건립하고 각종 지원기관을 확보해야 하며, 대안기업을 엄호해줄 협력업체를 적극 유치할 필요가 있다. 한걸음 더 나아가, 대학의 주도 아래 대학, 대안기업, 연구소, 지원기관, 협력업체 등이 하나의 공간 안에서 정보와 기술, 인프라 등을 공유하면서 상호 긴밀하게 협력하는 한국형 클러스터를 구축해야 한다.

대학 중심의 한국형 클러스터 형성의 단초는 여러 곳에서 찾아볼 수 있다. 이미 많은 대학들이 지역경제와의 연관 속에서 '교내 기업', '교내 벤처' 형태로 창업을 시도하여 성공을 거두고 있다. 이를 뒷받침하기 위해 일부 대학은 컨설팅 분야를 집중적으로 강화하는 등 창업지원 시스템을 갖추어가고 있다. 또한 중소기업청과 일부 지방자치단체들은 예산지원 등을 통해 대학의 이러한 노력을 적극 지원하고 있다. 대학 중심의 클러스터 형성은 결코 막연한 이야기가 아닌 것이다.

대학 중심의 클러스터는 전체적으로 시장경쟁 속에 존재하지만, 그를 구성하고 있는 요소들 상호간의 관계는 (성공적인 클러스터의 대부분이 그러하듯이) 서로를 짓밟고 깔아뭉개는 적자생존의 무한경쟁이 아닌, 공유와 협력을 바탕으로 서로가 서로를 보호해주고 키워주는 상생원리에 의해 지배된다. 이를 통해 대안기업들은 세계화된 시장환경에서도 거뜬히 살아남을 수 있는 강인한 생존능력을 획득할 수 있다. 말 그대로 대학 중심의 클러스터는 신자유주의 광풍으로부터 대안기업을 지켜주는 따뜻한 보금자리가 될 수 있는 것이다.

앞으로 차차 살펴보겠지만, 대안기업 창출을 바탕으로 대학 중심의 클러스터를 형성하는 것은 한국사회의 근본적 재구성을 위한 중심고리가 될 것이다. 한 가지 예를 들자면, 대학 중심의 클러스터는 바람직한 지역발전의 근간이 될 수도 있다. 그 동안 각 지역은 외부로부터 기업, 사회 인프라, 국책사업 등을 유치하는 것으로써 지역발전을 꾀하는 '외생적 지역발전'을 추구해왔다. 그로 인해 유치를 둘러싸고 지역간 갈등과 분쟁이 빈번하게 발생해왔다. 반면, 대학 중심의 클러스터를 바탕으로 지역경제를 발전시키면 외부로부터 유치에 의존하지 않고도 스스로 가치를 창출하고 확대재생산할 수 있는 자생력을 갖출 수 있다. 말하자면 '내생적 지역발전'이 가능해지는 것이다. 그렇게 되면 대학이 비교적 골고루 분포되어 있는 만큼 지역 간 갈등과 분쟁도 크게 해소될 것이다.

　이러한 이유로 해서 대학 중심의 클러스터 구축은 지방자치단체의 전폭적인 지원을 이끌어낼 수 있으며, 마찬가지로 지역주민들로부터 적극적인 지지와 협력을 얻을 수 있다. 이는 대학 중심의 클러스터 형성이 처음부터 폭넓은 지지기반을 바탕으로 추진될 수 있음을 말해준다.

　대학이 대안기업 창출의 기지가 되고 한국형 클러스터의 중심으로 자리 잡으면 대학의 혁명적 변화는 가속도가 붙을 수밖에 없다.

　예컨대, 학생은 대안기업 혹은 협력업체 직원이면서 동시에 대학에 소속된 학생인 '반半직원 반半학생'으로서 변신할 수 있다. 이로써 철저하게 실전경험을 바탕으로 한 대학교육이 이루어질 수 있다. 즉, 현장의 요구를 먼저 파악하고 이를 해결하는, '과제 중심, 문제해결 위주'의 실속 있는 교육이 될 수 있는 것이다. 또한 학생 스스로 가치를 창출함으로써 학비문제의 상당 정도를 해결할 수 있는 이점도 있다.

　대학이 커다란 변화를 겪으면서 자연스럽게 기존 대학 간의 서열이 파괴 혹은 재편될 것이다. 수도권 소재 대학과 지방대학 간의 역전현상도 얼마든지 일어날 수 있다. 취업에서 불리한 위치에 있는 지방대학일수록 대학 중심의 클러스터 형성에 보다 적극적으로 나설 가능성이 크고, 클러스터 형성에 필요한 공간확보 또한 용이하기 때문이다. 또한 지방대학은 지역경제와의 연관 속에서 개성 있게 클러스터를 형성할 수 있는 장점이 있다. 이러한 과정을 거쳐 강수돌 교수가 이야기한 대로 '개성 있는 대학평준화'가 자연스럽게 이루어질 수 있을 것이다.

　개성 있는 대학평준화가 이루어지면, 적어도 지금까지와 같은 극악한 형태의 입시지옥도 사라질 것으로 기대된다. 도리어 어떻게 하면 각자의 개성에 맞게 진로를 설계할 것인가가 보다 중요한 과제가 될 것이다. 그렇게 되면 초·중등교육 역시 자연스럽게 커다란 변화를 겪을 수밖에 없다.

이렇듯 대학을 기지로 대안기업이 창출되고 한국형 클러스터가 형성되는 과정은 일련의 교육혁명을 촉발한다. 대학이 '혁명의 기지'가 되는 과정에서 그 스스로 혁명적으로 변화하고 그 파급효과가 교육 전반을 뒤바꾸어놓는 것이다.

앞으로 신자유주의 이후 새로운 세계를 여는 선구자는 대학을 기지로 대안기업을 창출하는 사람들이 될 것이다. 이제부터 우리는 그들을 "희망 게릴라"라고 부르도록 하자. 그 누구인가가 신자유주의를 넘어서는 새로운 세계를 개척할 것을 결심하는 가장 확실한 징표는 바로 이러한 희망 게릴라가 되는 것이다. 식민지 시대 독립을 위해 헌신하기로 결심한 사람이 독립군이 되거나 1980년대 민주화를 위해 헌신하기로 결심한 사람이 시위주동자가 되거나 노동현장에 투신한 것과 같은 맥락이라고 할 수 있다.

매우 자연스러운 결론일 수 있겠지만, 희망 게릴라가 되어 대학을 기지로 대안기업을 창출하고 대학 중심의 한국형 클러스터 형성을 선도해야 하는 주체는 일차적으로 학생들이다. (단, 여기에서의 학생은 재학생뿐만 아니라 졸업생도 포함할 수 있다.) 당연히 대학이 대안기업 창출의 기지로 기능하도록 만드는 것 역시 일차적으로 학생들의 몫이다. 뒤집어서 말하면, 학생들은 매우 예술적 의미에서 대학을 '점령'해야 하는 것이다.(그렇다고 해서, 총장실을 점거하라는 이야기는 결코 아니다!)

바로 여기에서 학생운동의 대중적 부활이 절실히 요청되고 있다. 무엇보다도 희망 게릴라를 담금질할 용광로를 확보하기 위해서 더욱 그렇다.

대안기업운동의 주체인 희망 게릴라는 노동하는 경영자이면서 경영하는 노동자이다. 말하자면, 그 스스로 근대 이후 지속된 자본과 노동의 분열을 지양하는 존재인 것이다. 그렇기 때문에 노동자로서 실무기술 능력을 갖추어야 하고, 경영자로서의 넓은 시야와 전략구사 능력이 있어야 한다.

대학을 기지로 한 대안기업운동이 성공하기 위해서는 여러 가지 법제도를 정비함과 동시에 정책적 지원을 이끌어내기 위한 노력이 지속적으로 이루어져야 한다. (과거만은 못하지만 국가정책을 다루는 정치는 여전히 중요하다.) 아울러, 사회적 지지와 연대를 이끌어낼 수 있는 다양한 활동이 필요하다. 무엇보다도 대학 중심의 한국형 클러스터에 참가하는 기업들이 신자유주의 극복이라는 대의를 변함없이 견지할 수 있도록 서로 감독하고 독려할 수 있어야 한다. 그런 만큼 희망 게릴라는 활동가로서 역사의식과 정치적 소양을 함께 갖추지 않으면 안 된다.

이렇듯 희망 게릴라는 강인한 의지와 투철한 신념, 발군의 실력을 갖춘 전천후 인간이 되어야 한다. 말 그대로 강철로 단련되지 않으면 안 되는 것이다. 그러한 강철을 만드는 용광로로서 기능해야 하는 것이 바로 학생운동이다.

1970~1980년대 대학은 병영국가에 맞선 저항의 기지였다. 이제 대학은 기업국가에 맞선 창조의 기지가 되어야 한다. 1980년대의 학생운동은 양심에 의거한 운동이었다. 그러나 이제 학생운동은 학생들의 절박한 생존권적 요구에 근거한 운동이어야 한다. 그런 점에서 앞으로의 학생운동은 일정한 요건만 갖추면 1980년대의 그것보다도 훨씬 대중적인 운동이 될 수 있다.

당연히 앞으로의 학생운동은 1980년대의 그것과는 내용과 형식 모두에서 판이하게 달라져야 할 것이다. 구세대의 유산에 안주하는 학생운동이 아니라 신세대의 패러다임과 열정, 창의력이 마음껏 발산되는 전혀 새로운 모습의 운동이 되어야 한다. 분명한 대안을 갖고 주변을 설득함으로써 적극적인 지지와 동참을 이끌어내는 운동, 풍부한 문화적 감수성을 바탕으로 발랄함이 넘쳐나는 운동, 그 자체로서 새로운 세계의 문을 여는 창조적 운동으로 자리 잡아야 하는 것이다.

그럼으로써 다시금 학생운동의 신화를 창조해야 한다. 현재 신자유주의를 넘어서는 새로운 세계의 출구를 열 수 있는 것은 새롭게 기획된 학생운동밖에 없다. 그것은 아마도 한국 현대사를 넘어 세계사의 새로운 장을 여는 것이 될 것이다. 세계인의 시선이 한국의 학생운동으로 모아질 가능성이 얼마든지 있는 것이다.

신세대 학생들은 바로 그 신화의 주인공이 되어야 한다. 그러자면 천리 길도 한 걸음부터라는 마음가짐을 갖고 차근차근 과정을 밟아나갈 필요가 있다. 먼저 대안기업에 대한 연구모임을 만들고 심포지엄 등을 통해 심화토론을 조직하며 궁극적으로 다수학생들의 동의와 동참을 이끌어내는 작업을 해야 할 것이다. 이를 바탕으로, 대학 당국과 교수들의 적극적인 협력을 이끌어낼 수 있어야 한다. 그럴 때, 명실상부한 의미에서 대학이 대안기업의 창출기지로서 기능할 수 있을 것이다.

반복되는 이야기이지만, 모든 사회운동은 양적인 축적을 통해 질적인 변화가 일어난다. 1년 지나면 이 만치, 2년 지나면 저 만치 달라지는 것이 있을 때, 사회운동은 살아 움직인다고 할 수 있는 것이다. 이런 점에서 보다 많은 사람들이 희망 게릴라가 되기를 결심하고, 그에 따라 대안기업들이 연속적으로 창출되며 대학 중심의 클러스터가 계속 확대되는 것은 신자유주의 극복운동의 양적 축적을 가장 분명하게 드러내는 징표라고 할 수 있다. 이러한 양적 축적이 일정한도를 넘어설 때, 한국 사회는 신자유주의의 지배에서 탈피하는 질적인 변화를 맞이할 것이다.

내안기업이 확산되면 기존의 기업 또한 사회적 기업으로서 성격을 강화하는 등 어떤 형태로든지 변화를 모색할 수밖에 없는 압력에 직면할 것이다. 또한 대안기업의 확산과 함께 그에 적합한 제도적 환경을 만들기 위한 노력이 꾸준히 전개될 것이다. 그에 따라 점차적으로 새로운 사회의 꼴이 갖추어갈 것이다. 이 같은 변화를 선도하려면 무엇보다도 희망 게릴라들이 실력에서 기존의 세계를 압도할 수 있어야 한다. 과연 희망 게릴라들이 그러한 능력을 발휘할 수 있을까? 우리의 대답은 충분히 "그렇다!"이다.

희망 게릴라들의 경쟁력은 기술력과 상상력의 결합에서 나온다. 이 중에서도 기존체제에 결박되어 있지 않은 희망 게릴라들은 상상력에서 월등한 우위를 차지할 수 있다. 희망 게릴라들은 신자유주의 이후 새로운 세계를 상상하고 그러한 세계를 여는 방향에서 대안기업의 활동을 조직할 수 있는 것이다. 즉, 새로운 세계를 상상하면서 그 속에서 새로운 사업 아이템을 구상할 수 있고, 더 나아가 새로운 시장을 창출할 수 있다. 말 그대로 블루오션 전략의 극치를 보여줄 수 있는 것이다.

예를 들어보자. 잠시 뒤에 다루겠지만, 우리는 노인을 부양대상이 아니라 마을공동체를 바탕으로 한 한국형 복지 시스템의 운영주체로 상정할 수 있다. 희망 게릴라들은 바로 이 점에 착안하여 노인들의 리더십 향상 콘텐츠를 개발하고 보급하는 대안기업을 만들 수 있다. 마찬가지로, 지속적인 노동시간 단축의 결과, 삶에서 큰 비중을 차지하게 될 여가시간을 채워줄 다양한 콘텐츠를 개발, 공급할 수 있다. 늘어나는 여가를 바탕으로 삶을 디자인하는 새로운 시장이 창출될 수 있는 것이다. 이 모든 것은 우리의 희망 게릴라들이, 상상력이 곧 생산력이 되고 (지금까지 산업을 주도해왔던 하드웨어와 소프트웨어가 아닌) 콘텐츠웨어가 산업의 주축이 될 미래사회에서 능히 주도적인 역할을 수행할 것임을 강하게 암시하는 것이다.

이렇듯 희망 게릴라들은 새로운 세계에 대한 상상력을 바탕으로 전혀 새로운 시장을 창출하고 새로운 비즈니스 모델을 선보이면서 전혀 새로운 기업 모델, 나아가 새로운 경제 시스템을 창조할 수 있다. 말 그대로 희망 게릴라들은 경영의 괴짜이자 돌연변이로서 신세대 경영혁명의 주역이 될 수 있는 것이다.

세계적인 비즈니스 철학자이자 경영전략가인 게리 해멀은 이러한 희망 게릴라들의 행동 패턴이 경영전략의 첨단일 수 있음을 암시하고 있다. 게리 해멀은 신세대 직장인들을 대상으로 쓴 《꿀벌과 게릴라》라는 저서를 통해 모든 것이 급변하는 혁명의 시대에는 오직 비즈니스 모델에서의 혁명적 전환만이 기업의 성공을 보장할 수 있음을 입증하고 있다. 아울러, 그러한 혁명적 전환을 주도할 수 있는 것은 주어진 조직체계 안에서 판에 박힌 작업만을 반복하는 '꿀벌'이 아니라 기성질서에 맞서 반란을 일으킬 수 있는 '게릴라'라고 주장하고 있다. 희망 게릴라들은 바로 이러한 게리 해멀의 경영이론을 개별기업 차원에서 비즈니스 모델을 전환시키는 것에 머무르지 않고 기업 모델, 나아가 경제 시스템에서의 혁명적 전환을 추구하는 것으로 확장시킬 수 있는 것이다.

희망 게릴라들이 우위를 점할 수 있는 근본적인 지점이 또 하나 있다. 최신의 경영이론은 공통적으로 자본이 아닌 사람의 창의적 역할을 중심으로 전개되는 특성을 보이고 있다. 첨단 경영이론을 관통하는 핵심화두는 다름 아닌 사람인 것이다. 그러나 신자유주의는 금융자본 이익의 극대화를 목적으로 부의 창출에 직접적으로 기여하는 사람들의 목에 끊임없이 구조조정의 칼날을 들이대왔다. 이를테면, 사람을 재물로 삼아온 것이다. 희망 게릴라들이 기존 기업을 능가할 수 있는 지점이 바로 여기에 있다. 즉, 희망 게릴라들은 신자유주의에 뒤틀리거나 흠집이 나지 않은 채 그 동안 축적된 경영이론의 진수를 온전히 흡수하고 실현할 수 있는 것이다.

이와 함께, 희망 게릴라들은 대중운동(사회운동)과 기업경영을 예술적으로 결합함으로써 문제를 한층 역동적으로 해결할 수 있을 것이다. 방글라데시의 그라민 은행이 성공할 수 있었던 중요한 요소 중 하나는, 대출의 전제조건으로서 주 1회 정기회합을 하는 5명 단위의 대출자 모임을 구성하고 이를 통해 서로 돕도록 한 데 있었다. 세계 각국의 수많은 친환경 기업들이 성공을 거둘 수 있었던 것도 소비자들의 환경보호를 위한 자발적 노력을 결부시킨 덕분이었다. 마찬가지로, 우리의 희망 게릴라들도 자신들의 고객을 단순한 소비자가 아니라 목표를 공유한 전략적 동반자로 삼는 새로운 경영전략을 선보일 것이다.

어느 재계 원로인사가 모 대학에서 강의를 하면서 학생들을 향해 일류기업 입사가 아니라 일류기업을 넘어서는 것을 목표로 삼으라고 충고한 적이 있다. 바로 우리의 희망 게릴라들이 가슴에 새겨야 할 말이다. 지금까지 살펴본 것처럼 희망 게릴라들은 자신에게 주어진 강점을 극대화한다면 능히 실력에서 기존의 기업을 능가하는 진보적 경영모델을 선보일 수 있기 때문이다. 따라서 희망 게릴라들은 (현재까지 초일류 기업으로 평가받고 있는) 삼성을 뛰어넘는 대안기업을 만들겠다는 당찬 포부를 가슴에 품어야 한다. 구글이 큰 성공을 거둘 수 있었던 것도 세상의 모든 정보를 집대성하겠다는 원대한 목표를 내걸고, 일관되게 밀고 나갔기 때문이다.

이렇게 하여 희망 게릴라들은 실력에서 기존기업을 능가하는 진보적 기업경영의 새로운 지평을 열 수 있다. 이는 곧 진보의 화려한 변신을 위한 출발점이기도 하다. 무릇 경쟁력 있는 강한 진보만이 세상을 바꾸는 주류가 될 수 있다. 아무리 그 뜻이 고결해도 무능하고 약한 진보는 결코 세상을 바꿀 수 없다. 특히, 기업의 세계에서 혁신에 게으르고 무능하며 약한 진보는 살아남을 수조차 없다. 그런 점에서 대안기업운동은 진보를 부단한 혁신을 통해 강하고 유능한 세력으로 단련시키는 가장 훌륭한 학교가 될 것이다. 이후, 지역사회와 국가를 경영할 유능한 일꾼들도 이러한 대안기업운동 속에서 혹은 그와의 연관 속에서 육성될 수 있다. 마치 과거 많은 제3세계 나라들에서 무장 게릴라투쟁을 통해 이후에 국가운영을 책임질 간부들이 육성되었던 것처럼!

진보적 기업경영의 새 지평을 여는 것은 역사적으로 그 의미가 매우 크다. 그 동안 기업경영은 보수진영이 절대우위를 점해왔고, 동시에 그들이 사회를 지배할 수 있는 근거가 되어왔다. 바로 이 같은 기업경영 영역에서 진보적 흐름이 창출되기 시작하면, 사회적 변화를 향한 결정적인 반전의 계기가 마련될 수 있다. 그런 점에서 희망 게릴라들은 새로운 시대의 주역이자 영웅으로 떠오를 것임이 분명하다. 가히, 미래역사는 그들의 것이 될 수 있는 것이다.

하지만 희망 게릴라들은 진보적 기업경영의 새로운 지평을 여는 과정에서 예기치 않은 난관에 봉착할 수도 있고 목표달성에 실패할 가능성도 얼마든지 있다. 일확천금을 노리는 시장의 유혹에 빠질 가능성도 배제할 수 없다. 경우에 따라서 국가가 부당하게 개입하고 탄압할 가능성도 있다. 또한 내부적으로 방향설정을 둘러싼 혼란이 발생할 수도 있고, 이해관계를 놓고 서로 충돌을 빚는 피곤한 상황에 직면할 수 있다.

중요한 것은, 이 모든 것을 극복할 때 진정으로 새로운 사회를 일구어낼 수 있는 주체로 우뚝 설 수 있다는 것이다. 국가에 의존하지 않으면서도 국가를 통제하고 활용할 줄 아는 자율적이고 능동적인 인간, 시장의 유혹에 흔들리지 않으면서도 시장경쟁을 거뜬히 헤쳐 나갈 수 있는 강인하고 유능한 인간, 권위에 의존하지 않으면서도 다수의 마음을 움직이는 수평적 리더십의 달인인 인간. 바로 그러한 인간의 창조야말로 진보적 경영운동을 통해 일구어내고자 하는 가장 중요한 지점인 것이다.

새로운 사회는 바로 이러한 새로운 종의 인간들이 공존의 패러다임을 바탕으로 소통하고 연대하는 새로운 형태의 사회적 관계를 형성할 때, 비로소 그 모습을 드러낼 것이다. 새로운 사회는 어디까지나 새로운 종의 사람들이 준비될 때 열릴 수 있다는 것은 변함없는 진리인 것이다.

서로의 멍에를 벗겨주는 감동적 연대

승자독식의 신자유주의 체제가 낳은 가장 고통스러운 현상의 하나는 고용불안이며, 그 중에서도 비정규직의 확대가 특히 심각한 문제임은 누구나 인정할 수 있는 사실이다. 당연히 비정규직 문제를 해결하기 위해 상당히 많은 노력이 있어왔다. 많은 노동자들이 그를 위해 종종 목숨을 걸기까지 하였다. 그런데 외환위기 이후 10년이 넘는 세월이 흘렀지만 뚜렷한 진전이 없었다.

비정규직 문제가 이토록 오랜 시간을 끈 것은 여러 가지 이유 때문이었다. 그중 하나로서 세계화 흐름이 문제해결을 어렵게 만든 점을 꼽을 수 있다.

지금 우리는 싫든 좋든 세계시장이 하나로 통합되어 있는 '세계화 시대'를 살고 있다. 세계화 시대에 기업들은 전세계 기업을 상대로 경쟁한다. 중국의 기업하고 경쟁하면서 동시에 유럽의 기업과도 경쟁하고 있는 것이다. 말 그대로 기업들은 무한경쟁에 노출되어 있다고 할 수 있다.

그런데 기존의 기업세계에서는 '나쁜 기업'이 '좋은 기업'을 선도하기가 쉽다. 무슨 이야기인가 하면, 나쁜 기업이 경쟁력 강화를 위해 비정규직을 확대하면 좋은 기업도 도리 없이 그렇게 따라갈 수밖에 없다는 것이다. 그렇지 않으면, 시장경쟁에서 밀릴 수도 있기 때문이다.

이렇게 하여, 시간이 흐르면서 보다 많은 기업들이 비정규직에 의존해서 경쟁력을 유지하는 상황이 만들어졌다. 말하자면, 비정규직을 모두 정규직으로 바꾸는 순간, 상당수의 기업들이 문을 닫아야 할 만큼 비정규직에 길들여진 것이다. 이는 곧 노동자 입장에서 비정규직에서 벗어나려다 실직자로 전락할 수도 있음을 의미했다. 특히, 열악한 중소기업과 서비스업의 경우에 그 정도가 심각했다.

그 동안 비정규직 문제를 정면 돌파하지 못한 사정이 상당 정도는 여기에 있었다. 결코 인정하고 싶지 않은 매우 불쾌한 진실이지만 진실은 어디까지나 진실일 뿐이었다. 세계화가 이처럼 무시무시한 힘으로 우리를 옥죄어왔던 것이다.

그렇다면 이러한 상황에서 비정규직 문제를 어떻게 해결할 것인가. 지극히 원칙적인 이야기이지만 여전히 문제해결의 열쇠는 전체 노동자의 단결에 있다. 문제는 어떻게 그 단결을 이룰 수 있는가에 있다.

정규직의 주축은 구세대 노동자이다. 반면, 비정규직의 주축은 신세대 노동자이다. 다소 도식적이기는 하지만 노동자를 크게 구세대 정규직 노동자와 신세대 비정규직 노동자로 나눌 수 있는 것이다. 그런데 지금까지 두 부류의 노동자 집단은 서로를 소 닭 보듯이 해왔다. 그만큼 소원한 관계였다.

그런데 결론부터 이야기하면, 신세대 비정규직 노동자와 구세대 정규직 노동자는 자신의 손으로 자신을 짓누르고 있는 멍에를 벗기는 것이 결코 쉽지 않다. 둘 모두 멍에를 벗겨줄 수 있는 것은 오직 상대방뿐이다. 구세대 정규직 노동자와 신세대 비정규직 노동자는 서로 운명적으로 얽혀 있는 셈이다. 이는 곧 신세대 비정규직 노동자와 구세대 정규직 노동자가 상대의 멍에를 벗겨주기 위해 노력함으로써 자신을 자유롭게 만드는 '감동적 연대'를 이루어야 함을 말해주는 것이다.

우리는 기억해야 한다. 두 부류의 노동자가 서로를 껴안고 울어보지 않는 한, 문제는 죽었다 깨어나도 해결될 수 없다는 사실을!

외환위기 이후 비정규직 문제가 워낙 심각한 사회적 이슈로 등장하다보니까 비정규직을 정규직으로 전환하면 모든 문제가 해결되는 것 같은 분위기마저 형성되었다. 과연 '비정규직의 정규직화'가 모든 문제의 해답일까. 진정 비정규직이 지옥에 머무를 때, 정규직은 천국에라도 살고 있었던 것일까.

노무현 정부가 출범 직후 주요 국정목표로서 소득 2만 달러 시대를 열 것을 제시한 적이 있었다. 당시는 1인당 국민소득이 1만 달러를 조금 상회하고 있던 시점이었다. 말하자면, 달러 기준 소득을 임기중에

두 배로 늘리겠다고 한 것이다.

노무현 정부가 소득 2만 달러 시대를 열겠다는 목표를 제시하자, 많은 사람들의 가슴이 두근거렸다. 소득이 두 배로 느는 만큼 행복 또한 두 배로 늘 것이라는 기대감 때문이었다. 노동자들 역시 이 점에서 크게 다르지 않았다. 그런데 노무현 정부 임기 마지막해인 2008년, 한국의 1인당 국민소득은 2만 달러를 가까스로 넘어섰다. 과연 기대했던 대로 행복 또한 두 배로 늘었을까. 결과는 정반대였다.

그 기간 동안 집값이 폭등하고 사교육비 등이 크게 늘면서 소득은 늘었지만 실질구매력은 별로 증가하지 않았다. 뿐만이 아니었다. 소득을 증가시키기 위해 더 치열한 경쟁을 견뎌야 했고, 종종 더 많은 시간 동안 일을 해야 했다. 덕분에, 한국 노동자들은 OECD 회원국 중에서 여전히 최장시간 노동을 해야 했으며, 연간 노동시간은 독일 노동자들보다 900시간이나 더 많았다. 대표적인 대기업의 하나인 현대자동차 노동자의 경우, 주간 노동시간은 60시간 정도에 이르렀다.

이렇듯 한국의 노동자들은 소득증대를 위해 끊임없이 자신의 삶을 마모시켜야 했다. 오죽하면 모처럼 가족과 함께 시간을 갖더라도 텔레비전 앞에서 꾸벅꾸벅 조는 것이 전부일 수밖에 없었겠는가. 그러다보니 소득은 두 배로 늘더라도 도리어 행복은 절반으로 줄어드는 현상이 일반화될 수밖에 없었다.

그 동안 구세대 정규직이 중심이 된 노동운동 역시 크게 보면 이 틀 안에서 진행되었다고 볼 수 있다. 말하자면, 소득을 두 배로 늘리기 위해 몸부림쳤지만 행복은 절반으로 줄어드는 운동에 매달렸던 것이다. 노동운동 안에서 노동시간 단축을 통해 일자리를 나누자는 주장이 끊임없이 제기되었음에도 불구하고, 이렇다 할 실효성을 거두지 못한 것도 상당 부분 이와 연관이 있다. 더 많은 일감을 확보하기 위해 서로 다투는 상황에서 노동시간 단축은 꿈도 꾸기 어려웠던 것이다.

이러한 맥락에서, 정규직 노동자의 삶이 비정규직 노동자에 비해 상대적으로 안정되어 있었던 것은 분명하지만, 그들 역시 하루하루 옆을 돌아보기 힘들 정도로 숨 막히는 삶을 이어왔음을 알 수 있다. 이는 그동안의 정규직 노동자의 삶이 비정규직 노동자의 미래가 될 수 없음을 의미한다.

노동자가 진정 인간적인 삶을 누리려면, 무엇보다도 소득이 두 배로 늘더라도 행복은 절반으로 줄어드는 고통의 사슬에서 벗어나야 한다. 그러자면, 무엇보다도 발상 자체를 바꾸지 않으면 안 된다. 결론적으로, 설령 수입이 절반으로 줄더라도 행복은 두 배로 느끼는 것을 목표로 노동운동의 방향을 전환해야 한다.

이러한 노동운동의 방향전환은 정규직, 비정규직 가릴 것 없이 노동자 모두의 몫이다. 그런데 일중독에 심하게 빠져 있는 구세대 정규직 노동자는 발상을 바꾸기가 쉽지 않다. 중독이란 뻔히 알면서도 쉽게 벗어나지 못하는 것이기 때문이다. 따라서 발상의 전환을 주도할 수 있는 주체는 아직은 일중독 정도가 심하지 않고 정규직처럼 현상유지에 집착할 이유도 없는 신세대 비정규직 노동자일 수밖에 없다.

바로 이 지점에서 신세대 비정규직 노동자들은 "어차피 더 잃을 것도 없는 비정규직인데" 하며 마음의 여유를 가질 필요가 있다. 그런 다음, 문제를 한층 거시적이고 구조적으로 접근하면서 끊임없이 생각을 뒤집어보는 훈련을 반복해야 한다. 그러면 새로운 시야가 열리면서 의외로 쉽게 답을 찾을 수 있을 것이다.

수입이 절반으로 줄더라도 행복을 두 배로 늘리기 위해서는 소득관리에서 지출관리로 초점이 바뀌어야 한다. 즉, 불필요한 지출을 줄이는 것을 기본으로, 소득재분배를 위한 노력을 결합시켜야 하는 것이다. 지출을 줄이기 위해서는 개인적 노력과 사회적 노력이 병행되어야 하는데, 사회적 노력이 필요한 부분은 대부분 구조적 모순으로 과잉지출이 이루어지고 있는 것들이다. 대표적인 경우 몇 가지를 소개하면 다음과 같다.

사람들이 평생 가장 큰 목돈을 지출하는 것은 내 집을 마련할 때이다. 앞에서 언급한 바와 같이, 서울에서 노동자가 돈을 모아 아파트를 사려면 2005년 기준으로 33평짜리 30년, 25평짜리 23.2년이 걸리는 것으로 나타났다. 내 집 장만을 위해 얼마나 큰 출혈을 겪어야 하는지를 잘 알 수 있다. 수많은 사람들이 오직 집 한 채 장만하기 위해 산다고 해도 과언이 아닐 정도이다.

하지만 신세대 노동자들은 내 집 장만을 위해 허리띠 졸라매고 저축하는 바보 같은 짓을 더 이상 반복해서는 안 된다. 신세대 노동자들이 해야 할 것은 '주택 공영개발'을 집중적으로 요구하는 것이다. 전문가들에 따르면, 주택 공영개발을 통해 건설사의 폭리를 제거하고 더불어 토지는 임대하는 것으로 하면 기존시세의 4분의 1 이하에서 아파트를 공급할 수 있다고 한다. 큰 부담 없이 내 집을 마련할 수 있는 길이 얼마든지 존재하는 것이다.

그 동안 한국인들의 어깨를 짓눌렀던 무거운 짐 중의 하나는 과도한 교육비였다. 공교육비를 능가하는 사교육비와 살인적 수준의 대학등록금은 아예 아이를 낳는 것을 기피하게 만들 만큼 과도한 출혈을 강요해 왔다. 그런데 방금 전 이야기한 '교육혁명'이 진행된다면 그러한 교육비 부담은 크게 줄 수 있다. 당연히 신세대 노동자들은 교육혁명을 적극적으로 응원하고 힘을 보태야 할 것이다.

생활비 중에서 적지 않은 비중을 차지하는 것 중의 하나는 교통비이다. 승용차를 구입하고 이를 유지하는 비용이 만만치 않은 것이다. 신세대 노동자들은 이러한 승용차 중심의 교통 시스템을 자전거와 철도 중심으로 과감하게 바꿀 필요가 있다. 그럼으로써 교통비를 대폭 줄이면서 동시에 환경도 보호하고 건강도 증진시킬 수 있어야 한다.

그렇다면 이러한 목표들을 달성하기 위해서 신세대 비정규직 노동자들은 어떤 활동을 해야 하는가.

그 동안 많은 신세대 비정규직 노동자들은 노동조합 결성을 통해 비정규직의 고통으로부터 벗어나기 위해 상당한 노력을 기울였다. 그러나 그들이 처해 있는 객관적 조건이 그러한 노력을 무색하게 만들었다. 비정규직은 언제든지 계약을 해지할 수 있고 교체할 수 있는 존재이기 때문이었다. 처음부터 교섭력을 발휘하기가 매우 힘들었던 것이다. 신세대 비정규직 노동자들이 자신의 손으로 자신을 짓누르고 있는 멍에를 벗기가 쉽지 않은 이유는 바로 여기에 있었다.

반면, 신세대 비정규직 노동자는 온라인을 매개로 광범위한 시민 네트워크를 구축하고 이를 통해 사회여론을 조성하는 데에는 발군의 실력을 발휘할 수 있다. 그런데 앞에서 예를 든 세 가지 과제는 공통적으로 정부와의 관계에서 해결될 수 있는 것들이다. 말하자면 정치적 영역에 속하는 것들인 것이다. 그만큼 여론을 잘 조성하면 (철저히 이윤논리에 따라 움직이면서 국가를 능가할 힘을 지닌 기업을 상대할 때에 비해) 상대적으로 쉽게 해결될 수 있는 성질의 것이다.

이러한 맥락에서, 신세대 비정규직 노동자들은 자기 멍에를 벗기는 것은 쉽지 않아도 사회적 차원에서의 지출감소를 통해 구세대 정규직 노동자를 포함한 전체 노동자의 멍에를 벗겨주는 작업에서는 상당한 빛을 발휘할 수 있다. 그 중에서도 특히 신세대 여성 노동자들은 매우 주도적 역할을 할 것으로 기대된다. 민중, 여성, 세대가 겪는 3중의 질곡을 일거에 돌파한 그들은 누구보다도 풍부한 혁명적 감수성을 지니고 있으며, 사람들이 겪는 고통에 가장 민감하기 때문이다. 그럼으로써 신세대 여성 노동자들은 이 시대 가장 넓은 시야와 품을 갖고 문제해결을 주도하는 집단이 될 것이다.

그런데 지출감소를 위한 사회적 노력이 실질적 효과를 발생시키려면, 반드시 공간 재구성이 함께 추진되어야 한다. 즉, 수도권에서 지방 중소도시로 무대의 중심을 이동시키지 않으면 안 되는 것이다.

주택 공영개발이 도입된다고 하더라도 수도권, 그 중에서도 서울은 별로 실효성이 높지 않다. 신규택지로 개발할 수 있는 땅이 별로 없기 때문이다. 직장과 거주지 사이의 거리가 지나치게 먼 수도권의 특성상 자전거 중심의 교통혁명을 추진하는 데에도 많은 한계가 있다. 대학 중심의 클러스터 형성을 통한 교육혁명을 추진하는 것 역시 공간부족 등의 이유로 많은 제한이 따른다. 결론적으로, 지금처럼 인구의 절반이 몰려 있는 수도권 안에서는 새로운 그림을 그리기가 쉽지 않은 것이다.

그런데도 왜 여유로운 지방을 놔두고 그토록 많은 인구가 이 좁은 수도권에 몰려 살았는가. 이유는 간단했다. 지방에는 돈을 벌 수 있는 기회가 적기 때문이었다. 오죽하면 풍치 좋고 먹을거리도 풍부한, 그래서 사람 살기 더없이 좋은 전주나 강릉 같은 곳마저 인구가 줄어들어왔겠는가.

바로 그렇기 때문에 지방도시, 그 중에서도 지방 중소도시에서 대학 중심의 클러스터 형성을 통해 지역경제가 활성화되고 이를 바탕으로 새로운 생활권이 형성되는 것이 매우 중요하다. 요컨대, 지방도시에서 대학 중심의 클러스터가 확대된다면 앞서의 노력을 통해 지출감소가 비약적으로 이루어질 수 있는 것이다. 여기에서 대학 중심의 클러스터 형성이 한국사회 변화에서 어떤 의의를 갖는지가 다시 한 번 확인된다.

우리는 앞에서 주택구입비, 교육비, 교통비를 어떻게 하면 절감할 수 있는지를 간단히 살펴보았다. 그 밖에도 지출을 절감할 수 있는 지점은 매우 많을 것이다. 물론, 개인적으로도 지출을 줄이기 위한 노력이 병행되어야 한다. 오늘날 한국인은 필요 이상으로 먹고 쓰는 경우가 매우 많기 때문이다. 시간이 걸리기는 하겠지만 이와 같은 노력을 꾸준하게 기울인다면 지출을 대폭 줄일 수 있는 것은 매우 분명하다. 지출을 지금의 절반 이하로 줄이는 것 또한 결코 불가능한 일이 아닐 것이다.

이처럼 가능성이 분명한 지출감소를 목표로 신세대 비정규직 노동자들이 본격적으로 활동을 시작한다면, 그에 상응하여 구세대 정규직 노동자들 역시 비정규직 문제의 해결에 보다 적극적으로 나서야 할 것이다. 이는 구세대 정규직 노동자가 노동자로서 정체성을 유지할 수 있는 최소한의 의무이다. 이마저 거부한다면 더 이상 노동자라는 이름으로 불릴 수 없을 것이다.

구세대 정규직 노동자들은 시민 네트워크 구축능력은 취약하지만 (그래서 과도한 지출이라는 자기 멍에를 벗기는 쉽지 않지만), 조직력과 교섭력을 갖추고 있고 나름대로 자금 동원력도 갖고 있다. 말하자면, 구세대 정규직 노동자들은 신세대 비정규직 노동자들의 멍에를 벗겨줄 수 있는 능력을 지니고 있는 것이다. 구세대 정규직 노동자들은 비정규직 문제의 해결을 위해 두 가지 과제를 수행해야 한다.

먼저, 즉각적으로 '비정규직 해결을 위한 사회연대기금 창설'을 주도해야 한다. 정규직으로의 전환이 쉽지 않은 사업장을 지원하기 위해 임금의 일정비율을 기금으로 출연할 것을 결의해야 하고, 이를 바탕으로 사용자와 정부 역시 기금을 출연하도록 요구해야 하는 것이다. 이를 바탕으로, 비정규직의 해소를 강제할 수 있는 한층 진전된 제도적 장치를 모색해야 한다.

구세대 정규직 노동자들이 실천해야 할 또 하나의 과제는 지속적으로 노동시간을 단축시킴으로써 안정된 일자리를 늘리는 것이다. 즉, 비정규직이 해소될 수 있는 유리한 환경을 만들어야 하는 것이다. 그런데 신세대 비정규직 노동자들이 주도하여 일구어낸 지출감소 효과는 보다 적게 일하고 적게 벌어도 보다 높은 삶의 질을 누릴 수 있도록 해준다. 지출감소가 노동시간의 단축을 원활하게 만들어주는 것이다. (학자들에 따르면, 어느 정도 사회적 여건만 갖추어지면 현재 한국의 생산력 수준을 감안할 때, 하루 4시간만 일해도 충분히 먹고 살 수 있다고 한다.)

노동시간 단축은 안정된 일자리 증대 이외에도 다양한 효과를 낳는다. 노동시간 단축은 그 자체로서 삶의 질을 크게 개선할 것이다. 늘어난 여가시간을 이용해 내면의 욕구를 실현할 다양한 활동을 하면서 인간적 교감을 나눌 수 있기 때문이다. 한층 여유롭고 안정된 삶을 누릴 수 있는 것이다. 더불어, 노동자들이 늘어난 여가시간 동안 신자유주의 이후의 새로운 사회를 개척하는 데 적극 참여함으로써 한국사회의 질적인 변화를 촉진할 수 있다. 마을공동체 형성으로 집약되는 이와 같은 변화는, 잠시 뒤에 살펴보겠지만, 지출을 더욱 감소시키는 효과를 낳는다.

이러한 과정을 거쳐 지출 감소-노동시간 단축-일자리 나누기-여유롭고 안정된 삶-신자유주의 이후 사회로의 이행 촉진-지출 감소라는 선순환 구조가 만들어질 수 있다. 수입은 절반으로 줄더라도 행복은 두 배로 느는 것이 실제로 가능해지는 것이다.(이로부터 노동운동이 사회의 질적 변화를 위해 일상적으로 축적해야 하는 양적 지표는 지출의 감소, 노동시간의 단축, 안정된 일자리의 증가임을 알 수 있다.)

바로 여기에서, 우리는 아름다운 상생관계를 발견할 수 있다. 신세대 비정규직 노동자들은 지출감소를 주도함으로써 구세대 정규직 노동자가 노동시간을 단축시킬 수 있는 여건을 마련해준다. 반면, 구세대 노동자들은 노동시간 단축을 통해 안정된 일자리를 늘림으로써 비정규직이 보다 원활하게 해소될 수 있는 여건을 마련해준다. 그 과정에서, 신세대 비정규직 노동자와 구세대 정규직 노동자의 경계선은 빠르게 지워져갈 것이며, 결국 나란히 어깨를 걸고 한층 여유롭고 안정된 삶을 향해 나아갈 것이다.

무엇보다도 신세대 비정규직 노동자와 구세대 정규직 노동자의 아름다운 상생관계는 전체 노동자의 단결력을 비약적으로 강화시켜줄 것이다. 그럼으로써 주주자본주의 체제 아래에서 주주의 수중에 집중되었던 기업의 부 가운데 보다 많은 부분을 사회로 환원시키도록 하는 압력을 증대시킬 수 있다. 이는 자연스럽게 후생복지의 증진 등 사회적 소득 재분배를 촉진함으로써 궁극적으로 노동자 각자의 지출감소로 이어질 것이다. 그 결과, 지출감소로부터 출발하여 여유롭고 안정된 삶으로 이어지는 선순환 구조는 더욱 더 탄력을 받을 수 있다.

이렇듯 노동자는 서로가 서로를 살리고자 애쓸 때, 그럼으로써 노동자 전체의 멍에를 벗기기 위해 노력할 때, 자신이 살 수 있는 길이 열릴 수 있다. 만인의 자유를 위해 투쟁할 때에 진정한 자유인이 될 수 있다는 김남주 시인의 외침은 이 지점에서도 변함없는 진리인 것이다.

그렇다면 지금까지의 논의를 바탕으로 대안기업과 노동운동은 어떤 관계에 있는지 살펴보자.

먼저, 노동자들의 노력으로 지출이 줄면 대학을 기지로 창출된 대안기업들은 수익률 압박을 덜 받으면서 한층 안정적으로 발전할 수 있다. 그 결과, 일과 놀이가 하나가 된 상태에서 한층 마음 편하고 즐겁게 기업을 운영할 수 있게 된다. 대안기업은 말 그대로 스트레스 없는 활기찬 일터가 될 수 있는 것이다. 거꾸로 대안기업이 안정적으로 발전하고 그 수가 꾸준히 확대되면, 자본의 이윤 극대화 논리에 의해 지배되던 기존의 기업이 변화를 모색할 수밖에 없도록 크게 압박할 것이다. 이는 곧 노동자들의 삶의 개선에 매우 유리한 환경으로 작용할 것이다. 이로부터 우리는 대안기업과 노동운동 역시 상생관계임을 알 수 있다.

신자유주의 극복의 결정체 '마을 공동체'

신세대혁명을 이야기하면 자칫 구세대는 모두 물러가라는 것으로 오해할 수도 있다. 물론, 그렇지 않다. 구세대도 궁극적으로 신세대로 전향해야 한다. 구세대 역시 신세대의 패러다임을 수용하고 신세대의 눈으로 세상을 볼 수 있어야 하는 것이다. 따라서 우리는 이렇게 외칠 필요가 있다.

"우리는 대한민국 국민 모두가 신세대가 되는 그 날까지 계속 투쟁할 것이다!"

이런 점에서 신세대는 지극히 신축성 있고 개방적인 개념이라고 할 수 있다.

구세대 모두가 신세대가 되어야 하고, 또한 될 수 있음을 가장 명료하게 보여주는 것은 바로 지금부터 이야기하고자 하는 신세대 노인운동이다.

여성이 평생 낳는 아이의 수를 가리키는 합계출산율은 1960년 5.99명에서 2005년 1.08명으로 크게 떨어졌다. 결국, 부부 둘이서 평균 1.08명의 아이를 낳는 셈이다. 이는 세계에서 가장 낮은 수준에 속하는 것이다. 이런 추세로 가면, 인구가 줄어들 수밖에 없다. 정부 관계자들의 말에 따르면, 현재의 출산율이 그대로 유지된다면 2050년에 가서는 인구가 2008년의 절반으로 줄어들 것이라고 한다.

이렇듯 출산율이 크게 떨어진 데 반해, 평균수명은 크게 늘었다. 1960년 한국인의 평균수명은 52.6세였다. 그에 따라 환갑을 맞이하면 동네사람들이 모두 모여 성대하게 잔치를 치렀다. 2006년 한국인의 평균수명은 79.1세로서 OECD 평균인 78.9세를 앞질렀다. 1960년에 비해, 무려 27년이 늘어난 것이다. 이러한 평균수명 연장으로 인해 한국은 2000년 60세 이상 고령인구가 7.2퍼센트를 넘어섬으로써 고령사회로 진입했다. 한걸음 더 나아가, 2026년 쯤 지나면 고령인구가 20퍼센트를 넘어서는 초고령사회로 진입할 것으로 예상되고 있다.

결론적으로, 크게 줄어든 경제활동인구가 크게 늘어난 노령층을 부양해야 하는 힘겨운 상황이 시시각각 다가오고 있는 것이다. 그에 따라 노령층과 비노령층 모두 심리적 압박이 커지고 있다. 부양의무가 있는 비노령층은 나날이 증가하는 노인들을 부양해야 한다는 심리적 압박에 시달리고 있고, 노령층은 오래 사는 것이 무슨 죄라도 짓는 것 같은 심리적 압박을 받고 있다. 평균수명 연장이 축복이 아니라 재앙이 될 가능성이 커지고 있는 것이다. 노후복지를 위해 마련한 국민연금도 자칫 기금이 바닥나지 않을까 하는 우려가 제기되고 있는 실정이다.

그렇다면 문제의 해법은 무엇인가. 우리는 바로 이 대목에서도 발상을 180도 전환할 필요가 있다.

그 동안 대부분의 사람들은 노인들을 부양대상으로 간주해왔다. 비교적 경제적으로 여유가 있는 자녀들이 선택하는 것은 노인을 시설 좋은(?) 요양원에 보내는 것이다. 요양원은 대체로 한적한 곳에 위치해 있는데, 말은 경치 좋고 공기 맑은 곳을 선택했다고 하지만 실상은 도시 한복판의 땅값이 비싸 부지확보가 어렵기 때문이었다. 문제는 당사자인 노인들은 사람들이 사는 곳에서 멀리 떨어지는 것을 싫어한다는 것이다. 실제로, 노인들은 사람들의 세계에서 멀어질수록 정서불안이 심해진다. 그런 점에서 보자면, 요양원은 일종의 격리수용이며 문명화된 노인학대라고 할 수 있다. 심하게 표현하면, 현대판 고려장인 것이다.

노인들은 사람들 속에 섞여 살고 싶어 한다. 일을 하고 싶어 하고 자신의 존재가치를 확인하고 싶어 한다. 이미 많은 노인들이 단순한 부양대상이기를 거부하고 능동적이고 창조적 삶을 살기 위해 새로운 모색을 하고 있다. 신세대 노인들이 곳곳에서 등장하고 있는 것이다.

그런데 노인들은 불행하게도 시장에서 경쟁력을 상실하였고 국가권력을 담당할 수 있는 위치도 아니다. 시장과 국가 모두로부터 퇴출된 것이다. 그렇다면 노인들이 설 수 있는 곳은 어디인가. 바로 여기에서 국가, 시장보다도 훨씬 더 오랜 역사를 지닌 영역인 '공동체'가 떠오른다.

일부 지방자치단체에서 한 마을에 사는 독거노인들에게 집을 지어주고 함께 살도록 하였다. 결과는 대성공이었다. 돈 없고 권력 없는 독거노인들은 함께 노동하고 생활하면서 아름다운 공동체를 형성하였다. 그들의 삶의 질은 이전과 비교할 수 없이 향상되었다. 노인들이 그들의 처지와 조건으로 인해 공동체 친화적일 수밖에 없다는 것을 입증하는 사례라고 할 수 있다.

한걸음 더 나아가, 노인들은 공동체를 형성하고 이끄는 리더십을 발휘할 수 있다. 이 점을 이해하기 위해 조선시대 향약을 살펴볼 필요가 있다.

향약은 세계역사에 그 유례를 찾아보기 힘들 정도로 정연한 체계를 갖춘 마을공동체였다. 향약은 봉건 지배체제 아래에서 작동했다는 근본적인 한계에도 불구하고, 구성원 모두가 동등한 권한을 갖고 발언하고 대표자를 선출했을 만큼 상당히 평등하고 민주적인 공동체였다. 향약은 평등사회를 의미하는 대동사회大同社會 건설을 이념으로 삼고 있었는데, 이는 다시 덕업상권, 과실상규, 예속상교, 환난상휼 등의 자치 규약으로 구체화되었다. 이 중에서 오늘날 지역사회복지의 원형이라고 할 수 있는 환난상휼은 공동체 성원들이 철저한 무보수 원칙에 입각해서 문제를 함께 해결하는 것을 지향했다. 그럼으로써 마을공동체 구성원들은 이웃집에 식량이 떨어지면 불러다 함께 식사를 할 만큼 끈끈한 인적 유대감을 형성할 수 있었다.

향약공동체에서 기본단위를 이룬 것은 대가족이었으며, 이를 기초로 리더십을 발휘했던 집단은 바로 노인들이었다. 노인들은 대가족 단위로 보육과 교육, 건강관리 등을 책임졌으며 협동노동을 지휘, 감독하였고 관혼상제 등 공동체 문화를 주관하였다. 또한 공동체 질서를 유지하기 위한 도덕률을 확립하는 것 또한 노인들의 몫이었다.

향약공동체에서 노인들은 결코 가만히 앉아서 받아먹기만 하는 단순한 부양대상이 아니었던 것이다. 그들은, 엄밀히 말해 공동체를 이끌어가는 지도집단이었다. 그 시대 노인들은 노동능력을 상실한 퇴물이 아니라 풍부한 경륜을 지닌 지혜의 상징이었다. 그에 따라 노인들의 한마디는 곧 법이 되고 명령이 되었다. 경로사상이 특별히 강조되었던 것은 그러한 공동체의 지도력 확립과 불가분의 관계에 있었다고 할 수 있다.

노인들이 리더십을 발휘할 수 있는 공동체는 향약에서 드러나듯이 한 곳에 옹기종기 모여 사는 마을공동체이다. 그런데 대도시를 중심으로 거주지가 형성되어 있고 그나마 인구의 절반 정도가 수도권에 밀집되어 있는 요즘 상황에서 이 같은 마을공동체가 성립할 수 있을까. 당연히 이 같은 상태를 그대로 유지한다면 마을공동체의 전망은 상당히 어두울 수밖에 없다.

여기에서 잠시 하늘 저 높은 곳에서 한반도 남녘땅을 내려다보면서 사람들이 살고 있는 모습을 살펴본다고 가정해보자. 아마도 가장 답답해 보이는 것은 좁은 수도권에 인구의 절반 정도가 몰려 사는 장면일 것이다.

광대한 메트로폴리탄으로서 수도권은 그 자체로서 스트레스를 유발하는 거대한 인공 구조물이다. 희뿌연 하늘, 매캐한 매연, 시야를 가리는 빌딩숲, 걸음을 옮길 때마다 부딪치는 인파행렬, 건물마다 붙어 있는 요란스러운 간판, 끊임없이 반복되는 교통체증, 열섬으로 달구어진 한여름의 찌는 더위…….

거대도시 서울에서 한 번 이동하는 데 보통 1시간 넘게 걸린다. 하루 중 3분의 1 정도를 거리에서 소모하는 것은 매우 흔하고 흔한 일이다. 이는 그만큼 인생을 길거리에서 허비한다는 이야기이다. 그러다보니 그 시간을 보충하기 위해 나머지 시간을 정신없이 살아야 한다.

이처럼 수도권으로의 인구집중은 그 자체로서 삶의 질을 크게 저하시키고 있다. 그런 만큼 인구 과밀지역인 수도권으로부터 해방되어 지방 중소도시로 활동무대를 이동시키는 공간의 재구성은 한국사회의 진보를 위한 필수적 과제이다.

바로 이러한 공간의 재구성에서 선도적 기능을 수행하는 것은 앞에서 이야기했듯이 대학 중심의 클러스터 형성이다. 대학 중심 클러스터가 일반화되면서 클러스터가 자리하는 지방도시, 그 중에서도 지방 중소도시는 미래 생활권의 주축으로 떠오를 것이다. 이러한 지방 중소도시는 농촌지역에 둘러싸여 있는 수많은 작은 마을들의 연합으로 구성될 것이다. 아니, 처음부터 그러한 방향으로 도시를 설계해야 한다. 말하자면, 종전의 것에서 탈피한 완전 새로운 개념의 도시가 되어야 하는 것이다.

노인들이 둥지를 틀어야 할 곳은 바로 이 작은 마을들이다. 노인들은 과거 향약처럼 마을공동체를 만들기 위해 다양한 활동을 전개할 수 있다. 여가시간이 늘어난 노동자들과 함께 농사를 지을 수도 있고, 마을을 생태적으로 가꾸기 위한 다양한 활동을 할 수 있다. 또한 방과 후 (사교육에서 해방된) 아이들과 함께 산과 들을 누비며 즐거운 시간을 보낼 수도 있고 마을행사를 주관할 수도 있다. 그 밖에 노인들은 자신의 삶으로부터 터득한 지혜를 바탕으로 수많은 공동체 프로그램을 개발할 수 있을 것이다.

이러한 과정을 통해 노인들은 스스로 사회적 가치를 창출하는 능동적이고 창조적 존재로 변모하게 될 것이다. 당연히 그에 합당한 존중과 대접을 받아야 함은 물론이다. 노인들로부터 많은 혜택을 입은 마을주민들은 노인들이 건강하고 즐거운 삶을 누릴 수 있도록 무보수 노동을 수행해야 할 것이다.

노인들의 주도 아래 마을공동체가 정착되면 상부상조를 바탕으로 상당히 많은 문제를 자율적으로 해결할 수 있다. 일상적인 농사활동을 통해 먹을거리의 많은 부분을 해결할 수 있고, 육아와 교육문제를 해결할 수 있으며 다양한 공동체 문화를 즐길 수 있다. 또한 마을공동체 안에서는 예방의학, 자연의학, 생활의학을 기반으로 하는 다양한 건강 프로그램이 선을 보일 수 있다. 그에 따라 생활비용은 더욱 절감되면서 보다 인간적이고 따뜻한 삶이 열릴 수 있다. 실직자나 장애인들 역시 그러한 마을공동체 속에서 서로에게 의지하여 한층 건강한 삶을 영위할 수 있을 것이다.

바로 여기에서, 사실상 모든 것을 국가에 의존하는 유럽형 복지모델과는 다른 저비용 고효율의, 따뜻한 피가 흐르는 한국형 복지모델이 선보일 수 있다. 요컨대, 상호부조를 통해 마을공동체 스스로 많은 문제를 해결하는 가운데, 국가가 이를 지원하는 복지 시스템이 구축될 수 있는 것이다.

한걸음 더 나아가, 마을공동체는 상호부조와 협력에 의한 문제해결이 시장거래를 빠르게 대체해가는 곳이다. 노동자들이 소득관리에서 지출관리로 중심을 이동시킴으로써 사회적 비용을 낮추는 것 역시 '시장에의 맹목적 몰입'에서 벗어나는 데 크게 기여할 것이다. 그리하여 마을공동체는 모든 것을 시장에 맡기고 모든 것을 상품화하는 신자유주의를 지양하는 공간으로 자리 잡게 된다. 요컨대, 마을공동체는 신자유주의 극복의 결정체인 것이다. 전 지구적 범위에서 신자유주의 시대에 종지부를 찍는 세계혁명 역시 궁극적으로 이러한 마을공동체가 광범위하게 확산될 때에 가능해질 것이다.

또한 마을공동체는 거대한 관료기구의 하부가 아니라 스스로 권력을 행사하는 고도로 자율적인 단위이다. 사회는 이러한 자율적인 마을공동체들이 수평적으로 소통하고 연대하는 방향으로 발전해갈 것이다. 행정기구는 어디까지나 이를 지원하고 보조하는 존재일 뿐이다. 그럼으로써 마을공동체는 공존의 패러다임을 바탕으로 사회를 재구성하는

'다양한 중심'으로 자리 잡는다.

　이렇듯 신자유주의를 넘어서는 보금자리는 대학을 기지로 하는 대안기업으로부터 출발하여 공유와 협력에 입각한 클러스터를 형성하고 마침내 그 주변에 다수의 마을공동체가 형성됨으로써 온전하게 자신의 꼴을 갖추게 된다. 말 그대로 작동원리가 신자유주의와는 완전히 다른 새로운 세계가 펼쳐지는 것이다. 이러한 보금자리가 부단히 자신을 확장해가면서 사람들의 삶에서 중심적인 무대가 될 때, 한국사회는 능히 '변혁'이 되었다고 말할 수 있을 것이다.

　(논의의 초점을 단순 명료하게 하기 위해 지방 중소도시를 위주로 마을공동체 형성을 논의하였다. 그렇다면 기존 도시는 어떻게 되는 것인가. 기존 도시에서도 여러 가지 제약요인이 있지만 마을공동체를 형성하기 위한 노력이 지속적으로 이루어져야 한다. 생활권이 지방 중소도시 중심으로 재편되어가면 기존의 도시는 인구가 줄고 여유공간이 넓어지면서 그러한 노력은 한층 성공적으로 진행될 수 있을 것이다. 궁극적으로, 마을공동체는 사람이 거주하고 있는 곳이라면 어느 곳이든지 만들어져야 할 보편적 존재인 것이다. 다만, 빠르고 늦음의 시간적 차이가 있을 뿐이다.)

4. 인간과 자연의 공존을 향해

　1987년 민주화 투쟁의 승리 이후, 한국사회에는 현기증이 날 만큼 무수히 많은 의제들이 등장하였다. 교육혁명, 노동, 복지, 생태, 공동체 회복, 문화다양성, 에너지, 식량주권, 인권, 성평등, 지역차별 해소, 직접민주주의, 평등, 진보정치, 평화, 통일, 민족자주, 국제연대 등은 그 중 일부이다. 여기에 덧붙여, 외환위기를 거치면서 신자유주의 극복이 또 하나의 중요한 의제로 떠올랐다.

이렇듯 다양하게 제기된 의제들은 부분적으로 융합을 시도하기도 하였으나 따로따로 움직이는 경향이 강했으며 종종 상호갈등을 빚기도 하였다. 그 결과, 진보적 흐름이 매우 광범위했음에도 불구하고 힘이 분산되면서 한국사회를 근본적으로 변화시키는 데 이르지 못하고 말았다.

그런데 우리는 대학 중심의 클러스터 형성으로부터 출발하여 마을 공동체로 채워지는 보금자리 전략 속에서 다양한 의제를 녹여낼 수 있는 통합적인 사회진보 프로그램의 단초를 찾을 수 있게 되었다.(정치사회 편에서 다룬 '통일 클러스터'도 대학 중심의 클러스터 형성에서 쌓인 경험을 바탕으로 이루어질 수 있을 것이다.) 아울러, 공존의 패러다임은 다양한 의제의 해결을 위한 기초원리로 작용할 수 있을 것이다.

중요한 것은, 통합적 사회진보 프로그램이 궁극적으로 인간과 인간, 인간과 자연의 공존을 바탕으로 새로운 삶의 양식을 창조하는 것이 되어야 한다는 점이다. 그렇다면 인간과 자연의 관계가 어떻게 재정립될 수 있을까? 지금부터 그 윤곽을 그려보도록 하자.

생태위기를 넘어

미국이 한창 금융위기에 휩싸이고 있을 무렵, 유럽연합EU 시민을 상대로 한 설문조사 결과, 오늘날 가장 심각한 문제는 지구온난화라고 대답한 경우가 금융위기보다 두 배나 많이 나왔다. 이는 지구온난화 문제가 그만큼 심각한 사안으로 다가오고 있음을 반증하는 것이었다.

모두가 알고 있다시피 지구온난화는 인간이 배출한 이산화탄소, 메탄, 이산화질소 등 온실가스가 증대하면서 지구의 기온이 상승하는 현상이다. 이러한 지구온난화는 과학자들 사이에서는 이의를 제기하는 사람이 거의 없을 만큼 의심할 여지가 없는 현상으로 받아들이고 있다.

유엔정부간 기후변화위원회IPCC가 2007년 4월 2일 발표한 지구온난화 보고서에 따르면, 2050년 무렵 평균기온이 1.5~2.5도 상승하면서 동식물의 20~30퍼센트가 멸종위기에 처한다고 한다. 또한 2080년에는 기온이 3도 이상 올라가면서 지구상 생물 대부분이 멸종위기에 처할 것으로 전망하고 있다.

한반도는 지구온난화로 인한 기온상승이 더욱 심하게 나타나고 있는 곳이다. 지구 전체의 평균 상승폭보다도 더 빠르게 기온이 상승하고 있는 것이다. 그 결과, 한반도는 이미 온대에서 아열대 지방으로 바뀌고 있다. 기온상승의 파괴적 효과는 곳곳에서 확인되고 있다.

한반도를 상징하는 나무였던 소나무가 온도상승을 견디지 못하고 빠르게 사라지고 있다. 2009년 상반기에만 무려 100만 그루 정도의 소나무가 말라죽었다. 이런 추세로 가다 2050년에 이르면, 한반도 남녘땅에서는 강원도 일부지역을 제외하고는 소나무를 구경하기가 힘들어질 것으로 전망되고 있다. 또한 풍성한 먹을거리를 제공했던 명태가 근해에서는 거의 안 잡히고 있다. 바닷물의 온도변화로 어디론가 멀리 이동한 것이다. 기상청에서는 더 이상 장마예고를 하지 않을 방침이다. 기상조건이 바뀌었다는 것이다.

지구온난화로 인한 재앙은 오늘날 인류 앞에 생태계 보전 이상 중요한 사안은 달리 없음을 웅변으로 말해주고 있다. 요컨대, 인간의 삶의 양식 자체를 자연과 공존할 수 있는 방향으로 근본적으로 재구성해야 하며 경제발전 또한 그에 종속시키지 않으면 안 되는 것이다. 이를 위해, 먼저 한국이 지난날 초고속 압축성장을 거쳐오면서 어떤 과정을 밟았는지를 되돌아볼 필요가 있다.

한국이 고도성장을 거치면서 극심한 환경파괴를 야기했다는 것은 결코 새로운 이야기가 아니다. 그것은 누구나 경험한 사실이었으며, 잠시 주변을 둘러보는 것만으로도 충분히 확인 가능한 일이기 때문이다.

우선 생명의 원천인 물부터 살펴보자. 마산 수출자유지역과 온산공단 등 전국의 공단 앞바다는 공장에서 무단방류한 각종 오염물질로 죽음의 바다로 변화하였다. 강 역시 마찬가지였다. 가장 오염이 덜 되었다고 하는 소양호조차 사람이 마실 수 없는 3급수로 전락했으며 도시를 관통하는 대부분의 지천들은 (부분적으로 개선되기는 하였지만) 시커먼 하수도가 되어버린 지 오래이다.

토양 역시 각종 중금속으로 오염되어 있고 도시의 공기는 아황산가스와 분진으로 사람이 마시기에 위험할 정도가 되었다. 중화학공업화가 본격 추진된 지 얼마 안 된 1978년의 울산공업단지의 아황산가스 농도는, 보건사회부 조사에 따르면 무려 2.87ppm에 이르렀다. 이는 환경기준치인 0.05ppm의 무려 57배나 되는 것이었다. 그러다보니 하루 종일 도시거리를 오가다보면 목이 메스껍고 눈알이 따갑고 머리가 후끈거리는 것이 보통이었다. 숨 쉬고 사는 것 자체가 고역인 세상이 된 것이다.

생태의 보루가 되어야 할 농촌지역 역시 사정이 크게 다르지 않았다. 과도한 농약·화학비료의 사용, 인근 공장의 폐수 등으로 인해 메뚜기 떼는 이미 오래 전에 사라져버렸고, 개천의 물고기떼가 수시로 배를 드러낸 채 집단폐사하는 사태가 벌어졌다. 또한 토양오염으로 장화를 신고 들어가지 않으면 피부병이 발생하는 경우가 비일비재하였다.

환경파괴가 장기간에 걸쳐 극심하게 진행된 것은 그만큼 개발의 논리가 앞서면서 생태보전에 대해 무관심하거나 무감각했음을 말해주는 것이었다.

　경제개발이 본격화되던 1960~1970년대, 시커먼 연기를 뿜어내는 공장의 굴뚝, 콘크리트로 복개된 청계천 위를 가로지르는 삼일고가도로, 산자락을 자르고 들판을 가로지르는 고속도로, 줄을 지어 빽빽하게 도열한 아파트 단지, 지도를 바꾼 간척사업 등은 모두 근대화의 상징이었다. 하다못해 시골에서 한껏 멋을 풍기던 탱자나무 울타리를 허물고 밋밋한 시멘트벽으로 대체하는 것 역시 그러한 근대화의 일환으로 간주되었다.

　당시 사람들의 미학 역시 그러한 방향으로 굳어졌다. 어린이들의 그림에도 종종 시커먼 연기를 뿜는 공장의 굴뚝이 아름다운 나라의 모습으로 그려졌다. 또한 사람들은 자연스러움보다는 인공적인 것이, 곡선보다는 직선이, 녹색보다는 회색을 한결 멋진 것으로 받아들였다. 한때 서울 시내의 주요 빌딩들이 회색 빛깔을 띠었던 것도 이러한 미학을 반영하는 것이었다. 한마디로 자연스러움이 촌스러움으로 간주되었던 시대였다.

　하지만 시간이 흐르면서 사정이 많이 달라졌다. 절대빈곤으로부터 벗어나고 웬만큼 소득수준이 향상되자, 보다 많은 사람들이 자연과의 공존을 삶의 질을 결정짓는 핵심요소로 받아들이기 시작했다. 회색을 기피하고 녹색을 추구하는 경향이 갈수록 강해진 것이다. 문제가 많기는 하지만, 서울시가 삼일고가도로를 철거하고 청계천을 복구하면서 시민들의 적극적인 지지를 받았던 것은 이러한 현상의 일단을 보여준다.

　두말할 필요도 없이 새로운 생활 근거지가 될 마을공동체의 연합체로서 지방 중소도시는 철저하게 생태도시로 설계되고 만들어져야 할 것이다. 아울러 농촌은 생태농업으로의 전면적인 전환을 통해 생태의 보루로서 지위를 회복해야 한다. 서울 등 기존 도시도 인구가 줄어가면서 발생한 공간을 녹지공간으로 전환함으로써 생태도시로서의 면모를 갖추어가야 할 것이다.

햇빛과 바람의 나라

인간이 자연에 의존하는 가장 일차적인 것은 에너지이다. 생존의 기초인 먹는 행위도 사실은 에너지를 흡수하기 위한 과정이다. 그런 만큼 에너지를 어떻게 얻고 사용하는가는 인간과 자연의 관계를 규정하는 가장 중요한 요소가 된다. 그렇다면 한국의 에너지 소비 실태는 과연 어떤지 살펴보자.

우선, 한국은 세계적인 에너지 고소비 국가이다. 한국의 2002년도 에너지 소비는 절대규모에서 세계 10위이고, 그 중에서도 석유소비는 세계 6위에 해당한다. 국민소득 대비 에너지 소비로 보면 세계 최고 수준이다. 2004년의 경우, 영국의 3배, 프랑스의 2.45배, 미국의 1.6배였다.

그러면 에너지 구성은 어떠한가. 한국의 전체 에너지 중 풍력, 태양광, 수력 등 대체에너지가 차지하고 있는 비율은 2퍼센트 정도에 불과하다. 이러한 형편에서 한국은 에너지의 97퍼센트 정도를 해외에서 수입해왔는데, 석유는 세계 4위, LNG는 세계 2위의 수입대국이다.

과연 이러한 상황이 의미하는 바는 무엇인가? 지구온난화를 유발하는 대기 중의 이산화탄소와 각종 오폐물 증가, 수질오염 등 그 동안 발생한 공해의 대부분은 석유소비 과정에서 발생한 것이었다. 환경파괴의 주범은 바로 석유문명이었던 것이다. 이러한 맥락에서, 한국인은 에너지 사용을 통해 잠시도 쉬지 않고 자연을 학대하고 파괴하는 데 일조해왔음을 알 수 있다. 한국의 에너지 체계는 근본적으로 인간과 자연의 관계를 적대적인 것으로 만들고 있는 것이다.

불행인지 다행인지 모르겠지만, 이러한 석유 중심의 에너지 체계는 더 이상 지속할 수 없는 상황으로 가고 있다. 전문가들에 따르면, 늦어도 2020년경에 석유생산이 정점에 이르는 오일 피크에 도달할 것으로 보고 있다. 뒤집어서 말하면, 늦어도 2020년부터는 석유생산이 줄어들 수밖에 없는 것이다. 그에 따라 이미 세계 각국은 석유자원 확보를 위해 치열한 각축전을 벌이고 있는 중이다.

이 모든 것을 감안할 때, 서둘러 에너지 체계를 전환하지 않으면 언제 어느 때 감당할 수 없는 위기에 봉착할지 알 수 없다. 그렇다면 과연 해답은 무엇인가. 먼저 다른 나라들의 사례를 살펴보자.

스웨덴은 석유의존도를 줄이기 위해 가장 적극적으로 노력해온 나라이다. 스웨덴은 '석유로부터의 독립' 정책을 추진하면서 1970년대부터 대체에너지 개발에 힘을 쏟았다. 그 결과, 77퍼센트에 이르렀던 석유의존율을 30퍼센트 정도 감축시킬 수 있었다. 또한 스웨덴은 2003년부터 에너지의 25퍼센트를 재생에너지로 채웠다. 그 결과, 스톡홀름의 시내버스 4대 중 1대는 에탄올이나 바이오가스로 운행되고 있다. 이러한 가운데, 스웨덴 왕립학회 에너지위원회는 2020년에 석유 제로시대에 진입할 것임을 선언하기도 하였다. 난방용으로 사용하는 석유를 제로로 하고, 수송용·산업용 석유도 현재의 40~50퍼센트로 줄이겠다는 것이다.

이러한 스웨덴의 탈석유정책을 선도하고 있는 곳은 환경도시 예테보리이다. 예테보리는 쓰레기를 태워서 발생하는 열을 이용해 지역난방 문제를 해결한다. 일부 가정은 마당을 파서 지열로 난방을 해결하기도 한다. 전기는 원자력과 풍력발전을 이용한다. 또한 자동차는 모두 바이오가스 차량이다. 그럼으로써 예테보리는 난방에서의 석유의존율을 1퍼센트 미만으로 낮추는 데 성공할 수 있었다. 또한 예테보리 시민들은 자가용이 있어도 '불편해서' 출퇴근용으로 사용하지 않는다. 주차 시간도 제한되어 있고 비용도 엄청 비싸기 때문이다.

발전된 산업기술을 환경개선에 적극 활용하고 있는 일본은 또 다른 점에서 많은 시사점을 던져주고 있다.

일본은 그 동안 경제규모가 확대되고 소득수준이 크게 향상되었음에도 불구하고, 1979년 1차 석유위기 때보다도 석유를 적게 수입한다. 1979년 2억 8,969만 톤에 이르렀던 석유수입이 2006년 2억 4,673만 톤으로 줄어든 것이다. 석유의존도를 줄일 수 있었던 것은 대체에너지 확보와 에너지 절약형 기술개발을 위해 집중적으로 노력한 결과였다. 세계 1위를 자랑하는 태양광 전지기술의 축적은 그러한 노력이 만들어낸 결과의 하나였다.

영국 맨체스터 중심부에 자리한 CIS 타워는 전력의 98퍼센트를 태양광 발전으로 조달한다. 건물 외벽에는 개당 80와트의 전력을 생산하는 일본업체 샤프의 태양광 패널 7,244개가 부착되어 있다. 덕분에, 이 빌딩은 햇빛만으로도 조명과 냉난방을 거뜬히 해결하고 있다. 또한 일본 간사이 지방 미에현 가메야마이에 있는 샤프 공장도 태양광 발전을 통해 연간 3,400톤의 CO_2 배출을 줄이고 있다.

일본 정부는 공공기관의 태양전지 도입을 의무화하고 2020년까지 신축주택의 70퍼센트 이상을 태양광 주택으로 만들겠다는 계획을 추진하고 있다. 이 밖에도 일본은 달릴수록 공기가 맑아지는 친환경 자동차로 기존 휘발유 자동차를 완전 대체하고, 에너지 소모를 대폭 줄이는 가전제품 개발을 위해 노력해왔다. 그럼으로써 궁극적으로 전력소비를 절반으로 줄인다는 목표를 갖고 있다.

이러한 과정을 거쳐 에너지 저소비형 산업구조를 구축한 덕분에, 일본의 에너지 효율은 미국과 유럽연합의 2배, 한국의 3배, 중국과 인도의 8배에 이르고 있다. 일본이 지구온난화의 주범인 온실가스 배출 감축을 위한 교토의정서 체결을 주도하고, 2008년 주요 8개국 정상회담에서 '2050년까지 온실가스 배출량을 절반으로 줄이는 목표를 공유한다'는 합의를 이끌어낼 수 있었던 것도 이러한 성과를 바탕으로 한 것이었다.

결국 에너지 체계의 전환은 의지를 갖고 추진하면 얼마든지 해결이 가능한 것임을 알 수 있다. 이와 관련하여, 하루 빨리 불식시켜야 할 오해가 하나 있다. 친환경 재생에너지를 부자나라 사람들이나 즐길 수 있는 값비싼 에너지로 생각하고 있는 것이 바로 그것이다.

대표적인 자연에너지인 태양에너지의 경우를 살펴보자. '빛고을' 광주는 이름에 걸맞게 2000년대 들어와 태양도시로 탈바꿈하기 위한 노력을 경주해왔다. 2006년 말 현재 광주에는 김대중컨벤션센터 주차장을 비롯하여 총 90곳에 2,200킬로와트의 태양광 발전기가 설치되어 있다. 총 64가구가 사는 남구 행암동 신효천 마을에는 집집마다 2.1킬로와트 용량의 태양광 발전기가 설치돼 있다. 그로 인한 경제적 효과는 확실했다. 설치 전 월 3만 원을 웃돌던 가구당 전기료는 200원 정도로 크게 떨어졌다. 태양광 발전기 설치비를 감안한다 해도 장기적으로 이익이었다.

이 밖에도 환경오염도 막고, 비용도 줄일 수 있는 친환경 에너지는 무궁무진하다. 그 중에서도 햇빛과 바람 등 자연에너지는 인류를 구원할 미래형 에너지로 부각하고 있다. 햇빛과 바람은 특정지역에 편중되어 있는 석유와 달리 비교적 모든 나라에 공평하게 존재하며 그 어떤 강대국도 공급을 중단시킬 수 없다. 당연히 석유전쟁과 같은 자원쟁탈을 둘러싼 전쟁이 일어날 가능성도 없다.

이런 점에서 한반도는 매우 유리한 조건을 갖추고 있다. 한반도의 평균 일사량은 제곱미터당 3,042킬로칼로리로, 네덜란드(2,450킬로칼로리), 독일(2,170킬로칼로리), 일본(2,800킬로칼로리)보다 훨씬 높다. 국토의 70퍼센트가 산악지대이기 때문에 양질의 바람을 확보할 수 있는 곳 또한 전국에 널려 있다. 말 그대로, 한반도는 햇빛과 바람의 나라가 될 수 있는 요건을 충분히 갖추고 있는 것이다.

교통 시스템의 전환

한국이 얼마나 심각하게 에너지를 낭비하고 있으며, 특히 석유에 대한 의존도가 높은지는 교통 시스템을 보면 금방 알 수 있다.

한국의 교통 시스템은 철저하게 에너지(그 중에서도 단연 절대적인 비중을 차지하고 있는 것은 석유이다)를 다량으로 소모하는 자동차 중심으로 짜여 있다. 더욱이, 승용차의 경우에 중대형이 압도적으로 높은 비중을 차지해왔다. 에너지 절약을 부르짖어왔던 정부 부처의 업무용 차량조차도 경차가 차지하는 비중은 2퍼센트 미만이었다.

뿐만이 아니었다. 도심 한복판에 가보면 언제나 끝없이 이어지는 승용차 행렬을 발견할 수 있었는데, 유심히 관찰해보면 그 중 상당수가 나홀로 차량이었다. 1991년 교통안전진흥공단은 국내 자가용 승용차의 평균 탑승인원이 1.6명이라는 조사결과를 발표하기도 하였다. 한 사람이 이동하기 위해 엄청나게 많은 에너지를 소모해왔던 것이다.

막대한 에너지 소모는 곧바로 심각한 환경오염으로 이어져왔다. 자동차 1대가 뿜어내는 오염물질은 연간 1톤에 이르렀다. 폐타이어, 폐윤활유 등 자동차 쓰레기로 인한 공해 또한 만만치 않았다. 도로를 가득 메운 자동차들이 잠시도 쉬지 않고 배기가스를 뿜어내면서 도시의 공기를 더럽혀온 것이다.

그렇다면 막대한 에너지를 소모하면서 환경오염의 주범이 되어온 자동차 중심의 교통 시스템이 얼마 만큼 삶의 질을 향상시켰는가?

먼저 한국은 자동차 중심의 교통 시스템을 운영하면서 보행자의 지옥이 되고 말았다. 언제인가 서울 강남 고속버스터미널에서 영등포역까지 약 4시간 동안 걸어간 적이 있었는데, 중간에 인도가 끊기거나 한참을 돌아가야 하는 경우가 많았다. 보행자를 제대로 고려한 도로가 아니었던 것이다.

사정이 이러하다보니 보행자 사고발생률이 높을 수밖에 없었다. 2007년도 10만 명당 보행자 사망숫자를 살펴보면 한국이 5.28명으로서 OECD 평균 1.58명에 비해 3.4배나 많았다. 특히, 어린이 교통사고에서 보행중 사고가 전체의 70퍼센트를 차지하였다는 사실은 매우 심각한 문제가 아닐 수 없었다. OECD국가의 경우는 보통 10~20퍼센트 수준이었다.

승용차를 이용하는 사람의 입장에서 보더라도, 사정은 크게 다르지 않았다. 승용차 중심의 교통 시스템은 편리보다 불편을 가중시켜왔다. 1991년의 경우, 승용차는 35퍼센트 증가했지만 도로 증가율은 1퍼센트 선을 맴돌았다. 이후에도 사정은 크게 다르지 않았다. 그러다보니 대도시에서의 교통혼잡은 지극히 일상적인 것이 되었다. 도로가 확 뚫리면

"이게 웬일이지!"라고 놀라야 할 정도였다. 그러다보니 도시의 경쟁력이 크게 약화될 수밖에 없었다. 2007년 건설교통부가 발표한 자료에 따르면, 한국의 교통혼잡으로 인해 발생하는 손실은 연간 GDP의 3.4퍼센트인 23조 원에 이르렀다.

그렇다면 교통 시스템은 어떻게 변화해야 하는가. 이에 대한 답은 이미 나와 있다. '장거리는 철도를, 단거리는 자전거를 이용하되 중거리는 전철과 버스 등 대중교통을 활용하면서 승용차는 정말 꼭 필요할 때만 사용하는 비상용이 되어야 한다'는 것이 바로 그것이다.

철도는 승용차와 비교할 때 에너지 효율성이 8배인 데 반해 이산화탄소 배출은 13분의 1에 불과할 만큼 친환경 교통수단이다. 또한 장거리 대규모 수송에는 철도만큼 효과적인 수단이 없다. 가령, 경부고속전철은 사용공간이 경부고속도로보다 작지만 수송능력은 네 배 정도 크다. 많은 나라들이 철도를 미래형 교통수단으로 간주하고 투자를 확대하고 있는 것은 바로 이러한 이유에서이다.

단거리 이동수단인 자전거의 에너지 소모는 승용차의 52분의 1, 버스의 26분의 1, 전철의 4분의 1 정도이다. 또한 도로를 차지하는 면적도 승용차의 10분의 1 정도밖에 되지 않는다. 공해발생 요인이 거의 없고 건강에도 좋은 것은 물론이다. 말 그대로 가장 아름다운 교통수단인 것이다.

이러한 맥락에서, 많은 나라들이 자전거 이용률을 높이기 위해 부심해왔다. 그 중 가장 대표적인 나라로 네덜란드를 꼽을 수 있다.

네덜란드는 전국 어느 곳이나 자전거 전용도로가 나 있으며, 많은 경우는 자동차를 이용하는 것보다 더 빨리 이동할 수 있도록 설계되어 있다. 또한 주변경관을 잘 꾸며놓아 자전거 이용의 즐거움을 극대화시키고 있다. 조세제도나 교통법규 역시 자전거 이용에 유리하도록 되어 있다. 그 결과, 전체수송에서 자전거가 차지하는 비중이 27퍼센트에 이르렀으며, 개인 교통수단에서 차지하는 비중은 40퍼센트 정도가 되었다.

그렇다면 한국의 자전거 이용실태는 어떠한가. 한국에서 자전거를 교통수단으로 사용하고 있는 경우는 전체의 1.2퍼센트밖에 되지 않는다. 네덜란드의 27퍼센트, 일본의 14퍼센트, 독일의 10퍼센트에 비해 형편없이 낮은 수치임을 알 수 있다. 석유 한방울 안 나는 나라에서 자전거가 지나치게 푸대접을 받고 있는 것이다.

이제 교통 시스템에 대한 발상을 전환할 때가 되었다. 무엇보다도 새로운 생활무대가 될 미래형 지방 중소도시는 철저히 도보와 자전거를 중심으로 한 교통 시스템이 형성되어야 할 것이다.

가장 오래된 미래, 농업

인간이 자연의 일부로서 생존을 유지하는 데 가장 중요한 행위는 먹는 것이며, 바로 그 먹을거리를 생산하는 것이 농업이다. 그런데 농업은 그 동안 천대의 대상이 되었고 농촌은 끝없이 쇠락의 길을 걸어왔다. 그 결과는 식량자급률의 급속한 하락으로 나타났다. 2008년 기준 한국의 식량자급률은 25퍼센트 수준에 불과했다. 곡물을 연간 1,500만 톤이나 수입해야 했다. 그러다보니 우리의 밥상은 수입농산물에 의해 무참히 점령되고 말았다. 콩을 원료로 하는 음식을 예로 들어보자.

콩의 원산지는 만주인데, 만주는 옛날 우리 조상들의 활동무대였기 때문에 곧 우리나라가 원산지라고 할 수도 있다. 그러다보니 우리나라 먹을거리 문화는 콩을 중심으로 이루어졌다. 콩으로 메주를 쒀서 간장, 된장, 고추장 등을 담갔다. 음식문화의 기초인 장문화가 콩을 주원료로 형성되었던 것이다. 그 밖에도 두부를 만들고 콩나물을 길러 먹는 등 콩의 이용범위는 매우 광범위했다.

그러나 이러한 우리의 먹을거리 문화를 이야기하는 것조차 부끄러 울 만큼 대부분의 콩은 해외에서 수입되었다. 국내에서 생산되는 콩의 비중은 2003년 기준으로 7.3퍼센트밖에 되지 않았다. 된장찌개가 아무 리 우리 음식이라고 열심히 먹어대도 그것은 십중팔구 수입콩으로 만 든 것이었다. 겉만 우리 음식이지 속은 수입품이었던 것이다.

수입농산물의 확대는 국민건강을 심각하게 위협해왔다. 생산과정에 서 다량의 농약을 살포할 뿐만 아니라 장시간의 해양수송에 대비해 막 대한 방부제를 뿌렸기 때문이었다.

인천항에는 우리나라 최대 곡물하역장이 있다. 그곳으로부터 곡물 을 가득 실은 대형 트럭들이 끊임없이 어디인가로 이동하였다. 이 과정 에서 도로에 떨어진 낟알들을 근처 비둘기들이 날아와 쪼아 먹었다. 비 둘기들은 알곡에 함유되어 있는 화학물질에 중독이 되고 말았고, 결국 도로 위에서 비실거리다가 지나가는 트럭에 치여 죽는 경우가 비일비 재하였다. 1990년대 모 방송사에서는 수입 밀가루 속에 살아 있는 벌레 를 집어넣었더니 오래 가지 않아 죽는 장면을 보여준 적도 있었다. 벌 레가 먹으면 죽는 밀가루가 사람들에게 무한정 공급되어온 것이다.

이렇듯 인체에 유해한 수입 농산물마저 안정적인 확보가 갈수록 어 려워지고 있다. 자칫하면 돈이 있어도 구입하기 어려운 상황이 발생할 수도 있는 것이다.

세계 곡물시장은 갈수록 요동치고 있다. 기상이변에 따라 곡물생산 은 감소되는 데 반해 중국과 인도 등이 경제대국으로 떠오르면서 식량 수요가 크게 늘고 있기 때문이다. 2003년 미국 국방부 보고서와 2005년 독일 경제연구소 보고서는 21세기 중반 경에 이르러 전세계 식량이 절대적으로 부족해질 가능성이 높다고 보고 있다. 이미 세계의 곡물 재고율은 유엔 식량농업기구FAO의 권장 적정 재고율인 17~18퍼센트를 크게 밑돌고 있는 실정이다. 세계적인 식량부족 사태 발생이 우려되고 있는 상황인 것이다.

전반적인 상황은 식량자급의 실현이 더 이상 선택의 여지가 없는 것임을 입증하고 있다. 식량자급은 생존의 필수조건이 된 것이다. 그렇다면 식량자급을 실현하기 위해서는 어떤 전략을 추진해야 하는가. 자세한 내용은 나의 전작인 《우리 농업, 희망의 대안》을 참조하기 바라며 간략히 요약정리하면 아래와 같다.

첫째, 유기농을 위시한 생태농업으로의 전환이 불가피하다.

그 동안 한국농업을 지배해온 관행농업은 여로 모로 지속가능하지 않다. 갈수록 농후해지는 석유위기는 석유에 의존한 농업을 어렵게 만들고 있으며, 토양의 산성화로 지력이 크게 약화되어 있기 때문이다. 이미 1970년대 중반부터는 아무리 비료를 뿌려대도 단위면적당 수확이 늘지 않은 상태가 되었다. 또한 병충해의 면역성이 강해지면서 해를 거듭할수록 농약 사용량이 늘었고 결국 농민의 생명을 앗아가는 지경에 이르렀다. 사태가 심각했던 1980년대의 경우, 농약중독으로 사망한 사람은 1985년 1,561명, 1986년 1,391명, 1987년 1,400명, 1988년 1,253명이나 되었다. 뿐만 아니라, 과도한 농약 사용은 농산물의 안정을 크게 약화시킴으로써 수입농산물과의 경쟁에서 입지를 좁히는 결과를 초래했다. 어느 모로 보나, 생태농업으로의 전환은 선택의 여지가 없는 것이다.

둘째, 도시농업을 활성화해야 한다.

농산물이 농촌에서만 생산된다는 것은 아무 근거가 없는 고정관념일 뿐이다. 인류역사의 대부분의 기간 동안 도시 역시 농업생산의 일익을 담당하였다. 오늘날에도 전세계적으로 도시농업은 일반적 현상이 되고 있다. 도시농업은 건물의 옥상, 사무실의 빈 공간, 아파트의 발코니, 공원, 학교운동장 주변 등 도시의 모든 공간에서 이루어질 수 있다. 도시농업을 통해 도시인들은 자신의 손으로 생산한 신선한 채소와 과일을 먹을 수 있을 뿐만 아니라 작물을 직접 키우면서 정서적 안정을 꾀할 수 있고 이웃과의 공동체 관계를 회복하는 등 다양한 부수적 효과를 거둘 수 있다. 이렇듯 도시농업이 활성화되면, 농촌은 상대적으로 곡식생산에 주력함으로써 전체식량의 자급을 끌어올릴 수 있다. 그럼으로써 도시농업에 참가하는 모든 사람은 식량자급에 기여하는 도시 게릴라가 된다.

셋째, 남북 농업협력을 강화해야 한다.

남과 북은 지형조건이나 기후가 서로 다르다. 따라서 남쪽에 잘 되는 작물은 남쪽에서, 북쪽에 잘 되는 작물은 북쪽에서 집중적으로 재배함으로써 전체적인 생산량을 크게 높일 수 있다. 가령, 주식인 쌀의 경우는 남쪽에서 토지 이용률을 충분히 높인다면 남북 모두가 먹을 수 있을 만큼의 양을 생산할 수 있다. 반면, 북은 감자, 옥수수, 보리 등 밭작물 생산에 주력함으로써 생산량의 일부를 남쪽에 공급할 수 있을 것이다.

넷째, 국제 농업협력을 적극 모색해야 한다.

비좁은 한반도 땅 안에서 식량을 완전 자급하기에는 다소 어려울 수 있다. 이 문제를 해결하기 위해서는 국제 농업협력을 강화할 필요가 있다. 예를 들면, 남북한과 러시아가 광대한 연해주 땅을 공동으로 개발하여 대규모 농업생산 기지를 만들 수 있다. 이는 상호간의 이익이 분명하다는 점에서 그 가능성이 매우 높을 뿐만 아니라 이미 부분적으로 실행되고 있는 바이기도 하다.

이상과 같은 노력을 기울인다면 식량자급은 충분히 실현할 수 있을 것이다. 물론, 이 모든 것은 정부를 중심으로 전사회적인 지원과 동참이 있을 때 가능한 이야기이다. 이와 관련하여 우리는 선진국일수록 왜 농업을 중시하고 농업에 많은 투자를 하고 있는지 그 이유를 제대로 알 필요가 있다.

선진국이 농업에 대한 지원을 아끼지 않는 것은 식량자급의 중요성 때문이기도 하지만 농업이 지닌 다원적 기능을 고려한 결과이기도 하다. 농업은 식량생산 이외에도 생물의 다양성 유지, 홍수조절, 대기정화, 환경보존, 공동체 유지, 문화발전, 정서함양 등 다양한 기능을 수행하고 있다. 1998년 OECD 농업각료회의가 농업의 다원적 기능을 회원국이 확보해야 할 공동의 목표로 채택한 것도 바로 이러한 이유에서이다.

문제를 좀 더 쉽게 이해하기 위해서, 만약 농업이 붕괴되어 논밭이 황폐화된다면 어떤 일이 벌어질지를 상상해보자. 농업이 붕괴되면, 홍수 조절기능의 약화와 함께 용수난을 초래할 가능성이 높으며 열을 흡수해서 온도를 조절하고 수질을 정화하며 지하수를 보전하는 기능 또한 사라질 것이다. 그 동안 논밭에서 뿜어내었던 엄청난 규모의 산소량 역시 크게 줄어들 것이다. 무서운 환경재앙이 밀어닥칠 수 있는 것이다. 이와 함께 경관파괴로 인해 정서불안이 증대하고 공동체 기반이 와해되는 등 각종 사회적 문제가 야기될 수 있다. 생각만 해도 끔찍한 일들이 벌어지는 것이다.

이러한 상황에서 농업이 수행하던 다원적 기능을 다른 방식으로 해결하려고 한다면 천문학적인 자금이 소요될 것이다. 어쩌면 상당 정도

해결 불가능에 가까울지 모른다. 참고로, 전문가들은 농업이 지닌 농업 외적인 가치를 순수한 농업생산물 가치의 10배 정도에 이르는 것으로 추산하고 있다.

농업과 관련하여 마지막으로 강조하고 싶은 사실이 하나 있다. 농업의 역사는 1만 년이 넘는다. 산업치고는 가장 오랜 역사를 지니고 있는 것이다. 그런데 앞으로 농업은 농촌과 도시를 막론하고 인간이 자연과 공존하면서 동시에 이웃과 공존할 수 있는 새로운 삶의 양식을 창출하는 가장 중요한 토대가 될 것이다. 농업은 '가장 오래된 미래'로 우리 앞에 다가와 있는 것이다.

누구든지 꽃과 나무를 가꾸고 채소와 약초를 키우는 가운데 생명을 기르는 소중함과 기쁨을 느끼면서 자연과 공존할 수 있는 길을 찾을 수 있다. 또한 이웃과 함께 농사일을 서로 거들며 신선하고 건강에 좋은 먹을거리를 나눔으로써 공동체 관계를 더욱 돈독히 할 수 있다. 무엇보다도, 아이들의 정서와 건강이 놀라울 정도로 좋아질 것이다. 그리하여 여가시간이 크게 늘고 농촌에 둘러싸인 지방 중소도시가 생활의 중심 무대가 되면, 자연스럽게 농업은 모두의 삶에서 필수적인 구성요소가 될 것이다.

애덤 스미스는 《국부론》에서 자본주의 사회(스미스 자신은 '상업사회'라고 표현했지만)에서 누구든지 얼마간은 상인이라고 말했다. 앞으로 우리는 이렇게 말해야 할 것이다. 미래사회에서 누구든지 얼마간은 농부이다.

에필로그
정녕 뜨고 싶어하는 그대들에게

치욕적인 식민지를 경험했으면서 그
잔재를 제대로 털어버리지 못한 나라, 결코 크지도 않으면서 두 조각으
로 분단된 나라, 전쟁으로 2차 세계대전 이후 가장 극심한 파괴와 희생
을 경험한 나라, 세상에서 가장 가난했던 나라, 장기간에 걸친 군사독
재로 정치적 후진국의 오명을 벗지 못했던 나라, 미국의 식민지나 다름
없었던 나라. 바로 그 나라가 우리가 살고 있는 대한민국이었다.

그러던 나라가 피와 눈물로 얼룩진 세월을 보내면서 면모를 크게 일
신하였다. 돌아보기조차 부끄러웠던 나라가 많은 점에서 매력을 풍기
는 곳이 되었다. 극적인 대반전을 일구어낸 것이다. 세계적인 석학이며
미국을 대표하는 양심으로 알려진 MIT 대학의 노엄 촘스키 교수는 학
생들과 만나 대화를 나누던 중, "교수님께서는 바람직한 발전의 모델을
보여준 나라가 현실세계 중 어디라고 보십니까?"라는 질문을 받았다.
촘스키 교수는 이렇게 답했다.

"한국입니다. 한국 국민들은 제국주의 식민지배를 딛고 일어나서 다
른 나라에 종속되지 않고 독자적으로 경제발전을 이루면서, 동시에 독

재정권에 항거해 평화적인 방법으로 민주주의를 이룩했습니다. 세계 최고의 휴대전화와 인터넷 보급률을 자랑할 정도로 첨단기술이 온 국민들에게 펴졌고, 2002년에는 네티즌의 힘으로 개혁적 정치인을 대통령으로 선출할 정도로 풀뿌리 민주주의가 발전했습니다."

비운을 안겨다준 분단도 서서히 극복의 과정에 돌입하였다. 그 동안 남과 북은 정반대의 길을 걸어왔지만 어려운 조건에서도 나름대로 의미 있는 성취를 일구었다. 그럼으로써 세계인의 눈에도 남과 북의 통일은 새로운 가능성을 안겨다주는 것으로 비치고 있다.

도올 김용옥이 성서 유적지 답사를 위해 시리아를 방문했을 적의 이야기이다. 시리아에서 '코리언'은 인기가 좋았다. 시리아와 북한이 전통적으로 가까운 관계였기 때문이었다. 시리아 사람들은 외부인에 대한 경계심이 강하다는 안내인의 설명과 달리, 사막에서는 생명수와 다름없는 물을 거리낌 없이 도올에게 건넸고, 다투어서 자기 집에 데려가 식사를 대접하고자 했다. 그러한 시리아 사람들이 도올에게 던진 말이 있었다.

"도대체 왜 남북한이 갈라져 싸우는지 모르겠다. 장거리 미사일을 쏠 줄 아는 북한의 깡다구와 남한의 경제력을 합치면 짱일 텐데."

해석의 여지가 많은 이야기이지만 남과 북이 합치면 상당한 시너지 효과를 발생시킬 수 있음을 암시하는 대목이 아닐 수 없다.

한국이 면모를 일신하면서 실력도 웬만큼 갖추고 국제적 위상도 달라지자, 전에 없던 현상이 나타나기 시작했다. 사람들 사이에서 '우리도 한번 떠보자'는 욕망이 강렬하게 일기 시작한 것이다. 이 같은 현상은 세대를 가리지 않고 나타났는데, 특히 국제사회에서 주눅이 들어 살았던 구세대보다는 그런 경험이 없는 신세대에게서 더욱 강하게 발생하였다.

'영광스러운 대한민국을 향한 퍼레이드'라고 이름 붙일 만한 '우리도 한번 떠보자'는 현상에 불을 붙인 것은 2002년 월드컵이었다. 국가대표팀이 연속적인 승리를 거두자 한국인 전체의 기세가 치솟아 올랐다. 무엇보다도 우승을 넘보는 유럽 강호 팀을 잇달아 격파함으로써 유럽, 나아가 서구사회에 대한 콤플렉스가 일시에 사라졌다. 거리로 쏟아져 나온 수십 수백만에 이르는 붉은악마들은 대한민국을 연호하며 자신이 속한 나라의 무한한 가능성을 재발견하였다.

영광스러운 대한민국을 향한 퍼레이드에서 클라이맥스를 장식한 것은 황우석 사건이었다. 결국 조작으로 드러나고 말았지만, 황우석의 줄기세포 연구는 수많은 한국인들을 열광시켰다. 그들은 황우석의 연구가 성공함으로써 한국이 과학강국으로 우뚝 설 뿐만 아니라 세계 의료시장을 평정할 것으로 기대하였다. 이러한 열광은 일부여성들이 기꺼이 실험용 난자를 제공하였을 뿐만 아니라 일부교사들은 여학생들에게 난자제공을 선동하는 것으로까지 이어졌다. 또한 MBC PD수첩이 황우석 연구의 문제점을 들추어내기 시작하자 황우석 지지자들은 즉각 PD수첩 광고저지에 나섰다. 그러자 이를 둘러싸고 논란이 빚어졌는데, 인터넷 포털 '다음'에서 확인된 여론분포는 광고저지를 찬성한 측이 92퍼센트였고, 반대가 2퍼센트였다.

유사한 현상이 심형래 감독의 영화 〈디워〉를 둘러싸고 나타났다. 많은 한국인들이, 별로 수준작이 아니었음도 불구하고 한국인 최초로 할리우드 중심부에 진출하여 만든 작품이라는 이유로 영화 〈디워〉에 열광적인 환호를 보냈다. 많은 부모들이 자녀들의 손을 잡고 〈디워〉를 관람한 것 역시 그러한 성공을 함께 확인하고자 하는 욕망에 이끌린 것이었다.

방송사들이 비슷한 시기에 고구려 관련 사극을 쏟아낸 것 역시 영광스러운 대한민국을 향한 강렬한 욕망을 표현한 것이라고 할 수 있다. 지난 몇 년 동안 방송사들은 건국시조가 주인공인 드라마 〈주몽〉에서 고구려 영토를 크게 확대시켰던 광개토대왕을 주인공으로 한 〈태왕사신기〉, 고구려 마지막 수호신이 주인공인 〈연개소문〉, 고구려의 후속국 발해의 창건자를 주인공으로 한 〈대조영〉에 이르기까지 고구려의 역사를 수놓은 인물들을 골고루 사극의 주인공으로 등장시켰다.

고구려 관련 사극의 열풍은 한때 강성했던 고구려 역사를 재현함으로써 한국인들로 하여금 지지리도 못난 민족이 아닌 '동북아에 군림했던 웅혼한 기상을 지닌 한민족'이라는 전혀 다른 관념을 갖도록 하는 데 기여하였다. 이러한 분위기를 반영이라도 하듯 유엔사무총장으로 진출한 반기문은 자신이 사용하게 될 인장으로 고구려의 상징이라고 알려진 삼족오(다리 세 개 달린 까마귀) 디자인을 선택했다.

고구려 사극 열풍을 통해 형성된 '위대한 한민족'이라는 관념은 '세계시장을 누비는 기업들의 활약상'과 결합하여 '세계로 뻗어가는 대한민국'이라는 관념으로 상승 발전하였다. 과연 한국기업들의 해외진출이 어느 정도이기에 이러한 현상이 나타난 것일까.

수출입은행 통계에 따르면, 한국기업의 해외투자 건수는 2007년 5,687건, 2008년 3,998건에 이르렀다. 1968~1980년 기간 동안의 해외투자 건수를 모두 합쳐도 352건에 불과했음을 감안하면, 엄청난 규모로 팽창한 것이다. 2009년 3월 현재 전세계에 한국자본으로 세워진 법인은 모두 4만 3천 개가 넘는다. 삼성전자, LG전자 등 주요기업들은 고용의 절반 정도를 해외에서 해결하고 있는 실정이다. 해외에서의 고용이 빠르게 늘다보니 국내 일자리가 감소할 수밖에 없었다. 단적으로 2001~2004년 기간 동안 제조업에서 10만여 개의 일자리가 줄었다.

세계시장에서의 한국기업의 브랜드 가치도 껑충 뛰어 올랐다. 미국의 브랜드 컨설팅 사인 인터브랜드가 매년 발표하는 '글로벌 100대 브랜드' 명단에 2005년에는 삼성(20위), 현대자동차(84위), LG(97) 등 3개사가 들어갔다. 특히 삼성은 '일본의 자존심'이라는 소니(28위)를 앞지르면서 파란을 일으켰다.(이후, 삼성전자와 일본 전기전자업체 간의 실력차이는 비교가 무색할 만큼 더욱 크게 벌어졌다.)

이러한 가운데, 중국·동남아 등에 진출한 기업들이 저임금 수탈을 목적으로 강압적인 군대식 기업문화를 그대로 이식시키면서 한국의 이미지에 먹칠을 한 경우도 빈번하게 발생했다. 그에 발맞추어, 국내외에서 한국이 제국주의의 길을 걷지 않을까 우려하는 목소리가 높아졌다. 고전적 제국주의 이론을 확립한 레닌이 다시 태어났다면 한국을 가리켜 '식민지 없는 제국주의'로 불렀을지도 모른다.

지금까지 살펴본 것처럼 영광스러운 대한민국을 향한 퍼레이드는 가속페달을 밟듯이 거침없이 치달았다. 그럼으로써 그것은 일순간에 한국사회를 지배하는 문화가 되었다. 식민지 종속으로부터의 탈피가 주된 과제로 제기되었던 시대와는 확연히 다른 상황이 조성된 것이다. 물론, 그렇다고 해서 식민지 종속으로부터 완전히 탈피한 것도 아니다. 그런 점에서 보자면, 오늘날 한국은 고전적인 제국주의 식민지 구도에서 설명하기 힘든 전혀 새로운 조건에 놓여 있다고 볼 수 있다.

이러한 조건에서 새로운 숙제들이 제기되고 있는데, 그 중 가장 먼저 풀어야 할 것은 '폐쇄적인 민족관'을 극복하는 것이다. 이미 100만 명이 넘는 외국인 출신들이 한국사회의 일원이 된 상황에서 자칫하면 심각한 갈등과 대립을 낳을 수 있기 때문이다. 참고로 2050년경에 가서는 외국인 출신의 비중이 인구의 10퍼센트에 이를 것으로 추정되고 있다. 특히, 신혼부부 10쌍 중 한 쌍을 차지할 만큼 국제결혼이 크게 늘어난 상황은 이 문제에 대해 더욱 긴장감을 갖고 접근할 것을 요구하고 있다.

많은 사람들이, 국제결혼이 늘면서 순혈주의(순수혈통주의)가 무너지고 있다는 지적을 하였다. 하지만 역사적으로 따져보면, 순혈이라는 것은 애초부터 존재하지 않았다. 한민족이 단군 할아버지 자손이라는 것은 아무런 역사적 근거가 없는 후대가 지어낸 허구에 불과할 뿐이다.

한민족은 전혀 계통을 달리하는 다양한 종족이 융합을 거듭하면서 오랜 시간에 걸쳐 형성된 민족이다. DNA분석을 통해 확인한 바에 의하면, 중국의 한족보다 혈통의 순도가 떨어진다. 2004년 5월 단국대 생물학과 김욱 교수 연구팀이 한국인의 DNA를 분석한 결과, 60퍼센트 가량이 북방 유목인의 유전자형을 보였고, 40퍼센트 가량은 인도 등 남방사람들의 유전자형을 지닌 것으로 확인되었다. 듣기 거북하겠지만, 한민족은 전형적인 '잡종'인 것이다.

고대 한반도 남쪽지역에는 해양을 통해 이주해온 남방계가 거주하고 있었는데, 그 중 가장 유력한 집단으로서 (인더스 문명을 일으킨 드라비다 족의 일족인) 인도 타밀 족에 뿌리를 둔 종족이 있었다. 이를 뒷받침하는 것으로 타밀어와 한국어 사이에 유사한 낱말이 많이 발견되고 있는 점을 들 수 있다. 와, 봐, 아빠, 풀, 날日, 왕 등은 발음조차 똑같다. 비슷한 단어로는 난(나), 니(너), 암마(엄마) 아버치(아버지), 안니(언니), 나르(나라) 등을 들 수 있다. 언어학자에 따르면, 고대 가야의 지배층이 쓰던 언어는 거의 타밀족 언어인 드라비다어였으며 그 중 1,300여 개의 단어가 오늘날까지 남아 있다고 한다. 또한 유골을 통해 얼굴모양을 재현해본 결과, 고대 남방계는 인도인에 상당히 가깝다는 것이 확인되었다. 이러한 남방계의 특성은 오늘날까지도 부분적으로 남아 있다. 예를 들면, 포항제철 회장이었던 박태준은 전형적인 남방계에 속한다.

이와 함께 몽골계와 투르크계(투르크, 터키, 돌궐은 같은 단어의 다른 발음임) 등 북방 유목민족이 남하하여 우리 민족 형성의 중심축을 형성하였다.

바이칼 호수 인근에 러시아연방의 일원인 브리야트 자치공화국이 있는데, 사람들의 생김새와 언어, 놀이, 문화 등이 우리와 매우 유사하다. 일부 민족종교에서는 민족의 시원지를 브리야트 자치공화국이 위치한 바이칼 호수로 보고 있기도 하다. 또한 브리야트인들 사이에는 선조들이 남쪽으로 이동하여 고구려를 세웠다는 전설이 전해지고 있다. 브리야트는 몽골계인데 몽골계가 우리 민족 형성에 중요한 부분을 이루었다는 것은 여러 곳에서 확인할 수 있다. 출생 직후 한국인의 엉덩이에 몽골계의 특징인 푸른 반점(몽골 반점)이 나타나는 것은 그 중 하나라고 할 수 있다. 무엇보다도 한국어의 기본구조가 중국어와는 완전 다른 알타이어계에 속한다는 점을 들 수 있다.

특이한 것은 김씨 성을 지닌 신라 왕족의 뿌리이다. 문무왕비의 기록, DNA의 비교분석, 고분형태와 내장된 유물의 유사성에 비추어볼 때, 신라 왕족은 흉노인들의 후예일 가능성이 매우 큰 것으로 점쳐지고 있다. 학계에서는 신라 왕족의 성이 김씨이고 온 몸을 금으로 치장했던 것도 금을 숭상했던 흉노인들의 문화에서 유래한 것으로 보고 있다. 흉노인들이 어떤 종족이었는지는 아직까지 명확한 결론이 나와 있지 않지만 대체로 투르크계로 보는 견해가 우세하다.

이 밖에도 중국 등 다양한 나라에서 귀화하여 일가를 이룬 경우가 매우 많다. 화산 이씨는 고려 시대 베트남의 이씨 왕조 왕자가 귀화하면서 형성된 집안이다. 그래서 베트남에서는 공식적으로 한국의 화산 이씨에 대해 자국인과 동등한 예우를 하고 있다. 그렇다고 해서 화산 이씨가 한국사람이 아닌 것은 전혀 아니다.

이러한 맥락에서 보자면, 순혈주의라는 것은 큰 의미를 가질 수 없다. 민족은 융합을 통해 역사적으로 창조되는 것이기 때문이다. 따라서 베트남에서 한국으로 시집 온 여성이나 한국에 이주노동자로 왔다가 결혼하여 정착한 방글라데시 남성들은 모두 같은 민족으로 간주되어야 한다.

결론적으로, 다양한 민족과의 공존을 꾀하는 가운데 민족적 정체성을 재창조하기 위해 끊임없이 노력해야 하는 것이다. 그렇지 않으면, 민족은 현실과의 괴리가 갈수록 심해지면서 온갖 갈등을 낳는 원천이 되거나 일부 학자들이 이야기하는 것처럼 실체가 없는 '상상 속의 공동체'로 전락할 것이다.

순혈주의에 바탕을 둔 폐쇄적인 민족관은 아직도 많은 사람이 견지하고 있지만, 나름대로 극복의 과정에 있다고 할 수 있다. 국제결혼에 대한 시각이 크게 달라진 것은 그러한 징표의 하나이다. 과거 국제결혼에 대한 인식은 매우 부정적이었다. 마찬가지로, 혼혈아는 멸시와 핍박의 대상이 되었다. 하지만 2005년 〈중앙일보〉가 실시한 여론조사 결과에 따르면, 응답자의 68퍼센트 정도가 자신의 가족이 국제결혼을 하더라도 이를 받아들일 수 있다는 한층 개방적 태도를 취했다.

그럼에도 불구하고, 한국인들 사이에서 민족주의는 여전히 톡 건드리면 금시라도 터질 것 같은 강렬한 욕망으로 존재하고 있다. 물론 한국사회에 존재하는 민족주의는 결코 동질적이지 않다. 반미적 성향이 강한 좌파 민족주의에서 박정희 식 경제적 민족주의에 이르기까지 그 내용이 천차만별인 것이다. 한국경제의 성장을 주도한 관료와 기업인들 중에도 민족주의 성향이 강한 인물들이 많았는데, 그들의 목표는 대체로 미국에 대한 의존에서 벗어나고 일본을 뛰어넘는 것이었다. 사정이 이러하다보니, 같은 민족주의를 표방하지만 본질적으로 양립하기 어려운 지점들이 종종 발견된다. 대표적으로, 북한이나 중국교포들에 대해 같은 민족임을 강조하고 이를 우선하는 입장이 있는가 하면, 거꾸로 이념과 체제의 차이를 앞세워 그들을 적대시하거나 괄시하는 경향을 들 수 있다.

이러한 가운데, 많은 사람들이 민족주의 경향에 대해 경계의 목소리를 높여왔다. 가령, 박노자 교수는 민족주의를 마약으로 규정했으며 임지현 교수는 "민족주의는 배반이다"라고 선언하기도 하였다. 공통적으로, 민족주의는 국제화 시대 타민족과의 연대를 방해하고 위협한다는 이유에서였다.

국제화 시대를 사는 오늘날, 자기 민족의 이익만을 앞세우고 타민족을 배려하지 못하는 것은 궁극적으로 민족 자신에게도 해가 된다. 국제사회에서의 고립을 자초할 가능성이 크기 때문이다. 그런 점에서, 앞의 지적들은 충분히 일리 있는 것이라고 할 수 있다. 문제는, 국제무대에서 뜨고 싶어 하는 욕망(그것을 민족주의로 간주하든 간주하지 않든 관계 없이)은 그것을 억누른다고 해서 해결될 수 없다는 데 있다.

이 지점에서, 우리는 정치사회 편에서 살펴보았던 일본의 전례를 떠올릴 필요가 있다. 일본의 진보좌파는 시종 원칙적이고 고결한 입장을 견지하였다. 그들은 과거 일본의 침략행위에 대해 진심으로 반성하고 침략을 받은 나라 사람들에게 항상 미안한 마음으로 다가갔다. 여기까지는 더없이 훌륭하다고 평가할 수 있다. 하지만 일본의 진보좌파는 국제사회에서 또 다른 형태로 인정받고 싶어하는 일본인들의 마음을 혜아리고, 그에 대한 적절한 해답을 제시하지 못했다. 그 결과는, 중도적 성향의 시민이 우파의 영향 아래로 들어가면서 진보좌파가 소수로 전락한 것이었다.

우리는 폐쇄적이고 배타적인 민족주의에 대해 엄중 경계해야 한다. 이는 우리 자신을 죽음으로 몰고 가는 독약이 될 수 있다. 그러면서도 국제무대에서 뜨고 싶어하는 한국인들의 마음을 충분히 헤아리고, 그에 대해 적절한 해답을 제시할 수 있어야 한다. 그렇지 못하면, 일본처럼 한국의 진보진영 역시 소수로 전락하고 말 것이다.

이와 관련하여, 먼저 다른 나라 사람들은 한국을 어떻게 보는지 살펴보도록 하자. 과거 제3세계에 속했던 나라들을 여행해본 사람 중에는 한국에 대한 의외의 호감으로 몹시 당혹해 했던 경험을 한 경우가 많다. 그러면서도 곳곳에서 한국은 왜 물건만 팔아먹고 제대로 투자를 하지 않느냐는 불만의 목소리를 수도 없이 들어야 했다. 국내에서는 많은 기업들이 해외에 진출한 것에 대해 우려의 목소리를 높이고 있는데, 정작 많은 나라 사람들이 한국이 투자를 하지 않는다고 불만을 쏟아내고 있는 것이다. 과연 우리는 이러한 현상을 어떻게 이해해야 할 것인가.

과거 제3세계에 속했던 나라들은 대부분 아직도 가난에서 벗어나지 못하고 있다. 그렇기 때문에 경제발전이 절실하고 이를 위해서는 불가피하게 외국의 자본과 기술을 끌어들일 수밖에 없다. 그런데 이들 나라들은 공통적으로 과거 제국주의의 식민지배를 받은 경험이 있다. 그로 인해 내심 큰 나라에 의지하는 것을 꺼려하는 경향이 강하다. 자칫하면 먹힐 수 있다는 우려 때문이다.

바로 여기에서, 많은 나라들이 한국을 짝사랑(?)하는 이유가 무엇인지 밝혀진다. 한국은 과거 제3세계에 속한 나라들과 똑같이 식민지배를 받은 나라이다. 뒤집어서 말하면, 침략과 패권의 역사가 없는 것이다. 그러면서도 보기 드물게 경제적 성공을 거둔 나라이다. 한국은 투자능력이 있으면서도 지배할 가능성이 상대적으로 적은, 매우 특이한 사례에 속하는 것이다.

이로부터 우리는 귀중한 교훈을 얻을 수 있다. 우리에게 침략과 패권의 역사가 없다는 것은 매우 귀중한 자산이 될 수 있는 것이다. 우리는 이 같은 자산을 바탕으로 지배하고 종속되는 것과는 다른, 서로에게 이익이 되는 '상생 모델'을 만들 수 있어야 한다. 한편으로는 해외진출 기업들에 대한 감시도 필요하지만, 다른 한편으로는 상생 모델을 창출하기 위한 적극적 모색이 이루어져야 하는 것이다. 이 과제를 해결할 때, 매우 부정적 의미를 담고 있는 신자유주의 세계화를 가장 적극적으로 극복할 수 있을 것이다.

그러면 지금까지의 논의를 바탕으로 우리가 얻고자 하는 최종결론이 무엇인지 정리해보자.

많은 사람들은 한국이 부강한 나라로 비치기를 원하고 있다. 쉽게 말해, 돈도 많고 힘 센 나라가 되기를 원하는 것이다. 그런데 요즘 세상에 돈 많고 힘 있다고 거들먹거리는 사람은 꼴불견 취급을 받기 십상이다. 이는 국제사회에서도 마찬가지이다. 일부 한국인들이 중국에 가서 돈자랑을 하다가 미움을 받은 것이나 미국의 부시 행정부가 힘만 믿고 일방주의 외교를 펼치다가 고립을 자초한 것은 그 단적인 예들이다.

엄밀하게 말해, 돈 있고 힘 있다고 우쭐대는 것은 구시대 남성사회의 유물이다. 이제 달라져야 하고 또한 달라지고 있다. 요즘은 '멋지고 아름다운 사람'이 인기를 끌고 존중받는 세상이다. 국가도 마찬가지이다. 멋지고 아름다운 나라가 국제사회에서 인정받고 사랑받는 것이다.

그렇다면 과연 한국은 어느 지점에서 멋지고 아름다운 나라가 될 것인가. 신자유주의를 넘어서는 새로운 세계를 아름답게 펼쳐낸 나라, 시너지 효과를 물씬 뿜어내면서 평화통일의 위업을 달성한 나라, 동아시아 평화체제를 멋들어지게 매개하는 나라, 국제적인 상생모델을 주도한 나라, 그럼으로써 국제사회에서 뜨겁게 사랑받는 바로 그런 나라가 되어야 하지 않을까.

참고문헌

단행본

- 강만길, 《고쳐 쓴 한국현대사》, 창작과비평사, 1998.
- 강만수, 《현장에서 본 한국경제 30년》, 삼성경제연구소, 2006.
- 강수돌, 《살림의 경제학》, 인물과사상사, 2009.
- 강수돌 외, 《자본을 넘어, 노동을 넘어》, 이후, 2009.
- 강양구, 《아톰의 시대에서 코난의 시대로》, 프레시안북, 2007.
- 강정구, 《현대 한국사회의 이해와 전망》, 한울아카데미, 2005.
- 강준만, 《이건희 시대》, 인물과사상사, 2005.
- 강준만, 《한국현대사 산책》, 1990년대 편 1, 2, 3, 인물과사상사, 2006.
- 강철규, 《재벌개혁의 경제학》, 다산출판사, 1999.
- 게리 해멀 지음, 이동현 옮김, 《꿀벌과 게릴라》, 세종서적, 2009.
- 경향신문 특별취재팀, 《민주화 20년, 지식인의 죽음》, 후마니타스, 2008.
- 경향신문 특별취재팀, 《우리도 몰랐던 한국의 힘》, 한스미디어, 2006.
- 공병훈 외, 《한미관계의 재인식》 1, 두리, 1990.
- 권화섭, 《거꾸로 선 한국경제》, 고려원, 1994.
- 김경원·권순우 외 지음, 《외환위기 5년, 한국경제 어떻게 변했나》, 삼성 경제연구소, 2003.
- 김영호, 《한국경제의 분석》, 서문당, 1985.

- 김창수 외, 《한미관계의 재인식》 2, 두리, 1991.
- 김창원, 《21세기를 대비한 한국의 중소기업 이대로 좋은가》, 서울프레스, 1993.
- 김태동·이근식, 《땅, 투기의 대상인가 삶의 터전인가》, 비봉, 1990.
- 국제관계연구회 엮음, 《세계화와 한국》, 을유문화사, 2003.
- 김낙중 외, 《한국경제의 현단계》, 사계절, 1985.
- 김영호, 《관권경제, 특혜경제》, 청암, 1989.
- 금융경제연구소, 《금융산업, IMF사태에서 한미FTA까지》, 2007.
- 남구현 외, 《대한민국은 민주공화국이다》, 메이데이, 2008.
- 남덕우 외, 《IMF사태의 원인과 교훈》, 삼성경제연구소, 1998.
- 넥스터스, 《아름다운 거짓말》, 북노마드, 2008.
- 노무현, 《진보의 미래》, 동녘, 2009.
- 모모세 타다시, 《여러분, 참 답답하시죠》, 시대평론, 2008.
- 미하원 국제관계위원회 국제지구소위원회 엮음, 한미관계연구회 옮김, 《프레이저 보고서》, 실천문학사, 1986.
- 박세길, 《다시 쓰는 한국현대사》 1, 2, 3, 돌베개, 2003.
- 박세길, 《우리농업 희망의 대안》, 시대의창, 2007.
- 박세길, 《한국경제의 뿌리와 열매》, 돌베개, 2000.
- 박세길, 《혁명의 추억, 미래의 혁명》, 시대의창, 2008.
- 박지향 외 엮음, 《해방전후사의 재인식》 2, 책세상, 2006.
- 변용수, 《한국경제 왜 추락하는가》, 백양, 1991.
- 새로운 사회를 여는 연구원, 《신자유주의 이후의 한국경제》, 시대의창, 2009.
- 송호근, 《한국의 평등주의, 그 마음의 습관》, 삼성경제연구소, 2008.
- 시게라 도시미츠 지음, 이준 옮김, 《한국만큼 중요한 나라는 없다》, 서해

문집, 1999.

· 신장섭·장성원,《삼성반도체 세계 일등 비결의 해부》, 삼성경제연구소, 2008.

· 신장섭·장하준 지음, 장진호 옮김,《주식회사 한국의 구조조정 무엇이 문제인가》, 창작과비평사, 2006.

· 실뱅 다르니·마튜 르 루 지음, 민병숙 옮김,《세상을 바꾸는 대안기업가 80인》, 마고북스, 2006.

· 앨빈 토플러 지음, 김중웅 옮김,《부의 미래》, 청림출판, 2009.

· 오원철,《박정희는 어떻게 경제강국 만들었나》, 동서문화사, 2006.

· 오창익,《십중팔구 한국에만 있는》, 삼인, 2008.

· 우석훈·박권일,《88만 원 세대》, 레디앙, 2007.

· 우석훈,《직선들의 대한민국》, 웅진지식하우스, 2008.

· 우석훈,《촌놈들의 제국주의》, 개마고원, 2008.

· 유영수,《한국경제의 신화, 아산 정주영》, 소담, 2007.

· 이교관,《누가 한국경제를 파탄으로 몰았는가》, 동녘, 1998.

· 이내영 엮음,《한국경제의 관점》, 백산서당, 1987.

· 이맹희,《묻어둔 이야기》, 청산, 1993.

· 이수원,《현대그룹 노동운동, 그 격동의 역사》, 대류, 1994.

· 이원재 지음,《주식회사 대한민국 희망보고서》, 원앤북스, 2005.

· 이장규,《경제는 당신이 대통령이야》, 올림, 2008.

· 이장규 외《실록 6공경제, 흑자경제의 침몰》, 중앙일보사, 1995.

· 이찬근 외,《한국경제가 사라진다》, 21세기북스, 2004.

· 이원복,《한국·한국인·한국경제》, 동아출판사, 1993.

· 이태호,《불꽃이여, 이 어둠을 밝혀라》, 돌베개, 1984.

· 이한구,《한국재벌 형성사》, 비봉출판사, 1999.

- 이해준 지음,《자본의 시대에서 인간의 시대로》, 한울, 1999.
- 이홍,《지식점프》, 삼성경제연구소, 2008.
- 임희섭·박길성 공편,《오늘의 한국사회》, 나남, 1994.
- 정명기,《동아시아 경제발전론》, 한남대학교 출판부, 2003.
- 장상환 외,《제국주의와 한국사회》, 한울, 1991.
- 장지상 외,《손바닥 한국경제》, 사계절, 1994.
- 장하준·이순희 옮김,《나쁜 사마리아인들》, 부키, 2008.
- 장하준·정승일,《쾌도난마 한국경제》, 부키, 2008.
- 장하준·형성백 옮김,《사다리 걷어차기》, 부키, 2008.
- 전태일기념사업회 편,《한국노동운동 20년의 결산과 전망》, 세계, 1991.
- 정길화·김환균 외,《우리들의 현대침묵사》, 해냄, 2006.
- 정광모,《또 파? 눈먼 돈 대한민국 예산》, 시대의창. 2008.
- 정윤형 외,《민족경제론과 한국경제》, 창작과비평사, 1995.
- 정진홍,《인문의 숲에서 경영을 만나다》, 21세기북스, 2009.
- 제프리 존스,《나는 한국이 두렵다》, 중앙M&B, 2000.
- 조영래,《전태일 평전》, 돌베개, 2002.
- 조현민 편,《역사를 다시 본다》, 만민사, 1989.
- 중앙일보,《아! 대한민국》, 랜덤하우스중앙, 2005.
- 진중권,《호모 코레아니쿠스》, 웅진지식하우스, 2008.
- 최장집 외,《우리는 무엇을 할 것인가》, 프레시안북, 2008.
- 프레시안 특별취재팀 엮음,《삼성왕국의 게릴라들》, 프레시안북, 2008.
- 한국산업사회연구회 편,《한국자본주의와 자동차산업》, 풀빛, 1990.
- 한홍구,《대한민국사》 1, 2, 한겨레신문사, 2003.
- 홍세화,《세느강은 좌우를 나누고 한강은 남북을 가른다》, 한겨레출판, 2008.

• 홍순형·장재철 외,《한국경제 20년의 재조명》, 삼성경제연구소, 2006.

기사 및 칼럼

• 강남규, "최악 지났다고? 이제 시작인데…", 〈중앙SUNDAY〉, 2008. 7. 13.
• 강훈심, 농약중독으로 한 해 천 명이 죽어간다,《말》, 1992. 9.
• 권재현, "나는 중산층" 41% → 28%…, 〈동아일보〉, 2007. 11. 12.
• 기획취재팀, 大學민국, 진학률 84%의 허상, 〈매일경제신문〉, 2009. 1. 18.
• 김동호, '저탄소 강국'을 향한 일본의 야망, 〈중앙SUNDAY〉, 2008. 7. 13.
• 김민웅, 한국군의 월남전 참전, 그 역사적 진실,《말》, 1990. 7.
• 김영배 외, 재벌과 관료의 놀라운 사랑 이야기,《한겨레21》, 2006. 12. 6.
• 김영호, 금융의 사회적 책임을 생각할 때다,《프레시안》, 2008. 9. 24.
• 김용옥, 천국은 네 안에 있고, 네 밖에 있다, 〈중앙SUNDAY〉, 2008. 7. 13.
• 김종철, 눈덩이 가계빚, 금융위기 폭탄 되나, 〈오마이뉴스〉, 2008. 9. 5.
• 김태희, 상아탑의 친미인맥,《말》, 1990. 5.
• 길윤형 외, 건설오적 재주 좀 봐라,《한겨레21》, 2005. 10. 18.
• 나현철, 전국 미분양 아파트 13만 가구…건설사 45조 원 묶였다, 〈중앙 SUNDAY〉, 2008. 7. 27.
• 박상현, 美정부, '전례없는 조치' 사상 최대 공적 자금 투입, 연합뉴스, 2008. 9. 20.

- 손낙구, 무너지는 산업, 무너지는 노동자,《프레시안》, 2005. 6. 18.
- 손낙구, 한국 팔면 캐나다 6개를 살 수 있다,《프레시안》, 2005. 6. 13.
- 신윤동욱, 청년의 불안은 생활을 잠식한다,《한겨레21》, 2005. 1. 11.
- 신호철·채승희, 서울대, '미국식 교육'의 전당인가,《시사저널》, 2005. 1. 25.
- 이경호, 미국 제조업 사실상 사망선고,〈머니투데이〉, 2005. 5. 16.
- 이상렬·안혜리, 월가 쇼크에 한국이 가장 큰 타격 왜?,〈중앙일보〉, 2008. 9. 17.
- 임을출, 미국에 찍히면 수출도 못한다,《한겨레21》, 2005. 1. 18.
- 조계완, 삶의 액센트? 죽음의 키스!,《한겨레21》, 2004. 9. 23.
- 조계완, 스트레스 불평등 건강 불평등 사망 불평등,《한겨레21》, 2007. 6. 19.
- 조계완, 임원 스톡옵션 돈잔치,《한겨레21》, 2007. 7. 25.
- 하영춘, 美 7,000억弗 구제금융, 美금융자본주의 흔들린다,〈한국경제신문〉, 2008. 9. 21.